传 播 视 野 中 的 近 代 中 国

—— 复旦大学信息与传播研究中心主持 ——

黄 旦　周 奇 ◎ 主编

传媒与社会变迁

CHUANMEI
YU SHEHUI BIANQIAN

中国传媒大学出版社
·北 京·

图书在版编目(CIP)数据

传媒与社会变迁 / 黄旦,周奇主编. --北京 : 中国传媒大学出版社, 2021.1
(传播视野中的近代中国)
ISBN 978-7-5657-2896-9

Ⅰ. ①传… Ⅱ. ①黄… ②周… Ⅲ. ①传播媒介—新闻事业史—研究—中国—近代
Ⅳ. ①G219.295

中国版本图书馆 CIP 数据核字(2021)第 016724 号

传媒与社会变迁

CHUANMEI YU SHEHUI BIANQIAN

主　　编	黄　旦　周　奇
责任编辑	于水莲
特约编辑	张继媛
封面设计	拓美设计
责任印制	李志鹏

出版发行	中国传媒大学出版社		
社　　址	北京市朝阳区定福庄东街 1 号	**邮　　编**	100024
电　　话	86-10-65450528　65450532	**传　　真**	65779405
网　　址	http://cucp.cuc.edu.cn		
经　　销	全国新华书店		

印　　刷	唐山玺诚印务有限公司
开　　本	787mm×1092mm　1/16
印　　张	15
字　　数	320 千字
版　　次	2021 年 1 月第 1 版
印　　次	2021 年 1 月第 1 次印刷

书　　号	ISBN 978-7-5657-2896-9/G·2896	**定　　价**	69.00 元

本社法律顾问:北京李伟斌律师事务所　郭建平

重解报刊之“魅”

——报刊与历史研究

黄　旦

“档案是时间织成的布面上的一个小缺口，是对意外事件的偶然一瞥。但档案的体积又是如此之庞大，置身其中犹如扑入大海，无边无际无所适从”。这让阿莱特·法尔热觉得，阅读档案就好像驻足于一片黑压压没有空地的森林，只有在其中停留太久之后，双眼习惯了黑暗，方能够辨认出树木的轮廓。这真“像走在一条满是裂缝且分叉的小径上，需在寂静和摸索中构思问题。这就像一个在眼前旋转无数次的万花筒：暂停片刻，想象的图案就有了具体的外形，然后再次碎裂成五颜六色的光彩，新的形态也随之出现。这些图案非常短暂，稍微晃动就会产生其他形状。档案中所能找到的意义如同这些图案一样，有力但短暂，随着万花筒的旋转而逐个出现”。① 档案所散发之“魅”，令阿莱特·法尔热陶醉其间难舍难离。

那么，报刊可也有其自身之“魅”乎？法尔热倒是将档案与印刷材料做过一点比较。她指出：后者是一种专门针对公众的文本，是用来让公众阅读和理解的；无论曲笔或直书，印刷材料都有自己的意图，最简单、最明显的目的就是被其他人阅读。这与她所接触的司法档案性质完全不同。司法档案中虽然记录着许多人的生活的大致轨迹，但他们从没要求以这种方式被记录下来，②更不必说公之于众。用福柯的话来说，这是那些“无名者的生活”。③ 法尔热因而以为，任何印刷材料，无论多么陌生，都不能与档案相媲美，尤其是那种身临其境之感。④

档案与印刷材料是否能相媲美(为什么非得相媲美呢?)，这是另一个问题，但她所指出的“无名”与“有名”——印刷材料有意并有指向地让人阅读，从而缺少芸芸众生活色生香的气息和温度，多少说明印刷材料是有不同于档案之“魅”的，甚至与之气质是

---

① [法]阿莱特·法尔热:《档案之魅》，申华明译，北京:商务印书馆，2020年，第4、2、49、66页。

② [法]阿莱特·法尔热:《档案之魅》，申华明译，北京:商务印书馆，2020年，第3-4页。

③ [法]福柯:《无名者的生活》，李猛译，《社会理论论坛》，1999年总第6期。

④ [法]阿莱特·法尔热:《档案之魅》，申华明译，北京:商务印书馆，2020年，第3页。

相背而行的。“印刷术不是把文件紧锁深藏，而是把它们从箱子里和密室里拿出来复制，让人们都能看到这些文档。”[①]戈公振将“为公众而刊行”，确定为报纸的“原质”之一，[②]不是没有道理的。

报刊与历史研究，大而化之，可分为两类，姑且命为“历史的报刊研究”和“报刊的历史研究”。二者虽然都以报刊为对象，但意图和重点均不同。前者是追寻报刊中的历史踪迹，以澄清、证明、补正、丰富某一历史过程或历史事件。简而言之，是以“报”证史——将报刊作为研究和书写历史的依据或材料，属于“所有研究史学撰著史籍所必须根据之种种资料”[③]之一。后者是要理清报刊自身的历史脉络，展示其演变的过程及其对社会的影响，可谓以“报”为学——一个特定的研究领域和学科，“用历史的眼光，研究关于报纸自身发达之经过，及其对于社会文化之影响之学问也”[④]。

我没有具体查考过以“报”证史起于何时。“凡道光以来一切档案、碑传、文集、笔记、报章、杂志，皆为史料”，其实也只有在这之后，研究史学撰著史籍所根据的种种资料中，才可能有“报刊”的位置，因为从传教士开始的中国现代报刊是在道光之后才慢慢形成气候（虽然认可报刊有资格成为史料还有一个过程）的。陈垣所言极是，史料是“愈近愈繁”。[⑤]

“愈近愈繁”，可见史料是只进不出，纳新而不吐故。“档案、碑传、文集、笔记、报章、杂志，皆为史料”，即是其“愈繁”的过程和呈现的面貌。由此也使另一个道理得以显明：若“档案、碑传、文集、笔记、报章、杂志”一个个遁迹消失，史料也就无从谈起。以此而言，史料是由“档案、碑传、文集、笔记、报章、杂志”所创、所产和所供，也没有什么不妥。它们是各安其位各开其路，这与当今有了数字技术而有大数据和数据挖掘是同一个道理。要是我们认可“档案、碑传、文集、笔记、报章、杂志”均为不同类型的媒介，历史材料就是媒介的无中生有，那么德布雷的这句话是一点也不差的：文化和文明传承，总是通过媒介载体的使用，亦即以技术性能为出发点。[⑥] 因此，“世间没有所谓自然存在之史料，凡一切资料俱必通过史家之觉识与命义始具史料意义与功能”[⑦]的说法，还只是出于史料和史家治史的关系，若以史料构成而言，恐怕还得加上一句：一切资料俱必由处于不同位置和关系中的媒介所开拓。

---

① [美]伊丽莎白·爱森斯坦：《作为变革动因的印刷机：早期近代欧洲的传播与文化变革》，何道宽译，北京：北京大学出版社，2010年，第68页。
② 戈公振：《中国报学史》，北京：生活·读书·新知三联书店，1955年，第6页。
③ 王尔敏：《史学方法》，桂林：广西师范大学出版社，2005年，第122页。
④ 戈公振：《中国报学史》，北京：生活·读书·新知三联书店，1955年，第1页。
⑤ 转引自李剑鸣：《历史学家的修养和技艺》，上海：上海三联书店，2007年，第239页。
⑥ [法]雷吉斯·德布雷：《媒介学引论》，刘文玲译，陈卫星审译，北京：中国传媒大学出版社，2014年，第5页。
⑦ 王尔敏：《史学方法》，桂林：广西师范大学出版社，2005年，第134页。

媒介(档案、碑传、文集、笔记、报章、杂志等)各有所长,打开并通向不同的区间,[①]因此也就各“魅”其“魅”。档案之“魅”非报刊之“魅”:如果档案可以比拟为一个矩阵,并不表达“唯一”真相,它有时引导人们去发现,有时又让人迷失;[②]报刊就是李普曼所说的“探照灯”,虽然摇曳不定,但光照所向则确定不移,唯我独断。档案是无数人留下的痕迹,报刊是要让无数人围观它散发出的社会现实痕迹。就其实质,二者不应是真与假或者真实程度之辨,而是各有各的真实。好比“门”和“窗”,都可以透视外界,各自的形态框架决定了其视野所及和能发挥的作用,岂能摆放在真实与否的层面进行较量?任何一种媒介,都有其特定的意图、体制制度、运作方式和性质功能,它们互为纠缠又互为区分,“各种特性的符号链与异常多样的编码模式(生物的,政治的,经济的,等等)相连接,这就发动了种种不同的符号机制和事物状态”[③],构成了历史的不同层面。“档案既提供了信息,也提供了使用信息的方式或者使信息具有逻辑性的方式”[④],报刊亦是一样。各类史料可以互相参照,但不宜随便统合。以“报”证史的历史报刊之研究,大多忽视了这一点。他们习惯于把报刊内容抽取出来,与其他史料(比如档案)辨别排比,以构成一个特定的“真”,档案和报刊之“魅”也就因此荡然无存。

历史不能说源自文字,但的确是文字,使得历史有了明确记载。汉字的“史”,据称其本意是史官——以文字记事的人,后又申义为文字和历史记载。到了汉代,古代的字书一概名之为“史”。“文字的作用是记事,记录下来的材料”就是“史料”。章学诚于是有言,“盈天地之间,凡涉著作之林,皆是史学”[⑤]。这既成就了历史,同时也为理解历史和史料,造就了特定的思维定式、辨析逻辑和读解方式。熟既能生巧,也导致熟视无睹,一切好似理所当然,故很少有人意识到,“严格意义上的文字是一种技术,它塑造了现代人的智能活动,给智能活动提供动力”[⑥]。这为历史及其研究带来的,就是根深蒂固的文字心智。史家以线性的文字思维来认识、读解和评判一切,成了一种布迪厄意义上的“惯习”,或福柯意义上的“规训”。所以海登·怀特就特地提醒,现代的历史学家应该意识到视觉影像的解读是完全不同于书写档案的。[⑦]

其实,史学家对待视觉图像还是相当谨慎的,它毕竟与文字记事差别太大,其自身之“魅”难以忽视也不能轻易抹除,否则彼得·伯克也不必专写一本《图像证史》。可是

---

① 马丁·塞尔:《实在的传媒和传媒的实在》,载[德]西皮尔·克莱默尔编著:《传媒、计算机、实在性——真实性表象和新传媒》,孙和平译,北京:中国社会科学出版社,2008年,第215-237页;引见第215页。

② [法]阿莱特·法尔热:《档案之魅》,申华明译,北京:商务印书馆,2020年,第68页。

③ [法]德勒兹、加塔利:《资本主义与精神分裂(卷2):千高原》,姜宇辉译,上海:上海书店出版社,2010年,第7页。

④ [法]阿莱特·法尔热:《档案之魅》,申华明译,北京:商务印书馆,2020年,第58页。

⑤ 许凌云:《读史入门》,北京:中国人民大学出版社,2007年,第3页。

⑥ [美]沃尔特·翁:《口语文化与书面文化:语词的技术化》,何道宽译,北京:北京大学出版社,2008年,第63页。

⑦ [美]海登·怀特:《书写史学与视听史学》,王佳怡译,《电影艺术》,2014年第6期,第116-120页。

报刊不同,本就以"文字"为本,又是一种"记事",看上去与"档案、碑传、文集、笔记"就是自家兄弟,属于"愈近愈繁"的家族自然添"丁"。这就不会使人去思想它们之间有什么不同,反而是轻车熟路随手拿来。于是报中所载,与档案、文集、碑传所录的毫无二致,在历史的报刊研究中都属于同样性质的基本事实和历史材料。

自然,对于一些具体事实的查证,比如人物、地点、时间、事件、状况等等,这确实有着不可忽视的作用,但正因仅仅关注其"记载",报刊与历史的关系也就远远得不到展示。拿报纸来说,它是有"报"有"纸":"报"以印刷为手段,以机构为标志,造就"公共书信"或"公共交谈"[①]式的传散沟通之范式;"纸"则有格式有面貌,长、短、疏、密,图、题、形、字之间,细细策划处处讲究,更不必说定期出版——报纸所不能或缺的时间因素。依麦克卢汉的说法,正是依仗着这样的时间,报纸才能够把社会塑造成一种整体的和延续的形象。[②] 当把这一切——"报"和"纸"都撇开,仅是剥离出那点内容,虽然干净,但怎能称得上是报刊研究,且又是什么意义上的报刊研究呢?比如"苏报案",醉心于《苏报》内容以检点"革命运动"的点点滴滴,也就不会关心章士钊在报纸上所做的手脚,以及报纸与张园演讲、爱国学生等等的互为作用。伊丽莎白·爱森斯坦在关于印刷术的研究中注意到这样一个现象,印刷术本有着诸多的影响,大多数欧洲近代史学者唯一熟悉的基本就是为传播新教思想出力。与关于其他运动的文字记述一样,在宗教改革记述中,印刷术的影响往往被腰斩,仅限于"传播"思想一个功能。一旦宗教改革完结,新教的传播完成,印刷商和出版商也就不再值得注意,历史的聚光灯就集中在后起似乎更加重要的发展动态上了。[③] 若不是新教宣传,印刷术也就没有出场的机会,既然如此,仅限于其"传播"思想的"腰斩"式理解,也就不令人奇怪。这种状况是否同样发生在中国历史学家关于报刊与历史的记述中呢?

以此看,王奇生的《新文化运动是如何"运动"起来的》[④]一文,对于历史的报刊研究就深有启发意义,因为其很好地揭示了现代刊物的特殊之处,即对于社会运动的策划、运作和介入。一旦引入这一变量,报刊内容的理解就不一样,新文化运动的过程和面向马上变得复杂,尽管其本意仍是出于澄清新文化运动的过程及其复杂面向。现代政治运动和大众媒介总是在一定的境遇中互为接近并相互作用[⑤](不是相互补充),成为其迥异于传统政治(比如文书政治、清议政治)的重大特征。费夫贺看到的印刷书,

---

① [法]加布里埃尔·塔尔德著,特里·N·克拉克编:《传播与社会影响》,何道宽译,北京:中国人民大学出版社,2005 年,第 245 页。

② [加]马歇尔·麦克卢汉:《理解媒介——论人的延伸》,何道宽译,北京:商务印书馆,2000 年,第 266-267 页。

③ [美]伊丽莎白·爱森斯坦:《作为变革动因的印刷机:早期近代欧洲的传播与文化变革》,何道宽译,北京:北京大学出版社,2010 年,第 17 页。

④ 王奇生:《新文化运动是如何"运动"起来的》,《近代史研究》,2007 年第 1 期,第 21-40 页。

⑤ [美]托德·吉特林:《新左派运动的媒介镜像》,张锐译,胡正荣校,北京:华夏出版社,2007 年,第 3 页。

不单是技术上的巧妙发明，也是西方文明最有力的推手。[①] “推手”的报刊与其“记载”不能分离，脱离了前者，那些“文字记载”梳理得再仔细，也不可能是“活”的。此种重于运动的因与果，而不是政治运动的经验和实际展开，[②]按照史家自身意图，也能勾勒并验证某些历史事实，但其代价是可能失去历史报刊的实际面貌和由此带来的历史事件的特殊性，见不出“戊戌变法”“苏报案”“新文化运动”等等各自的“灵韵”，似乎它们是在同一个平面上的“运动”之重复，不同的只是宗旨、规模、目标、过程及其社会政治背景。

书本的本性是桀骜不驯的，[③]这句话恰恰证明了媒介的力量。史料的“愈近愈繁”，并没有使人脱离字书的影响，反而统统摄入字书的光束，远近高低一般同。书写在没有媒介概念的情况下充当了通用的标准性媒介，[④]使得历史研究对于报刊的历史运用和演变的研究，难有新的进展和突破。细究起来，史籍本也是十分讲究区分的，是有“媒介学”的。依我看，目录学便是。书籍编目分类的要义，即是指示、标明书籍的部次流别，以便“即类求书，因书究学”，“辨章学术，考镜源流”。[⑤] 史料是寻找历史之指路碑，[⑥]目录学则就是寻找辨析史料之“指路碑”：注出不同书籍——“媒介”源流，就像今天的媒介理论辨别不同的媒介一样。其差异是前者始终在字书的范围之内，是字书的同异之辨，因为这就是当时媒介的状况及其要求。只是久久熏染于此，习焉不察，致使史家们没能举一反三，跳出此山中，从新的角度想象、理解和分辨“愈近愈繁”的媒介史料和报刊之“魅”，在熟悉的目录学基础上，添加不熟悉的“愈近愈繁”的媒介知识，形成新的一种“目录学”，从而为学史、读史、治史，开出一道新的类似目录学（比如史料媒介学）的入门之径。

另一类的研究，亦即一开始提到的“报刊的历史研究”，则是另一番景象。自改革开放以来，他们一直在为如何显示报刊之“魅”——报刊史的定位及其独有价值而努力。不过其动因与媒介无关，而是来自如何与历史研究，更具体地讲是如何与政治史、革命史研究区别开来。“人们议论最多的是，编写出来的中国新闻事业史缺乏自己的个性和特色，它往往和中国近现代政治史、思想史或者中共党史差不多”[⑦]。

---

① ［法］费夫贺、马尔坦：《印刷书的诞生》，李鸿志译，桂林：广西师范大学出版社，2006 年，作者序，第 3 页；具体可参其第八章。

② ［美］林·亨特：《法国大革命中的政治、文化和阶级》，汪珍珠译，上海：华东师范大学出版社，2011 年，第 14 页。

③ ［美］沃尔特·翁：《口语文化与书面文化：语词的技术化》，何道宽译，北京：北京大学出版社，2008 年，第 59 页。

④ ［德］弗里德里希·基特勒：《留声机 电影 打字机》，邢春丽译，上海：复旦大学出版社，2017 年，第 6 页。

⑤ 许凌云：《读史入门》，北京：中国人民大学出版社，2007 年，第 4 页。

⑥ 周谷城语，转引自王尔敏：《史学方法》，桂林：广西师范大学出版社，2005 年，第 120 页。

⑦ 宁树藩：《中国新闻事业史研究方法的若干问题》，载《宁树藩文集》，汕头：汕头大学出版社，2003 年，第 147-157 页；引见第 147 页。

报刊史混同于革命史和政治史，既是最直观的现象，也是遭受诟病最多的。那么，如何做呢？首先的建议是重新勾画体例，使之有报刊史自身的特点，不完全按照政治斗争来分期。[①] 进而言之，应以新闻事业发展为主线，改变让新闻事业史围绕一个个政治思想斗争和一个个政治任务展开，而是反过来，新闻事业的发展过程是主体，政治思想斗争的发展过程是客体，后者是为了说明前者而存在的，现在是错把政治现象当成了本学科的研究对象。[②]

一个学科居然误认了自己的研究对象，好似婴儿被调包而错换了人生。这样的表述听上去不可思议，倒也清晰昭示出论者们的思路。无论是"报刊史自身的特点"，还是以"新闻事业发展为主线"、为"主体"，都在在表明报刊史研究者们深信，报刊或者新闻事业可以从社会其他方面切割出来，圈出一个以"新闻现象"为界的"地块"，既可以保证其独有的研究对象，又能够确立研究之特色。这就马上牵扯出一个问题：什么是"主体"（自身），怎么来认定？

作为一个哲学概念，主体不是一个自然实体。暂且不谈其词源学意义，仅就由笛卡尔所开启的主体哲学看，主体主要针对人而言。人凭着"我思"而成为认识的主体，意志的主宰，万物的尺度，自我"作为绝对本原，以理论理性的姿态踏上了自我认识之路"。[③] 由于人因群而在，人的自主自为就抽象为共同体的主体性——主张、信念和目标。共同信念是群体的一种内在属性，一个团体就是作为主体的群体，团体信念就是这些作为主体的群体的认知状态。[④] 所以马克思就说，"人是一个特殊的个体，并且正是他的特殊性使他成为一个个体，成为一个现实的、单个的社会存在物，同样，他也是总体，观念的总体，被思考和被感知的社会的自为的主体的存在，正如他在现实中既作为对社会存在的直观和现实享受而存在，又作为人的生命表现的总体而存在一样"。[⑤] 在这个意义上，说新闻业或者报刊有其主体性也是成立的。如果真的能将此把握为"主线"，一一展开其变革和演化的历史面向，报刊史研究及其体例，肯定闪耀出自己的独特色彩，不复是"政治史、党史、思想史"的摹本。

然而，事情似非这么简单。比如哈贝马斯所见的欧洲报刊，就曾有过不同的阶段：以小型手抄行业为组织形式的私人通信系统，以思想传播为主的个人新闻写作阶段，

---

① 方汉奇：《关于新闻史研究的几点体会和建议》，载方汉奇：《报史与报人》，北京：新华出版社，1991 年，第 22-37 页；引见第 23 页。

② 宁树藩：《中国新闻事业史研究方法的若干问题》，载《宁树藩文集》，汕头：汕头大学出版社，2003 年，第 148-149 页；以及宁树藩：《关于改进中国新闻事业史的科研工作加速学科建设问题》，载《宁树藩文集》，汕头：汕头大学出版社，2003 年，第 158-163 页；引见第 160 页。

③ 倪梁康：《自识与反思》，北京：商务印书馆，2002 年，第 11 页。

④ 石辰威：《潜在集体信念》，《浙江大学学报》（人文社会科学版），2020 年第 5 期，第 71-79 页；引见第 73-74 页。

⑤ 马克思：《1844 年哲学经济学手稿》，中共中央马克思、恩格斯、列宁、斯大林著作编译局译，2000 年，第 84 页。

以及19世纪30年代从“传播信念的报刊业向商业报刊业的转变”[①]。美国的报刊在18世纪前期，“不是政治工具，也不是新闻采集机构”，早期的报纸从来不主动采集新闻，只是刊登收集到的任何东西，作为一门生意来做。直到19世纪中期，办报都“不是一种独立性的工作，而是在政治世界里的一条前进道路”。[②] 梁启超所称的“一人之报、一党之报、一国之报”和“世界之报”，虽不乏渲染和夸张，但的确道出了报刊的复杂性。想想19世纪晚期上海的情形：传教士刊物、《申报》、《上海新报》、《时务报》等等，就见其一斑。这也就意味着，报刊（新闻事业）并无一个纯粹的唯一的“新闻现象”之“主体”（自身）。进一步说，报刊（新闻事业）是不是主体，是什么样的主体，来自研究者的体认，来自研究的角度、问题，来自历史现象与研究者与之的体验性契合，与之所设定的标准、预想某物或某方面的意义等等息息相关，并非一个客观的事实性存在。这就是利科所说的，是一个叙事认同的问题，是要讲述那个作为“谁”的活动。这个“谁”，不仅仅指研究者的理解和把握，也是依赖叙事方式来塑造的。研究者既是其理解者，也是其创造者和解说者。[③] 由于历史书写的问题、兴趣和确定的意义不同，所判定和型塑的主体就自然不同。比如报刊的历史可以从不同的视角来展开：作为技术的历史、经济的历史、社会或文化的历史、传递新闻的历史。詹姆斯·凯瑞甚至说，报刊自身就是人类意识的一种表达。无论我们将之视为一种制度，一套关于表达的法律特权，还是技术构成的主体，它首先都是一种精神气质和想象力的表达。[④] 借此我们就可以说，报刊是技术的主体、经济的主体、社会和文化的主体，也可以是新闻报道的主体乃至于意识表达的主体。历史并不知道自己是主体，也不清楚自己有着什么意义，只有历史的书写者知道可能性。历史学作为一门学科，它本质上就是理论性的。[⑤] 可是做报刊史研究的学者中，明白这一点的似乎很少，好像历史研究不是戴着特定的“眼镜”，循着预想的逻辑，做着“披沙拣金”的工作，而是凭空一扫，便是“满城尽带黄金甲”。

理论思考上的困境，迷恋而执着于“新闻情结”，将其绝对化为所有报刊的本然，也就难以在研究上打开局面，转而只能在具体事例中做辨析打比方：“我们的研究主体是新闻现象而不是政治现象。如果是在政治现象对新闻现象起着支配作用的情况下，其考察的着力点是政治现象对新闻现象的制约关系，也就是政治如何影响报纸观念、办报思想、宣传策略等等。如果新闻现象和政治现象是相统一的，便要从新闻现象的历史联系中提炼出新闻的研究课题，就像《民报》和《新民丛报》的论战，既是政治现象又

---

① [德]哈贝马斯：《公共领域的结构转型》，曹卫东、王晓珏、刘北城、宋伟杰译，上海：学林出版社，1999年，第220-221页。

② [美]迈克尔·舒德森：《好公民：美国公共生活史》，郑一卉译，北京：北京大学出版社，2014年，第29、101页。

③ 狄尔泰：《精神科学中历史世界的建构》，安延明译，北京：中国人民大学出版社，2010年，第81、184-185页。

④ James W. Carey, The Problem of Journalism History, *Journalism History*, 1974,1(1).

⑤ [英]西蒙·冈恩：《历史学与文化理论》，韩炯译，北京：北京大学出版社，2012年，第23页。

是新闻现象，就不是去评判其政治主张，而是研究‘论战’和‘党报’出现的关系，探讨双方的宣传形式，以及‘论战’对于新闻文体改革的推动”。[①] 这种“一案一策”式的经验谈，虽然充满着研究者苦心探索之印迹，毕竟是实用层面的个人体验和判断，不是一种标准也不可能形成通则，更无法放大到什么“主线”或“主体”。即就其针对的政治报刊而论，政治和报刊本就一体：报刊是政治的报刊，政治是报刊的政治，二者不存主从关系，也不能人为断开，否则就什么都不是。如果一定要做比较，其对象也是非政治报刊，而不是什么“政治现象”与“新闻现象”。

可见，历史报刊的研究是“愈近愈繁”，多多益善；报刊的历史研究则要“削繁就简”，试图返回到一个纯净的“新闻现象”或“新闻事业”之原点，从而勾画出其闭环式运动：产生、发展及其内在规律，展示报刊之“魅”。之所以命名为“新闻事业史”（或者“新闻史”），应该也是出于此种想法。报刊要报道新闻，或者要研究以报道新闻为己任的报刊，与将“新闻”（什么新闻？是机械复制时代的新闻还是前报刊的口语新闻？）作为整个报刊历史的质的规定性，完全不是一回事。更不必说戈公振式的“刊登新闻、揭载评论”之报纸，本身就是历史的，是报刊历史特定时期的产物，并不代表所有，更不能覆盖或贯通所有报刊或者媒介。所谓的“中国新闻事业通史”，始终难以把广播、电视、通讯社等等统为一体，就足以说明其中的问题。于是只能围着所谓的“政治现象”和“新闻现象”打着转转，百般纠结又裹步难前：“在新闻史研究中，我们绕不开政治思想的影响”。“曾苦苦思索，却找不到出路。几经考究，深感以新闻特性分期，实难做到，还是依据政治斗争形势分期为妥”，因为新闻史本身与政治思想斗争史之间的关系特别紧密，而“新闻史本体结构复杂多元，联系松散”，带不动总体的变化。最后不得不妥协，在“无可奈何的情况下，在政治形势的空间找一个落脚点”，不过“所安下的还是新闻事业自己的家”，其证据就是汇全国之力的《中国新闻事业通史》，“虽是以政治斗争形势分期，可这种分期只表现于各章的题名，至于表现具体内容的节、目，写的都是新闻活动，并未因分期而导致与政治史混同”。[②] 分期是历史书写的基础，历史展开过程的逻辑，不同分期就是不同的历史，这是常识，现在竟可以与史实两张皮。暂且不论是否混同，也暂且不论寄居在别人的屋檐下是否可以安下自己的“家”，其中所透露的一个信息是确定无疑的，这种探索基本不成功。

新闻史结构复杂多元不是错误，错误在于要清除这些多元和复杂，归并一起塞入一件紧身衣中，无功而返自是必然。报刊历史的研究者，因未能深刻把握报刊，亦就不能把握报刊史。报刊是三位一体：它是一种物质，是符号信息的载体，同时又是一种传

① 宁树藩：《关于改进中国新闻事业史的科研工作加速学科建设问题》，载《宁树藩文集》，汕头：汕头大学出版社，2003 年，第 160-161 页。

② 郭丽华、宁树藩：《树立“本体意识”、探索新闻特性、加强新闻史学科建设——与著名新闻史学家、复旦大学博士生导师宁树藩先生一席谈》，《新闻大学》，2007 年第 4 期。

播运作的方式。报刊史研究者仅仅关注“信息”，将报刊“内容”等同于报刊，“报”化约为“纸”，此是一误。在这前提下，报刊史研究者又一厢情愿地认定内容即“新闻”（包括观念和技巧），并力图以此划界，自成一体，这既忽视了报刊的多样性与“报刊新闻”或“新闻报刊”的特殊性，又不能将“新闻现象”与“政治现象”切割清楚，于是只有再三强调报刊不是政治，但无法因此证明报刊是什么，此误二也。最后，而且更为致命的是，从内容着手，注定了把如何书写报刊史，当成了如何区分研究对象和还原对象，从未想到报刊应是报刊史书写的视角，是讲述“主体”——那个作为“谁”的活动时所抱有的特定站点。报刊史是研究报刊在历史进程中，是如何以自己的方式，在不同情境下卷入社会，在影响、改变社会的同时也改变自己，而不是拘泥于那张纸上刊载了什么和如何刊载。总而言之，报刊史研究者感觉到的病症或许没有错，渴望突出报刊之“魅”的心情和努力也十分可敬，可是开出的药方完全错了，因为他们始终没有搞清“报刊”是什么而且在什么地方。

伊格尔斯曾以“重新定向”四个字，来概括 20 世纪历史学的变化，原因是“自从 19 世纪初期国际上就开始作为一种专业规范在运用着的那种历史研究方式，已经是既不符合 20 世纪下半叶的社会政治状况，也不符合现代科学的要求了”。① 当今中国的报刊与历史研究，无论是历史的报刊研究还是报刊的历史研究，恐怕也需要“重新定向”，因为 20 世纪后期至今的“媒介”现实，已经并将继续给以往作为一种专业规范在运用着的那种报刊与历史的研究方式，带来重大的冲击，迫使我们不得不重新理解和看待一百多年前产生的新媒介——现代报刊，不得不重新领会历史书写的报刊之“魅”。

正是出于这样的缘由，遂有了“传播视野下的中国研究”学术研讨会。此会的想法以及首先发起，来自周奇先生。他是历史学出身，又到复旦大学新闻学院做过博士后，对两边的情况均有了解，属于能看到“堡垒”薄弱处的“内部人”。同时他所供职有年的《学术月刊》杂志社，在国内卓有影响，聚结着广泛的学术人脉，这也有利于选择和邀请与会者。首届的会议时间是 2012 年，由《学术月刊》杂志社和上海市对外文化交流协会共同举办，我的任务是邀请部分新闻传播学界的学者参加。隔了一年，自 2014 年第二届开始，改为由复旦大学信息与传播研究中心和《学术月刊》杂志社联合举办并持续至今，一年一次没有停顿，一转眼已经是八届。其具体如下：

2014 年 9 月，第二届传播视野下的中国研究论坛（2014），地点：上海，承办者：复旦大学信息与传播研究中心；

2015 年 7 月，第三届传播视野下的中国研究论坛（2015）：传播变革与近代中国，地点：沈阳，承办者：辽宁大学新闻与传播学院；

2016 年 11 月，第四届传播视野下的中国研究论坛（2016）：媒介、交往与近代化中

① ［美］格奥尔格·伊格尔斯：《二十世纪的历史学：从科学的客观性到后现代的挑战》，何兆武译，济南：山东大学出版社，2006 年，第 1 页。

国，地点：广州，承办者：暨南大学新闻与传播学院；

2017 年 8 月，第五届传播视野下的中国研究论坛(2017)：近代中国的传媒、文本与社会变迁，地点：西安，承办者：西北大学新闻传播学院；

2018 年 10 月，第六届传播视野下的中国研究论坛(2018)：媒介再思：传播技术与社会变迁，地点：武汉，承办者：华中科技大学新闻与传播学院；

2019 年 8 月，第七届传播视野下的中国研究论坛(2019)：史料、史观与路径：媒介变革与近代中国，地点：南京，承办者：南京师范大学新闻与传播学院；

2020 年 12 月，第八届传播视野下的中国研究论坛(2020)：媒介变迁与知识生产，地点：广州，承办者：华南理工大学新闻与传播学院。

关于这个会议的开法，当时与周奇是有基本共识的：第一，会议规模不宜大，大概在 20 多人。第二，与会者必须递交完整论文。第三，要有比较充分的讨论时间，不能是走马灯似的“我方唱罢你登台”。第四，要跨学科，首先是历史学者和报刊史学者的互为切磋，然后能慢慢扩展到其他学科。以“传播视野下的中国研究”为会名，也正是想为学科的多样化留有充足的空间。第五，每年会议讨论要有重点，而且有新意(从以上所列的每年主题变化中就可以见出这一点)。就总体观之，除了学科的多样化未能完全做到之外，其他的基本上都是落实了的。无论如何，以“传播”的名义能将不同学科的学者召集一起，就是一个了不起的开创。会议主题的设想，则更是蕴含着举办者对于学术前沿的理解及其引领之意，故而显得不同一般。也正因如此，这个会在新闻传播学界赢得了不错的名声，其所具有的学术品格和展现出来的严谨会风，是有一定口碑的。

现在展现在大家面前的，就是从第二届到第七届会议论文中有所选择的成果，[①]大致上可以反映出会议的面貌和质量。显然，论文集中的文章并非篇篇都属上乘，而且有所参差也是难免，不过作者们的创新努力是明显可见的。无论是其关注的论题，切入的视角，乃至于研究和书写的路数，均不乏使人有面目一新之感。需要说明的是，论文集的编纂主要来自周奇之功，他以一个学术刊物编辑的眼光，以及本职工作所养成的细心和耐心，以文章质量为重，同时也综合考虑其他因素(比如尽量呈现地域和作者的多元)，精挑细选，形成了现有这样的五卷；其间还要分别与作者联系，要考虑每一卷的主题以及文章主题的集中，完成了巨大的工作量。在此，对周奇的辛勤劳动和对报刊与历史研究的不懈推动，表示深深的谢意。自然，同样也非常感谢各位论文的作者为此所做出的贡献。

会议时间久了，就容易落入既有的套路。因此，八届会议之后，如何能够在现有基础上有进一步的推进，这既包括组织思路、主旨，也包括会议质量的提高和会议方式的

---

① 第一届会议的论文在开完之后即结集为《传播视野与中国研究》，由上海人民出版社于 2014 年出版；第八届会议的时间是 2020 年，其论文还来不及收入。

变化,已是我们面临而且必须要解决的一个问题。之前曾经和周奇有所讨论,初步也有了一些想法,不过还未有一个定案。在这个意义上说,这套论文集的出版,是总结以往,更是为开拓未来。我们愿意以此为契机,百尺竿头更进一步,也非常期待各位旧友新朋的批评、建议和支持,只有同心合力,锲而不舍,方有报刊与历史研究的新天地、新景象。

目 录

图像实践与文化政治

职业共同体与权力空间

知识变迁与意义之网

图像实践与文化政治

民国初期上海消闲杂志与名花美人的文化政治*

陈建华

（上海交通大学人文学院）

摘要：名花美人与抒情传统源起于《离骚》的“香草美人”的审美政治，自 17 世纪以来经历了文学文化世俗化的过程。才子佳人小说、百美图等为市民大众所喜闻乐见，成为表现民族“情感结构”的艺术形式。笔者研究 20 世纪 20 年代《社会之花》《红玫瑰》和《紫罗兰》这三种消闲杂志，发现它们不同程度地体现了中产阶级核心家庭自我完善、新旧兼备的文化议程，与上海租界的特定历史条件相联系，几乎成为一个资本自由流通和交换的乐观时代的象征。在 20 年代末社会政治条件恶化的情形中，这一传统已处于内外交困的境地，从更深的层面来看，它是与市民社会的公共空间一起萎谢的。

关键词：消闲杂志；名花美人；《红玫瑰》；《紫罗兰》；文化政治

一、前言

中国文学与绘画中有关美人与花的象征话语表述源远流长，不胜繁富。屈原《离骚》开启了“香草美人”的修辞形式，至李商隐《无题》诗等不绝如缕，演化出无数变声复调。文人借美人与花草寄托遥深，在伦理与美学之间徘徊，展开文学自我的纠结形塑。“美人”与“佳人”“神女”“仕女”等语汇和意象自成家族谱系，在文字或图像的再生再现中争奇斗艳，应变无穷，而女性身体不外乎为男性的恋物想象与社会规训的载体。美人与花象征人与自然和谐的愿景，然而四时有常，人生如寄，文学创作比兴迭起，如丽娘伤春、黛玉葬花，留下令人长诵的名篇。然而名花之譬不限于女性，如陶渊明之于菊、周敦颐之于莲、林和靖之于梅，名士爱花不让美人，花卉的人格化凝聚着文化心理

---

* 本文原载于《学术月刊》2015 年第 6 期，有修改。

的历史积淀。

花草的实物写生，美人的肖像描摹与明譬暗喻，或分咏或合题，图文各异或相生，散见于诗词歌赋小说戏曲及画卷册页谱牒之中，其巨量文本犹如中国文学文化的银河星系，是中国抒情传统的重要组成部分，其中含有天人合一的哲理、情景相生的感知结构、政治与伦理的语码、文学观念、审美情趣与性别关系的历史变迁，这里略梳理几个头绪而已。

本文讨论20世纪20年代上海印刷文化中的名花美人话语，以《紫兰花片》《紫罗兰》杂志为例，这些杂志以花取名，以彩色封面女郎为标志，主编周瘦鹃以"旧派"自居，却是开拓都市传播空间的新型文人。这些杂志主要刊登小说，以"消闲"与"文艺"为号召，在新文学白话主义走向中心、政治上由动乱走向秩序的时代背景里，分享着"新旧兼备"的文化政治，语言上并举文言与白话、翻译与创作。正如美人名花的品牌标志根植于某种"国粹"的信念，传承了明清以来"情教"的伦理与美学传统，同时切合都市日常生活语言与大众欲望，运用先进视像复制技术打造时尚，起到传递现代信息与价值的功能，而玫瑰和紫罗兰属外来花种，更披拂着异域风情。美人名花展示的和谐社会与美好未来的虚拟空间，蕴含着某种中产阶级"体面"的生活理想及其中庸的文化姿态。这充分利用了当时租界印刷工业相对自由竞争的条件，从意识形态层面看，体现了某种市民社会的诉求及其自由重商主义的实践。

在美人名花的精致呈现中刻意追求传播功效，其核心价值则是"流通"。花的指涉遍及自然与人文的广泛领域，美人作为"交际花"的代名词，身份边界极其模糊，而"红玫瑰娘"或"紫罗兰娘"的形象则涉及商品的美学运作；其"新女性"镜像含有复杂的性别议题，既有与都市主义相联结的"模范家庭"的文化议程，也包括清末以来有关妓女的商品建构的问题。

二、名花美人与时尚源起

女性与花的不解之缘，不说文学，见诸图画的，如北宋《宣和画谱》中所记载的徐崇矩《采花仕女图》，或唐人周昉所作的《簪花仕女图》，即为显例。明清以来女性写真渐趋兴盛，以花来装饰或题咏美人也是题中应有之义。[①] 然而有学者指出："这当中最引人注意的现象，就是与青楼文化关系至为密切的花榜与花案的妓女肖像画册的风行。"[②]"花案"肇自崇祯十二年(1639)七夕在南京秦淮河畔举行的由文士主持的妓女选美活动，决选出"状元""榜眼""探花"的名次，并附之以"学士""太史"等官阶，继之以文士品题，以花卉做比喻，因此也称"花榜"。余怀在《板桥杂记》中描绘了那天获选妓

① 毛文方：《卷中小立亦百年——明清女性画像文本探论》，台北：学生书局，2013年。

② 吕文翠：《论晚清民初"百美图"图像叙事的文化转渡》，台湾师范大学第三届"叙事学"会议论文。

女巡街游行，万人空巷的盛况。[①] 像这样已可被视作公共事件，是青楼行业愈益发达的结果。如大木康《秦淮风月》一书所述，明末清初市井流行《吴姬百媚》《金陵百媚》之类的品评苏州、南京妓女的画册，选美进入商业炒作，文士参与其间，遂形成一种“青楼文化”，且产生社会效应，如画册中所描绘的妓女发式服饰成为大众艳羡模仿的范式。[②] 另据吕文翠考证，《吴姬百媚》和《金陵百媚》是后来“百美图”之滥觞，至晚清时期的洋场上海大放异彩，如《海上百艳图》《海上青楼图》等，直至民国初期沈泊尘的《新新百美图》、丁悚的《上海时装百美图》、但杜宇的《杜宇百美图》等，仍层出不穷[③]，不仅其中女性衣着发式的装扮引领时尚潮流，绘画技法上亦可见学习西画的演进痕迹。

1882 年李伯元在上海搞了一次妓女选美，选举结果也如科举发榜，依次冠之以“状元”“榜眼”“探花”的名目[④]，宛似再现明末的秦淮风流，但更值得关注的是花与美女的组合。过去有美不必有花，两者关系还是随机的，而在晚清妓院即称作“花界”，妓女似独占花魁，这不仅由于文人雅士的眷顾，很大程度上也来自商机的推动。在“花界”的称谓中，妓女被美化，是一种商品自然化、自然商品化的修辞，同时妓女也被编码。传统诗学以花喻美人，感时伤怀是主调，黛玉葬花之例极富经典性。然而妓女如花，对于“花无百日红”感同身受，以色事人，须服从商品原则，至少表面上必须光鲜亮丽，那是不自然的地方。

对于晚清时期上海的妓女，在开拓女性公共空间、引领时尚以及与文人的关系等方面，学者做了很多研究。[⑤] 的确，处于传统与现代的激烈交锋当中，多半受惠于租界的特定条件，由妓女引起了一系列价值观念的转变。但在历史的背面，对于她们背后的商业机制，即使其成为商品的历史，也有待探讨。这里限于论题，只想指出一点：就像妓女难以永葆青春，其作用也是时段性的。就百美图的历史沿革来看，青楼百美图在清末盛极一时，到民初出现的大量百美图，描画的女性由妓女转向一种具共性的女性形象。这反映了对女性在公共空间能见度的增长及其观念变化。实际上，海上花界仍然繁盛，1920 年英租界有妓院 972 家，当局以伤风败俗为由决定加以取缔，以五年为期禁止妓业。百美图的主体变化，从清末已经悄悄演进着，并非传媒有意冷落青楼，问题是对于商业，其金科玉律是追求流通，不断以新技术加强传播的功效，在图像呈现方面与拓展女性公共空间的文化政治连为一体。的确，当晚清士人提倡女学而对于女

---

① 余怀：《板桥杂记》，上海：上海古籍出版社，2000 年，第 49-50 页。

② 大木康：《秦淮风月》，台北：联经出版公司，2007 年，第 217-223 页。

③ 吕文翠：《论晚清民初“百美图”图像叙事的文化转渡》，台湾师范大学第三届“叙事学”会议论文。

④ 陈伯熙：《上海轶事大观》，上海：上海书店出版社，2000 年，第 407 页。

⑤ 关于晚清上海洋场文人与妓女、城市空间的关系，参见叶中强：《城市空间与晚清上海叙事——从〈王韬日记〉到〈海上花列传〉》，《上海文化》，2007 年第 9 期，第 75-87、104 页，以及《情色乌托邦的搬演与城市社会转型——晚清民初上海的文人冶游及其历史流变》，《上海文化》，2012 年第 5 期，第 58-71 页。

性的公共性莫衷一是时[①],妓女在女性空间合法化方面充当了前锋,当然这也是多种文化力量协商的结果,这里难以详论。图像中妓女的亮丽再现,看似在炫耀其鲜丽的外观包装,事实上真正目标乃在于建立"时尚",那是更具流通与普世特质的。

对于消费社会与都市景观来说,时尚是个重要指标,而 fashion(潮流)一词是外来的。同治八年(1869),传教士主办的《教会新报》在上海发行,主要介绍西方新知,切合中国现代化改良议程,当然也宣传天主的信息,不过也观照到城市生活,像《衣翻新式》之类的短文传来西方妇女讲究服饰的讯息。另外像《字林西报》(*The North-China Daily News*),是上海影响很大的西文报纸,其中专门有一"妇女专栏",也经常报道有关纽约、巴黎和伦敦的大都市的潮流。《点石斋画报》中《花样一新》《不甘雌服》等图可见妓女穿西洋或东瀛服装,标新立异。[②] 而在 1890 年代初见世的吴友如《飞影阁画册》中具较明确的"时装"意识,我们可发现画中女性,内容上可资辨别的包括闺秀、贵妇、妓女、卖花女、丝厂女工等,但服饰款式无多大区别,几乎一律的圆领宽裙,只是卖花女或丝厂女工服素色,而闺秀、贵妇与妓女一样,是滚绣艳装。更有趣的是同年出版的《海上青楼图记》,如妓女花名册,一页画像,对应一页是小传。显然许多画像是从《飞影阁画册》中剥离加以剪裁而成,这是否得到吴友如首肯不得而知。如此胡乱移花接木,也与《飞影阁画册》中女性身份的暧昧再现有关。

对于《点石斋画报》在传播西学方面的功绩,我们都很熟悉。1909 年发刊的《图画日报》仅有一年寿命,与长达十四年的《点石斋画报》难以比肩,但如学者指出,《图画日报》更具"及时反映时事的有效性"[③]。我想强调的是,它给人一种强烈的在地感,明显体现在"上海之景物""上海著名之商场""上海社会之现象""上海曲院之现象"等栏目上。不寻常的是有一幅李平书的肖像,在当时上海政商界李是举足轻重的领袖人物,在新政宪政呼声渐高之时,这份画报的政治意涵让人寻味。

"上海曲院之现象"栏目皆关乎妓院,叙事不乏讽刺口吻。相形之下,"上海社会之现象"的叙事较正面,报道了本地日常生活,且发明了"时道""时趋"等新词,即我们说的"时尚"。这与商品消费直接挂钩,首先来自域外。《男女共悬钮子鲜花之时道》一图曰:"钮子花始于西人"。《妇女冬令喜用围巾之飘逸》一图曰:"女界之用围颈御寒,自西女始,近则中国妇女纷纷效之。虽其制不一,有作披肩式者,有作三角形者,类皆以

---

① 钱南秀:《清末女性空间开拓:薛绍徽编译〈外国列女传〉的动机与目的》,载王宏志主编:《翻译史研究》第 1 辑,上海:复旦大学出版社,2011 年,第 170-200 页。

② 郑文惠:《视觉奇观与情欲想象——〈点石斋画报〉中的妓女形象与感官叙事》,中国近代文学国际学术研讨会(未刊论文),上海:复旦大学,2009 年。

③ 林美莉:《近代上海地标建立与转变:从〈图画日报〉到〈上海指南〉》,载苏基朗编:《中国近代城市文化的动态发展:人文空间的新视野》,杭州:浙江大学出版社,2012 年,第 28-48 页。该文认为,"在上海持续发酵的华洋对比现象,其中或多或少牵扯着民族本位主义的感情立场。从《图画日报》对华界地标景观的叙述,可以看到国人对于发展商贸文教事业的自信进取与乐观态度,令人印象深刻"。

绒线结成。而以鹅毛制作长裘，悬挂颈际者，风吹毛动，尤具飘逸之致”。然而风尚变得很快，“沪上近来日异月新，男女各衣，腰身极窄，臀凸肚耸，已不雅观。而今岁又有高领头之男女衣出现，其领竟有高至三四寸者”[①]，看来十多年前吴友如的《海上百艳图》里的圆领宽袖早成明日黄花。

这一栏目里女性是主角，包括妓女，如《妓女寒夜出局身衣斗篷之艳丽》一图：“近日沪上时髦妓女，尤喜以艳色花缎，或绉纱为面，洋灰鼠或洋狐掖等为里，制作斗篷，于寒夜以出局，令人见之，目光为之眩耀”，充满不胜艳羡的口吻。因为这样的毛皮制衣所费不菲，且做工考究，像这样的妓女值得称赞，当得上“时髦”的光环。画报反映了公共空间里商品的流通，并非妓女专擅时尚。《妇女竞穿滚边马甲之耀眼》一图说，从前马甲是婢女穿的，开始时妓院里有婢女“巧制艳色马甲，饰以外国黑白各花边，标新领异，于是妓女等亦尤而效之。近则公馆宅堂，亦几染此恶习”[②]。另如《妇女竞带金丝眼镜之时趋》一图：“自金丝眼镜出，而闺阁中乃有借此以为美观者。今则上自官眷，下至娼妓，几于数见不鲜。”[③]这“时趋”起始于“闺阁”，而引起“官眷”和“妓女”的仿效。

还有不少时髦玩意儿，如镶金牙齿、手携皮袋、吃香烟、戴珠项圈、跑快马车等，这么做的概之以“妇女”，具体身份不清晰。如《包车出风头》一图：“今日妓女亦用包车，而一般荡妇，亦借此为出游之具，招摇过市，直撞横冲。彼中人谓之为出风头。靡昼靡夜，街上几于无时蔑有。且车上髹漆之精，车夫修饰之美，有非寻常包车所可同日语者”[④]。所谓“一般荡妇”也很含糊。同样，常被引用的《妇女亦乘脚踏车之敏捷》一图曰：“近则闺阁中人亦喜乘此者。每当马路人迹略稀之地，时有女郎三五试车飞行。燕掠莺梢，钗飞鬟亸，颇堪入画。”画中六位千金打扮入时，有的穿滚边马甲，一律窄腰身、高领头。画面上她们三五成群，显得很自由。然而我们不禁会问，在当时的公共空间里女性真那么自由？令人诧异的是这些“妇女”全都是三寸金莲，服饰与“曲院”里的妓女也无异样，作画的应当有现实的根据，或为了“入画”而有所夸张。事实上，《图画日报》建构了一个时尚的迷思，时尚对所有“妇女”具有不可抵挡的魔力，且由她们共同打造。这“妇女”与她们参与的公共空间一样，具虚拟性，连同那些艳羡的口吻与含有道德批评的夸张修辞，都服从由商品与传播主导的“流通”的准则：比反映现实更为重要的是达到刺激欲望和引领潮流的目的。

民国建立之后数年间出现了新一波都市杂志潮，仅在1914—1915年间就有三十余种，大多由南社成员所创办。促成这一新潮的成因颇复杂，与袁世凯当政引起的政治危机有关，也来自印刷资本的动力，与清末以来文艺娱乐化的商业潮流相汇合。如

---

① 《图画日报》，第97号，第2册，第559页。
② 《图画日报》，第92号，第2册，第499页。
③ 《图画日报》，第88号，第2册，第451页。
④ 《图画日报》，第20号，第1册，第235页。

《游戏杂志》《中华小说界》《繁华杂志》《小说时报》《小说新报》等均以美人画做封面，展示都市生活的广阔风景及“时代女性”的风貌，如野外写生、邮筒寄信、打羽毛球等。虽然像《妇女杂志》第一年的封面几乎都表现妇女的“家政”图景，如刺绣、采桑、浣衣等，更贴近该杂志推行“贤妻良母”的意图。民初杂志中为数不少的封面以花来装饰美人，尽管过去《吴姬百媚》已隐喻“花榜”，但画面上真正美人与花的合一则在民初杂志中更具象征意义而成为一种范式，如《中华小说界》的数幅封面把清代费晓楼的美人头像置于花饰的镜框中，可说是为旧时美人图补缺。

无疑，封面美人的“时装”是一大亮点，就花样翻新而言，其实很大程度上反映了青楼的新样式，而封面美人呈现的是“妇女”的抽象概念，多数可视作女学生、闺秀或良家妇女。这与许多杂志内页的女性照片形成一个有趣的互相指涉的关系，各色人等，从大家闺秀、社会名流到妓女等，中国的、欧美的都有。

这些封面都是绘制的，大多出自流行画家的手笔，由是凸显了造成杂志新潮的另一个重要契机，即来自视像与绘画技术的革新。且看这些杂志封面，虽是百年前旧物，但仍不失色彩之艳丽，那种月份牌风格代表了当时新兴的西画技法。封面画家有郑曼陀、徐咏青、胡伯翔、周泊生、沈泊尘、丁悚等。徐咏青等在天主教徒主持的徐家汇土山湾画馆里，通过临摹西方油画和照相学到新的绘画技法。[①] 1910 年周湘开办了图画美术院，1912 年刘海粟和张聿光等开办了美术学校，皆以学习西画为号召，丁悚、沈泊尘等在这些学校里学习或任教。[②] 封面大多是水彩画，运用了透视法表现景深效果，而脸部则用擦笔淡彩法凸显明暗立体的质感。[③]

三、周瘦鹃与紫罗兰现象

1928 年 9、10 月间，广东歌星紫罗兰女士到访上海，登台献艺，造成不小轰动。她能唱能跳，色艺双全，一时间报刊传媒争相报道。此时周瘦鹃正在主编的《紫罗兰》杂志也为之推出《紫罗兰专号》，封面上有她的彩照，内页《紫罗兰画报》上另有数幅照片。周喜欢紫罗兰，他当然不会放过此天赐良机，吹捧这位十四岁的南国歌星师出有名，也为他自己的文化产品着实做了一番宣传。其实周与这位广东紫罗兰早已有缘，两年前就在《上海画报》撰文介绍过她，并刊出她的照片。其时周也正担任《良友》画报的主编，因为老总伍联德去广东访问，带回了有关她的信息，她在当地非常有名，后来以歌

---

① 张伟、张晓依：《土山湾——中国近代文明的摇篮》，台北：秀威资讯科技股份有限公司，2012 年，第 39 页。

② 关于 1910 年前后上海西洋画风与城市生活需求的情况，参见颜娟英：《不息的变动——以上海美术为中心的美术教育运动》，见颜娟英主编：《上海美术风云：1872 年至 1949 年申报艺术数据条目索引》，台北："中央研究院"历史语言研究所，2006 年，第 49-52 页。

③ 张燕风：《老月份牌广告画》，台北：汉声出版社，2010 年，第 4 版，第 10 页；陈瑞林：《"月份牌"画与海派美术》，载上海书画出版社编：《海派绘画研究文集》，上海：上海书画出版社，2001 年，第 466-480 页。

舞慰问北伐将士而得到蒋介石的奖赏。[①] 大约为了配合宣传,《良友》发表了《记紫罗兰姑娘》一文(周的同仁王天恨所写),想不到文中不但把她的年龄搞错,还把她形容成一个"度曲为生"的歌女。随即因为紫罗兰来信抗议,《良友》不得不加以澄清,表示道歉。[②]

在紫罗兰女士访沪期间,周在《上海画报》上一连写了四篇文章,追捧可谓不遗余力。[③] 其中一篇写到10月14日那天紫罗兰在新新酒楼宴请新闻界,是他在会上致的欢迎词:

> 今天紫罗兰女士在这里燕请同业诸君,承诸君惠然肯来,非常荣幸。紫罗兰本是西方的花。考希腊神话,古时女神娓娜斯(司恋爱与美丽之神),有丈夫远行,娓娜斯依依惜别,眼泪掉在泥土中。明春忽在这所在开出一种紫色的花来,香艳可爱,此花就叫做紫罗兰。可是如今在提倡国货声中,似乎不必提倡这外国的花。然而在下还在二十年前,就爱上了此花,以至于我的着书之室就叫做紫罗兰盦,我自着的书就叫做紫罗兰集,我所编的杂志,也叫做紫罗兰。二十年来,我所做的文字中,也有不少紫罗兰点缀其间。近几年来,北平的名妓啊、上海的美容室啊、跳舞场啊,以至于纸烟旱烟啊,也都以紫罗兰为名,足见他们都是爱紫罗兰的。凡是爱紫罗兰的人,便是我的同志。而粤中紫罗兰女士,尤其是我的老同志,因为伊起这名儿,也有好几年了……[④]

正当北伐革命胜利而民族主义高涨之际,尽管意识到如此提倡紫罗兰不合时宜,但周仍自数家珍,大谈特谈其紫罗兰恋史,对于当晚的主人紫罗兰女士而言,不免有喧宾夺主之嫌。这也难怪,周一向自称为"紫兰主人",似乎理所当然把天下的紫罗兰都当作他的亲人或同道。有人在小报上说,虽然紫罗兰演艺佳妙,"亦以周瘦鹃自称紫兰庵主人,又主紫罗兰杂志有年,预登广告既久,故兰能誉满全埠"[⑤],照这么说倒是沾了周的光。周的欢迎词提到"北平的名妓啊、上海的美容室啊、跳舞场啊",都以"紫罗兰"来命名。提及的那个"紫罗兰跳舞场"是在两个月之前开张的,周也为之撰文并刊于《上海画报》上。[⑥] 紫罗兰如此流行,以至他觉得"宣传太广,就被人家利用了。杭州曾

---

① 见空我:《广东紫罗兰之近况》,《上海画报》,第188期(1926年12月21日)。

② 《致阅者》(按:应当为周瘦鹃所撰),《良友》,第10期(1926年11月),第1页。

③ 瘦鹃:《紫兰初觌记》《中秋歌舞记》《兰燕》《红氍毹上之紫罗兰》,各篇见《上海画报》第395期(1928年9月24日)、第398期(1928年10月3日)、第403期(1928年10月18日)、第404期(1928年10月21日)。

④ 瘦鹃:《兰燕》,《上海画报》,第403期(1928年10月18日)。

⑤ 傻子:《紫罗兰不认紫罗兰庵》,《晶报》,1928年10月30日。该文说某报记者持周瘦鹃的介绍信去找紫罗兰女士,吃了闭门羹。因为曾有陌生人闯入她家,使她不敢见生客;另外还因为她看不懂周的手书。

⑥ 瘦鹃:《紫兰初放记》,《上海画报》,第366期(1928年6月27日)。

有紫罗兰商店，上海与苏州曾有紫罗兰理发店，其实与我都是不相干的”[①]。紫罗兰的确是个行俏品牌，另在北京有紫罗兰茶叶店[②]，仅以笔者所见的数据而言，以紫罗兰命名的包括香水、香皂、爽身粉、口香糖等[③]，也有以之为名的小说与电影[④]。

人之爱花乃天性流露，而上海滩上，花成为点缀其日常繁华的重要部分，也是人们美好愿景的象征，与市民日常生活的关系至为密切。在19世纪后半叶上海就有了由花农经营的花圃，1880年出现了“花束公务所”，在城南斜桥一带逐渐形成花市。[⑤] 如陈小蝶所记述的“上海花市”：

> 在上海，有个花市公会。凡是全上海卖花的人，都在黎明东方未亮的时候，从自己的花棚、花圃里挑着他剪摘下来的鲜花，到南市斜桥、花市公会里去做交易。时间是上午三时到五时，过了时间，卖花人挑着空筐悄然散去。鲜红粉白的花朵便移到了花贩子的手里，他们的市场自移到静安寺到海格路一带，沿街随地，排着花摊，天还是未亮，百花香阵，随着新鲜的黎明空气，散漫街头。待到日高三丈，市声随起，这些鲜花已经分散到各处的小菜场去了。贤慧的主妇，聪明的小婢，她们都会在菜篮里，带一束康乃馨、百合花回去，用种种的妙美方式，插向不同的式的花瓶。而男士们也会选一束最高贵的玫瑰送给情人。[⑥]

每到春天，上海的龙华道上桃花盛开，车马川流；法华镇上牡丹迎客，花园张宴，传为韵事。除了这些名胜景点，尚有中外人士分享的花会盛事，如光绪年间张园时有赛花会，“花棚之下，则泰西闺秀，方以各种花叶结就圆球，分置诸桌上。或淡泊而绝俗，或富丽而增妍，或如方胜之同心，或似同文之织锦，勾心斗角，各极精工”[⑦]。也有“一个西人举办的莳花会，每年春秋两季，在南京路市政厅举行，中西士人都乐于参加，一花一草，尽态极妍”[⑧]。在20世纪30年代，周瘦鹃一再以盆景艺术获得该会的奖赏。

---

① 周瘦鹃：《一生低首紫罗兰》，见王智毅编：《周瘦鹃研究资料》，天津：天津人民出版社，1993年，第135页。

② 梅溪：《紫罗兰茶叶店》，《紫罗兰》，第4卷第24期（1930年6月），第6页。

③ 香水见小凤：《紫罗兰水》，《民国日报》画页，第77-82号（1917年5月20-25日）。香皂见周瘦鹃：《怀兰室丛话》：“年来海上成型一种紫兰皂，原料即系此花，价值自一角至四角不等，芬芳馥郁，媚人骨醉，香数日弗散，故闺人多好之。”见《女子世界》，第2期（1915年1月），第2页。爽身粉系天虚我生的家庭工业社的产品，见《申报·自由谈》，1923年7月14日，第8版。口香糖见周瘦鹃：《紫罗兰话》，《紫罗兰·紫罗兰画报》，第2卷第6期（1927年3月），第1页。

④ 小说见天虚寄庐：《紫罗兰》，《礼拜六》，第9期（1914年7月），第31-34页；[美] Rita著，忆苹译：《紫罗兰》，《小说大观》，第4集（1915年12月），第1-11页。电影见《申报》，1924年5月16日。

⑤ 吴申元：《上海最早的种种》，上海：华东师范大学出版社，1989年，第155-157页。

⑥ 陈定山：《春申旧闻》，台北：世界文物出版社，1971年，第75页。

⑦ 《名园赛花记》，《申报·自由谈》，1918年10月19日，第4张，第14版。

⑧ 陈定山：《春申旧闻》，台北：世界文物出版社，1971年，第77页。

至于以花为卷标的文学作品或文化产品，晚明以来自《牡丹亭》《桃花扇》到晚清《海上花》《孽海花》，美人名花的传统不绝如缕，乃至“花榜”选美，另有一种颓废与民主的气息。更何况南社文人大多具名士气质，那些主持“游戏”“消闲”杂志的，承续诗酒风流的抒情传统，把名花美人的话语与都市日常现代性接上了轨。如“老上海十二个月的行事”中，阴历二月十二是“花朝”，俗称“百花生日”，是个热闹节庆的日子。[①] 花木上系以五色绸缎，“花神灯”上镂刻着人物、花卉、珍禽和异兽。当“出灯”时，锣鼓腰鼓声中，纸扎的花枝花篮拥簇前行，采采花女，杂沓而歌，十分壮观。此时周瘦鹃主编的《申报・自由谈》和严独鹤主编的《新闻报・快活林》——上海的两大副刊——也会推出“花朝特刊”以应时。20 世纪 20 年代下半期，这一“鹃”一“鹤”又大摆花阵擂台，前者相继推出《紫兰花片》和《紫罗兰》杂志，由大东书局发行，后者的《红杂志》《红玫瑰》杂志由世界书局发行。两者各显神通，各有自己的作者群与目标读者，代表了当时消闲文学的主流。他们以玫瑰花、紫罗兰的异域文化为媒介，在日常生活中贯彻现代“情教”，给都市文化风景萦绕世界主义的花絮，为艰难时世中的读者维系美好未来的愿景。虽然《红玫瑰》与《紫罗兰》都运用了把名花美人与杂志品牌融为一体的策略，但后者更具周的个人特色，至 20 年代紫罗兰的符号系统跨越了私密与公共空间，如万花筒般衍生出多种身份——花的本体、周的秘密恋人、杂志品牌以及无数的封面女郎，演变成一个由文学社团共同建构的具有美学性格的商品、一个映射着大众日常欲望的镜像舞台、一个复杂的情感网络，因此探究这一紫罗兰现象对于认识民国时代的都市新文化更具历史的启示意义。

四、“紫罗兰”公共空间

在 1956 年一篇题为《一生低首紫罗兰》的文章里，周瘦鹃极其深情地讲述他当年失败的初恋，以及他对紫罗兰的一片真心：

> 我之与紫罗兰，不用讳言，自有一段影事，刻骨倾心，达四十余年之久，还是忘不了；因为伊人的西名是紫罗兰，我就把紫罗兰作为伊人的象征，于是我往年所编的杂志，就定名为《紫罗兰》《紫兰花片》，我的小品集定名为《紫兰芽》《紫兰小谱》，我的苏州园居定名为“紫兰小筑”，我的书室定名为“紫罗兰盦”，更在园子的一角迭石为台，定名为“紫兰台”，每当春秋佳日紫罗兰盛开时，我往往痴坐花前，细细领略它的色香；而四十年来牢嵌在心头眼底的那个亭亭倩影，仿佛从花丛中冉冉地涌现出来，给我以无穷的安慰。……我往年

---

① 见上海通社编：《上海研究资料续编》，上海：中华书局，1939 年，第 589 页。

所有的作品中，不论是散文、小说或诗词，几乎有一半儿都嵌着紫罗兰的影子。①

笔者在《“紫罗兰”的魅影——周瘦鹃的自我再现与都市镜像》一文中从周瘦鹃的自我装扮与文学风格的角度勾画了紫罗兰在其生平与文学、在都市文化中所扮演的多重角色及其演变的轨迹②，这里进一步探讨周瘦鹃情迷紫罗兰的谜团，所谓“我往年所有的作品中，不论是散文、小说或诗词，几乎有一半儿都嵌着紫罗兰的影子”，固然不无夸张自诩，却凸现了文本自身的问题，引起我们对其历史展开过程的好奇。的确，自民国伊始周氏步入文坛起，紫罗兰指符便出现在他的小说里，贯穿 20 世纪 20 年代的《紫兰花片》《紫罗兰》杂志，一直到 40 年代《紫罗兰》杂志复活，伴随着他的初恋情史，既有真实性自述，也有文学的虚构，时隐时现，虚虚实实。然而“紫罗兰”到底是谁？这似乎构成周氏情迷紫罗兰的最大谜团，她的真实姓名要到他身后方才揭晓。

自 20 世纪 20 年代起紫罗兰进入报纸杂志的公共空间，由周氏及其同人合力打造成的色彩斑斓、中西合璧的文学文化的商品，棱镜般折射出 20 年代上海的印刷传播文化的奇观。紫罗兰进入公共空间，就得服从资本运作与文化生产的逻辑。周瘦鹃为自己开了一扇窗口，借以倾诉爱的情愫，发泄爱的郁闷。大约他不曾预料到紫罗兰会不断激起他的同仁多少带有情色的狂想，从传统上说，这是文人之间诗文唱和的风气的延续，然而作为现代传媒的都市杂志成为文学社群的表演平台，使得这一传统发生了某种质的变化。紫罗兰跨越公私界线而呈现多重身份——紫罗兰娘、花和杂志，既是周的秘密恋人，也是大众的梦中情人。对这一切周瘦鹃好似显示出一种博爱精神，一种集体主义。对于同仁的帮衬，他是顺水推舟，也经常纵容他们这么做。下面举几个周的同仁有关紫罗兰的重要文本，其在集体身份的认同中各自展现了对于爱欲的想象、个性及文学风格。

20 世纪 20 年代上半期上海的报纸杂志上常见袁寒云的踪影。他是周瘦鹃的《半月》、余大雄的《晶报》和毕倚虹的《上海画报》的主要撰稿人。他在文化上持一种保守的传统主义，偶尔染指电影和时尚，像他唱京剧一样属玩票性质。但像 1921 年 6 月发表在《礼拜六》上的《紫罗兰娘日记》一文虚构了周与紫罗兰的情史，字里行间嵌入发表于各期《礼拜六》的作品标题，意在向同道致意，也是一种推销杂志的广告手法。像“007”系列电影《大破天幕杀机》(*Sky Fall*)中，男主角戴上欧米茄手表，乃与制造商合谋之举。主编王钝根在文末附识中说：“《礼拜六》出版之标题，均被采入。灵心巧思，不可辜负。读者如未觉察，请复阅一过，自当莞然。”周瘦鹃也跟着说：“以紫罗兰娘隐

① 周瘦鹃：《一生低首紫罗兰》，见《花前续记》，南京：江苏人民出版社，1956 年，第 13-14 页。

② 见陈建华：《“紫罗兰”的魅影——周瘦鹃的自我再现与都市镜像》，《中国文学学报》，2011 年第 2 期，第1-29 页。

吾《礼拜六》,以江左郎隐瘦鹃,生平未尝饫享艳福,得此亦足自慰。”[1]从他的金兰契友那里得到宽慰,十分窝心。不料这游戏性质的日记,产生不可思议的后续效应,仿佛为“紫罗兰娘”开了个可以不断复制的窗口,将名花美人与消闲杂志融为一体,启动了含有美学与文化政治的文学商品的潮流,可说是现代文学的一个创举。

在《紫罗兰娘日记》开头有一段小引,袁寒云介绍说“紫罗兰娘氏萨,小字特儿,海上名艳也”。“萨特”取英文 Saturday 的前两个音节,又说人们称之为“礼拜六之花”,更明把《礼拜六》喻为美人。又说她多年后重归沪上,指《礼拜六》隔了多年之后重新开张,她与“江左郎”即周瘦鹃结为伉俪,众人纷纷道贺,而紫罗兰娘把这日记交与袁发表。

日记包括近百日记事,她与情郎的浓情交往贯穿始终,在都市风景中留下其踪迹,宛然呈现了一个相当西化的新女性的形象,如以下的记事:

> 四月二十四日,星期四。郎邀观电影,乃罗克滑稽剧,侬大笑,几倒于郎怀中。
>
> 四月二十六日,星期六。衣郎所赠紫衣兰裙,持画具,至郊外写生。
>
> 五月四日,星期三。郎赠侬以金表一枚,中藏郎小影一帧,且刻侬小字于其上。
>
> 五月八日,星期四。郎赠留声机片一打,置机上聆之,皆郎自作歌也,所歌皆赠侬者也。
>
> 五月二十八日,星期六。侬坐室中,操梵欧铃一曲。
>
> 六月一日,星期三。郎去时最后之一秒钟,接吻二十次。

通过巧妙引述《礼拜六》中的作品来推广杂志,尚属表面。虚构紫罗兰娘不光为了满足朋友的痴情狂想,其实袁氏很大程度上呼应了周氏“新旧兼备”的主张,借此新女性形象归纳甚至强化了《礼拜六》的文化政治。看电影、听留声机、写生、拉小提琴等,乃当时一般受教育女子的时髦风尚,而“接吻”则象征性地表明对于外来文化的乐观接受。周瘦鹃小说里也常写到接吻,但都是外国男女,这一点袁氏却无顾忌。紫罗兰娘是个中产阶级妇女的范本,自由活泼,欣然享受现代物质文化,富于同情心,如慷慨施舍穷人,或路见歹徒欺负卖花女,情郎仗义上前痛揍歹徒,她便“拈花微笑”。

日记颇多着墨于女性话题。她循规蹈矩,为情郎编织毛衣,甘愿做个“贤内助”。见到邻舍一对夫妇吵架,她觉得那是“幼时父母所订不自由”婚姻的结果。听情郎讲故事,一个少女受人勾引而失身,死于非命,她感叹:“女儿清白身,虽云解放,然不可不慎

---

① 袁寒云:《紫罗兰娘日记》,《礼拜六》,1921 年第 115 期,第 1-11 页。

重于情爱，否则一念之微，足杀其身，或丧其一生幸福。"这故事来自周瘦鹃的《一念之微》，曾刊登于《礼拜六》，此即所谓巧妙嵌入作品题名之一例，而"虽云解放"等语则加入袁氏的意见，挑明了他的保守倾向。有意思的见诸另一则："侬谓郎曰：今之新女子动曰男女平等，而女每压制其男，何耶？而女甘为男子所玩弄，又何耶？"这里不无吊诡，一面认为女子不该被男子玩弄，应当独立，另一面觉得男女平权应有个限度，即不应当让男子觉得被"压制"。

当时新文化方兴未艾，在"打倒孔家店"、批判旧家庭的呼声里提倡女子解放，反对贞操观念，而"娜拉出走"引起婚姻、家庭、经济、职业等话题。紫罗兰娘显然不取"五四"乌托邦式的解放方案，谈不上革命要求。她希望爱情自由，以安稳家庭为归宿，实际上体现了旧派首重个人和家庭的社会改良方案，并指望传统伦理对现代性能起制衡作用。如果说她代表着某种市民阶级的愿景，那么必定要受到革命或动乱的冲击。还有，出走的娜拉面临生计与独立的困境，安于室家的紫罗兰娘也同样有经济问题，产生与男性的依附关系。

五、小结：名花美人传统的终结

这远不仅仅是周瘦鹃个人的爱情故事，也是一个紫罗兰的商品传奇，对于我们认识民国初期文学、印刷资本主义、性别与日常现代性的关系寓意深长。她肇始于周氏名花美人的文学基因的觉醒，向伊始民国致以美好的愿景，1910 年代中期经历了情感风暴的洗礼而被确认为神秘情人，以爱与死的象征伴随终生，到 1920 年代初受到都市创意产业的召唤而被整合出"紫罗兰娘"的集体身份，幸或不幸地步入资本的轨道，欲拒还迎地与大众分享启蒙的福音和消费的喜悦，到了 1920 年代后期，她标志着文学商品化的复杂结构的形成。在上海进入"东方巴黎"的历史形塑过程中，紫罗兰传奇不啻为一道亮丽而略带忧郁的风景，其符号学结构展示其文本与话语的迷宫。

紫罗兰传奇见证了一个文学商品的形成过程。这里触及迄今在现代文学研究中较少关注的文学与经济基础的议题，实际上民国时期的文学写作几乎无不受到印刷资本主义的制约，如近时学者关于作家与稿费制度关系的研究，便是可喜的收获。[①] 王斑指出，五四新文化运动和民国时代的文化建制都受到商品观念及其社会实践的影响，"这些实践进一步基于个人权利、平等权益、机会均等、个人求发展、在市场规范支配下的公民社会等一连串自由主义思想"。[②] 另如最近叶文心《上海风华》一书认为，晚清至民国时期的图像、广告及文学叙事等得到外来科学技术与物质的装备，表现了由本地爱国商业精英所追求的生活方式及其文化价值，即"只是追求一种健全的家庭

① 鲁湘元：《稿费怎样搅动文坛——市场经济与中国近现代文学》，北京：红旗出版社，1998 年。

② 王斑：《历史与记忆》，香港：牛津大学出版社，2004 年，第 256 页。

生活，借以完善他们以个体诚信与学养为基础的伦理与情感上的责任，这成为中国政治发展——无论在上海及其以外的地方——的最强的驱动力”。[①] 这些意见都很富启示。

“商品”让马克思着迷，“商品形式”蕴含了自然与成品、生产与消费、劳动与资本等复杂的社会关系。以木头做的桌子为例，木头一旦被制成桌子，即超越了感性世界，“它不仅用脚直立在地上，在对其他一切商品的关系上，它还用头倒立着，并从它那木脑袋里，展出了种种不可思议的幻想”[②]。在本雅明看来，这“商品的灵魂”更被诗化了，商品引起占有欲，其奥秘则在于“移情”作用，犹如波特莱尔漫游在巴黎大街上，哪怕是一件无生命之物也能激起他的狂喜。

紫罗兰文学产品正是一种有灵魂的商品形式。名花美人与抒情传统一向代表着中国文学的精髓，源起于《离骚》的“香草美人”的审美政治，至17世纪以来经历了文学文化世俗化的过程，才子佳人小说、百美图等为市民大众所喜闻乐见，成为表现民族“情感结构”的艺术形式。在周瘦鹃及其同仁那里，通过名花美人与抒情传统传播爱的现代性福音，打造都市日常生活的图腾、美好未来的集体憧憬，蕴含着属于中产阶级核心家庭、自我完善、新旧兼备的文化议程。她是文学的、审美的，另一方面需强调她那种鲜明而特殊的商品性格，是与上海租界的特定历史条件联系在一起的。紫罗兰形象几乎成为一个资本自由流通和交换的乐观时代的象征，在各种中外政治与文化力量交汇、冲突与仲裁的场域里，试图扮演调解爱国主义与世界主义、革命和爱情、自然和物恋、性别与阶级之间的所有冲突的角色。在上海，这种具娱乐性质的“大众乌托邦”及其大众文化的生产、流通与消费方式，较之于在文化研究中盛行的阿多诺（Adorno）、霍克海默（Horkheimer）、德塞都（Michel de Certeau）或费斯克（John Fiske）等人的理论化阐述，要更为错综复杂。

既是文学的，也是商品的，两者凝聚于本雅明所谓的“移情”——诗意、审美的移情，蕴含着主客体之间的幻变、易位的特征。这体现为这么几个层面：首先，作为译名，“紫罗兰”因其跨国跨文化的差异而交织多种意涵。她包罗世界文学于文化中著名人物的星系，诸如维纳斯、拿破仑和莎士比亚等；“罗兰”牵涉“罗兰夫人”，即法国大革命中那位悲壮的女英雄罗兰夫人（Madame Roland），其浪漫而爱国的英雄主义对于铸造20世纪之交的中国革命精神具有至关重要的影响。[③] 与此同时，历经多年的潜心寻觅，周瘦鹃与其同仁在文学传统中收集到了关于“紫兰”的极为丰富的表达或暗喻，这不仅为“紫罗兰”确立起一个本土诗学的谱系，更有意味的是，兰花伴带着传统文人优

---

① Wen-hsin Yeh. *Shanghai Splendor: Economic Sentiments and the Making of Modern China, 1843-1949*. Berkeley: University of California Press, 2007, p.8.

② 马克思：《资本论》，郭大力、王亚南译，北京：北京理工大学出版社，2011年，第28页。

③ 关于罗兰夫人在中国的介绍，参见夏晓虹：《晚清女性与近代中国》，北京：北京大学出版社，2004年，第188-220页。

雅、精致与微妙的审美意趣,反过来充实了“紫罗兰”的内涵,因此有别于仅仅作为时尚标志的月份牌女郎或摩登女郎。“紫兰”与“紫罗兰”的语言复合体成为旧派作家的文化姿态和日常实践中运作方式的一个缩影。其次,紫罗兰与周瘦鹃交融为一体,彼此渗透。例如,周交替使用“紫罗兰庵”和“紫兰主人”这两个名号。他声称为紫罗兰的主人,而同时紫罗兰也是他心灵的归宿。更确切地说,如《我的家庭》所言,“紫罗兰庵”是他家中为自己专设的一个房间,用以祭祷紫罗兰花神,这是能使其灵魂得以安憩的最私密空间,由是主奴关系已经倒转:他成了紫罗兰花神的膜拜者。其三,周对紫罗兰的眷恋,也使他的同仁们魂牵梦萦,而他们以笑剧方式对周表示同情,却再生出无数“紫罗兰娘”“兰娘”等,讲各自的生死爱恋,或代表刊物、出品人、出版史,关乎商品链中各自的物恋物件。同样,紫罗兰也变成了都市大众的宠爱,附会各自的梦中情人。这种文化生产、流通与消费过程如德塞都在《日常生活的实践》一书中所说的,当文学文本进入商品的流程,作品经过编辑、包装、营销和阅读的不同层面,其意义被引申、深化或误解,而作者的意图被消解。

商品起源于物的交换,如牟斯(Macel Mauss,1872—1950)在《礼物》一书中所述,古时人类交往中礼物的馈赠与回报充满“交换”的意义,含有契约与义务的成分。阿帕度莱(Arjun Appadurai)在《消失的现代性》中则认为礼物和商品的文化实践享有同样的交换价值,因此在把礼物交换看作商品流通的一种特殊形式的同时,他对作为一种可行的选择的“互惠精神”进行了深入的研究,以此探讨一种“交换的动力学”。在讲究“礼尚往来”的中国,庆生、送丧之类的礼仪至今仍是日常生活实践,交换不一定等于商品形式。文学想象世界里鬼神报应最终体现了现世的道德或利益。在紫罗兰家族叙事的形成过程中,传统文人之间借诗酒唱和来分享情感的方式仍在起作用,且直接转化为文学商品,却保持了抒情审美和文学创造的特征。这一过程表明紫罗兰所体现的互惠精神的内核,不只是一种商品,而是被极富创意地用来塑造都市空间中的道德和文学趣味;凭借着爱的哲学,这种商品还被幻想成了那个时代的骚动和喧嚣的调和者。

这里我想对《紫兰花片》第七集的封面女郎做些分析,说明互惠精神何以在爱情理念中得到了最佳的传达,以及周氏如何在此担当起紫罗兰和读者之间的中介人角色。这位女郎置身于一个私人空间,大概是在她的梳妆台前,正和外边的某个人打电话。正如清末以来许多都市时尚首先是从域外带进来的,这幅画是用月份牌风格描绘的,与美国女性杂志《妇女家居良友》(*Woman's Home Companion*)1910 年 3 月号的封面在构图上十分相似。项链、手镯、宝石戒指连同这电话机,一切都表明着她那种奢华的生活方式。从无名指上的戒指来看,她已婚,属于一种有身份的居家妇女类型,但这并不妨碍她成为交际花,她正在打电话的行为在此便具有了象征意味。她不可能是周瘦鹃的神秘情人紫罗兰,那个从未在杂志上露面的女子。她可以名唤“紫罗兰娘”,已是代表杂志刊物的公众形象。然而令人好奇的是,周为何出现在这个画面中?显然她并非他的妻子或情人，那她和周之间究竟有什么关系？更微妙的是周出现在镜子里，而非画面的构图中。她可能是他的一个粉丝，而周看来更像是她的镜像。由此看来，他俩的关系是互惠的：她拥有周的同时也被他所拥有。

她正凝视着什么，对于读者的注视好像浑然不觉，这便使得读者能更惬意地盯着她看。饶有趣味的是，即便周氏以幻象现身，她却并不看他。周氏同样也没看她，而实际上把目光投向了读者。这毋宁说，他变成了读者们的镜像，仿佛正与他们在交流。他的出现，暗示着幻想、可能和引诱；简而言之，他是读者之一，是这私密空间里的一个窥视者，与此同时他也邀请读者成为像他那样的人。周氏的镜像强调了作为幻想空间的私密空间和幻想所具有的力量，他在紫罗兰娘和读者之间担当了中介人的角色。另有一个不可忽视的细节：这封面女郎在紫罗兰花束——周氏的商业标志——的精心装饰下，意味着她和这份杂志都是他的私人财产。然而，其间那五色的蝴蝶结却透露出某种政治信息，因为这五色恰与民国国旗相一致，寄寓着五族共和之意。这帧图片为沃尔夫冈·豪格(Walfgang Haug)的"商品美学"之说提供了例证：借助于奇幻的外观，这一用来交换的商品以其强烈的感官色彩激发着读者的兴趣。而周瘦鹃和紫罗兰娘之间，以及他和读者之间的互惠关系，无疑强化了这种移情和感官体验。

这样象征五色国族的标志在周氏主编的杂志封面上仅属偶尔出现，却耐人寻味。通常意义上蝴蝶结作为礼品的附属物，在这里加强了画面的装饰性，它起到聚拢紫罗兰花束的功能，并加赐一种祝福的意思。这里传递出有关紫罗兰杂志生产的某种文化政治的重要信息：画面意味着个人与家庭的美好观瞻是和民族国家的愿景相辅相成的；而在租界的特定条件下，在自由贸易的机制规范与世界主义的要求中不忘政治与文化主体的宣示，实际上与周氏及其同仁们在商战中主张国货的立场相一致，说明在他们的大众启蒙的议程中爱国情愫本来就是一个不可或缺的要素。与此相一致，他们对于传统文化乃至抒情语言的坚持，占据着一种主体的位置，这也正是大多南社知识分子所理解的以"国粹"文化为基础的"共和"的含意。

最后需指出，紫罗兰的文学与图像生产中女性身体的商品消费，涉及把女性对象化及物恋癖、窥视癖等问题，其商业性源头可追溯到晚清上海租界"十里洋场"的娱乐消费，妓女扮演了主角。学者在这方面做了不少研究，如罗苏文指出，"晚清沪上妓女的职业特点和租界文化氛围，使妓女站到引领时尚消费的前位"[①]，而那种现代性先驱的角色在叶凯蒂的《上海·爱》一书中得到图文并茂的展示[②]。然而有待探讨的是妓女是如何被作为商品呈现的，尤其是通过男性主宰的媒体。对这些问题难以在这里做

---

① 罗苏文：《论清末上海都市女装的演变(1880-1910)》，载游鉴明主编：《无声之声(II)：近代中国的妇女与社会(1600-1950)》，台北："中央研究院"近代史研究所，2003年，第128页。

② Catherine Vance Yeh, *Shanghai Love: Courtesans, Intellectuals, and Entertainment Culture, 1850-1910*, Seattle: University of Washington Press, 2006.

详尽讨论,我只是想不无争议地指出,正是租界的法制给妓女提供了前所未有的自由空间,而在商业流通中她几乎成为自由贸易的象征性符码。如果说“紫罗兰”作为身份与价值互通变幻的场域,那么我们可看到,从《点石斋画报》《飞影阁画报》到《图画日报》,围绕着女装和时尚所呈现的女性形象,有时在妓女、女学生与良家妇女之间已经难辨彼此。在1910年代中期的消闲杂志潮中,常出现“世界美人图”,其中中国女性已是代表一个抽象的观念,虽然从时尚女装及发型来看,其实是一张妓女的相片。值得注意的是,尤其像《眉语》那样由一群女性编辑的杂志,将才女淑媛与妓女的相片并置而不以为忤,实际上体现了那时候女权平等的观念。

“紫罗兰娘”也是一个具抽象观念的都市新女性,在20世纪20年代语境里指涉多种身份,可以是大家闺秀、名媛淑女,也可以是演艺明星、交际花,当然也包括妓女在内。围绕“紫罗兰”而展开的情色话语,实则体现了清末以来从长三堂子到跳舞厅、影戏院、游戏场等公共交际空间的扩展,也伴随着性文化符码的内在转换。女性的图像展示主要在于满足都市男性的情色狂想,而在妓女问题上,周氏及其同仁们藕断丝连,似构成他们文学文化实践的一个难解的结。这一名花美人传统的流风遗韵,在他们赖之为生的现代商业机制中找到合理的依据,但从他们经常以名花美人自比来看,那种骨子里的阴性化倾向似乎也很难看作一场游戏。总之就后期《紫罗兰》来说,其“挖空心思”的双页封面设计,表明周瘦鹃对时尚的热情追求,对技术和美感的不断考究,使之在当时的杂志文化中冠绝一时。紫罗兰所代表的中产阶级的文化议程蕴含着这些旧派文人的道德承诺,延续了改良主义的文化保守的底线,在1920年代后期社会政治条件恶化的情形中难以幸存下来,这也并非偶然。从更深的层面来看,她是与市民社会的公共空间一起萎谢的。

“准摩登女性”与新感觉经验*

——杜就田时期《妇女杂志》中的女性图像话语分析

王　鑫

（辽宁大学新闻与传播学院）

摘要：商务印书馆的《妇女杂志》堪称民国女性报刊中“第一把椅子”，基于主编的更迭，形成了王蕴章、章锡琛和杜就田三个主要时期。本文就杜就田主编时期《妇女杂志》中的广告、插图和封面中的女性图像展开研究，勾勒并呈现《妇女杂志》在激进的女性解放话语归于平静、新生活方式兴起之后，女性是如何被呈现和表述的。本文认为，1920 年代上海市民对现代都市生活方式尤为追逐，“新消费经验”唤醒了个人感觉和意识，《妇女杂志》图像话语中的“准摩登女性”混杂着“解放”与“消费”双重意图：一方面，女性从孱弱和柔软的刻板印象中解放出来，以时尚、现代、性感的方式冲破“男尊女卑”的结构（至少是形式上）；另一方面，男性作为一个隐蔽的他者始终注视女性的身体表征，在广告构建的都市消费文化的空间里，女性的被“观赏”地位不断地被强化和固化。

关键词：准摩登女性；新感觉经验；杜就田；广告；插图

商务印书馆的《妇女杂志》是民国时期影响力最大的女性期刊，在 1915—1932 年的 17 年时间里，形成了三个主要时期，分别是王蕴章时期、章锡琛时期和杜就田时期。其中，杜就田主编《妇女杂志》的时间是 1925—1930 年，杂志大量的广告混同着新文明生活的旨趣、现代生活的体验，以及初见端倪的消费诉求。虽然这些广告不同于 20 世纪 30 年代成熟的《生活》《良友》等杂志中的广告，也不同于《现代》这些文学类杂志中的广告，但已经可见上海消费意识形态对女性的影响。“由于娱乐场所及形式的扩大增加，更多的人加入了消费圈，广告对于经济、生活、就业、娱乐的引导作用日益增强和普及。”[①]《妇女杂志》尤其提供了种类繁多的生活日用品和新式科技用品，比如旁氏护

---

*　本文原载于《中国新闻传播研究》2016 年（上），有修改。

①　蒋晓丽：《中国近代大众传媒与中国近代文学》，成都：巴蜀书社，2005 年，第 27 页。

肤霜、棕榄香皂、新式营养品以及照相机、留声机等，这逐渐确立了都市女性新的消费体验和生活方式，从器物层面使女性充分体验到现代生活的多棱性。女性话语也在广告和消费中逐渐转向"准摩登女性"，现代文明的生活方式提供的新感觉经验，成为女性建构自身重要的维度。

一、广告修辞中的都市"准摩登女性"

杜就田时期《妇女杂志》广告已经和前两个时期有着明显的不同，一个消费和"摩登"的社会已经彰显出它的独特面貌。这些广告不仅给女性提供了新的消费体验，也张扬着女性的新风情。"大众媒体通过其言论、文艺和广告，发挥了重要的导向作用，特别是广告，作为直接引导市民消费的商业宣传，它所提供的不仅是一系列'摩登'的商品，而且传播了一整套'好的''合理的'生活方式和价值观念，它对于塑造上海市民的消费主义意识形态所产生的作用，是直观而直接的。"[①]图像和文字形成的表意系统实现了意义的生产和流通。广告作为商品的符号载体，通过意义编码不断地影响并取悦读者或者潜在购买者，最终实现购买的意图，实现霍尔所言的"主控式"的解码。在1920年代，广告远未达到今天这样的铺天盖地和"无孔不入"，但是广告也成为特定语境下重要的文化载体，通过其具体的表征能够完成对特定时代的文化想象和现实触摸。这些全新的生活体验从器物层面塑造了女性，虽然这些广告中的女性更多带有观赏性和消费性，但确实呈现出与同期征文中不同的女性状貌。这些商品及广告的意义寻唤，也形成女性新的感觉经验。

随着1920年代上海商品经济的发展，以及女性解放话语进入社会的各个阶层，一个崇尚都市文明生活的带有极大"解放色彩"的"准摩登女性"成为《妇女杂志》中流行的女性形象。广告中的"新女性"用新的形象置换了旧式女性形象，形象的变迁在话语变革中扮演了关键的角色。为了与20世纪30年代上海各种叙事文本中的摩登女郎区分开来，《妇女杂志》广告中的"新女性"在本文中被定义为"准摩登女性"。一般认为摩登女性有两种类型：一种是新女性，她们"具有充分的科学知识，合乎现代革命潮流的思想，改革旧制度建设新事业的行动方面的毅力和勇气，健全的身体，勤俭而能耐劳的习惯和气质，慈爱为怀的母性"；另一种则是时髦、浓妆艳抹、充满诱惑、精于交际、善于玩弄男性的危险的"摩登女子"。[②]《妇女杂志》中广告和封面中的女性，虽然已经渐有摩登趋势，但仍与1930年代《良友》画报等杂志中的摩登女性不同，即"准摩登女

① 许纪霖、王儒年：《近代上海消费主义意识形态之建构——20世纪20—30年代〈申报〉广告研究，《学术月刊》，2005年第4期。

② 云裳：《论摩登女郎之所由产生》，参看颜湘茹：《层叠的现代——〈现代〉杂志研究》，广州：中山大学出版社，2006年，第104页。

性”，是兼有上述两种特质，但又不是过于诱惑、危险、性感的女性，是出现在“摩登女郎”之前的过渡状态。“准摩登女性”把女性从传统的“静”“顺”“婉”的印象通过媒介更改为自信、张扬、时髦和现代的。“新女性形象在中国十多年间出现如此令人惊讶的改变，主要原因是她的出现代表的不是她的社会现实，而是被客体化为一个全新时代的象征，这种客体化在20世纪二三十年代的广告文化中被不断地挪用，她的政治性徇私便逐步被商业性价值取而代之”[①]，女性在再现中国现代性中有重要的指涉意义。因此，通过对广告、插图以及封面中的女性图片进行分析，能够发现性别关系在社会变迁和话语变革中出现的调整和变化，以及女性形象的流变。

周宪在《反思视觉文化》一文中认为：“关于视觉文化的符号学和社会体制层面，亦即着力于符号表意实践，这种关于视觉文化的界定，偏重于对制度、意义生产和理解及其意识形态的社会学分析，涉及种种体制、对象和实践的结构系统，借此，视觉经验和社会秩序完好地确立起来。”[②]美国制造的“舞女牌香发粉”的广告（图1），图片是由一个身着性感时尚服饰的女性和一个西装革履的男性组成，女性妩媚性感的眼神中没有任何羞涩，全然没有以往女性形象中的谨小慎微，目光中甚至带有一些睥睨的味道，仿佛大胆迎接任何人的青睐和驻足。男女之间的位置也发生了改变，一改男性居于中心或者靠前的位置，将男性置于女子身后，使其成为一个衬托的角色，目光也不再正视，而是侧视。从服饰可以看出，男女的生活方式都很现代。虽然这幅图片并不能意指女性已经成为性别结构中的主导，但是“准摩登女性”已经开始颠覆与男性之间的结构关系。“消费文化的增长及有关消费多元化的社会活动，有解放女性的可能，尤其是20世纪的中国女性经历了达数个世纪的禁闭及规范，消费社会的来临更可以是充满颠覆性的。”[③]这种关系的重构在1930年代日益膨胀的消费社会中有了更为张扬的呈现，其中王少游的很多漫画都以性别结构关系为题，再现了女性的张扬和男性对女性的俯首帖耳。

图2是某服装面料的广告。广告中的语言信息是：“欧美各国对于妇女的服装，非常注意，近年我国女权日张，交际日广，妇女的装束，却是一件重要的问题，所以本公司为特诚实的指导，务望女同胞速用国货。”“欧美各国”作为叙述的开始，将女性的“家中心”破解，带入一个国际化语境，“女权日张，交际日广”，“女权”作为时髦的概念，把“女权”和“交际”联系在一起，既符合彼时女性解放的时髦话语，也符合女性向往的时髦生活，这种编码给予女性自由交际和追求时尚一个合法性的想象。图像叙事更为直观：女性修长窈窕的身姿、时髦的衣裙和高跟鞋、流行的短发，这些构成了女子时髦的元素；姣好的面容，虽然低眉，但不是恭顺状，而是一种暧昧的吸引，毫无拘束之感。纤纤

① Laikwan Pang:《广告与近代中国女性消费观的再现》,《媒介拟想》,2005年第3期,第7页。

② 陶东风、和磊:《文化研究》,桂林:广西师范大学出版社,2006年,第119页。

③ Laikwan Pang:《广告与近代中国女性消费的再现》,《媒介拟想》,2005年第3期,第73页。

玉手和裸露的小腿呈现出女性的性感和妩媚。图片和语言共同塑造了一个时髦但是又不太张扬的女性形象，与后来的“摩登女郎”不同，与之前的“孱弱”女性也不同，女性从衣食住行方面开始确立现代意识。

图 1

资料来源：《妇女杂志》第 17 卷第 1 号

图 2

资料来源：《妇女杂志》第 13 卷第 7 号

图 3 是关于“新秋之装束”的广告。这幅图片中的女性身形健美修长，服饰现代时尚，发型新颖大方，脚蹬高跟鞋，俨然摩登女郎形象，这是已经告别“家世界”进入公共空间的交际女性形象，无论她在公共空间扮演的角色是观赏性的还是创造性的。“在广告中，这些符号是充盈的，是以最适合阅读的视角形成的：广告形象是坦率的，或者至少是不含糊的。”[①]

从这三幅广告图片可以看出，这些新生活的体验使女性呈现出的状貌与征文中的女性图谱是有明显不同的，不是悲情和伤情的，而是张扬、时髦、现代的，甚至带有对男性的睥睨和不屑。“新广告的女性模特儿则通常是个别的呈现（尽管很多也例外），她们所暗示的个人主义身份更获得销售产品的认同。这些数目庞大的新广告拼贴出一

---

① 罗兰·巴尔特、让·鲍德里亚等：《形象的修辞：广告与当代社会理论》，北京：中国人民大学出版社，2005 年，第 37 页。

张具有说服力的现代消费主义图像”①。

图 4 是封面副页，图片中有一位手执球杆正在打桌球的女性，无论这是一项运动还是娱乐，对女性而言无疑是全新的生活体验。美国学者卡罗琳·凯奇认为，封面宣告了杂志的个性特征、对读者的允诺，同时也宣告了它的目标读者。这与王蕴章时期的封面女性图像相比，已经发生了很大的变化，生活习惯及娱乐方式都基于现代生活体验而发生了改变。《妇女杂志》封面女性的变化，是社会主流话语对女性形象的塑造的变迁，是杂志本身的价值立场在社会变迁中的转换，并且这些女性形象也成为重要的修辞策略，帮助女性寻找到自身的理想化表现和确定性的自我认同。图 4 中的女性显然是现代生活方式浸润下的女性形象。

图 3

资料来源：《妇女杂志》第 16 卷第 7 号

图 4

资料来源：《妇女杂志》第 14 卷第 5 号

图 5 是一个手提唱机的广告，呈现的是“现代家庭交际”的画面：身着时髦的男女正在翩翩起舞，沙发上还有两对正在倾心交谈的男女。这些信息告诉读者，这是现代时髦的生活，也是新家庭的生活方式。这种编码显然对对新家庭生活充满期待的青年

① Laikwan Pang：《广告与近代中国女性消费的再现》，《媒介拟想》，2005 年第 3 期，第 71 页。

男女构成一种“诱惑”。广告中的语言信息清晰地表明“新家庭应有新娱乐，而第一娱乐恩物，其惟胜利手提唱机乎”。手提唱机标志的是“新家庭”的“新娱乐”方式，这些新感觉经验对读者构成一种现代生活的寻唤，制造新生活方式的想象。

图6是一个豪华现代的女性美发室的广告，从室内的装饰来看，吊扇、转椅、阔镜，与今天的美发店并无二致，“全球风靡，并且经济”，文字传递的信息追随国际化或者“洋化”的时尚，这也与当时人们对“洋玩意”和“洋生活”的憧憬和羡慕有关。这些新感觉和新体验把人们从心理上带入一个和西方共通的世界。对于生活在20世纪20年代的女性而言，这无疑是先进、时尚、新潮的代名词，比思想启蒙更容易引导女性进入新生活。“准摩登女性”也成为一种新经济和新生活方式下女性形象的重要表征。不能否认，这些年轻、时尚、活力、健康的女性的确是女性的全新形象，虽然其负载着消费的欲望和物化的逻辑，但“20世纪初上海广告中的女性再现，亦可视为中国现代消费者中的一种中介品，帮助消费者实践一种全新的消费体验，以及接纳通过消费所衍生的现代价值”①。

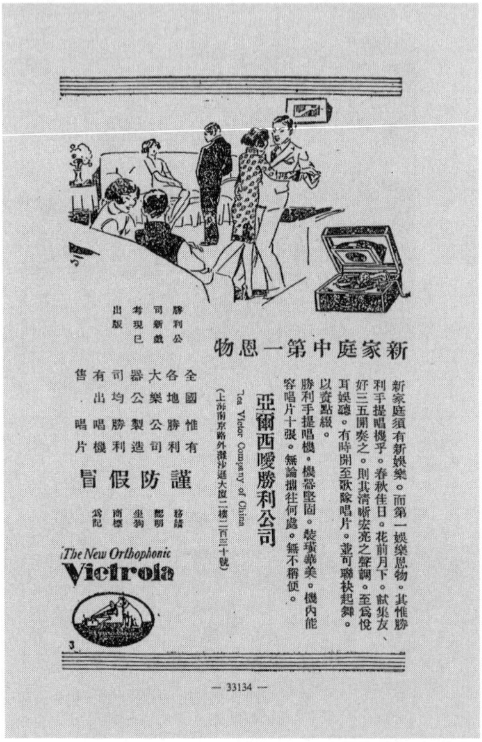

图5

资料来源：《妇女杂志》第16卷第10号

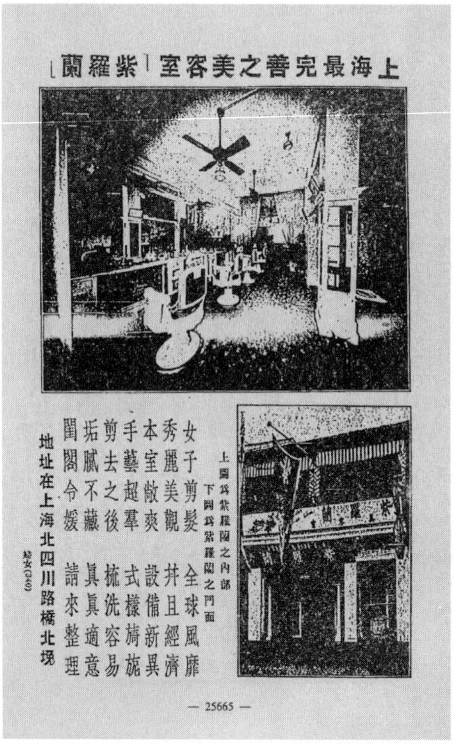

图6

资料来源：《妇女杂志》第13卷第4号

① Laikwan Pang：《广告与近代中国女性消费观的再现》，《媒介拟想》，2005年第3期，第78页。

1920年代中后期，各式“准摩登女性”逐渐成为商品宣传的主要形象，“女性身体比其他任何形象都更加频繁地得到重现：男人们经常以他们自己、以个体的形式出现，但妇女的出现却是为了证明别人或其他事情的身份和价值”①。广告中的商品主要为现代生活的消费品，与时髦相关的各种消费品必然会选择与之匹配的女性形象，实现对女性购买者的召唤，“准摩登女性”就成为重要的选择对象。“然而，这些导引需要不断地隐藏及整合现代性对中国人所带来的不安。女性再现便成为方便的工具，以化解及整合其中的矛盾。”②这些广告一方面确立了崇尚都市现代生活的“新女性”形象，同时也用“新女性”这个符号完成了现代生活的叙事逻辑。这些广告并不是宏大意义的制造者，但是就是在细微处显现出了雷蒙·威廉斯所说的感觉经验结构，且“重大意义并不在于形象本身而在于其象征主义，在于大众媒介如何为模式制造了意义，这些模式是为了回应特定的文化压力而产生发展的，并且，随着时间的流逝，当这些压力重新浮现时，这些模式还有潜能再次出现”③。

二、置于家庭中的“准摩登妻母”形象

《妇女杂志》的广告涉及多个方面，诸如书籍、眼镜、百货公司、相机、唱机、洗涤用品、化妆品、药品、牛奶、麦乳精、可可粉等。在这些广告中，以家庭为中心的“妻母”形象成为广告中的重要形象。以家庭为中心的“妻母”形象大量地出现在广告中。不管《妇女杂志》中的社论、言论、论说等栏目文章在“贤妻良母”这一问题上的讨论如何激烈和犀利，杂志广告中这一形象都并未遭遇解构，且始终是恒定的。这些女性形象以视觉的方式出现在社会和阅读者的视域中，形成了与语言信息或一致或相反的立场和态度。“贤妻良母”是对女性的一种刻板印象，正如斯图亚特·霍尔所认为的，刻板形象是一种意指实践，是维持社会与符号秩序的组成部分，“即刻板形象化对‘差异’加以简化、提炼，并使‘差异’本质化和固定化，刻板形象化有效地应用了‘分裂’策略，以其封闭的、排他的实践，用符号确定各种边界，刻板形象化往往是权力等级地体现”④。广告中呈现的“妻母”形象已经将女性的身份凝固下来，并通过这些文本叙述和图像的符号将其再次“本质化和固定化”，最后成为女性身份的合法存在，并以此作为范本，不断进行形象的选择和塑造。

“新贤妻良母”作为晚清以来男性知识分子企图塑造“国民母”的策略，已经成为女性的合法性符号。《妇女杂志》的广告中，以“妻母”身份出现的女性相对较多。这些

① 卡罗琳·凯奇：《封面杂志女郎》，天津：天津人民出版社，2006年，第63页。
② Laikwan Pang：《广告与近代中国女性消费的再现》，《媒介拟想》，2005年第3期，第78页。
③ 卡罗琳·凯奇：《封面杂志女郎》，天津：天津人民出版社，2006年，第42页。
④ Laikwan Pang：《广告与近代中国女性消费观的再现》，《媒介拟想》，2005年第3期，第7页。

“妻母”形象是典型的现代生活中的“准摩登妻母”，不同于“新贤妻良母”的形象，而是在现代家庭氛围氤氲下出现的摩登时尚的母亲。图 7 是一个花露香粉/香水的广告。图片中一位衣着、发型时尚的都市家庭女性正在给孩子涂抹花露香粉，是一个现代“良母”形象。画面的背景环境是一个现代都市家庭的盥洗室。陶瓷的洗漱盆上方是一面镜子，瓷砖镶嵌，还配有一个浴缸，是典型的“西式”现代生活场景。图像信息清楚地传递出这是一个“准摩登母亲”的形象：过膝的旗袍、时尚的短发及隐约可见的高跟鞋，享受现代生活带来的新体验。这对于那些习惯传统生活方式的女性而言是一种召唤，对于那些急于奔突家庭“围城”的女性是一种安抚，并且将“贤妻良母”视为女性身份的合法选择以及女性生活的幸福所系。

“媒介是塑造社会共识的工具，也就自然成为社会主流权力控制意识形态的手段之一，把父权制与资本主义的支配价值观再生产，通过图像或文字、语音施与受众，所以媒介再生产了男性价值观。”[①]媒介也将女性“家庭中心化”，并将“准摩登妻母”形象刻板化为一种现实的存在。《妇女杂志》刊登进行现代家庭生活改造和塑造的文章，意图让读者了解新生活方式和文明科学的生活方式对于家庭生活的重要性，图像则以更为直观的方式向读者进行现代生活方式的细节陈述，也是对杂志文本内容的补充。

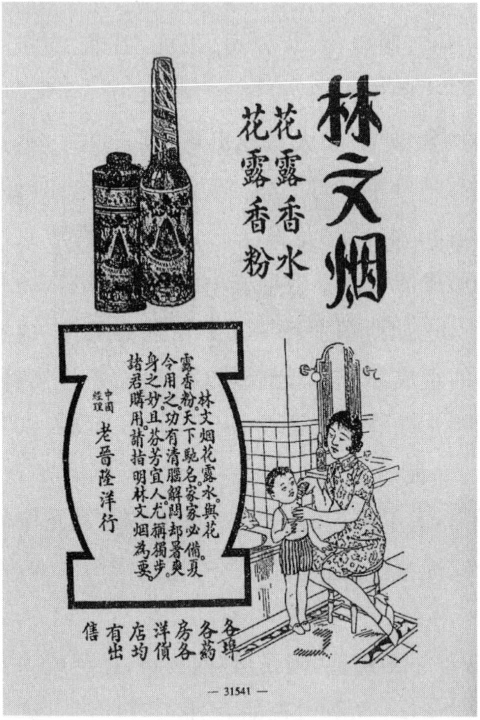

图 7
资料来源：《妇女杂志》第 16 卷第 1 号

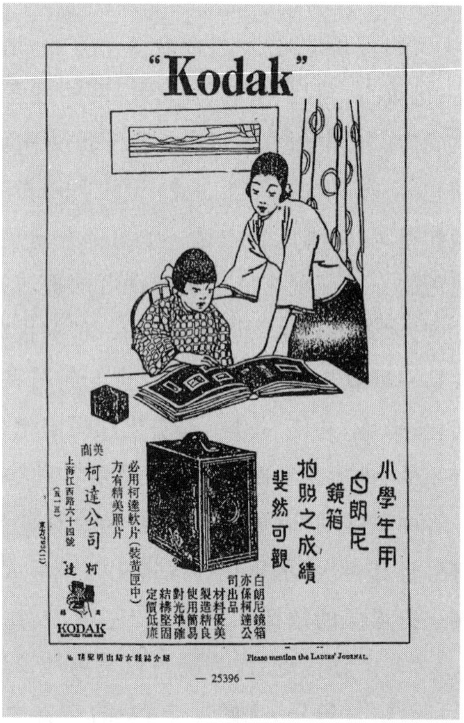

图 8
资料来源：《妇女杂志》第 13 卷第 1 号

① 卡罗琳·凯奇：《封面杂志女郎》，天津：天津人民出版社，2006 年，第 10 页。

图 8 是柯达相机的广告,图片的象征意义也尤为突出。图片编码的信息是:一个年轻时尚的母亲和一个孩子正在观看相册。年轻女人从发型到服饰,都是时髦的装束。相机作为 1920 年代的“洋玩意”,是典型的时髦“载体”,提供了家庭生活的新感觉经验。虽然图片隐匿了一些背景信息,但是从窗帘到装饰画,以及和儿童一起观看相册的场景,我们仍能看出这是一个现代家庭。柯达相机广告的话语指向是“准摩登母亲”的现代生活经验,以及温婉时髦的“准摩登贤妻”形象。男性虽然是未出场的隐蔽的他者,却以观看的视角满足了对一个“小家庭”“时髦妻子”“现代生活”的诸多要素的期待。“运用视觉隐喻来意指那种具有启示意义和真理意义的认识。”[①]相机作为现代家庭生活新经验的呈现,能够与“摩登妻母”相结合。

图 9 中的图像语言是:陈列的书架、裸女形象挂画、插花、收放椅子的摩登女性。这些形象的组合形成了意义群:这是一个新式小家庭,相对开放和现代,女主人是一个智识女性,相对比较时髦,图像的意义停在对女性身份的召唤上——成为“摩登妻母”而不是社会女性。

图 9

资料来源:《妇女杂志》第 14 卷第 3 号

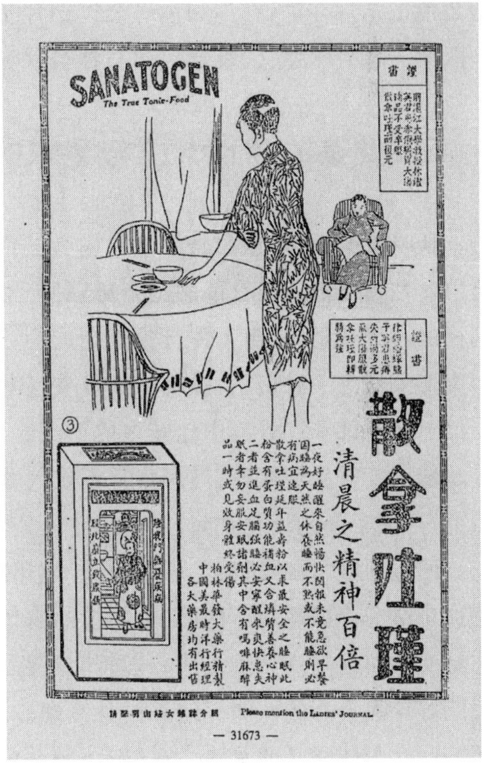

图 10

资料来源:《妇女杂志》第 16 卷第 1 号

① 罗兰·巴尔特、让·鲍德里亚等:《形象的修辞:广告与当代社会理论》,北京:中国人民大学出版社,2005 年,第 2 页。

图10是一个营养药品的广告，衣着时尚的“妻子”正在准备为丈夫冲泡营养药品，远处的丈夫正在沙发上看报纸。从被编码的图像信息可以看出：这是一个新式小家庭，摩登的“妻子”承担家务，男性依然理所应当地享受妻子的照顾，符合新式男青年希望娶到一个“新妻子”的理想诉求。“这些形象以特定的顺序在特定的时期内出现，所以它们不是作为单独的形象，而是作为一个视觉理论家们称为‘象征主义’征性系统在运行。”①在《妇女杂志》广告形象叙述中，“准摩登妻母”成为新刻板印象。笔者之所以对图片进行详细的描述，就在于这些图片形象成为“过渡时代”女性身份的重要表征，其象征意义成为一种潜隐的召唤，使女性按照这样的一种形象来为自身寻求确定性。

随着现代都市生活在上海这个“十里洋场”的迅速普及，女性家庭生活方式弥漫着现代生活体验，产生了全新感觉，才有图片中这些准“摩登妻母”的新叙事。这些广告图片“‘不能与它的目标和社会的要求分离，在这个社会里特定的图像语言得到了流通’。——换句话说，它的含义既不能与它的社会、经济、历史背景——也不能与周围文化中的其他形象相分离”②。图片中的女性直观地告诉读者，什么样的生活和怎样的角色正是现在进行时，阅读者会以图片呈现的生活为自身生活的现实化想象，这就是图像的符号学意义，视觉经验与社会秩序完好地确立起来。

三、健美的“新女性”与暧昧的“摩登女郎”

从晚清开始，女性的身体健壮成为诞育佳儿的条件。“废缠足”的意义在于摒弃了阻碍女性身体健康发育的陋习。母强则子健，这样的一套逻辑在救国保种的话语中极具权威，“废缠足”遂由个体行为逐渐成为一种官方的行为。由于媒介将“西方美人”的健康形象作为一种展示，呼唤中国新女性对健美的追求，运动的女性形象也成为1920年代封面女郎和广告当中比较多的形象。比如，图11中的封面女郎，身着短衣短裤的运动装束。对女性而言，健康本身不仅仅是诞育佳儿的基础，也为女性解除了身体的约束，开拓了新的活动空间。

图12是两位手执羽毛球拍、身着短裙的运动女性形象。“麻纱”的广告意图在于，此种布料适合做运动类的服装，女性的身体不再是被遮的存在。从遮蔽到展示活力，这对女性而言是一个重大的心理转变过程，女性身体由私人隐秘到公共呈现，改变了女性对自我身心的认知。这是由身体到心理的双重释放——女性不仅昭示着性，也昭示着女性个体意义的重建。在《妇女杂志》插图中，以及同时期的《北京画报》中，有大量以运动会、体育比赛、体育明星等为主题的摄影图片，这些都意指着女性身体的解放和生存空间的拓展。

---

① 卡罗琳·凯奇：《封面杂志女郎》，天津：天津人民出版社，2006年，第65页。

② 卡罗琳·凯奇：《封面杂志女郎》，天津：天津人民出版社，2006年，第69页。

图 11
资料来源:《妇女杂志》第 15 卷第 3 号

图 12
资料来源:《妇女杂志》第 16 卷第 2 号

在 1927 年之后的《妇女杂志》的封面和副页中,逐渐出现王少游绘的一些“封面女郎”,这些女郎兼有时髦和轻佻的双重味道。这些封面女郎与后来的《玲珑》《良友》《生活》杂志中的图片不同,始终是虚拟写意的女性。《良友》画报中的摩登女性不是虚拟的摩登形象,而是现实生活中典型的摩登女郎,比如陆小曼、胡蝶等。20 世纪 20 年代报刊媒体与照相馆形成一种互动,封面女郎中的“大头美人”都是真实女性的摄影,尽管《妇女杂志》中有很多女士小影,但是始终没有采用“真人”做封面女郎。从图 13 和图 14 可以看出,其所绘画的封面和封面副页的女郎是一种模糊的摩登女郎形象,能够看出现代、时尚、性感、诱惑但又不是很突出,是比较暧昧的,介于“摩登”和“准摩登”之间。这与 1920 年代、1930 年代的生活方式差别有关,也与《妇女杂志》的价值立场和内容设置有关——《妇女杂志》以启蒙和辅助女学为宗旨,并以探讨妇女解放和女权为主要内容。虽然在杜就田主编时期《妇女杂志》已经逐渐转变成“有趣味的软性读物”,但始终与画报是不同的。杂志封面宣布了对读者的承诺和其内容趣味的表征,在清晰和模糊之间,《妇女杂志》的封面摩登女郎始终是暧昧的。这是一个前“摩登女郎”时期,已经有了摩登的味道,只不过在表现的时候始终是若隐若现的。

图 13
资料来源:《妇女杂志》第 16 卷第 3 号

图 14
资料来源:《妇女杂志》第 16 卷第 7 号

虽然这些广告中的女性形象不能和“妇女真实生活经历相混淆”,但是这些“形象的修辞”已经呈现出杜就田主编时期的“新感觉经验”,代表了与“摩登”如此亲密的女性形象。媒介反映现实也创造现实,这毋庸置疑,媒介选择的立场和意义的解释,都会成为一种大众效仿的范本,并按照其提供的想象进行自我塑造,以此获得确定性的认同。此外,“借助现代印刷文化的复制技术时,它能够离开传统绘画的语境和独特氛围,抛开传统绘画的惟一性,而在不同地点的同一时间呈现,使人们产生共时性的想象。这种想象的空间与传统的地域相去甚远,它使人们有一种身份的焦虑,引发了对认同的诉求”①。通过上述对《妇女杂志》广告中的“新感觉经验”以及女性形象分析可知,至少有两种指向非常突出:

第一,女性社会气质的改变。

从王蕴章到杜就田时期《妇女杂志》中图片上女性的变化可以看出,女性经历了一个从传统到现代、从保守到摩登、从素朴到时髦的转变,女性的气质也由羞涩、含蓄、温

① 李永中:《文化传播与文学想象——新青年杂志研究》,武汉:武汉大学出版社,2006 年,第 48 页。

婉、谦恭而逐渐变得自信、张扬、性感、独立。这种社会气质转型的背后是女性深层心理发生的改变。虽然女性在“过渡时代”遭遇了很多困难，虽然这些健康、时髦、张扬、崇尚运动的女性，往往只具备外表的风格，而缺乏内在精神的独立和自由，即便如此，关于女性修辞的变化，尤其是都市女性新的生活方式和形象的改变，已经使女性开始对自身有了新的“想象”。“媒介的独特之处在于，虽然它指导着我们看待和了解事物的方式，但它的这种介入却往往不为人所注意。”①

第二，生活方式的现代与新感觉经验的生成。

通过对杜就田主编时期广告中的女性形象的分析可以看到，女性新的生活感觉正在生成。这是一个与传统生活不同的世界，充满着新奇和诱惑，改写着人们对传统生活的诸多感受。这些“洋玩意”构成了一个新世界，涉及衣食住行的诸多方面，为人们创造了新的体验和感觉——方便、快捷、健康、新奇，“人们只能凭借着自己的体验，即几乎全部的感知、情感、理智、推理、欲望想象和幻想等，去亲身经历、亲自‘生活’或‘活着’，才能真切地感受到新的现代自我及世界，并对以往的古典性体验模式产生质疑和改变的渴望”②。

《妇女杂志》为读者提供了都市女性生活新的视觉形象，并且和现实生活中的新体验结合在一起，成为 1920 年代后期独特的“感觉经验结构”。女性形象虽然不同，但广告所呈现的商品，都是现代生活中的“新玩意”。无论是家庭生活还是个人健康，包括女性的卫生用品，这些在传统文化中被视为禁忌的方面也在广告中刊登，可见人们的身体意识已经发生了改变。学者姚玳玫认为：“民族/国家论说是基于对一个新民族、新国家的呼唤，想象并试图创造一个新中国，那么生活方式叙述，则是基于对新生活的虚拟、想象并试图推出所谓的‘现代夫妻’‘现代家庭’和‘现代女性’。”③从家庭到个人，从健康到美化装饰，不断地突显着个体的意义。女性形象流变也是社会变迁过程中的必然呈现。

四、思想与器物层面之间的对峙——一种矛盾的解放力量

有学者认为杜就田时期的《妇女杂志》再次沦为保守派的刊物，是因为其任主编时期“无能”和“不专心”以及没有鲜明的女性解放言论和立场。通过分析征文中的日常生活叙事、广告中的女性形象以及“新感觉经验”，可以认为杜就田时期的《妇女杂志》中存在着非常明显的矛盾，这种矛盾是舆论主张和征文叙事以及器物层面之间的矛盾。

---

① 尼尔·波兹曼：《娱乐至死》，桂林：广西师范大学出版社，2004 年，第 13 页。

② 王一川：《现代性体验的发生》，北京：北京师范大学出版社，2001 年，第 6 页。

③ 姚玳玫：《想象女性：海派小说的叙事(1892—1949)》，北京：中国社会科学出版社，2004 年，第 295 页。

从舆论主张看，杜就田时期的《妇女杂志》，其言论、社说、主张相对于前两个时期弱化很多，并没有什么激进和先锋的言论，谨慎而稳妥。从《〈妇女杂志〉总目录》可以看出，几乎整个目录都被甲、乙、丙、丁各种征文和艺术、美情占满，只在补白或者非固定栏目中可看到一些论说文章，涉及家庭制度的改革、新女子的条件、女性职业问题、家庭教育等，虽然有妇女解放问题的探讨，也不过是一种点缀，基本上都是沿着前两个时期的路径行进，并无超越前期的观点和视角。从《妇女杂志》征文中呈现的女性日常生活叙事来看，女性的日常生活仍旧是苦闷的，整个生活和情感都弥漫着灰色和苍凉。女性在学业上的很难作为，在婚恋中遭遇的“伤”与“殇”，以及在社会工作上的毫无出路，使一些接受过新式教育的女性遭到了生活和精神上的双重困境，女性被制约在一个艰难的境地中。知识分子的舆论主张和内心希望，并没有落地生根。相反，女性在不彻底的启蒙和寻唤中更加难以确定对自我的认同，从征文中可以看出女性在日常生活中的诸多矛盾的状态：时髦的虚荣的女学生受新思潮的影响追求自由婚恋，结果一些人遭到欺骗；自由婚恋结合的新青年男女在与旧式传统家庭斗争中无力地溃败。女性在这样的结局面前，只能喟叹、失望。在学堂游走一遭的女性，除了谋得了一些装饰的表面功夫，很少从精神层面进入新境界。从征文中弥漫的伤情与痛楚就可以看出，正是其“新”的不彻底，以及她们并未真正学到智识和能力，谋职业是困难的。征文始终关注的都是家庭和婚恋中的女性，对职业女性涉及很少，也可算是一个佐证。在分析广告中女性的新感觉经验时，呈现的却是女性的另一个图谱——时髦、健康、张扬、开放、大胆的女性形象，在新的物质文明中，这些女性绽放的是准摩登女性的风采，没有任何谨小慎微和诚惶诚恐，灿烂的笑容、健美的身材、优雅的举止和“入得厨房，出得厅堂”的形象，无不彰显着一个“准摩登妻母”和“准摩登女性”的形象，广告中构建的女性生活图谱，是时尚的、现代的、健康的女性生活。

由此，我们看到一种矛盾的存在：征文中弥漫的苦闷与苍凉、广告中女性的自信和时髦共存于杜就田主编时期的《妇女杂志》。在女性从传统向现代转型和过渡时期，全新的现代性体验促使女性从器物的层面很快接受新生活方式，并乐意和陶醉于新生活的体验。从虚荣的女学生的图谱里，也能清晰地把握住这一点。广告中对新商品和新物件的介绍，不断从器物层面上刷新着女性对于生活的体验和感受，女性在“生活”的器物层面率先进入了现代的生活。知识分子的舆论主张和内心希望，以及对女性精神上的不断召唤，可能不如一件“洋玩意”更容易改变女性对现代生活的认知和态度。

在女性从传统向现代的转换过程中，生活器物层面上促使女性的转变要更切实一些。生活器物层面不断提供给女性新的感觉经验，女性在生活中开始认同新身份和新形象。器物层面对女性的改变是潜移默化的，正是这种潜移默化逐渐推动女性集体对已然成规的历史惰性开始了反叛，这比悬设一个高不可攀的“想象”更能够促使女性的转变，器物层面上女性遭遇的现代性体验引起了比思想更先导的变化。对长于感性思维的女性来说，改变其观念的最好方式就是从生活的器物层面进入，对女性而言，“物化”胜于“思化”。在社会变革时期，女性的感知方式、情感体验、价值取向、精神立场都会发生变化，而促使女性迅速转变的则是器物层面的因素。且不论杜就田主编时期《妇女杂志》的情状是主观使然，还是历史逻辑发展的必然，但在思想层面和器物层面之间，我们经常忽略器物层面对人生活方式和思维方式的改变，正如麦克卢汉所言，媒介即讯息，媒介本身的转变就是促使人们转变深层感受和认知。王一川先生在《中国现代性体验的发生》一书中认为：“现代性转型作为一种‘总体转变’归根结底要在人的生存境遇或生活方式的转型上显示出来。这种生存境遇当然包括个人和家庭的日常生活、集团、阶层、阶级及民族的生活，乃至国家与国家的生活等，涉及日常饮食、男女、生活用具、生产工具、精神生活、社会交往等方面。而人的生存境遇或生活方式的转型，无疑正是现代性转型的根本。”①

虽然一些都市女性在器物层面的生活已经完全不同于传统女性，显现出现代女性的特征，但是女性在精神层面上并未像生活层面显现的那样独立、自信和张扬，物质的时髦并未改变其经济上对男性的依附。传统女性视婚姻为生活的全部，倾注自己全部的生命去经营，她们的美丽是为“悦己者容”，她们的知识是为了成就“贤妻良母”。新婚恋自由观，使女性也掌握了婚姻的主动权，更有一些女性随意玩弄男性，这使两性关系进入新的不健康的状态。媒介对女性的态度也因此发生了变化，从同情和救赎，转向讽刺和规劝。尽管如此，当时的女性也在无形中成为一种力量，冲击了既有性别结构中的“男尊女卑”，其解放的意义也不能抹杀。

在社会文化转型和过渡时期，思想和器物层面上构成的矛盾和对峙，是传统思想和现代生活之间的矛盾。这种不一致，促使女性成为“过渡时期”的一个异形体，幻化成为不同的女性样本，呈现出不同情状。《妇女杂志》并不是刻意呈现多样女性的状貌，主编对这种矛盾与不一致，从主观上也未必刻意进行碰撞，以形成差异供读者思考。无论是主观的偶然还是历史的必然，杜就田主编时期的《妇女杂志》的确将新文化落潮之后，女性在社会上的多重状貌呈现出来。这是一个混合着“新知识女性”“准摩登妻母”“准摩登女性”“健美女性”和“暧昧女郎”多重元素的复合体。只不过这个“新女性”在器物和消费意识中已经逐渐地偏离了“五四”启蒙时期对女性的期待和诉求。“准摩登女性”作为女性符号，是准摩登生活方式的载体，彰显着器物层面的生活体验，同时又混杂着“解放”与“消费”双重意图：女性从孱弱和柔软的刻板印象中解放出来，以时尚、现代、性感的方式冲破“男尊女卑”的结构（至少是形式上）；男性作为一个隐蔽的他者始终注视着女性的身体表征，在广告构建的都市消费文化的空间里，女性被“观赏”的地位不断地被强化和固化。

① 王一川：《中国现代性体验的发生》，北京：北京师范大学出版社，2001年，第29页。

媒体视域中的好莱坞华裔女影星形象*

——以黄柳霜为例

侯 杰 马晓驰
（南开大学历史学院）

摘要：黄柳霜是20世纪初美国好莱坞著名华裔女影星，出于文化寻根、形象塑造等原因，她直接或间接地与中国社会公众产生了联系。作为舆论的集合地，报刊媒体文本呈现了黄柳霜在跨文化空间中参与自身形象塑造，并在故土文化、宿主文化、职业、性别之间博弈的生命史，揭示了华裔女性离散者身处的文化困境和离散状态中女性发挥主体性的重要性。

关键词：黄柳霜；华裔；报刊媒体；主体性

20世纪二三十年代最早在好莱坞争得一席之地的华裔影星黄柳霜，1905年生于洛杉矶一个以洗衣为生的华人家庭，1919年以临时演员的身份涉足影坛，共拍摄50余部电影，蜚声影坛。这些成就使黄柳霜闻名于西方影视界，同时，亦使她饱受种族歧视之苦。在美国《排华法案》的阴影下，黄柳霜的东方面孔使她不得不接受西方强势文化的安排，出演阴险、妖艳的东方女性形象，这些角色不是对西方男性产生威胁就是受其支配，而且西方人塑造的中国女性形象在中国公众①看来不伦不类。中国观众对此现象反应不一，在公共场域展开热烈讨论。由她的生命历程出发，研究者以不同视角、方式对黄柳霜的经历予以考察，从演艺生涯的叙述到生活背景与时代特征的分析，再

---

* 本文原载于《南开学报》（哲学社会科学版）2017年第4期，有修改。

① 本文中“公众”和“社会公众”一词采用公共关系学的定义，指因面临共同的问题与特定的公共关系主体相互联系及相互作用的个人、群体或组织的总和。黄柳霜在读者、观众等各界人士的关注下，逐步走向公共空间，成为部分个人、群体或组织关心的话题，其内部对黄柳霜的评判标准不一，组成不断变化发展的开放系统，一旦问题解决，该群体便会逐渐消解。参见居延安等编著：《公共关系学》，上海：复旦大学出版社，1989年，第72页。

到对其所承载的多重议题的探讨[①]，不一而足；但也仅将其视作文化符号或欣赏对象从而淡化了她的主体地位，极少地关注个体生命体验。

事实上，在跨文化空间中游历的黄柳霜成长经历复杂，一方面受故土文化——华人传统教育观念熏陶进而建构起中国想象，另一方面在学校接受宿主文化——美国式教育，但作为少数族裔并受《排华法案》影响，她也受主流宿主文化的支配。作为拥有丰富欧美生活经验的公众人物，黄柳霜回到中国如何协调、处理两种文化的冲突是重要的课题，也是本文希冀能够借由报刊媒体加以检视之处。同时，报刊媒体作为一种传播手段本应是中性的，但报人则不可避免地带有一定的社会性，因而会或多或少地决定、影响报刊媒体的价值评判。书写者也将自身的某些经历和情感带入文本书写，文本及其生产者也在不同层面上进入了历史。因而，本文尝试关注两条线索，即黄柳霜与中国公众互动的历史事实及此历史事实的书写过程，也就是文本和文本分析。

一、摩登：寄予厚望的新女性

各种文化和各种身份一样，是不断被再造的。对于离散者来说，其故土文化和他们寄身其间的土地之间不存在天然的联系，他们更容易受到外界的影响，保持离散文化的自我封闭和明确边界是不可能的。作为第二代华人移民，黄柳霜的成长经历了中美两种社会环境、文化理念的冲突与融合。

一方面，黄柳霜生长在洛杉矶唐人街并接受英语教育，幼年学习钢琴、跳舞和声乐，时常旷课去影戏院，回到家便“把银幕上所见到的，站在一面镜子前，细细的模仿”[②]，也喜欢徘徊在影片的拍摄现场，更因此获得了第一次出镜机会——在《红灯笼》中做临时演员。女孩演戏，在其父看来是一条有悖于传统的不归路，“摄影场是个恐怖的地方，女孩子们一走进去，便是向着毁灭的境界前进了”[③]。而黄柳霜选择“反抗”，凭借《海逝》等影片中的精湛演技受到认可。

另一方面，黄柳霜的父亲为使女儿保持华人传统，因而要求她接受四年中国传统

---

① 相关研究成果有 Graham Hodges. *Anna May Wong* : *From Laundryman's Daughter to Hollywood Legend*. New York: Palgrave Macmillan, 2004; Philip Leibfried, Chei Mi Lane. *Anna May Wong* : *A Complete Guide to Her Film*, *Stage*, *Radio and Television Work*. Jefferson: McFarland, 2004; Leong, Karen J. *The China Mystique* : *Pearl S. Buck*, *Anna May Wong*, *Mayling Soong*, *and the Transformation of American Orientalism*. Berkeley, California: University of California Press, 2005; Sean Metzger. Patterns of Resistance?: Anna May Wong and the Fabrication of China in American Cinema of the Late 30s. *Quarterly Review of Film and Video*, Vol. 23, No. 1, 2006；任文：《中西方文化语境与“东方”女性符号的标出性——论早期好莱坞华人影星黄柳霜》，《四川大学学报》(哲学社会科学版)2014 年第 5 期；张一玮：《作为文本的女影星：〈北洋画报〉和〈大公报〉中的黄柳霜》，《当代电影》，2010 年第 6 期；张隽隽：《爱恨交加：1927—1943 年中国媒体对黄柳霜的报道和评价》，《当代电影》，2014 年第 1 期。

② 周瘦鹃：《国际电影明星在欧时之谈话》，《玲珑》，1932 年第 1 卷第 12 期，第 3 页。

③ 周瘦鹃：《国际电影明星在欧时之谈话》，《玲珑》，1932 年第 1 卷第 12 期，第 4 页。

私塾教育。在中国文化熏陶下,她逐渐形成对中国的感性认识,进而产生身份认同。黄柳霜一直以“中国人”自居,经常穿着中国式的装束,甚至表示“竭力在我们民族的传统精神上找寻安慰的哲学”[①]。她后来回忆道:“在我的想象中,只会想到祖国一个神奇老大的国家……但我总对我的祖国,怀着莫大的希望,我天天是那样想着回来看个究竟。”[②]受到生活环境和家庭背景影响,黄柳霜确立了“祖国”认同,而对祖国的想象则成为黄柳霜自我身份认同的精神支柱。

凭借华裔身份,黄柳霜得以进入好莱坞,从跑龙套开始直至成为多部电影的重要角色,塑造了诸多令西方人印象深刻的形象,例如《海逝》(1922)中身着中国传统女性服饰、对爱情忠贞的中国女性莲花和《巴格达窃贼》(1924)中身体裸露的蒙古女奴。凭借精湛的演技和东方色彩的服饰,黄柳霜在日本、美国等国的报刊媒体上饱受赞誉,逐渐受到西方主流电影界的重视,开始出演一些主要角色,并成为欧美时尚杂志的常客。[③]

随着在美国影坛的声名鹊起,黄柳霜也渐为中国人熟知。对于20世纪20年代的中国社会而言,黄柳霜的成长经历和职业生涯所呈现出的种种特质,正是报刊媒体需要大力宣扬和传播的。近代以来,中国人在国际上逐渐成为低等、落后、愚昧和被征服的代名词,改变国家形象、促进社会的现代转型成为有识之士的强烈诉求。作为社会精英的男性知识分子主张解放女性是改良民族的根本,知识女性自身也开始投身于反抗传统性别压迫、寻求自我解放、重构自身主体性的历史进程。社会舆论亟须寻找乃至塑造模范的新女性,以彰显其现代性。

中国报刊媒体既注重满足这样的社会需要,也在一定程度上进行某种尝试:一方面将不同群体关于社会进步的言论汇集起来,供读者进行选择性阅读;另一方面又主动参与现代性建构,在此过程中不断表明自身的立场以发挥舆论效应、影响公众。这也注定了在黄柳霜进入中国社会之初,报刊媒体最先关注的是她的中国人身份及其所展示出来的现代性,并会利用各种报道、评论阐明她的“现代中国女性”特质。

《申报》是通过照片展现黄柳霜形象的先行者。1927年7月20日,该报首先刊登了《武连德与黄柳霜范朋克合摄之影》的照片(图1[④])。照片中的黄柳霜刘海乌黑浓厚,身着长裙,良好地展现了其东方女性形象。《良友》画报则多次将黄柳霜的肖像和剧照作为封面或头条(图2[⑤]、图3[⑥]、图4[⑦])。除图片报道外,某些报刊媒体在刊发的

---

① 黄柳霜:《我的自述》,《良友》,1936年2月15日第114期,第24页。

② 罗保吾:《与黄柳霜百分钟晤谈记》,《实报半月刊》,1936年第16期,第81页。

③ 参见 Leong, Karen J. Anna May Wong and British Film Industry. *Quarterly Review of Films and Video*, 2016, Vol.23, No.1, p. 13.

④ 《申报·本埠增刊》,1927年7月20日第19524号,第3版。

⑤ 《黄柳霜之摄影种种》,《良友》,1927年第20期,封面。

⑥ 《黄柳霜女士之摄影种种》,《良友》,1929年第34期,第25页。

⑦ 《黄柳霜女士之摄影种种》,《良友》,1929年第34期,第25页。

文章的标题上也匠心独运，强调黄柳霜的“出身”，如“在海外悬念祖国”[①]“侨美中国电影明星”[②]“中国旅外女明星”[③]等，巧妙地回避了黄柳霜有没有到过中国的问题。

图 1

图 2

图 3

图 4

媒体在展示黄柳霜摩登特质的同时，也在无形中将其带入了部分市民的消费领域。在上海的文化环境中，以歌、舞、电影明星为代表的新女性已经取代封建社会的妓女成为身体现代性的承载者。观众消费的对象不仅仅是娱乐节目本身的内容，更包含演员的肉体、服饰、举止和气质等凡能带来感官上巨大满足的东西。报刊媒体将黄柳霜的形象引入中国，实质上使之成为吸引读者和观众消费的手段。以“海外中国人”形象在文化消费市场中出现的黄柳霜，有别于胡蝶等国内明星，凭借“好莱坞”的“新鲜感”获得了读者和观众的追捧。黄柳霜初入中国电影市场时受到的极高待遇即体现了这一点——她一度在上海引起强烈轰动，电影受到了众口一词的热捧。毕竟，能够在上海滩看到刚上映不久的好莱坞影片是一种摩登，能够在这些影片中目睹黄种人的表

① 戈公振：《在海外悬念祖国的黄柳霜》，《生活周刊》，1929 年第 4 卷第 24 期，第 258 页。

② 《侨美中国电影明星黄阿媚之庙舞》，《北洋画报》，1929 年第 339 期，第 1 版。

③ 《中国旅外女明星黄柳霜主演之刀光剑影之一幕》，《北洋画报》，1929 年第 365 期，第 2 版。

演也是一种极大的满足。[1] 电影院更以放映有黄柳霜出演的电影为荣，并利用其形象进行影视宣传："好莱坞开映黄柳霜新片、中国黄柳霜历演新片、久为国人所注意、处女奔情一片、亦为黄阿媚之杰作、描写儿女私情、演来入木三分、引人入胜"[2]。这既迎合了观众，增加了收入，更在无形中助长了社会上推崇黄柳霜的风气。

总而言之，报刊媒体对黄柳霜的报道逐步在中国公众的心目中建构了一位具有正面形象的海外中国女影星形象。作为"海外的中国人"，黄柳霜是在国际影坛上有地位、拥有自主职业的新女性，装束摩登，可以向世界展现中国女性良好的精神面貌，受到欢迎。

二、矛盾：看与被看之间的冲突

黄柳霜所具有的东方特质，既满足了西方观众猎奇的审美期待，也成为她蜚声好莱坞乃至西方世界的重要基础；来自西方的新式职业与"摩登形象"，又使她在中国成为追捧对象。正因为如此，黄柳霜的社会身份也存在内在矛盾：在西方人看来，她是生活在美国的中国女性，与纯粹的美国女性有着本质差别；在中国人看来，她是装束摩登的女影星，与中国传统女性差异甚大，更加满足对异域文化认知的需求。在其银幕形象进入中国社会之初，这种混合特质恰恰是黄柳霜备受欢迎的重要原因，然而这仅仅建立在中国公众对她的粗浅认知之上。

随着时间推移，社会公众逐渐发现黄柳霜并不能代表中国人——她的"中国人"身份并不纯粹。随着认知深入，中国公众发现她在好莱坞中的银幕形象与媒体宣传的正面形象反差甚大，令国人难以接受，甚至引起众怒。例如，在《唐人街繁华梦》(*Piccadilly*)中，她饰演的莎莎(Shosho)是一个装扮夸张、引诱白人老板、会跳艳舞的洗碗女工。当她试图突破这一身份界限向白人求爱时，便遭到了无情的惩罚。

然而事实上，这种局面并非黄柳霜所能决定的。作为好莱坞为数不多的亚裔女演员，黄拥有展现中国乃至东方特质、迎合西方观众审美意趣的资本，但往往被置于极为被动和尴尬的境地。近代以来，西方列强将中国视作征服的对象，中国人也被西方人视作应当强力征服的异类。此种社会观念也不可避免地反映到了好莱坞电影制作中：剧中神秘、狡猾、艳俗、具有蛊惑力但最终被征服的女性角色大多是东方人。这些形象，不是被西方男性征服就是给西方世界带来威胁，体现了女性受男性压迫、东方受西方压制的"铁律"。在东方女性演员寥寥的好莱坞中，这类角色通常由黄柳霜扮演，征服与被征服的意味同时也附加到了她的身上。

---

① 任文：《中西方文化语境与"东方"女性符号的标出性——论早期好莱坞华人影星黄柳霜》，《四川大学学报》(哲学社会科学版)，2014年第5期，第94页。

② 《申报·本埠增刊》，1929年3月30日第20122号，第5版。

黄柳霜的角色特征触动了多数中国公众的敏感神经，也与先前对黄柳霜的美好憧憬和期待大相径庭，因而观众在无形中忽略了她的现实处境。在中国公众看来，黄柳霜虽然处于"国际闻名的明星地位"，但在国际影坛上并没有改善中国的形象。而且"对于她的民族——至少在以前——不但没有什么好处……只留着令人慨叹的遗迹"[①]；她的行为只会进一步恶化中国的形象。"欧美各国的一般人民对于中国，因帝国主义对于被压迫民族的侮辱，对中国民族的印象已很不好，现在有了中国产的明星加入渲染，他们更可认为是铁证，这是个人对于毁坏自己民族的难以宽恕的罪过。"[②]以此为代表的社会认知经报刊媒体的不断传播，持续发酵，中国公众对黄柳霜的反感逐渐加强，在报刊媒体中得以反映。

人们通常采取展示黄柳霜的剧照或者叙述自身的观影经历的方式，表达对黄柳霜表演的极度不满。1927 年以后，对黄柳霜及其银幕形象的批判愈演愈烈。如 1928 年《北洋画报》刊登了一幅黄柳霜剧照，图片的中文标题是"中国侨美女明星黄阿媚又在那儿给中国人丢脸呢"[③]。不久，该报又刊登了一则观影记："中国电影明星，能在'华丽屋 Hollywood'中，占一席地者，仅有黄阿媚女士 Anna May Wong……即见黄女士赤身裸体，在群中效土人舞，竟大扭其屁股。其舞态，除屁股转动外，一无其他姿势。此虽未必即为中国明星之玷，然则又何苦来耶?"[④]作者虽不否认作为"中国电影明星"的黄柳霜在好莱坞的地位，但认为其对于中国形象的诋毁是更恶劣的行为。

面对黄柳霜出演的"辱华电影"，中国官方及行业公会的措施是直接禁止。如江西省会戏剧电影业公会在 1932 年发布了《令查禁映演〈月宫宝盒〉》的禁令[⑤]，明确提出该片中的辱华情节涉嫌违反《电影检查法》而实施禁演。社会公众也将她视作应当被教育和改造的对象，提出两种解决措施：一是在承认黄柳霜演技精湛的基础上，力主"遄返祖国，予以相当之指导，则以柳霜之天才，必能于银幕之上，展其抱负"，即希望黄柳霜能够来到祖国"学习"表演技巧并感知中国社会，从而展现真实的中国。[⑥] 二是主张接近黄柳霜，当面进行劝说，使之停止破坏国家形象的行为。著名导演周剑云曾到欧洲访问，时在欧洲的黄柳霜想见来自祖国的影人，遭到周剑云的拒绝。而国内认为周剑云应当"忠告她一番，把国内的实情向她解释，把她过去的错误指出。说不定可以把黄柳霜改造一下，以后或不至再这样掩了良心，出卖灵魂"[⑦]。

面对批判，黄柳霜说出自己的生存状况及心路历程：作为一个配角，她在剧组中处

---

① 邹韬奋：《国际闻名的黄柳霜》，《大众生活》，1936 年第 1 卷第 15 期，第 864 页。

② 邹韬奋：《国际闻名的黄柳霜》，《大众生活》，1936 年第 1 卷第 15 期，第 865 页。

③ 《北洋画报》，1928 年 5 月 9 日第 186 期，第 2 版。

④ 斑马：《黄阿媚大扭屁股》，《北洋画报》，1928 年第 5 卷第 216 期，第 3 版。

⑤ 《月宫宝盒》即《巴格达窃贼》，黄柳霜在片中饰演蒙古女奴，该角色地位低下，衣衫裸露，神秘且具有蛊惑力。该禁令参见《江西教育行政旬刊》，1932 年 3 月 21 日第 1 卷第 3 期，第 2 页。

⑥ 赵君豪：《封面识小·电影明星黄柳霜》，《旅行杂志》，1929 年第 3 卷第 9 号，封面。

⑦ 桐：《为何拒见黄柳霜》，《娱乐周报》，1935 年第 1 卷第 3 期，第 76 页。

于弱者的地位，有损中国形象的角色即使她不演也会有其他演员来演，因此只能听凭导演安排。然而，这一说法并不为国内舆论所接受，反而遭到了更严厉的批判："黄柳霜在美国拍摄的有损自己国家'尊严'的影片，据说那是没有办法的，因为拒绝不演，公司会叫别的人来演，于是我们可怜的黄'阿媚'小姐，便不得不委曲地做一下'汉奸'。说自己不演公司会叫别人来代替，那或许是实情，而美国有一部分制片者对'辱华'成为一种'癖爱'，也是事实；不过，以自己不演会有别人来演来做饰词，那无论如何是太脆弱的，不然难道因为现在有'汉奸'卖国，我们便也做一下'卖国汉奸'吗？"[①]对于这些严厉批判，黄柳霜本人似乎并没有再予回应。

三、转机：中国公众的内部分化

黄柳霜的中国处境，不仅使她的影片在中国的放映受到影响，而且也直接决定了她在中国电影界的地位——即便演技精湛、国际闻名，也始终不能成为主流明星。20世纪初，中国影视界对以黄柳霜为首的好莱坞老资格亚裔明星推崇备至，但是却在是否邀他们出演电影等问题上陷入两难境地，"倘使他们做好人，美国观众将起反感；倘使他们做坏人，又恐引起东方人的反感。东方市场究属美国影片的大销场，不可轻视"[②]。黄柳霜在美国观众的眼中已被脸谱化，成为专门饰演"坏人"的演员，一旦饰演"好人"便在欧美地区引起不快，一味饰演"坏人"则在东方（尤其是中国）更会招致反感。尽管黄柳霜是扬名于国际影坛的明星，但因为她所扮演的角色使得中国影视界有意忽略了她的演技，转而考虑其社会影响，因而中国的影片公司"始终没有胆量使他们担任正角，偶一为之亦觉得不放心"[③]。这样一来，黄柳霜"这种'亚洲明星'的命运，亦就飘荡如游丝了"。

需要指出的是，亦有人为黄柳霜辩护。他们不仅强调黄柳霜的表演恰如其分，而且认为"纵片中于华人描写，多所失当，但亦咎在剧本"，演员不负主要责任。还有人将黄柳霜的行为归因于黄对中国的陌生："余意柳霜生长美洲，与祖国情形自多隔膜。柳霜对祖国之印象，与外人之不明中国真相者，殆复相类。"[④]但以上观点也并没有得到中国社会公众的理解和接受，反而招致批驳。"在她所参加的'上海快车'一片里，侮辱中国的情形令人发指，说她因未回过祖国便不知道是侮辱，是很难令人相信的。"[⑤]

实际上，面对质疑和非议，早在1928年黄柳霜就以力所能及的方式表达自己的心声。出于对好莱坞电影经常安排自己出演负面华人形象的抗议，黄柳霜出走欧洲。彼

---

① 彬：《迎黄柳霜》，《明星》，1936年第4卷第4期。

② 《"亚洲明星"》，《申报·本埠增刊》，1932年11月2日第21399号，第13版。

③ 《"亚洲明星"》，《申报·本埠增刊》，1932年11月2日第21399号，第13版。

④ 赵君豪：《封面识小·电影明星黄柳霜》，《旅行杂志》，1929年第3卷第9号，封二。

⑤ 邹韬奋：《国际闻名的黄柳霜》，《大众生活》，1936年第1卷第15期，第864页。

时的她似乎已经认识到以往角色对于中国形象的危害，开始注意自身言行。她后来回忆道："我每次登台在未启幕之前，必定对着观众说几句声明，说无论我所扮演角色怎样坏，不能代表我中国人的全体，希望在座观众不要误会。"①然而，黄柳霜寥寥数语根本不可能彻底改变以好莱坞为代表的西方影视界对东方特别是中国的刻板认知，中国人仍然被视为危险、邪恶的异类。

为履行与公司签订的合约，黄柳霜于1930年离开欧洲回到美国。但是，她开始注意甄别在影片中出演的角色，尝试利用她逐渐积累的名气拒绝出演某些辱华作品，或者加以改编，使之反映真实的中国。② 出于彻底改变自身形象的考虑，黄柳霜还在美国报刊媒体上发表对辱华电影的抗议："我抗议！为什么荧幕上的中国人总是反面人物？粗鲁的恶人——凶残、奸诈，草地上的一条蛇！我们不是那样的，一个比西方文明更古老的文明怎么会是这种形象？"③

然而，好莱坞以邪恶东方人为题材的电影仍然有增无减。作为演员的黄柳霜以片酬为唯一生活来源，也受制于与电影公司签订的契约，完全拒绝出演负面形象的中国人角色是不现实的。因而，她于1931年和1932年分别饰演了《龙女》中傅满洲的女儿和《上海快车》中的惠菲。这两个角色均是充满邪恶、神秘的中国女性形象，这也成为她在中国受到更多批判的原因。正是由于黄柳霜既有对辱华电影的抵制，又参演辱华电影，所以使她在中国公众心目中的形象更加复杂。不同阶层，甚至同一阶层内部的人士，对黄柳霜的态度亦出现明显差异。

在黄柳霜抵达上海之前，《申报》对她的行程予以连续报道。黄柳霜所乘之"胡佛总统号"曾经遇雾致行程放缓，《申报》也发出报道向公众做出解释："该轮本定十日抵沪，因中途遇雾，据该公司消息，将展至十一日下午四时抵沪。"④当船抵达上海时，黄柳霜受到了隆重欢迎，她尚未下船，便在轮船的会客厅中"受各记者之摄影，并以□利之英语，与各记者谈彼个人及关于电影生活之感想及游程"⑤；下船取出行李之后，"因西捕劝告，门前拥有群众，拟改走南首铁门，但复为群众所拥塞"。可见，黄柳霜的到访成为当时上海重大新闻之一。

对于黄柳霜的到访，不绝如缕的批判展示出满满的敌意。《时代电影》杂志建议让黄柳霜在中国停留五年甚至是十年，以便好好了解这里的风土人情，作者呼吁若是她

---

① 《好莱坞我国红女明星：黄柳霜女士自述记》，《青春电影》，1939年第4卷第23期，第15页。

② Lim, Shirley Jennifer.I Protest: Anna May Wong and the Performance of Modernity. *A Feeling of Belonging: Asian American Women's Public Culture, 1930-1960*. New York: New York University Press, 2005, p.57.参见维基百科英文版"Anna May Wong"条目，访问日期：2016年1月3日。

③ Graham Hodges.*Anna May Wong : From Laundryman s Daughter to Hollywood Legend*. New York: Palgrave Macmillan, 2004, p.118.参见维基百科英文版"Anna May Wong"条目，访问日期：2015年12月30日。

④ 《申报》，1936年2月11日第22550号，第11版。

⑤ 《女明星黄柳霜初次回国》，《妇女月报》，1936年3月8日第2卷第2期，第15页。

不答应，便将她驱逐出境。[①] 公众对黄柳霜的批判远未停止，批判言论甚至变本加厉。部分人认为黄柳霜“淡忘了祖国，迷恋了金钱，开始埋葬了她的灵魂……她虽然是在个人的‘明星欲’上艰难和忍耐地得到满足了，但那犹是可卑的”，而且还将黄柳霜定位为“可卑的无耻的妇人”。更有甚者，对黄柳霜的批判延伸到对其形象的丑化：“一个和胡蝶同年纪的二十八岁的女人看起来好像要比胡蝶大上十岁的‘徐娘’，已经失去了她的风光”[②]。同时，随着她的到访，批判理由也逐步更新，即只与上层社会接触，而不与普通民众深入交流。“我们的‘高等华人’们都以接近这位‘美国的中国明星’为荣，因之酒宴茶会，几无虚夕……她到上海以后，住的是国际大饭店，交往的是名人淑女……而‘高等华人’，即使是这美国化了的上海，还是在全人口中的少数的一群。”[③]就连黄柳霜所受到的隆重欢迎亦使一些人感到心理不平衡：“黄柳霜这几天的风现比胡蝶健得多，胡蝶据说在闽被逐，而黄柳霜这几天可忙于赴宴。”[④]

幸运的是，由于中国知识分子将演员及其所扮演的角色进行了有效的区隔，所以黄柳霜也感受到了尊敬的意味。早在 1932 年，北京大学为黄柳霜颁发了荣誉博士学位，现有的资料显示她是唯一受此殊荣的女演员。[⑤] 1936 年黄柳霜到访上海，社会名流纷纷以结识黄柳霜为荣，邀请她出席各式宴会。“应顾维钧之妻姊之欢迎宴，又联合影片公司，亦将有召集一大宴会，以欢迎此翩然返国之影星”[⑥]“吴市长等之宴外，昨日(十七)又有国际饭店的卢寿□在国际饭店十四楼宴□□里‘敬备茶点’云云”[⑦]。上海女影星胡蝶还亲自带领同行黄柳霜在上海参观。

总而言之，在黄柳霜进入中国社会的过程中，中国公众多将目光聚集在她出演的诋毁中国人的角色上予以批判指责，并以此为基础，掀起舆论风暴。这多少暴露出报刊媒体具有在进行公共话语制造的过程中，从信息载体的角色转向社会权力实行者的本质，男性、女性作者和读者共同参与了通过批判黄柳霜以捍卫国家形象的行动。黄柳霜主动地对好莱坞编导辱华行为予以抵制而非初期的一味接受，足以表明她开始意识到维护中国形象的重要。但在抵制的同时，她仍然出演辱华电影，又体现出这种改变的不彻底性。但值得注意的是，中国公众对黄柳霜的态度已经有所分化和改变了。

---

① 参见《时代电影》，1936 年第 2、3 期。

② 《黄柳霜的女人》，《小姐》，1936 年第 1 卷。

③ 彬：《迎黄柳霜》，《明星》，1936 年第 4 卷第 4 期。

④ 之尔：《银色新笔》，《申报・本埠增刊》，1936 年 2 月 19 日第 22558 号，第 5 版。

⑤ 参见 Graham Hodges. *Anna May Wong* : *From Laundryman s Daughter to Hollywood Legend*. New York: Palgrave Macmillan, 2004. p. 125.

⑥ 《女明星黄柳霜初次回国》，《妇女月报》，1936 年 3 月 8 日第 2 卷第 2 期，第 15 页。

⑦ 之尔：《银色新笔》，《申报・本埠增刊》，1936 年 2 月 19 日第 22558 号，第 5 版。

四、回归：重塑自身形象

中国公众对黄柳霜的批判持续了将近十年的时间，但黄柳霜于海外对自身成长及从影经历、生活状态所进行的叙述，登载于中国报刊媒体上[①]；她拒演反面角色的抗争也逐渐传回到中国：公众对她的认知开始不只限于电影和“辱华”，也逐渐知晓在美国《排华法案》的阴影下，黄柳霜在好莱坞工作的艰辛、蒙受的屈辱以及在西方强势文化下作为少数族裔的无奈。终于，中国公众对黄柳霜的态度发生变化，这种变化在 20 世纪 30 年代中后期的报刊媒体上有所反映。

1936 年初《漫画界》刊登了一则黄柳霜与陈查理[②]扮演者华纳夏能[③]的一段对话，约占整版的四分之一。对话在两个人之间展开，从对话的私密性来看，并没有第三人在场，因而极有可能不是真实的谈话记录，而是作者的精心演绎，为黄柳霜辩护。黄柳霜表示尽管自己也受欢迎，但在中国公众中的印象“多半是不好”，“竟因为职业上的一些错过，回到祖国便得不到真纯的感情”，这使她“十分伤心”“非常冷心”。二人早年的境遇与现状也得以呈现，黄柳霜、华纳二人均曾经受制片编导的制约不能自由选择角色，进而出演辱华角色，但是华纳却说“我这次来路上也未尝不担心，唯恐接受到贵国人士的反感”，只因陈查理这一角色而得到中国人尊重，但黄柳霜仍旧受到非议。

作者通过对话描绘了一个曾漂泊海外、饱经辛苦回到祖国却得不到认可的中国女明星——黄柳霜形象，和一个获得成功、志得意满的西方男明星——华纳形象。此种设置除了强调性别对比中黄柳霜的弱势地位之外，也揭示出中国公众对黄柳霜的不公平。这种媒体声音尽管十分微弱，但毕竟为黄柳霜在报刊媒体中争得了一定的话语空间。至于黄柳霜面对各种批判的声音及其在中国进行的一系列访问活动，颇有主动争夺话语空间、阐释个体生命体验的意味。黄柳霜形象的改善，经历了从依靠社会舆论到依靠自身的转化过程。

黄柳霜在回归的过程中，多次在访谈中表示，自己对中国的期待与中国公众对她的指摘形成强烈对比，这令“在海外悬念祖国”的她颇为不安。[④] 她意识到，不仅要走进中国社会改善自身形象，亦需要采取措施弥补自身的过错。[⑤] 1936 年对中国的访问，恰恰为黄柳霜提供了一个回归中国、走进中国社会、重塑自身形象的契机。在此过

---

① 即《国际电影明星黄柳霜女士在美时之谈话》《国际电影明星黄柳霜女士在欧时之谈话》，参见《新家庭》，1933 年第 1 卷第 8 期。

② 陈查理是 20 世纪 20 年代美国小说家厄尔·德尔·比格斯创作的华裔警探形象，该系列电影的主角由白人男性扮演，20 世纪 30 年代被引入中国，特点是爱把“孔夫子说”挂在嘴边，说“洋泾浜英语”，语法错乱但深刻入理，耐人寻味，保持神秘感又与白人保持距离，非常有智慧。

③ 今译“华纳·厄兰”。

④ 《好莱坞我国红女明星：黄柳霜女士自述记》，《青春电影》，1939 年第 4 卷第 23 期，第 15 页。

⑤ 《好莱坞我国红女明星：黄柳霜女士自述记》，《青春电影》，1939 年第 4 卷第 23 期，第 15 页。

程中，黄柳霜从被他者代言的历史中走出，逐步成为言说主体。

首先，黄柳霜作为言说主体借助报刊媒体之口，表达了自己的婚姻观念和婚恋经验上的中国情结。黄柳霜拥有的明星地位和华裔身份，恰恰是她婚姻上的障碍。当时唐人街华人和留美定居下来的精英华人是美国华人社群的两大主体。“前者传统节俭保守本分，且文化程度低，就算黄柳霜不嫌弃他们，他们也不敢冒险娶这样一个拍电影的女子。后者多为专业人士，已打入白人主流社会，这些中西文化贯融的专业人士其实很合适黄柳霜的心怀，但他们往往看不上黄柳霜这样的女性。”[①]这是黄柳霜在婚姻上的选择困境，她尝试过“嫁给一个白种人。然而我终以为异族结婚是难得偕老的”[②]。在演戏过程中，她也“希望制造一段罗曼史”，而且是和好莱坞的中国男演员，因为“只有嫁给自己的国人，那才有快乐可言的”[③]。但她还是钟情于事业，“从事艺术生活的人，家庭似乎不是重要的事，而且我常常到处浪迹，永恒地乐于艺术生活，便可替代我的家庭生活了！”[④]黄柳霜对婚姻的讲述，建构了一个敬业又不失浪漫，既符合中国传统又具有现代气质的女星形象。

实际上，黄柳霜在记者面前隐瞒了自己真实的恋爱情况。她与好莱坞导演米奇尼兰曾经有过一段以悲剧结尾的恋情。另外，部分媒体和同性恋人群却愿意相信黄柳霜与著名美国德裔演员兼歌手马琳·黛德丽（Marlene Dietrich）、德国知名演员兼导演雷妮·瑞芬舒丹（Leni Riefenstahl）三人之间存在暧昧关系。[⑤] 这在20世纪更是相当大胆的举动，不可能公开化。黄柳霜在感情生活中遭遇的痛苦，或许是她表示“家庭生活似乎不是重要的事”的原因。而且十分显然，黄柳霜无论将哪段感情经历在中国媒体前提起，都很难被中国公众尤其是传统及保守者们所理解和接受，此种有意识的隐瞒有利于黄柳霜社会形象的重塑。

其次，在一系列报刊媒体的访谈中，黄柳霜“借助”记者之口展现了她在日常生活中保留的国族认同。黄柳霜访问北平期间，“穿的华服、黄色方格花的绸旗袍……外面罩的青绒凸花的对襟齐膝大衣，没带帽；前额的刘海发，鲜明的搭在两道细眉的上面，后面依然是她那松扭大髻”。黄柳霜也表达了对中国文化和民族的归属感：“我将在祖国的怀抱里重新学得我必要的一切——在海外，我也知道祖国的弱小，但今日我更知道了祖国的伟大！中华民族有远胜其他民族之处，我们的聪明才力，与任何民族相比，并不低下……”[⑥]。她更念念不忘强调自己的华裔身份：“我并不怨尤我的国籍……我没有成为明星的欲望和野心，然而现在我成了银幕上唯一的担任女主角的华籍女演

① 陈宁骏、欣辰编著：《民国名媛的婚姻大事》，南京：东南大学出版社，2012年，第92页。
② 周瘦鹃：《国际电影明星黄柳霜在欧时之谈话》，《新家庭》，1931年第1卷第8期，第5页。
③ 张碧梧：《国际电影明星黄柳霜在美时之谈话》，《新家庭》，1931年第1卷第8期，第5页。
④ 罗保吾：《与黄柳霜百分钟晤谈记》，《实报半月刊》，1936年第16期，第83页。
⑤ 郝吉思：《黄柳霜：从洗衣工女儿到好莱坞传奇》，香港：香港大学出版社，2014年，书中插图，无页码。
⑥ 罗保吾：《与黄柳霜百分钟晤谈记》，《实报半月刊》，1936年第16期，第81页。

员……世界上有数百万的中国人，在美国也有数千，但是这儿的中国演员，却异样稀少，使我感到诧异和失望。”[①]此时的黄柳霜也意识到中国在国际社会的地位低微，在表达对祖国认同之时也尽力争取人们对自己的理解和同情，并提出了对中国国民的殷切期待。

另外，“学习国语”成为黄柳霜在访谈中从不缺席的重点，尽管这种学习带有“文化表演”的性质。接受访谈时，黄柳霜通常将学习国语作为重要的谈话内容：“到了中国，单说广东话也不够，必须要能说普通国语才好”[②]，“她第一句正式告诉我们的是：她下礼拜一她开始学国语的功课了”[③]。黄柳霜会夹杂生硬的汉语词汇，表达自己的情感：“她学着这个名字：‘玉兰！’‘玉兰！’很笨重的念在口上”[④]，“如同小孩一样的学”。“她说到‘学’字的时候，念了几声国语的‘学’字。带着如羞似媚的笑□每念一声，粉头向下一沉，好容易才吐得出来似的，我们都笑了！”[⑤]记者刻画了一个怀念祖国、努力学习中国话的女明星形象，黄柳霜的“游客”身份并未成为早前遭到社会舆论批判的重点，反而成为增加好感的因素。

除了文字访谈，报刊媒体中又出现了黄柳霜作为封面女郎的形象。值得注意的是，此次回归并非由报刊媒体主导，在一定程度上是黄柳霜有意为之。作为经验主体，她尝试充分展示自身形象，成为被中国公众欣赏的客体。在此过程中，她呈现出更加贴近实际生活的中国女性气质。这也表明她开始有意识地参与中国新女性的形塑过程。

黄柳霜到天津访问时，中国公众需要更加全面而客观地认识和了解这位女明星。因而，自1931年起便几乎没有刊登黄柳霜照片的《北洋画报》，再次集中刊登了这位女明星的照片。与1927年不同，此时并非刊登剧照或展示其摩登形象，而是着眼于日常生活。如在1936年7月14日、7月23日、8月25日、9月17日分别刊登了“息影故都之影星黄柳霜”“花架下之影星黄柳霜近影”“花架下之影星黄柳霜”（图5）和“最近由北平过津赴沪之影星黄柳霜女士”。[⑥] 事实上，与初入中国社会不同，此次黄柳霜在与报刊媒体合作展示形象的过程中，也主导性地完成了“身体”的商品化。刊登黄照片的媒体利用其身体形象进行营销，激起消费者的消费欲望；同时，也使黄柳霜得体的形象在社会中的流传范围更广，从而起到维护其公众形象的作用。

---

① 张心鹃：《黄柳霜自述》，《紫罗兰》，1943年第3期，第75页。
② 无私：《半小时访问黄柳霜》，《申报》，1936年5月5日第22633号，第16版。
③ 罗保吾：《与黄柳霜百分钟晤谈记》，《实报半月刊》，1936年第16期，第80页。
④ 罗保吾：《与黄柳霜百分钟晤谈记》，《实报半月刊》，1936年第16期，第80页。
⑤ 罗保吾：《与黄柳霜百分钟晤谈记》，《实报半月刊》，1936年第16期，第81页。
⑥ 张一玮：《作为文本的女影星——〈北洋画报〉和〈大公报〉中的黄柳霜》，《当代电影》，2010年第6期，第93页。

图 5　花架下之影星黄柳霜

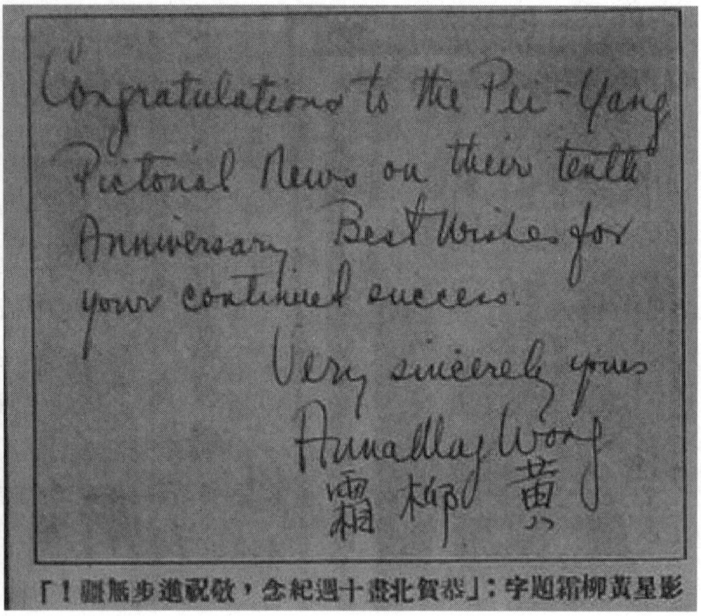

图 6　黄柳霜为《北洋画报》十周年庆题字

不仅如此，黄柳霜还主动与报刊媒体合作共同建构自身形象。如《北洋画报》于1936 年 7 月 7 日刊登了黄柳霜的手书(图 6)，图片下方配以中文翻译“恭贺北画十周年纪念，敬祝进步无疆!”报刊媒体刊登名人笔迹，其目的无外乎展示刊物的影响力、质量或信誉，并且一定是请有社会知名度和影响力的人做广告代言才能产生“公信力”。这证明了黄柳霜在《北洋画报》编者看来，已经有资格做该刊的形象代言，同时也反映出黄在报刊媒体中地位的提升和形象“塑造”取得了良好效果。《实报半月刊》于 1936 年刊发的《编辑后记》中也说，“《与黄柳霜百分钟晤谈记》为本刊特有之访问详记”[①]，也反映出中国公众迫切希望深度了解黄柳霜，致使对她的专访成为编辑需要加以着重强调的部分。

1936 年结束在中国的回归之旅后，黄柳霜重返美国，中国报刊媒体对她的关注逐渐减少。20 世纪 40 年代，受国际局势影响，中国和美国结成一致抗日的战略盟友，中国战场的对日作战阻止了日本法西斯扩大侵略战争的步伐，也符合美国在太平洋战场的战略构想。因而，美国舆论对中国的抗日战争给予了较高评价，好莱坞电影中负面中国人形象逐渐减少，黄柳霜本人也一改先前的荧幕形象，先后出演《重庆英烈》《轰炸缅甸》等影片，扮演了战争中的护士、教师等角色，声援抗日战争。在演艺事业上，黄柳

① 《实报半月刊》，1936 年第 16 期，第 104 页。

霜也取得了新突破。在《轰炸缅甸》中，黄柳霜不仅出镜，而且还有若干分钟的汉语对白。[①] 此外，黄柳霜还拍卖自己的衣物、首饰，将所得钱款汇往中国[②]，呼吁救济中国难民[③]，对侮辱中国人的剧本加以抵制[④]，积极出席抗日集会[⑤]，发表抗日演讲[⑥]。她曾慷慨激昂地表示："对于这次的抗战，在我感觉上，就和发生在我自己家里的一件事情一样……我对于中国的被侵与抗战的感想是和自己的家庭痛遭蹂躏，而家人正在拿着棍棒与呼持火器的暴徒搏斗的感想相同的。我悲痛，我愤恨……"[⑦]黄柳霜在美国的抗日行为博得了中国社会舆论的支持和欢迎，得到了报刊媒体的充分肯定，人们高度赞扬黄柳霜的爱国行为。至此，有关黄柳霜的负面评价基本绝迹。太平洋战争之后，因久未得到黄柳霜的消息，国内报刊媒体充满了对黄柳霜的思念、祝愿和同情："作明星的难，不但时时刻刻自己要努力虚心的求进步，同时没有公司并观众热心的爱护，也不能成功的。如果还要为了生活而挣扎，那不是苦上加苦了啊？……我相信她，她会记着祖国，而且渴念着祖国的。"[⑧]至此，黄柳霜在中国社会圆满谢幕。

报刊媒体中的黄柳霜形象曾发生了巨大变化，从侮辱祖国的影星变成了生活艰辛、为祖国奔波的爱国女影星。这种转变既源自黄柳霜的回归访问，也源于在社会舆论、国际形势影响下黄柳霜对自身不当行为的反省及切实改变。黄柳霜从依靠他人言说到有意识地进行自我形象建构，充分体现出自我救赎的意义和价值。

五、余论

黄柳霜进入中国近代社会直至退出的过程，与报刊媒体的关系十分密切。在与中国社会的互动过程中，黄柳霜被媒体建构为一个与国家形象相关的符号，进而融入中国社会并产生了双重影响。首先，媒体对该现象的关注，使黄柳霜及其承载的多重议题走向公共话语空间，成为被讨论的对象，从而吸引更多人关注国家形象问题，思考新女性的真实样貌。其次，媒体为社会舆论及黄柳霜提供了充分的讨论空间，在二者的互动之中又进一步增强了女性作为言说主体的地位，从而使黄柳霜的主体经验和思想得到更为有力的表达，使她参与社会性别关系的建构过程。

---

① Leong, Karen J. *The China Mystique: Pearl S. Buck, Anna May Wong, Mayling Soong, and the Transformation of American Orientalism*. Berkeley, California: University of California Press, 2005, p.191.

② 《申报》，1938 年 6 月 24 日第 23369 号，第 2 版。

③ 秋雯：《黄柳霜在美国为祖国难胞呼吁救济》，《申报》，1940 年 3 月 27 日第 23728 号，第 12 版。

④ 桢：《好莱坞的中国风》，《申报》，1939 年 1 月 24 日第 23314 号，第 18 版。

⑤ 《美禁运战品赴日运动，史汀生等参加主持，在旧金山举行民众大会，美名人及黄柳霜均出席》，《申报》，1939 年 3 月 5 日第 23351 号，第 7 版。

⑥ 《黄柳霜谈祖国》，《妇女文献》，1939 年第 1 期附刊，第 39 页。

⑦ 《黄柳霜谈祖国》，《妇女文献》，1939 年第 1 期附刊，第 39 页。

⑧ 王渊：《黄柳霜在美国》，《太平洋周报》，1942 年第 1 卷第 46 期，第 855 页。

在一个社会或文化中，当国家和集体的命运成为日常生活中无法避免的议题时，这个文化所产生的文本将会以国家寓言的方式投射其政治意涵，反映出整个文化与社会集体的政治潜意识。[①] 黄柳霜在中国社会的经历，与近代中国的国际地位和国家形象不无关系。20 世纪上半叶，中国因落后的国力在西方人主导的国际社会中处于严重失语状态，因而中国社会在发展过程中也表现出改善国家形象的强烈诉求，黄柳霜的出现，正是中国社会舆论在国家形象表达问题上欲寻求的突破口之一。然而，也正是因为诉求过于强烈，以至于对黄柳霜这副国际舞台上唯一的“中国”面孔寄托了太多期待，从而忽视了她与真实中国人的差异和她的现实处境。在祖国经受的正反两方面评价，或许是黄柳霜初涉影坛时所未能预料的。

作为离散族群的一员，黄柳霜能够打破故土文化之中传统的性别分工步入影坛，在新的文化环境中有了新的社会职能、新的生产需求和新的生存空间，这种变化也许有助于她们重新协调积极的性别关系。黄柳霜与同辈的移民后代相比，其特别之处也正在于此，新生的明星制度使她能够从底层社会进入主流社会，而她的角色类型为明星制度和种族歧视的樊篱所圈定，她的演艺生涯从一开始就注定承受非议。然而也正因如此，黄柳霜的中国经历昭示了 20 世纪一个海外中国人所背负的责任，也让人逐渐理解了饱受种族歧视困扰的华裔影星的辛酸。当宿主文化中成长的海外华裔试图建立与故土文化的联系时，不可避免地会产生文化冲突，化解这些冲突的途径，不仅在于双方增进了解，更在于当事人发挥主体性，转变自身行为，积极地进行自我言说，最终达到协调状态。

---

① 弗雷德里克・詹姆逊(Fredric Jamson):《政治无意识》，王逢振、陈永国译，北京:中国社会科学出版社，1999 年，第 26 页。

真实性的媒介化生成：近代中国都市现代性中的图像实践*

——以报刊新闻摄影为中心

孙　藜

（上海大学新闻传播学院）

摘要：新闻摄影与绘画、报刊在近代中国都市中演化出复杂的叠加与重组关系。“新闻真实性”的媒介化生成，展示了不同媒介对人们与外部世界关系的重新组织。晚清画报上的“新闻画”带来了“写真”相较“写意”在文化合法性等级序列中的抬头；新闻摄影延续了这种面向现实的“写实主义”，并以机械成像的方式提供了一种新的“看世界”的方式，“外部世界”以透明化方式获得了新的权威；以摄影机械为支撑的“新闻真实性”，重塑了“新闻画”中存留着的“书画同源”“志奇志怪”等再现风格和叙事传统，由此成为人们调整自身“主观”感受，也是面向现实想象、建构交往关系的内在理据。这一历史进程与近代中国都市现代性行程互相嵌入，二者也都在新媒介政治中围绕“真实”的定义历经了剧烈的权力冲突。

关键词：新闻真实性；媒介实践；新闻摄影；画报；近代中国都市

一、引言：真实性的“肉身”与“精神”

众所周知，“真实是新闻的生命”。这一说法不仅早已成为新闻职业的声誉保证和专业证明，也在深层上构成了公共舆论与民主制度的内在支撑。① 然而，从学术研究的角度看，越是看似天经地义、自然而然的说法，往往越需要审慎推敲和仔细辨明。比如，在“真实是新闻的生命”这个明显涵蕴着生物学隐喻的表达中，如果说生物体意义上的“生命”总是有着具体的“肉身”，处在特定的时空之下，并有着诞生、成长、成熟、衰

---

* 本文原载于《学术研究》2017 年第 6 期，有修改。

① ［美］比尔・科瓦奇、汤姆・罗森斯蒂尔：《新闻的十大基本原则：新闻从业者须知和公众的期待》，刘海龙、连晓东译，北京：北京大学出版社，2011 年，第 31-45 页。

老与死亡的话，那么，当它被挪用于新闻业的表述中时，是否依然保留着类似的体察？抑或是将新闻业在某个时空或“生命周期”的某个特定时刻（比如诞生或成熟之际）所形成的特定“真实观”，作为剥离了新闻业“肉身”的精神长存，漫湮在对当下的体认、对过去的回视，以及对未来的期待之中？

关乎此，现实与历史似乎都提供了答案。现实中互联网新媒介对新闻实践、交往关系的重构，特别是以电子整合为核心的新沟通系统建构了“真实虚拟”（real virtuality）①；从“后现代状况”出发的人文社会科学对历史的反思也指出，“读者的政治学和伦理学同他们的学科范式和信仰体系一样，都是历史真实性的决定因素”②。具体到“新闻真实性”，也有研究者在呼吁“重造新闻学”时指出，新闻学至今仍然在“真实性”上坚持“主客体两分”，将新闻当成现实的镜子，不仅远远落后于人文和社会科学的基本认识，在今天的网络化关系中更是捉襟见肘。③

本文的意图正是要将“真实”这一新闻业不言而喻、近乎“透明”的观念放回到它的“肉身”，放回到它历史的“生命”之中，特别是在“近代中国”④这一东西方相遇、相融加速的时空下，考察现代中国新闻业“真实”观的生成，以及生成中“肉身”与“精神”的关系。如果说习见的“新闻真实性”观念中蕴含着一种以“事实”为中心、强调“客观”观察与记录的理解方式的话，本文就是要揭示它在近代中国时空下是否有着同样的存在；如果有，它的生成有何特殊性，又意味着什么。

要想实现这一意图，关键是要打破一系列诸如主客体、主客观、认识与行动等根深蒂固的二元对立，以新的主客体、主客观关系去呈现“真实性”实践在历史上生成与演化的特殊性。在一般意义上，本文倾向于采取马丁·塞尔关于媒介与真实性关系的立场：“真实性是这样的传媒构建，通过它，像实在这样的东西才对我们或对总有某些人来说被给予，或是通达的。实在性不是作为构建，而是只有依靠传媒构建才被给予的。”⑤按此进路来理解，首先，“新闻”就既不是对外部现实的简单反映，也非纯粹对现实的建构，而是人类存在中一种特定的对外部实在性的“通达”，这种“通达”把人的感知与环境联结起来，更准确地说，“新闻”作为广义的符号之一，“既是人类意识的组成部分，同时也是衔接主客体的组成部分”，通过它，“人类不仅适应实在，而且与实在相

① ［美］曼纽尔·卡斯特：《网络社会的崛起》，夏铸久、王志弘等译，北京：社会科学文献出版社，2006年，第350-353页。

② ［美］伯克霍福：《超越伟大故事：作为文本和话语的历史》，邢立军译，北京：北京师范大学出版社，2008年，第121页。

③ 黄旦：《重造新闻学：网络化关系的视角》，《国际新闻界》，2015年第1期，第75-88页。

④ 此处所谓“近代中国”并非如一般中国历史分期的习见说法，即以1919年五四运动作为近代与现代的分界线，而更多采取现代性的视角，关涉时段大体从19世纪中后期到20世纪30年代。

⑤ ［德］马丁·塞尔：《实在的传媒和传媒的实在》，载［德］克莱默尔编著：《传媒、计算机、实在性》，孙和平译，北京：中国社会科学出版社，2008年，第215-237页，引见：第225页。

互作用"①。其次，这种"通达"或"给予"需要仔细审辨媒介在其中的构成性，这里的媒介包括符号、表征连同其无法分离的各种物理载体，正如马丁·塞尔所言，"一个精心制定的传媒理论应该是一个区分的理论和一个不同种类传媒的关系的理论"②（着重号系原文所加），这意味着，媒介不同或者媒介间组合关系的差异，会带来不同的"通达"，不同的"通达"也就意味着不同的实在与感受，而"感知改变，概念也跟着改变"③。对"新闻真实性"这样的概念，亦当做如是观。

因而，本文从这一立场出发，在具体进路上围绕近代中国新闻摄影，从新旧媒介间的关系入手，探究新闻真实观的媒介化生成。之所以围绕新闻摄影展开，一方面可以打破"新闻真实性"研究的既有套路，即多延续由"报学"而来以"书写"这一塞托所称的"'现代'神话行为"④为关注重心，甚少从图像传播以及图像与书写关系出发对之做深入探究；同时亦可打破多是在一般或总体的意义上理解"新闻"，对不同媒介下"新闻实践"的特殊性缺乏警醒的思维惯习。此外，本文还将同步展开的近代中国都市生活的演变引入视野。因为无论中西，新媒介所重塑的感知与观念变迁，与城市日常生活演化是彼此相互嵌入的。

二、"新闻画"、新闻摄影与"主观""客观"的重组

摄影初入晚清其命名之一是"写真"。这个名称本身即蕴含着理解新闻摄影"真实"观生成演变的重要媒介史线索。"写真"是汉语中一个非常古老的绘画用语，与"写意"相对，本义指肖像画、"画人的真容"，后延伸指"如实描绘事物"⑤。比如及至20世纪早期，中国都市中有很多报刊的摄影作品及栏目，就是以"写真"命名。本文主要从报刊摄影的角度考察新闻真实性的媒介化生成，但是，肖像画之所属的"写真"，包括与"写意"连同在一起所构成的整个旧有图像传播实践，却构成了新的摄影真实观在其中生成与演化的文化土壤。

报刊史家戈公振1926年在描述中国"报界之现状"时，曾溯及摄影、绘画在报刊上的结合与演化：

---

① [丹]延森：《媒介融合：网络传播、大众传播和人际传播的三重维度》，刘君译，上海：复旦大学出版社，2012年，第31-32页。

② [德]马丁·塞尔：《实在的传媒和传媒的实在》，载[德]克莱默尔编著：《传媒、计算机、实在性》，孙和平译，北京：中国社会科学出版社，2008年，第215-237页，引见：第227页。

③ [法]德布雷：《普通媒介学教程》，陈卫星、王杨译，北京：清华大学出版社，2014年，第273页。

④ [法]塞托：《日常生活实践1：实践的艺术》，方琳琳、黄春卿译，南京：南京大学出版社，2015年，第222-227页。

⑤ 按马西尼的说法，"写真"是来自日语的原语汉字借词，没有在汉语中流行开来，这其实不确切。[意]马西尼：《现代汉语词汇的形成：十九世纪汉语外来词研究》，黄河清译，上海：汉语大词典出版社，1997年，第245、265页。

> 我国报纸之有图画，其初纯为历象、生物、汽车、风景之类，镂以铜版，其费甚巨。石印既行，始有绘画时事者，如《点石斋画报》《飞影阁画报》《书画谱报》等是。惜取材有类《聊斋》，无关大局。迨《民立》《舆论》《时事》《太平洋》等画报出，乃有进步，有时讽刺时局，可与大报相辅而行。惟描写未必与真相相符，犹是一病耳。自照相铜版出，与图画以一大革新。①

就"新闻真实性"而言，这段简洁的总结贯穿着一个明显的视角：摄影与印刷术的演进带来了报纸的"进步"，其历史体现就是，石印使报纸"绘画时事"成为可能，尽管取材多是"有类《聊斋》"；而照相铜版技术的出现，则是"一大革新"了旧有图像新闻在"描写未必与真相相符"方面的弊病。换言之，无论图像新闻还是"新闻真实性"的生成，都与媒介更迭息息相关。

然而，戈氏的视角更重媒介技术与报刊题材之演变，简单一句"描写未必与真相相符"也未能展示如下几个问题：绘画时事与新闻摄影之"描写"各自都是何种描写？在"与真相相符"的评判标准下，各自是怎样的"真相"，又是何种"相符"？所谓的"一大革新"又是如何展开的？此外，戈氏的评判也还有颇多值得重新审视之处，例如，"与真相相符"下的"真相"存在于哪里，从何而来？"有类《聊斋》"是否真的"无碍大局"？等等。不过，戈氏的叙述，倒是提供了探究这些问题的一些有价值的线索。

首先，新闻摄影所引发的"真实"的变化，是在"图画"的传统中得以定位的。戈氏之"报纸图画"（而非目下流行的"图像"）说法，也是其时的普遍用语。摄影与报刊的结合有两种形态：一是作为以文字为主的报纸的一种报道类型或附刊，二是以图像为主、文字为辅的各种摄影期刊。上海、北京两地从1920年代中期到1930年代初，有数十种摄影附刊兴起，名称中多包含"图画"二字②，例如，戈氏本人参与创办的中国第一个报纸摄影附刊，就称《时报·图画周刊》，而那些同时兴起的摄影期刊，则多沿用"画报"为名。报纸和期刊在处理与摄影结盟的命名上，存在着一个饶有趣味的差异。

在中国历史上的视觉传播实践中，早有人对"图"与"画"的差异细加审辨："古有图而无画。图者，肖其物貌其人写其事。画则不必。"③所谓"肖其物貌其人写其事"，大体近于"写真"中蕴含着的"如实描画"。有艺术史家对此进行了更细致的区分："图"再现了物件的样子并补充了文字描述，"画"则与诗相当；"图"是目的性的描绘，"画"是为艺术而艺术的创作；"图"的意义基于它所表现的主题，而"画"的价值则蕴含于气韵和

---

① 戈公振：《中国报学史》，长沙：岳麓书社，2011年，第208页。

② 如《天民报》和《新闻报》的附刊都称《图画附刊》，《申报》的称《图画周刊》，《时事新报》的称《图画增刊》（三日刊），《晨报》则为《图画晨报》（周刊），等等。

③ [英]柯律格：《明代的图像与视觉性》，黄晓鹏译，北京：北京大学出版社，2011年，第219页。

笔法。[1] 但它们之间并非互相对立,而是作为“互补的两极”,存在着互相转化的可能。[2] 就总体而言,“新闻图画”无疑更近“图”的传统,但早期画报与报刊摄影附刊的命名,也显示着内在里两种传统之间有着更为复杂的关联。

无论区分、互补还是互相转化,首先关联着的,是“图”与“画”(或“写真”与“写意”)各自在“文化合法性的分级”序列中的位置。[3] 大体到宋代,伴随“文人画”的兴起,“写真”与“写意”二者分流,画士趋向写意,而肖像之事则由画工来担当。[4] 不难想见,与传统社会“士农工商”的等级结构相一致,不求工细形似,只求以精练之笔勾勒对象神态、书写自身情趣的文人画,连带它的审美趣味,自然是高居“写真”之上。在一部近人所著的《中国画学全史》中,依然贯有这样的价值等级观念:“绘画之究竟在神韵,不在形似,在表现情感,不在移写实物,在能超于象外,神与造物者游,不在拘泥形迹专事技巧”,“工匠应事实之制作,未免板重,故近俗;士夫随性灵而描写,兢兢于兴趣,故近雅”。[5]

近代中国报刊摄影附刊以“图画”为名,置“图”于“画”前,显示出“图”与“画”、“写真”与“写意”在图像传播文化合法性等级序列中的位置调整。这始自《点石斋画报》之类的晚清新式画报。虽以“画”为名,《点石斋画报》却首先对这种价值等级序列发起挑战,“本馆印行画报,非徒以笔墨供人玩好”[6],明确批评中国文人画重笔墨神韵而不求形似,称“此种笔墨,非不多天地造化之妙,然究为文士玩好之物,而非有裨于实用也”[7]。所谓“实用”,《点石斋画报》的主办者,也是《申报》创办者尊闻阁主人(英国人美查)曾有这般说明:“画报盛行泰西,盖取各馆新闻事迹之颖异者,或新出一器,乍见一物,皆为绘图缀说,以征阅者之信”[8]。换言之,正如《申报》自觉将自身作为“新报”以区别于“邸报”,把阅报者扩展至“上而学士大夫,下及农工商贾”[9],《点石斋画报》也一脉相承,意在突破“文士玩好”之类的狭小圈子,注重对现实中“新闻事迹之颖异者”或新器物的“绘图缀说”,而非“超于象外,神与造物者游”的“雅”,成为首要的追求。

作为中国早期画报的代表,《点石斋画报》为后世所称道者之一,也是对中国本土新闻业产生的重要影响,是开创了一种被称为“新闻画”的图画样式。[10] 研究者将“新

---

① [美]孟久丽:《道德镜鉴:中国叙述性图画与儒家意识形态》,何前译,北京:生活·读书·新知三联书店,2014年,第206页。

② [英]柯律格:《明代的图像与视觉性》,黄晓鹃译,北京:北京大学出版社,2011年,第220页。

③ [法]布迪厄:《摄影的社会定义》,载顾铮编译:《西方摄影文论》(修订版),杭州:浙江摄影出版社,2007年,第61-81页。

④ 王伯敏:《中国绘画史》(修订版),北京:文化艺术出版社,2009年,第274页。

⑤ 曹意强等:《艺术史的视野》,杭州:中国美术学院出版社,2007年,第457-458页。

⑥ 申报馆主:《第六号画报出售》,《申报》,1884年6月26日。

⑦ 见所见斋:《论画报可以启蒙》,《申报》,1898年8月29日。

⑧ 尊闻阁主人:《点石斋画报缘启》,《点石斋画报》(第1号),1884年5月8日。

⑨ 《本馆告白》,《申报》,1872年4月30日;《本馆条例》,《申报》,1872年4月30日。

⑩ 郑振铎:《近百年来中国绘画的发展》,载《郑振铎艺术考古文集》,北京:文物出版社,1988年。

闻事迹”与“新器绘图”两方面结合起来，视为《点石斋画报》在题材上的两大特点，即开启了以图文并茂方式“报道时事”与“传播新知”这一新兴事业，并指出《点石斋画报》能够体现其注重时事与新知初衷的“四大题材”，分别是“中外纪闻”“官场现形”“格致汇编”和“海上繁华”。[①] “画报”与“日报日刊”彼此间也形成了配合，《申江百咏》曾有诗对此做过描画：“一事新闻一页图，双钩精细费工夫。丹青确有传神笔，中外情形着手摹。”注文说及：“又有画报，大半采《申报》中事有可绘图者，一事一页，描写入神，用石印印行。”[②]

总体上，新式报刊、摄影、新闻画以及石版印刷，培育着 19 世纪中国城市生活中一种“写实主义欲望”[③]。此种“写实主义”，实为其时晚清人感受、认识自身与外部世界关系的一种深刻变动。就图像传播领域而言，诚如艺术史家所言：“传统中国绘画基本上是具象的，并未产生过真正意义上的抽象绘画，但中国画中的具象的自然，从来不是物理学意义上的自然投射物。绘画中的世界，是结合了自然与画家心灵的自足的统一体、‘天人合一’的新世界。”[④]以此对照，体现于“新闻画”的“写实主义”，意味着绘者、观看者“心灵”与外部现实的调整，它既不同于“文人画”传统中将对现实事物的“传移模写”视为“画家末事”[⑤]，也不同于中国传统“叙事画”的题材以人物、佛道、鬼神和风俗为主[⑥]，它所追求的也不是要将感受或想象力带入各种或雅或俗的“超于象外”的神游，而是要面向现实、迎面当下的社会生活，通过对新器物或新鲜事的如实描写，“以征阅者之信”。

报刊新闻摄影延续了“新闻画”的写实主义，并以自身技术特性修正着“新闻画”对外部世界的呈现方式，也即通过以一种新的通达将“新闻”带入一种“真实性”的新境地。

1920 年中国第一个报纸摄影附刊——《时报 · 图画周刊》创办时，其对“时事”与“新知”的重视与《点石斋画报》们如出一辙，也同样表现出对写意传统的有意识拒斥：“世界愈进步。事愈繁琐。有非言语所能形容者。必借图画以明之。”并称：“画像穷形。俾举世有所观感。此其本旨也。若夫提倡美术，增进阅者之兴趣，犹其余事耳。”[⑦]本雅明曾论及西方摄影与绘画的关系：“从新的技术和社会现实来看，随着绘画和图解信息中的主观成分越来越受到质疑，摄影的重要性也就越来越大了。”[⑧]就近代

① 陈平原、夏晓红编著：《图像晚清》，天津：百花文艺出版社，2001 年，第 8 页。
② 陈平原、夏晓红编著：《图像晚清》，天津：百花文艺出版社，2001 年，第 18 页。
③ 彭丽君：《哈哈镜：中国视觉现代性》，张春田、黄芷敏译，上海：上海书店出版社，2011 年，第 76 页。
④ 林茨、王瑞：《摄影艺术论》，北京：生活 · 读书 · 新知三联书店，2011 年，第 3 页。
⑤ 曹意强等：《艺术史的视野》，杭州：中国美术学院出版社，2007 年，第 531 页。
⑥ [美]孟久丽：《道德镜鉴：中国叙述性图画与儒家意识形态》，何前译，北京：生活 · 读书 · 新知三联书店，2014 年，第 18 页。
⑦ 上海摄影家协会、上海大学文学院编：《上海摄影史》，上海：上海人民出版社，1992 年，第 60 页。
⑧ [德]本雅明：《巴黎，19 世纪的首都》，刘北成译，北京：商务印书馆，2013 年，第 10 页。

中国新闻摄影而言，这一过程也可以反过来看。伴随“新技术”照相机的小型化，20 世纪初叶中国的新闻照片的拍摄者们已能够在“任一发生事变的所在随意拍取照片”①，新的制版和印刷技术，也有可能快速地将事件以图像方式传播至广泛的城市人群，由此，包括新闻画在内的“绘画和图解信息中的主观成分”，必然也要面对来自新闻摄影“真实性”越来越多的质疑。

1936 年出现过一篇以“摄影真实性”为题的专文，被后来者称为“在中国早期摄影论著中是绝无仅有的一篇”，作者豪情满怀地断言，“从事摄影者是很可高傲地说一句：‘用我们的镜箱，把世界上任何事物垂之于永久。’”因为“摄影的而具有真实性底艺术价值是无可否断而永不能泯灭，从焦点、距离、速度组合下后在镜箱的快门上泰然一拨便可使任何物件留得真像，而且在缩印或放大的技术工作时刻极端地表现出它的独特美点”。② 在这里，作者似乎丝毫没有意识到在其表述中存在着的矛盾，即摄影的机械成像一方面摆脱了人身的参与，无须泼墨点染或是工笔勾画，仅靠“在镜箱的快门上泰然一拨”便可“留得真像”；另一方面，人却又可以通过“缩印或放大的技术工作”参与这种“真像”的呈现。“为了它的具有真实性的缘故”，作者对摄影充满了信任：“摄影机是万能的，可以透视到世界上任何的事物，由硕大的天，以至些微的尘埃。”

此种对摄影“真像”的信任，也即戈公振眼中摄影对“新闻画”弊病之革新，内在里类似于桑塔格所谓“照片则可以作为一种经过精心选择的透明物加以对待”③。对象或现实，成了被镜头捕捉到的“透明物”。其时有人如此总结：“摄影艺术，实是现实主义，不含有丝毫欺骗与蒙混，为人生所不可稍离者。”④还有人更进一步，以“精密的考虑”考察“照片”与“图画”的区别，得出结论说，“图画是一幅凭着主观意志去描写景物平均的形态，照片便是此景物一刹那间客观的综合的表现”，“照片为客观的、实体的，图画为主观的、造作的表现耳”。⑤

从“新闻画”凭借丹青“着手摹”到依托机械而来的“泰然一拨”，从以“写真”命名到视“图画”为主观，新闻摄影已是要为自身在“图画”家族中赢得技压群芳般的地位与声誉。主观与客观的明确区分、照片为纯粹客观、“不含有丝毫欺骗与蒙混”，意味着在新的“真实性”理解中，以摄影成像所通达的外部实在，具有了一种权威性的力量。这很

---

① 陈传霖：《论小型照相机》，转引自陈申、徐景希：《中国摄影艺术史》，北京：生活·读书·新知三联书店，2011 年，第 279 页。

② 唐火星：《摄影的具有真实性》（原载《飞鹰摄影杂志》1936 年 7 月第 7 期），载龙憙祖编：《中国近代摄影艺术美学文选》，天津：天津人民美术出版社，1988 年，第 459 页。

③ ［美］桑塔格：《在柏拉图的洞穴里》，载顾铮编译：《西方摄影文论选》（修订版），杭州：浙江摄影出版社，2007 年，第 82-94 页，引见：第 85 页。

④ 陈传霖：《论小型照相机》，转引自陈申、徐景希：《中国摄影艺术史》，北京：生活·读书·新知三联书店，2011 年，第 279 页。

⑤ 高维祥：《照片与图画有何区别》（原载《玲珑》1931 年第 9、11 期），引见：祝帅、杨简茹编著：《民国摄影文论》，北京：中国摄影出版社，2014 年，第 85 页。

类似学者对现实主义小说的论述,小说所呈现的外部现实作为"一种非神秘化因素"(agent of demystification),"它们挫败了想象力对世界的凌驾",在由它所中介、塑造的感知中,"意义框架仿佛不是来自于文本,它们本身即蕴涵在世界之中"。[①]当摄影带来的世界变得"透明"之后,摄影媒介(包括镜箱、照片和拍摄的特定视角)本身似乎已是自动隐身起来。

新闻摄影的"真实"优越性,同样也开始被视为居于文字之上:"镜箱给予新闻记者的便利,实在和笔一样的重要,而它的真实性更好超过笔述。这是一个真正的写实工具,可以把当时的情形,很忠实地显示在阅者眼前。"[②]新闻摄影家林泽苍看到摄影与报纸杂志"已成为手足,不能相离",却还是要分出一个高低上下:"报章逐日刊载,虽有生花妙笔,仍难得窥其真相。奚异隔履擦痒,纸上谈兵?故不得不赖摄影以补文字描摹之不及。盖照片能示当时实景,活活纸上,与不知不觉间,若置身其中,摄影之所以为贵者此耳。"[③]

如是种种对摄影"真实性"的阐发,不仅仅是观念,也隐含着摄影如何以其技术特性重组人们的时空经验,以及新的实践问题。例如,借助"永不能泯灭"地保存影像,摄影可将异地发生的"当时的情形"和"当时实景","很忠实地显示"在不得亲见者"眼前",让阅者"不知不觉间,若置身其中"。由此可见,新闻摄影的真实性本身,从来就不单单是一个认识外部世界的问题,它同时还是一种对社会关系、社会实践的重构,也是一种新的媒介政治的重要构成。

三、作为新叙事与政治重构的新闻摄影真实性

晚清"画报"初兴之际,就有人将"画报"与"启蒙"联系在一起:

> 上海自通商以来,取效西法,日刊日报出售,欲使天下之人咸知世务,法至善也。然中国识字者少,不识字者多,安能人人尽阅报章,亦何能人人尽知报中之事?于是创设画报,月出数册。或取古人之事,绘之以为考据;或取报中近事,绘之一广见闻。[④]

第一份摄影附刊《时报·图画周刊》创办时,主事者亦如此表白:"今民风散锢。政

---

① 安敏成:《现实主义的限制:革命时代的中国小说》,姜涛译,南京:江苏人民出版社,2011年,第16-17页。

② 毛松友:《新闻摄影概论》(原载《黑白影集》1934年4月第3册),载龙憙祖编:《中国近代摄影艺术美学文选》,天津:天津人民美术出版社,1988年,第505-506页。

③ 林泽苍:《新闻摄影之商榷》,《良友》,1927年8月,第18期。

④ 见所见斋:《论画报可以启蒙》,《申报》,1898年8月29日。

教未及清明。本刊将继文字之未逮。一一揭而出之。”[1]换言之，无论绘画还是摄影，“图画”新知能够在远超过文字传播的范围内“广见闻”，从而促成“政教清明”。

撇去接受能力、传播范围上的考虑，画报之“可以启蒙”，与“日刊日报”能“使天下之人咸知世务”内在是一个道理。如果做个比较，很类似艺术史家所揭示的近代西方兴起的那种“对事物的客观兴趣”，就图像传播而言，“人们是如此信任呈像，意味它能提供有关这个欢乐而令人困惑的世界的可靠信息，这个世界已经变得入画了”[2]。或者说，“现实主义对观物之客观立场的强调与这样一种启蒙观念息息相关，即人类可以通过理性的实践从迷信和偏见中解放自身”[3]。所谓“广见闻”与“政教清明”之间的联系也就在于，一旦借助媒介“见闻”而达至新的“现实”，原本束缚于“迷信和偏见”中的心灵就会得到“解放”；所谓“理性的实践”首要的就是“客观地”面向“事实”。

新闻真实性的力量，在根基上正缘于此。不过，尽管世界变得“入画”了，但是从手绘画报到报刊新闻摄影，不同的“入画”方式还是在建构着不同的现实，因而，更细致地辨析，不同媒介下有着不同的“广见闻”的“启蒙”方式。事实上，直到摄影在新闻图画家族中占据了主导地位，所谓“真相”的话语才真正开始盛行起来。

有研究者指出摄影具有“双重功效”，在于“将现实主观化和将其客观化”[4]。符号学家罗兰·巴特对此有过精湛分析。在他看来，新闻照片是一种经由照片和报刊文字“独特构造”而成的“信息”，由线条、表面、影调所组成的“照片”信息，是具有“客观性”的“直接意指的信息”，是现实自身“完美的类似物”；另一种则由相伴随传播的标题、说明或文章构成，这是“含蓄意指的信息”，它在前一类信息基础上展开。罗兰·巴特还进一步将摄影与素描、绘画、电影、戏剧等联系起来，都视为一种所谓“无代码的信息”，是对“现实的类似性再现”，但它们也都同时具有一种主观化的信息，“这便是普遍称为再现的风格这种东西”[5]。

将上述阐释沿用到近代中国历史语境下对“新闻真实性”媒介化生成的考察，实际上也就是要在中国本土的图像传统下，探查不同媒介所中介、形塑着的“主观”与“客观”经历了怎样的重新组织。在这里，正是新闻摄影在将“现实”“客观化”过程中那种近乎“透明化”的“再现风格”，一方面将晚清“新闻画”带来的图像“写实主义”推向极致，同时也改变了其中依然存留着的与中国绘画传统相呼应的“想象力对世界的凌

---

① 上海摄影家协会、上海大学文学院编：《上海摄影史》，上海：上海人民出版社，1992年，第60页。

② [德]弗里德兰德尔：《论艺术与鉴赏》，邵宏等译，曹意强等著：《艺术史的视野》，杭州：中国美术学院出版社，2007年，第346-368页，引见：第352页。

③ [美]安敏成：《现实主义的限制：革命时代的中国小说》，姜涛译，南京：江苏人民出版社，2011年，第11页。

④ [英]约翰·伯杰：《关于观看》，载顾铮编译：《西方摄影文论选》(修订版)，杭州，浙江摄影出版社，2007年，第105页。

⑤ [法]罗兰·巴特：《摄影的信息》，载顾铮编译：《西方摄影文论选》(修订版)，杭州：浙江摄影出版社，2007年，第95-99页，引见：第95-99页。

驾”，最终形成了图文分离、两种“信息”共存的新闻叙事样式。新的“启蒙”方式，就蕴含在这种新的叙事方式之中。

报刊新闻摄影以机械成像挑战的，首先是手绘新闻画中蕴含着的传统再现风格。文人画不必论，即便对具有“写真”取向的“叙事画”来说，中国画家也很少如西方绘画在亚里士多德的模仿论影响下的那般，关注诸如色彩、透视、解剖、质感、体积等问题。而且，叙事画有某些典型的视觉和技巧方面的常见手法。例如，对主要人物的描绘时常将他们的比例画得要大于其他人；所有的角色通常都没有强烈的个性而表现为常规的社会类型；在描绘发生在不同地点或时间的事件时，也通常借助各种画面和构图的处理手法，将它们并置在一幅画面之中。[①] 如是种种，在早期画报的新闻画中也都不同程度地存在着。

其次是中国“书画同源”的古老传统。实际上，“写真”的名称本身就蕴含着这一传统，更体现着文人画对叙述性绘画的影响。二者皆以毛笔为工具，文人画往往把创作称为“写”，元代的文人还只是把画梅画竹称为“写”，到了明代，画人物、画山水，无不称为“写”[②]。文字书写作为“题款”，或以诗句或以纪述，以压图的方式构成了“画”不可分割的组成部分，书法形态、结构布局，亦服从于作画者所追求的审美风格。《点石斋画报》也保留了这种图文合一的方式，且无论何种题材，多以四字为题。以“新器”为例，标题虽有少数如“长桥”“万年钟”般简洁直白，但大多还是取“宝镜新奇”“飞舟穷北”“快枪述奇”“波臣留影”的模式，由此也为浅白的文字叙述增添了一份典雅。这一点，与其时报纸上那些常见标题如“西湖棹歌”“羊城夕照”“鹤楼流韵”之类几毫无二致。

晚清早期画报上的“写”“真”所体现的“想象力对世界的凌驾”，除了上述形式与风格方面，更体现于叙事本身，由此形成了与新闻摄影差异极大的“写实主义”实践。正如对文字典雅的审美追求，来自文学传统的叙事模式也渗透于“新闻画”之中。与西方不同，中国文学并没有一个特指“叙述”的传统用语或者单独的分类，“史学”为中国的各类叙事文章提供了范例，就叙事画而言，“儒家学者推崇历史事件中蕴含的道德训诫，而展示含有说教目的的叙述性图画正反映了这一价值观”[③]。所谓“象物有鼎，幽风有图，彰善阐恶，由来已久”[④]。换言之，“道德训诫”和“说教目的”在新闻画的“写实”中有着自觉的强大介入。这种叙事就像中国传统的历史学家那般，“首先要效忠的

---

① [美]孟久丽：《道德镜鉴：中国叙述性图画与儒家意识形态》，何前译，北京：生活·读书·新知三联书店，2014年，第39-42页。

② 王伯敏：《中国绘画史》（修订版），北京：文化艺术出版社，2009年，第422页。

③ [美]孟久丽：《道德镜鉴：中国叙述性图画与儒家意识形态》，何前译，北京：生活·读书·新知三联书店，2014年，第18、43页。

④ 上海摄影家协会、上海大学文学院编：《上海摄影史》，上海：上海人民出版社，1992年，第60页。

是一种伦理的、推论的事实，其次才对他所记录的特殊事件的现实性负责”[①]。

进而，如果再联系“新闻画”本身的叙事形式来看，它所要“负责”的“事实”就有更大的“选择性”。有学者比较了《点石斋画报》与《申报》在“新闻真实”表现上的明显差异：前者在报道时事上“常有严重的缺失”，即“报喜不报忧”，最明显的莫过于甲午海战以及台湾民众抵抗日军的报道，从头到尾一路凯歌；相比之下，尽管《申报》也倾向于“报喜”却不成心隐瞒战败。研究者由此认为这“主要还是缘于画报过分迎合大众趣味”[②]。这自然是一个重要原因，不过，与图画媒介面向更广泛“大众趣味”相联系着的，还包括其特定的叙事形式与传统，例如，有学者指出，中国的传统“叙事画”很少一幅接一幅地描绘一个故事的发展，更喜欢在单幅画面中以象征性手法来表现一个故事，“那些仅提供情节和娱乐的图画被极大地限制了”[③]。晚清早期画报亦然。以“单幅画面”、有限的文字来“表现一个故事”，“事实”之选择、“情节”之营建，往往就要服从于“象征”的需要。

在种种“象征”需要中，还有一种特定的将外部世界再度“神秘化”的叙事类型——新闻画中常见的“志奇”“志怪”。仅以《点石斋画报》1898年一幅题为《映照志奇》的报道为例，其文字绘声绘色地记叙了德使入京觐见、随从拍照一事。所谓“志奇”，在于“天、地坛及游历西山诸名胜，均映成照片，朗若列眉。惟照国子监大成殿时，初拍迷漫不清，只见白气一团；再拍，则变为黑气，仍一无所睹。”图中中外官员聚到一处，文字说其“皆莫名其故”，“异之”。[④] 这则报道实为“时事”与“新器”的结合，在对新器的“画像穷形”中讲述新闻故事，在报道“新闻事迹之颖异者”中图绘新物件，这大体是《点石斋画报》也是其时画报大多沿袭的套路。细究起来，此种叙事与其说要“征阅者之信”，倒不如说是为阅者“志奇”，外部现实也再次披上了“神秘化”的外衣。由此不得不说，其被寄予的“广见闻”以致“政治清明”的厚望，也会打上不小的折扣。

报刊新闻摄影所带来的主观与客观的重新组织，几乎颠覆了上述新闻画的每一个方面。萨空了在分析近代中国画报的沿革时指出，《点石斋画报》在新闻上还是“实事与神怪性夸大性之新闻并重”，及至铜版时代，“自手绘变为照像”，“因工具之变换，神怪性之新闻片无法摄取而归于天然淘汰”[⑤]。不仅是题材，摄影新闻带来了图像与文字的明确分离，其叙事方式与“新闻画”的区别，很类似于本雅明所说的从“故事”到“信

---

① [美]安敏成：《现实主义的限制：革命时代的中国小说》，姜涛译，南京：江苏人民出版社，2011年，第21页。

② 陈平原、夏晓红编著：《图像晚清》，天津：百花文艺出版社，2001年，第19-20页。

③ [美]孟久丽：《道德镜鉴：中国叙述性图画与儒家意识形态》，何前译，北京：生活·读书·新知三联书店，2014年，第15页。

④ 陈平原、夏晓红编著：《图像晚清》，天津：百花文艺出版社，2001年，第237页。

⑤ 萨空了：《五十年来中国画报之三个时期》(1931年3月在燕京大学新闻讨论周的讲演)，载《萨空了文集》，上海：上海社会科学文献出版社，2002年，第365-371页。

息”的转变[①]，新闻照片已经以“透明化”方式捕捉到了现实与真相，以一种“精密语码”而非“象征性手法“，“传达纯粹的‘事情本身’”，文字所做的，是要对照片中已经包含了的“事实”进行确认式的描述，即使是有所延展，也必然是基于照片的“事实”本身。

不妨以“国内日报上刊载的第一幅新闻照片”为例，审视一下新闻摄影是如何使图像传播从“志奇”走向“征阅者之信”的。1906 年 8 月 29 日《京话日报》上刊登了有关“南昌教案”的照片，其时，法国方面传出江召棠是自刎身亡的消息，该报在第一版显著位置，刊出江召棠颈项以上受伤部位血肉模糊的特写，并附编者按语称：“江西南昌县知县江大人召棠被天主教请酒谋杀，凶手便是劝人为善的教士。教士既下毒手，又肆毒口，捏造情形，说是自刎。本馆再四辨白，今特把江大人受伤的照相做成铜版，印入报内，请大众看看，有这样自刎的没有。”[②]在这种照片与文字组合而成的话语中，照片被作为毋庸置疑的“铁证”，其效力远超过报纸文字已做过的“再四辨白”，案件“真凶”与事件“真相”似乎早已水落石出，文字所做的，不过是吁求“大众观看”的确认而已。

显然，在这里实践着的是一种以“事实”为权威的新闻真相观。如果说，新闻是“大众媒介对于文化表达形式的几个少数的原始贡献之一”[③]，这种贡献总体上是在人们日常生活中引入了一种关注“变动的事实”的文化经验的话，那么，新闻摄影与报刊相结合的贡献就在于，它极大地推动了作为“事实”的外部世界的权威，并由此推动着社会政治交往围绕这般“事实”而非“伦理推论”展开。在近代中国报刊新闻摄影上所展开的“启蒙”，就不再如“新闻画”般有意无意地回到道德训诫，而是围绕着“现实”展示出一种民众、知识人与“政治清明”之间的新型关系。关乎此，正如《时事画报》在清廷即将覆灭之际围绕政治人物肖像照的一则评论所言：“按欧美各国君后之相，遍地悬挂，未尝以为亵也，今满政府则拍照一相，监禁十年，专制国，专制于此，足见一斑矣。”[④]

新闻摄影的“真实”也推动着新闻画之价值观的革新。民初一家画报干脆以“真相”命名，且将“摄影”与“绘画”一起打尽，这就是宣称要“绘吾真相”的《真相画报》。其 1912 年 6 月 5 日的创刊号云，“本报特集合躬亲患难，组织民国之知己相与讨论民国之真相”，而中华民国的“真相”，“舍实行监督之外，决难为功。然非洞明政府之真相，则监督亦无从措手。此本报之设所以真相名也”。[⑤] 在 20 世纪二三十年代一纸风行，成为中国报刊史上颇具代表性的都市摄影杂志——《良友》，将“真”置于其编辑方针的首位：“真者，比如时事，不管什么党派，只要是值得大众知道的，就把时事真相登载，这

① [德]本雅明：《写作与救赎：本雅明文选》，李茂增、苏仲乐译，上海：东方出版中心，2009 年，第 87-88 页。
② 方汉奇：《新闻史上的奇情壮彩》，北京：华文出版社，2000 年，第 118 页。
③ [英]麦奎尔：《麦奎尔大众传播理论》，崔保国、李琨译，北京：清华大学出版社，2006 年，第 286 页。
④ 甘险峰：《中国新闻摄影史》，北京：中国摄影出版社，2008 年，第 22 页。
⑤ 吴果中：《〈良友〉画报与上海都市文化》，长沙：湖南师范大学出版社，2007 年，第 347-348 页。

是从事新闻工作者应有的品格，也是本报一向抱持的态度。”①

在这里，“真相”如何获得本身不是问题，摄影技术已使之变得近乎自明或透明，重要的是要经“洞明政府真相”而“对政府实行监督”。换言之，摄影之“真”，为那些掌握着这一技术的人或组织带来了新的地位与政治权力，而以“真相”命名，也为借助这一媒介手段“操弄”运作“现实”的实践，提供了内在的合法性支撑。相应地，新闻摄影包括报刊实践者的“主观”也就要从“新闻画”下做出极大的调整。“摄影记者则宜保障其人格而尽其天职也”②，这也是《良友》等所标榜的自身的“态度”与“品格”。新闻摄影的真实性，与新闻从业者追求客观与独立，以监督政府、服务公众为自身使命，彼此呼应，这与新文化运动时期邵飘萍等人所推崇和引介的西方新闻学思潮也正一脉相承。这也从一个侧面说明，近代中国具有现代性意味的新闻真实性的生成，绝非仅是学理或观念引入的结果。新媒介实践，以其活生生的“肉身”嵌入“精神”的重生。

四、结语：嵌入中国都市现代性的新闻真实性

有趣的是，当图画新闻从手绘演进到“照相铜版时代”，也就是萨空了所总结的“神怪图画”在摄影报刊上销声匿迹之际，在现代中国都市中新兴的电影媒介中，却是“神怪片”风潮大热之时。③ 即便是摄影，民国间也还有一些人在上海组织“灵学会”，追逐着所谓的“灵魂照相”④。

做这个简要的史实并置，是要回应本文开头所提出的问题，即是说，只有把“真实是新闻的生命”这一说法联系着它的“肉身”，又特别是将之放置于与媒介实践互相嵌入、也是互相运作着的都市生活情境下，才能避免将某种抽离了时空的新闻真实性作为“放之四海而皆准”的评判标准，从而既失去了对历史丰富可能性的体察，又在应对现实变动的挑战前捉襟见肘、进退无着。至少，此处所提及的现代中国都市中的媒介网络，以及“真实”“神怪”和“灵媒”在其中的并存，提醒着我们要“对基于不变的认同观念之上的本真性诉求抱警惕的态度”，取而代之的，是要有“一种对世界的关联性的理解”，无论历史还是空间，都是开放的，“在这种互相作用的空间里，总是存在着还要建立的联系，有待开花结果”，而且，对理解诸如“新闻真实性”之类的观念而言，要害在于，“关系的建构只有在‘关系’的观念不限于一个封闭的系统观念之中时，才能真正确保变化的可能性”⑤。

---

① 《良友》，1931 年 9 月第 61 期，“编后记”。

② 林泽苍、高维祥：《增广摄影良友》，上海：中国摄影学会刊印，1929 年，第 233 页。

③ 郦苏元、胡菊彬：《中国无声电影史》，北京：中国电影出版社，1996 年，第 222-243 页。

④ 黄克武：《民国初年上海的灵学研究：以“上海灵学会”为例》，载姜进主编：《都市文化中的现代中国》，上海：华东师范大学出版社，2007 年，第 148-170 页。

⑤ [英]多琳·马西：《保卫空间》，王爱松译，南京：江苏教育出版社，2013 年，第 14-16 页。

由此，对“新闻真实性”的理解，就是要打破“政治神话般的自由报业史”叙事框限[①]，突破自由主义或政治经济学批判等任何“系统观念”的“封闭”，这意味着在深层运思上要挣脱诸如主客体、主客观、认识与实践、中西、传统与现代等各种二元对立，在具体进路上尤其是要将对新闻实践的审视从新闻组织的窠臼中脱身出来。这是为了在更为多样性的空间中，发现或建立起“还要建立的联系”（或许原本已经建立却被遮蔽），从而朝向“变化的可能性”丰富既有理解，使新的关系建构“开花结果”。

本文从近代中国新闻摄影与绘画、报刊的关系重新审视了“新闻真实性”的媒介化生成，展示了不同媒介对人们与外部世界关系的重新组织。晚清画报上的“新闻画”带来了“写真”相较“写意”在文化合法性等级序列中的抬头，新闻摄影延续了这种面向现实的“写实主义”，并以其机械成像的方式提供了一种新的“看世界”的方式，“外部世界”以透明化方式获得了新的权威，以摄影机械为支撑的“新闻真实性”，由此成为人们调整自身“主观”感受，也是面向现实想象、建构交往关系的内在理据。

“新闻真实性”的这种媒介化生成与演化，与近代中国都市日常生活的演变是同一历史进程。五口通商之后，从租界发其端，“包括如北京这样的大都市，或偏远的省会兰州”，中国的城市生活中不断迎来层出不穷的新器物，“从脚踏车、巴士到煤油灯与家庭照”，人们的视听体验在经历着前所未有的转换，这表征了现代性转化的全貌。[②] 这正如画报与摄影附刊中所说的：“世界愈进步，事愈繁琐。有非言语所能形容者，必借图画以明之。”也可以说，“写实主义”的兴起，实为晚清城市进入现代世界网络之后的必然。层出不穷的“新器”，因报刊传播而来的“中外情形”“颖异事迹”，都在侵夺着城市人的视听，也形成了一种理解这种新变动的迫切需求。因而也不难理解何以时人要将画报、摄影与“启蒙”相联，因为“现实主义假设的对外部世界的冷静观察，由此便显现为一种内在的搏斗，使思想摆脱对传统的依赖”[③]。

这种“内在的搏斗”在中国近代城市生活中也未必是一种理性的自觉。正如西方“便士报”的兴起首先嵌入的是城市普通人的闲谈一样，《点石斋画报》的主事者也如此看待自身所提供的“新闻画”：“士夫可读也，下而贩夫牧竖，亦可助科头跣足之倾谈；男子可观也，内而螓首蛾眉，自必添妆罢针余之雅谑。”[④]而且，“图画”因其直观性，无论识字与否皆可得观，所谓“纵是花丛不识字，亦持一纸说新闻”。如海德格尔所言，尽管城市“闲言”是一种“无根基状态的”人云亦云、鹦鹉学舌式的“平均领会”，但它也意味着“一种正面的现象”，“这种现象组建着日常此在进行领会和解释的存在样式”，且为

① [英]詹姆斯·卡瑞、珍·辛顿：《英国新闻史》，栾轶玫译，北京：清华大学出版社，2005年，第6版，第3-5页。

② 冯客：《民国时期的摩登玩意、文化拼凑与日常生活》，载李孝悌编：《中国的城市生活》，北京：北京大学出版社，2013年，第455-472页，引见：第456页。

③ [美]安敏成：《现实主义的限制：革命时代的中国小说》，姜涛译，南京：江苏人民出版社，2011年，第11页。

④ 申报馆主：《第六号画报出售》，《申报》1884年6月26日。

“公众意见”的形成“大开方便之门”。[①] 更何况，有了报纸之后，城市人的交谈就受到了“最强大力量”的约束：“报纸使人们的交谈在内容上统一，使交谈更加活跃，使之空间上异质、时间上多样”。[②]《京话日报》为“南昌教案”照片所配的文字中有一句话很关键——“请大众看看”——实际上，其潜台词是让“大众”在“观看”的同时加以“评说”，由此搅动和接引的公众意见，将会成百上千地放大照片“真相”的力量。按此看来，戈公振所谓“取材有类《聊斋》，无关大局”的评判，实失之表面。

进而言之，当报刊摄影等媒介成为城市人日常生活中的重要关系纽带之后，对什么是“真实”、何为“现实”之定义的争夺，同时也是对特定媒介实践的控制，就成为一种重要权力。无论新闻摄影所中介着的“外部世界”有多么“透明”，它终究还是一种观看的视角体现。1933 年 2 月出版的一期《良友》杂志上刊载了一篇短小直白的文字，作者表达了他理想的摄影所观看到的城市——“广漠的土地，巨大的工厂，复杂的机器，稠密的群众”。不过，这段文字被夹杂在裸女、摩登女郎、波光船影等大幅照片的四周，仿佛是对自身理想的质疑，这位作者道出了一个意味深长的事实：“自然是同样的镜头。然而同样的‘镜头’，却造出了两个完全不同的世界。”[③]

城市与媒介影像是一种同构。“工厂”“机器”“群众”，与“裸女”“摩登女郎”“波光船影”，巨大的异质性同时在城市中，也在媒介的影像中共存。城市中的行走者、摄影报刊的观看者，他们的目光都会在这些不同的“现实”中穿越，他们的感受或自我也会在这些不同的位置间转换或摇摆。等到权力斗争加剧，对何为“真实的城市”的争夺日趋激烈，也就是到了 1930 年代晚期和 1940 年代早期，“在一种非此即彼的身份认同政治中”，那种因“来回摇摆”而形成的“分裂的主体性位置”，已不再可能。[④] 及至都市的异质性被清理，本文所讲述的摄影新闻真实性的故事，就成了“远去的都市”的一个回响而已。然而，无论那时还是现在，中国的都市，从来都“既不是总是已经构成的认同的容器，也不是已经完成了的整体论的终结”，相反，它“总是处在被构造的过程之中”，与那些在形形色色的媒介网络中进行着的实践一样，“它从来不会结束，也从来不会封闭”。[⑤]

---

① [德]海德格尔：《存在与时间》，陈嘉映、王庆节译，北京：生活·读书·新知三联书店，2015 年，第 2 版修订本，第 210-213 页。

② [法]塔尔德：《传播与社会影响》，何道宽译，北京：中国人民大学出版社，2005 年，第 241 页。

③ 华灵：《镜头的世界》，《良友》，1933 年 2 月第 74 期。

④ [美]史书美：《现代的诱惑：书写半殖民地中国的现代主义（1917—1937）》，何恬译，南京：江苏人民出版社，2007 年，第 277 页。

⑤ [英]多琳·马西：《保卫空间》，王爱松译，南京：江苏教育出版社，2013 年，第 17、13 页。

职业共同体与权力空间

北大与近代新闻学科建制

王天根

（安徽大学新闻传播学院）

摘要：在清末民初教育转型时期，北京大学的新闻学科随着北京大学的成立而全面展开。在蔡元培综合学科培养理念的引导，以及北京大学新闻学研究会等学术社团支持下，北京大学的近代新闻学科兼顾“学”与“术”的双重学科建制思想，并形成了以新闻学社团、新闻学著述、新闻学刊物为支撑的学科平台建制。本文主要从北京大学新闻学科建制下的新闻学社团、新闻学著述和新闻学刊物三个角度，探讨北京大学新闻学学科对于中国近代新闻学学科建制的影响，从新闻学职业化、新闻学学理及实践讨论等多个维度展开，从时空交汇的角度展现中国新闻学学科与新闻事业的发展联系，为这一时期中国的新闻学职业化发展研究提供一定的思考，进一步阐述近代中国新闻传播思想和报学、政治活动及舆论动员之间的联系。

关键词：北京大学；新闻学学科建制；新闻学教育

民国初建的新闻传播思想及报学建制，与其时政治剧烈变革及舆论急剧变化有内在的关联。而“五四”前后新闻学科建制则与新闻学研究中“问题”及“主义”的论争密切相关。实际上1905年科举制度废除后，记者渐成知识分子的重要职业。到1915年，职业化的记者已成长十年，中国报人的职业化群体已经形成。“五四”时期名记者群体为何涌现？其与这一历史时段有何关系？北洋统治时期的中国是否特别有利于名记者成长？诸如此类问题值得进一步分析。本文主要从职业教育及新闻社团的层面探讨中国报刊传播思想及其职业化的程度，特别是与报学密切相关的近代中国新闻学学科的建制。

一、北京大学筹建与学科建制

中国新闻职业化的教育是报业发展的必然结果，显然亦与中国现代教育制度变迁密切关联。五四新文化运动前后，北京大学始有新闻研究会成立。1918 年 7 月 4 日的《北京大学日刊》发表消息，预告“本校将于下学年设一新闻研究会”，以“灌输新闻意识，培养新闻人才”[①]为宗旨，即从新闻职业化的层面并结合新闻教育，规划新闻研究会。而新闻学学科在中国的建制涉及这一学科研究的对象、专业名词，以及研究对象与专业名词学理上的逻辑关系。下文以此为标准，结合中国近代新闻学发展的轨迹中呈现的史实做些论述。

近代新闻学学科建制首先落在北大绝非偶然，这与北大承担的学术使命及其人文氛围密不可分。此涉及北大自然环境、人文环境等多个层面的分析，相关史料见王学珍、郭建荣主编的《北京大学史料》系列，下文征引史料多有涉及。首先，作为实体存在的北大涉及自然环境。北大早期的校舍主要以译学馆为基础。1913 年 6 月 11 日的《政府公报》称，教育部复国务院审计处请拨译学馆房屋未便照准。因前本部已指定，在北京大学新校未建成前，以译学馆作为分校。1914 年 7 月《教育公报》载《北京大学预科周年概况报告》，报告一年来预科职员的变更、房屋修葺、设备添置、招生、经费、教管、课程安排，以及未来的计划等概况。1918 年 8 月北大红楼建成。[②] 此大体奠定了北大教学的客体空间。其次，人文环境中的北大涉及北大师生、文理学科的构成、容纳师生的学术组织。校园文化往往既包含校园建筑设施等，亦包含孕育人文精神的诸多校园活动。校园文化一旦形成，便有传承，这不仅体现在学术大师的诸多人格风范上，亦体现在图书馆、教学主楼等文化空间上。作为一个完整的动态的学术系统，北大师生、文理学科的构成、容纳师生的学术组织存在着互动关系。这又涉及北大规章制度，诸如 1912 年 9 月 3 日教育部令第五号公布《学校仪式规程》8 条，对北大学术重镇的建成皆有影响。教学互动关系还涉及师资力量，诸如 1914 年 7 月 6 日教育部公布《教育部直辖专门以上学校职员任用暂行规程》13 条。其中规定了各级各类学校校长、学监主任、庶务主任、教务主任、分科学长、专任教员、兼任教员等的聘任手续、任职资格等。其后，教育部陆续公布《教育部直辖专门以上学校职员任务暂行规程》14 条，规定了专门以上学校设有校长、学长、教务主任、教员、学监主任、学监、庶务主任、事务员等职位，以及各职位应履行的职责；公布《教育部直辖专门以上学校职员薪俸暂行规程》20 条，规定了各学校各职别的薪俸标准。北大亦基本上在这些规章制度的调控下运行。

---

① 方汉奇:《中国新闻事业编年史》(上)，福州:福建人民出版社，2003 年，第 849 页。

② 萧超然等编著:《北京大学校史》，上海:上海教育出版社，1981 年，第 46 页。

北大管理的核心人物是校长。北大因地位特殊,其首任校长严复与教育总长蔡元培关系很复杂。1912 年 7 月 3 日教育总长蔡元培照会北京大学,大学学长所负教育责任重大,兼承他职必顾此失彼,故令各学长于学校职务与官署职务中任择其一,不得兼差。即校长要走职业化治校的道路,后教育部重申这一理念。1915 年 5 月 17 日教育部通知各省区,各学校校长不得兼任他项职务,以使校长心无旁骛,责有专归,视校务为唯一天职。此时北大校长负责制已取得相当实效。

北京大学创校伊始,即作为中国大学教育样板来筹划的。作为教育单位,学校主体是教育对象——学生。1912 年 7 月 6 日教育部通令北京各学校各学级在校学生,通应展长一学期,补足所缺课程方予毕业。这是面对清末民初教育转型而采取的行政命令。这些通令同样适用于北大。1912 年 9 月 16 日蔡元培辞去教育总长前往德国研究教育,此为北大后来办学思路及方法埋下伏笔。1913 年 1 月 12 日,教育部电饬各省:"北京大学校本年八月开文、理、法、商、农、工各科新班,四月间开办预科新班,请饬合格学生志愿入学者,向本省教育司报名,等候赴考。"其后,教育部令第一号公布《大学令》。是年 2 月 23 日《政府公报》载北京大学校预科招生广告:"本校拟添招新生 160 名,文、法、商科第一类 80 名,理、工、农科第二类 80 名,三月初六日在北京、上海、武昌三处同时举行试验。"这些与蔡氏执政教育部的行政思路相关。蔡元培在《我在北京大学的经历》中称:"民国元年,我长教育部,对于大学有特别注意的几点:一、大学设法商等科的,必设文科;设医农工等科的,必设理科。二、大学应设大学院(即今研究院)为教授、留校的毕业生与高级学生研究的机关。三、暂定国立大学五所,于北京大学外,再筹办大学各一所于南京、汉口、四川、广州等处。(尔时想不到后来各省均有办大学的能力。)四、因各省的高等学堂,本仿日本制,为大学预备科,但程度不齐,于入大学时发生困难,乃废止高等学堂,于大学中设预科。(此点后来为胡适之先生等所非难,因各省既不设高等学堂,就没有一个荟萃较高学者的机关,文化不免落后;但自各省竞设大学后,就不必顾虑了。)"[①]此亦可见蔡氏教育理念的后续影响。

衡量北大办学质量终要以学生为核心。1913 年 4 月,《中华教育界》第 1 卷第 4 期报道"北京大学第一次毕业":"北京大学开办十余年,先设预科、师范科。毕业四次,造就良多。本年为分科第一次毕业,全校计 230 人。按照中央学会议决,大学毕业授予学士学位。"[②]此大体可见其时办学规模与层次。1917 年 11 月 23 日,《北京大学日刊》登载北京大学有关学生的统计数据:"(一)文本科学生名数表:三年级 54 人,二年级 62 人,一年级 124 人,选科生 4 人,旁听生 20 人,合计 264 人。(二)文预科学生名

---

① 蔡元培:《我在北京大学的经历》,载陈平原、夏晓虹编:《北大旧事》,北京:生活·读书·新知三联书店,1998 年,第 35 页。

② 王学珍等主编:《北京大学记事》,北京:北京大学出版社,1998 年,第 31 页。

数表：三年级 10 人，二年级 16 人，一年级 122 人，合计 148 人。”[①]

随着京师高等教育的发展，高校学生参与政治热情益发高涨。特别是袁世凯病逝后，围绕是否参加第一次世界大战及对德作战等诸多问题，总统府与国务院颇有分歧，出现“府院之争”等，学生常以罢课游街的形式表达政见，而主管部门教育部对学生多有约束，1917 年 8 月 28 日教育部发布训令，学生不得投身政党。“训令”称：“近接直隶、山东等省函电，学生往往入党，因党荒学，拟请禁止，望各校教职员告诫学生，专心向学，遵守学校管理规程，勿因党务而荒废学课。如屡戒不悛，照章管理，予以惩戒，或令其退学。”这些规定对北京大学的学生同样适用。

就外部联系而言，北大作为相对独立的学术形态，与民国初年的社会乃至政治层面的国家等有着密切的联系，两者也存在着对话与交流的互动关系，可从政治、文化方面分析。对北大而言，政府多以教育部出面代言。教育部部分训令涉及北大的校政。诸如 1917 年 6 月 18 日教育部布告：北京大学现有商科改为商业学门，隶于法科。6 月 28 日教育部训令北京大学：“国史馆业经清理就绪，即将所存文卷书籍史料发文你校，望即来部分别接收。”教育部一度指令北京大学，先行改定大学修业年限为预科二年、本科四年。

但北大与教育部关系极其微妙。北大校长是总统任命。严复任校长、蔡元培任教育总长时，北大与教育部纠葛不断。1916 年 12 月 26 日大总统任命蔡元培为北京大学校长。

1917 年 1 月 4 日，蔡元培就任北京大学校长，到校视事。与此同时，教育部函北京大学准夏锡祺辞文科学长职，并请另选员充任。蔡元培称：“我到京后，先访医专校长汤尔和君，问北大情形。他说：‘文科预科的情形，可问沈尹默君；理工科的情形，可问夏浮筠君。’”[②]后蔡元培邀请《新青年》主编陈独秀等人到北大任教，多受浙籍学人的影响。

蔡元培就任校长，颇注意学科建制，尤强调研究所在学术研究中的平台作用。1917 年 11 月 16 日，《北京大学日刊》第一号出版。诸多校政文件在《北京大学日刊》上发布。北京大学公布《研究所通则》，共包括七项：(一)研究所之任务；(二)本学期拟设研究所 9 个；(三)法科、文理两科研究所所设地址；(四)研究所之方法；(五)印行北京大学月刊，稿件由各研究所分任；(六)研究所教授自择专题，月作论文一首；(七)1921年北大校庆纪念，拟出丛书三部。这大体上规定了北大筹办研究所、研究会活动的框架。后来的新闻研究会乃至新闻学研究会，多按照此规定运作。

---

① 王学珍等主编：《北京大学记事》，北京：北京大学出版社，1998 年，第 39 页。可见北大创校之初的定位即精英教育。

② 蔡元培：《我在北京大学的经历》，载陈平原、夏晓虹编：《北大旧事》，北京：生活·读书·新知三联书店，1998 年，第 36 页。

作为北大校长并有任教育总长的阅历，蔡元培的教育思想与他留学法、德国的经历密切相关。作为校长，他对中国新闻学学科建制功不可没。1918 年 10 月 14 日晚 8 点，北京大学新闻学研究会在北大理科第 16 教室成立，此为中国第一个新闻学研究组织。蔡元培在会上首先发言，称："民国元年以后，新闻骤增……较十余年前之规模大不同矣。惟其发展之道全持经验，如旧官僚之办事然，苟不济之以学理，则进步殆亦有限。"[①]从学科建制来看，仅仅依据新闻实践而缺乏学理总结的新闻传播思想显然受到限制。中国新闻学学科在北大建制的过程亦说明了这一点。北大教授徐宝璜著有《新闻学大意》，多涉及新闻采访学。徐氏论著受到蔡元培的重视："蔡孑民氏序徐著《新闻学》，谓为吾国破天荒之作品，其裨益于新闻界，宁有涯涘。盖徐氏于新闻学著作最早，而尽力于新闻教育，功自伟也。"徐氏这部著作从"学"的层面建制中国近代风格的新闻学，区别于以往从"术"的层面进行的新闻从业经验总结。

北大徐宝璜之所以能成为中国新闻传播学的拓荒者有多重因素。"氏原籍江西九江。少留学美洲，学成归国。任北大文科教授兼报馆编辑。民国七年，北大新设新闻学研究会，即徐氏倡主其事。是时，氏草《新闻学大意》一编，以为讲演稿，即今日脍炙人口者也。十二年，平大新闻学系成立，氏为其重要教授之一。去年前主任邵故后，氏继其职，对于课程，多□□进。诱掖后进，尤其热心，现年三十四岁，专心撰述，纯一新闻学者也。"[②]可见徐氏是提倡中国新闻传播的职业化教育的先行者，同时亦为新闻学在北大的学科建制做了诸多贡献。

二、从新闻研究会到新闻学研究会与北大新闻学学科建制

中国的新闻学学科建制首先要区分"学"与"术"的关联。新闻学既属经验性新闻业务的归纳与总结，也有新闻学理的形而上的探索。北京大学从社团组织方面对此做了开拓性的探索。1918 年 7 月 4 日，《北京大学日刊》发布新闻研究会即将成立的消息并宣称："为灌输新闻知识，培养新闻人材起见，闻本校将于下学年设一新闻研究会，研究新闻之采集、编辑造题及通信，并新闻纸之组织等事，校内外人均得入会。又闻本校将请徐宝璜教授为该会导师。"[③]其核心是探讨"知识"与"人才"两者的关联，可见其时新闻学科作为学术研究的起点较低。7 月 6 日，《北京大学日刊》刊出《新闻研究会之简章》，题名"北京大学新闻研究会"。研究内容涵括"新闻之范围、新闻之采集、新闻之编辑、新闻之造题、新闻通信法、新闻纸与通信社之组织"。其研究旨趣仍为"灌输新

---

① 方汉奇主编：《中国新闻事业编年史》(上)，福州：福建人民出版社，2003 年，第 855 页。

② 《徐宝璜先生》，原载于《新闻学刊》创刊号，1927 年 2 月。见徐宝璜著，肖东发、邓绍根编：《徐宝璜新闻学论集》，北京：北京大学出版社，2008 年，第 168 页。

③ 《本校将设新闻研究会》，《北京大学日刊》，1918 年 7 月 4 日。

闻知识，培养新闻人材”。[①] 可见北大新闻研究会侧重新闻从业经验的总结。社团定名为“新闻研究会”，其核心是新闻。新闻学作为学科在北大的建制显然既涉及教学又涉及研究。

中国早期的新闻学学科建制兼涉“学”与“术”，实介两者之间，而北京大学作为中国现代大学，其新闻学建制的开创首立其功。前文述及 1918 年 10 月 14 日北京大学新闻研究会宣布成立，蔡元培校长莅临其会，其讲演论及学与术的关系：“凡事皆有术而后有学。外国之新闻学，起于新闻发展以后。”[②]相比之下，“我国自有新闻以来，不过数十年，则至今日而始从事于新闻学，固无足怪。我国第一新闻，是为《申报》，盖以前虽有所谓邸抄，若京报，是不过辑录成文，非如新闻之有采访有评论也。故言新闻自《申报》始。《申报》为西人所创设，实以外国之新闻为模范”。即中国新闻纸以西方为效法对象，《申报》“其后乃有《沪报》《新闻报》等。戊戌以后，始有《中外日报》《时报》《苏报》等。十五年前，鄙人在爱国学社办事时，与《苏报》颇有关系。其后亦尝从事于《俄事警闻》《警钟日报》等。其对于新闻术实毫无所研究，不过借此以鼓吹一种主义耳”。可见报界元老蔡元培早些时候将学科探索定位为“新闻术”。所谓主义，无外是政治主张及学理阐释，多属后来的印象层累叠加而致。其时蔡氏解读多与三民主义关联。“其他《新闻报》《申报》等，虽专营新闻业，而其规模亦尚小。民国元年以后，新闻骤增，仅北京一隅，闻有八十余种。自然淘汰之结果，其能持续至今者，较十余年前之规模大不同矣。惟其发展之道全恃经验，如旧官僚之办事然。苟不济之以学理，则进步殆亦有限。此吾人所以提出新闻学之意也。”[③]大体而言，中国新闻学的建制有中西文化会通的语境。蔡元培作为中国报业的亲历者显然看到学与术（学理与经验）的关系。

作为学科建制的北大新闻学显然离不开其他学科的支撑，蔡元培此前有两次留学德国莱比锡大学的经历，对西方大学学制认识为亲历，由此而论，他的学科思想多有世界目光。在蔡元培看来，“新闻之内容，几与各种学科无不相关。外国新闻，多有特辟科学、美术、音乐、戏曲等栏者，固非专家不能下笔。即普通纪事，如旅行、探险、营业、犯罪、政闻、战报等，无不与地理、历史、经济、法律、政治、社会等学有关”[④]。新闻学又是实践学科，“采访编辑之务，尤与心理学有密切之关系。至于记述辩论，则伦理学及文学亦所兼资者也。根据是等科学，应用于新闻界特别之经验，是以有新闻学”。可见新闻学的综合性。“欧美各国，科学发达，新闻界之经验又丰富，故新闻学早已成立。而我国尚为斯学萌芽之期，不能不仿《申报》之例，先介绍欧美新闻学。是为吾人第一

---

① 《新闻研究会之简章》，《北京大学日刊》，1918 年 7 月 6 日。

② 方汉奇主编：《中国新闻事业编年史》（上），福州：福建人民出版社，2003 年，第 855 页。

③ 方汉奇主编：《中国新闻事业编年史》（上），福州：福建人民出版社，2003 年，第 855 页。

④ 方汉奇主编：《中国新闻事业编年史》（上），福州：福建人民出版社，2003 年，第 855 页。

目的。我国社会，与外国社会有特别不同之点。因而我国新闻界之经验，亦与外国有特别不同之点。吾人本特别之经验而归纳之，以印证学理，或可使新闻学有特别之发展。是为吾人第二目的。想到会诸君均所赞成也。”[①]与西方相比，中国大学中新闻学建制既需要新闻实践的经验，又需要西方新闻学学理的支撑。

作为一校之长的蔡元培特别提醒：“抑鄙人对于我国新闻界尚有一种特别之感想。乘今日集会之机会，报告于诸君，即新闻中常有猥亵之纪闻若广告是也。闻英国新闻，虽治疗梅毒之广告，亦所绝无。其他各国，虽疾病之名词，无所谓忌讳，而春药之揭帖，冶游之指南，则绝对无之。新闻自有品格也。吾国新闻，于正张中无不提倡道德，而广告中则诲淫之药品与小说触目皆是，或且附印小报，特辟花国新闻等栏，且广收妓寮之广告。此不特新闻家自毁其品格，而其始害于社会之罪，尤不可恕。诸君既研究新闻学，必皆与新闻界有直接或间接之关系，幸有以纠正之。”[②]他希望健康的新闻学能引导中国新闻界的风气，他的此番言论尤针对国内一些新闻纸刊发败坏风气的无良广告。

蔡元培发言后，徐宝璜演说《新闻纸之职务及尽职之方法》，新闻研究会推选徐宝璜、邵飘萍为导师。近代新闻学的研究颇重视新闻业务，结合业务进行经验总结，此为学理阐释奠定基础。是年 11 月 3 日，作为导师的邵飘萍在新闻研究会发表演说：“振青少未学问，长又衣食于奔走，自叹一无所成，方滋愧恧。前年为《申报》通信事来京，偶因华工问题，得与蔡校长谈论，极钦服其为人。本年之冬，窃以我国新闻事业之不振，良由新闻界人才缺乏之故，不揣冒昧，特致书蔡校长，陈本校应设新闻研究一门，造就人才，为将来之新闻界谋发展。蔡校长答书，多承奖饰。”可见北大新闻研究是在邵飘萍建议蔡元培为新闻界谋发展之下得以发展。“本校新闻研究之课程，自是遂有添设之望，不禁狂喜。嗣后日惟奔走于职务，不晤蔡校长者。又数阅月，此次学界青年有《国民杂志》社之组织开会讨论，振青与焉。蔡校长暨徐教授均莅谈及本校新闻研究会事，蔡徐两先生乃特嘱振青来与斯会，与诸君子共相切磋，交换其所见。自惟简陋，虑无以副诸君子之望，实不敢承，然又重违校长与教授之意，踌躇再三，不能自决。窃思振青生活于新闻界中，日惟与官僚政客相征逐，若不勉力创造与青年学子接谈之机会，其鄙悖之程度，殆将与时俱进，欲救此弊，则蔡徐两先生之命不可不从。今之来此，深愧徒知为振青求益计，而无毫发之长足，以俾益于诸君子也。无已，其草就数篇，聊为相见之贽，幸与诸君子切实研究者，有教授徐先生在，振青则稍补缺略，借以增诸君子研究之兴味，不敢当演讲之名也。”[③]他侧重谈了新闻社之组织。从这些发言大体可见

---

① 方汉奇主编：《中国新闻事业编年史》(上)，福州：福建人民出版社，2003 年，第 855 页。

② 《北京大学日刊》，1918 年 10 月 16 日。参见方汉奇主编：《中国新闻事业编年史》(上)，福州：福建人民出版社，2003 年，第 856 页。

③ 《北京大学日刊》，1918 年 11 月 5 日第 245 号。邵飘萍著，肖东发、邓绍根编：《邵飘萍新闻学论集》，北京：北京大学出版社，2008 年，第 209 页。

北大新闻研究会从酝酿到成立的一些内情,也说明蔡元培、徐宝璜、邵飘萍为北大新闻研究及北大新闻研究会社团所做的诸多努力。

北大新闻研究会规定每周活动时间为星期一、三、五晚上 8 至 9 时,地点在北大红楼第 34 教室或理科第 16 教室,活动方式为讲课、研究、议事。除徐、邵外,应邀为该会做专题演讲的还有李大钊、高一涵等。[①] 参加该会听讲活动的会员有以下 55 人,这些知识分子中有后来成为中国共产党的创始人及其舆论宣传的重要骨干:

(甲)获听讲一年证书者二十三人:陈公博、何邦瑞、谭植棠、区声白、倪世积、谭鸣谦(即谭平山)、黄欣、严显扬、翟俊干、张廷珍、曹杰、杜近谓、徐思达、杨亮功、章韫船、博馥桂、温锡锐、缪金源、冯嗣贤、萧鸣籁、欧阳英、邱昭文、罗汝荣。

(乙)获听讲半年证书者三十二人:李吴帧、陈秉瀚、徐恭典、朱云光、姜绍谟、来焕文、马义述、杨立诚、易道尊、毛泽东、罗璈阶(即罗章龙)[②]、钟希尹、常惠、吴世晋、王南邱、鲍贞、韩萌谷、陈光普、朱存粹、华超、朱如濡、舒启元、刘德泽、梁颖文、倪振华、杨兴栋(即杨晦)、曲宗邦、尉士杰、黄琴、吴宗屏、高尚德、陈鹏。[③]

这些反映了北大及新闻研究会为中国新闻学研究培育了人才队伍。

作为北大学科建制的新闻学涉及新闻学研究对象,北大新闻研究会领导者的讲话及论著多有所论及。诸如新闻学与报刊乃至新闻纸学的关系,北大新闻学学科建制核心人物徐宝璜有所涉及:"尝考各科学之历史,其成立无不在其对象特别发展以后。有数千年之种植事业,然后有农学、林学。新闻纸之滥觞既迟,而其特别发展,又不过近百年事,故待至近数十年,方有人以其为对象而特别研究之者;研究结果,颇多所得,已足构成一种科学,不过尚在青年发育时期耳。此学名新闻学,亦名新闻纸学。"[④]即从新闻纸学到新闻学有个历史演变的过程。而对近代中国而言,北京大学新闻学学科建构尚在草创阶段。新闻研究会开创者蔡元培、徐宝璜、邵飘萍等身兼数任。这对新闻研究会活动的开展亦有影响。1919 年 2 月 10 日,《北京大学日刊》刊出《新闻研究会改组纪事》:"新闻研究会主任徐宝璜因担任之事过多,精力不及,恐于会务之发展有碍,特向会员提出改组意见。业经多数赞成,并举出徐宝璜、谭鸣谦(谭平山)、陈公博、曹杰、黄欣五人为起草员修改会章,以备开大会时通过。"这至少说明北大新闻学科创建阶段,徐氏任事过多,研究会仍以"新闻"而非"新闻学"为关键词。而社团从"新闻"到"新闻学"显然其在学理探索上有所明确。1919 年 2 月 19 日,北京大学新闻研究会

---

① 方汉奇主编:《中国新闻事业编年史》(上),福州:福建人民出版社,2003 年,第 856 页。

② 罗璈阶是罗章龙当时在北大的学名,见罗章龙:《回忆蔡和森同志》,载人民出版社编:《回忆蔡和森》,北京:人民出版社,1980 年,第 60 页。

③ 《北京大学日刊》,1919 年 10 月 21 日第 465 号。又见高平叔:《蔡元培全集》(第三卷),北京:中华书局,1984 年,第 349 页。

④ 徐宝璜:《新闻学》,1919 年,见徐宝璜著,肖东发、邓绍根编:《徐宝璜新闻学论集》,北京:北京大学出版社,2008 年,第 46 页。

宣布易名为新闻学研究会，大会通过《北京大学新闻学研究会简章》，规定该会以“研究新闻学理，增长新闻经验，以谋新闻事业之发展为宗旨”。由此可见北大新闻学研究会的宗旨显然区别于北大新闻教育，已经有全国气象。简章指明研究会的研究对象及其范畴：“（甲）新闻学之根本智识。（乙）新闻之采集。（丙）新闻之编辑。（丁）新闻之造题。（戊）新闻之通信。（己）新闻社与新闻通信社之组织。（庚）评论。（辛）广告术。（壬）实验新闻学。”这些重要研究项目粗线条地勾勒了中国新闻学研究者的研究蓝图，也是中国新闻教育探讨的内容。

草创之际的中国新闻学学科建制及其新闻学研究充满憧憬与希望。1919 年 10 月 16 日，新闻学研究会举行第一次期满仪式，蔡元培会长颁发证书，并致训词：“今日为本校新闻学研究会之第一次结果。本校之有新闻学研究，于中国亦实为第一次。故今兹结束，是可谓为中国新闻学研究之第一次结束。”①可见北大新闻学研究会在中国新闻学学科建制上的重要意义。在蔡元培看来，“凡一科学之成立，必先有事实，然后有学理。以无事实，则无经验可言；无经验，则学理也无由发生。现吾人之新闻学研究会，虽无闳大之印刷机关，似与普通报馆之不侔，故经验也不能谓之大备。但科学之起，必始于草创，始于简单。今虽为本会之草创时期，然他日固可由周刊，进而办日刊。且经验之不足，又不独吾人为然；即外国大学新闻科，其成绩亦未能谓为完满。盖新闻为经验之事业，非从事于新闻之人，以其经验发为学理，则成绩终无由十分完满也”②。蔡元培在中国新闻学学科建制上强调新闻与经验、学理的关系，无疑切中要害。由此，蔡元培论述了新闻学研究会颁发的毕业证书在新闻事业乃至新闻学学科建制上的意义：“今日本会之发给证书，故亦非谓经验已经完备，不过谓为经验之始而已。新闻事业既全恃经验，后此从事新闻事业之人，能以其一身经验研究学理，而引进于学校中，乃吾所深望者也。”③蔡元培重申中国新闻学探索既要关注经验，也要探究学理。

徐宝璜是北大新闻学创设的灵魂性人物。据北大梁柱教授称，徐宝璜早年就读北大，后留学美国密歇根大学攻读经济、新闻专业，学成归国后任职《晨报》馆。蔡元培因“闻其贤，聘为教授，兼校长秘书”。蔡元培在延聘教师工作中，注意学力，不讲资历，不拘一格选拔人才，从而使这一时期北大教师队伍相当“年轻化”。据 1918 年初的统计，全校共有教授 90 人，从其中 76 人的年龄看，35 岁以下者共 43 人，占 56.6%，50 岁以上仅 6 人，占 7.9%。

---

① 《北大新闻学研究会第一次期满式训词》，《北京大学日刊》，1919 年 10 月 21 日第 465 号。又见高平叔：《蔡元培全集》（第三卷），北京：中华书局，1984 年，第 348 页。

② 《北大新闻学研究会第一次期满式训词》，《北京大学日刊》，1919 年 10 月 21 日第 465 号。又见高平叔：《蔡元培全集》（第三卷），北京：中华书局，1984 年，第 348 页。

③ 《北大新闻学研究会第一次期满式训词》，《北京大学日刊》，1919 年 10 月 21 日第 465 号。又见高平叔：《蔡元培全集》（第三卷），北京：中华书局，1984 年，第 348 页。

徐宝璜任教北大时仅25岁，是当时北大最年轻的一位教授。[①] 徐宝璜是北大新闻学学科建制中的核心人物。他在北大新闻学研究会第一次研究期满时发表《中国报纸之将来》的演讲："本会成立一年以来，无特别之成绩可言。然有一件事足以告慰者，即现在中国之团体，往往成立之始，蓬蓬勃勃，继则一而衰，再而竭，终至无形消灭。而本会初创之时，即未铺张，现仍勤勤恳恳，向发展方向进行是也。吾个人对于本会之希望，与校长相同。"这显然是在呼应校长蔡元培的讲话。他谈到新闻行业实践性强，与其他学科相比就业容易："尚有一言者，现在学生，若欲加入他界事业，非常困难。而中国之新闻界，则犹似未开辟之大陆，从而发展，必甚易易。何以言乎今日吾国新闻界类于未十分开辟之新大陆？盖现在吾国新闻业，冷静非常。将来民智日开通，交通益发达时，各县至少可有一报纸。中国有千余县，场均不甚旺。日能发行数千份者，众推大报。视纽约《泰晤士报》一日之间发刊数次，并每次发刊万份以上，何啻霄壤？由此以言，今日之中国新闻界，宁非未十分开辟新大陆耶？更进言之，吾人能厕身报界，亦从事社会改革之一法。"在徐宝璜看来，"不独论说及关于学术之记载足开人民之智识，为人民之先导，即供给新闻一层，与社会亦有莫大之关系。盖社会中之分子对于社会中之事情，或其他分子求得良心之判断，须以事实为根据。而最能供给各种事实于社会之全体者，当推报纸。吾国民权可望，日益发达，将来社会各事，必多视舆论为转移。然若无报纸供给各种正确、详细的消息于社会，则纵有舆论，必多为不健全者，于事无益。中国近年来，事无真是非，人无真毁誉，即多因报纸所登之新闻多非事实，并有许多事实因报纸采访之不力，未公于世耳。故吾人欲改良社会，入新闻界以正确详细的各种重要消息及健全之社论，供给社会，亦为一种方法，况新闻界又为尚未十分开辟之新大陆耶"[②]。从国家—社会这一框架来看，徐宝璜不仅倡导报刊开民智的启蒙思想，还主张新闻业立足于改良社会之立场刊发社论，而不仅仅强调国家意识。

三、新闻学著述与北大对新闻学学科的建制

北大对中国新闻学学科建制的贡献有多个方面，诸如蔡元培、徐宝璜为之付出的诸多努力、新闻社团的组建等，还表现在北大对报界、舆论界新思潮的引领，不仅有陈独秀、李大钊、胡适等筹办杂志，也有罗家伦、傅斯年等筹办《新潮》。罗家伦以志希的名字在1919年4月的《新潮》第一号的评坛上刊发写于1918年11月5日的《今日中国之新闻界》，文章提及了蔡元培在新闻研究会上的讲话并做了呼应："在此篇开端的

① 梁柱：《徐宝璜与北大新闻学研究会》（本文系根据北京大学原副校长梁柱在纪念徐宝璜诞辰100周年纪念会上的发言整理而成。韩冰整理），见《新闻春秋》，1994年第2期。

② 徐宝璜：《中国报纸之将来》，见徐宝璜著，肖东发、邓绍根编：《徐宝璜新闻学论集》，北京：北京大学出版社，2008年，第128页。

时候，我有一句话要预先申明，就是我也是曾经从事新闻界的人，所以我知新闻界的内容很详细，但是我虽曾处新闻界中，却又等于处在新闻界外，所以能以有第三者的眼光，说几句‘局外人’的话。现在中国新闻界的情形，异常复杂，虽即欲批评，亦无从说起。不得已，乃以本篇专为普通一般居心无他的报纸说法。凡机械报、金钱报、评花评戏的小报，都是一概置而不论。”①他把中国新闻界从业人员定位为“善人”，并就新闻记者的职业素养发表一些评论：“我第一件对于现在新闻界最不满意的就是新闻记者缺少常识。”罗家伦称：“一般新闻记者，除了最少数是受过完全教育的，或是真有志向学的而外，其余约分二类。一类是‘斗方名士’同‘末路官僚’，一类就是堕落的青年。两类人大都只会做几篇‘策论式’的论说，甚至中学教育都未曾受完，就来‘摇笔纵谈天下事’了。前几月我看见了北京报纸上登了一篇‘新闻记者之必须品’的谐文，里面开的只有《两湖课艺新编》《饮冰室文集》等四五部书，这篇文虽然有点刻薄，但是每看各报议论，却也觉同看十几年前的《两湖课艺新编》《饮冰室文集》差不多。不知新闻的天职何等重要。新闻记者所必备的学问，何等繁多。对于政治方面的记载，必须精通政治、法律、财政等学；对社会方面的记载，必须深研社会经济心理等学；对于外交方面的记载，必须熟悉历史、国际法、外交史等学；对于记载各事的手腕又须借重文学、美学、哲学。你看科目这样的繁多，新闻记者是容易当的吗？舆论是容易代表的吗？世上的人，对于做不来的事，偏要去做，是终究要失败的。不过其中有个迟早的问题罢了！所以我劝那一类的人，可收手的时候，早点收手。那二类的人，赶快去求学，十年之后，出来当一个‘名实相符的新闻记者’，倒也不迟。”即记者的培养需要专门的学科知识，而通常意义上所谓专家型的记者兼要杂家型的文化背景，“因为记者缺少常识，所以一切纪事的眼光，非常之短。天天的职务，只是抄袭盲从。今天朋友来了谈了几句时事话，他夜间就写出来做他的‘大事记’。今天那位要人说了一番酒余饭后的意见，他就立刻抄下来做他的特别要闻。应于大势不应于大势，合于逻辑不合于逻辑，是不问的，只要填得满那一栏好了！你看二三年来世界大势何等紧急，关于中国，何等重要。但是国内大多数新闻记者的眼光都不出国门一步。因为一般名人要人都是勤于国内不谈外事的，所以新闻记者也就跟着不谈了。我问他们何以跟着不谈呢？他说：‘谈了没有人看’”。针对此，罗家伦回应称：“没有人看的原因，虽是很多的，但是你们新闻记者对于世界的大事，不能编成一种有统系的记载，是一个最大原因。你们对外研究以为译出了几个路透电就完了事，其余就可以不问了（《申报》上载有欧洲特别通信，实是万分难得）。若是诸君便的时候拿出几份伦敦、纽约各大报纸所记载的远东事情，与诸君所记的世界事情，两两比较，诸君能不惭愧吗？现在因为诸君记载不善，所以社会上不愿意看，因为社会上不愿意看，诸君也就不愿意记了。这样快刀断麻的法子，实在佩服。但

---

① 《新潮》，1919年4月第1号，第118页。

是因为诸君不愿意记载，那想看的人也没得看，那不想看的人，更是根本忘记了。现在世界大战已经完毕，'处治远东''国际同盟'的一种声浪，满布天地。独有我们中国人如醉如梦，永不得知。目前虽欲得知，恐怕已经来不及了。岂不伤心！将来如果编起亡国史来，诸位目光盈寸的新闻家，能逃得了万世公论，不负一点责任吗?"罗家伦认为，新闻记者需要世界目光。

在罗家伦看来，也是因为新闻记者缺乏常识所发生的，就是各报不精确的评论。"我天天看报，觉得一切评论都是不痛不痒的调头。大约可以分为三派，一种是'道学派'，一种是'诙谐派'，一种是'莫名其妙派'。除了这三种之外，欲求一精确独到痛快淋漓的评论，真是'百不一见'。'莫名其妙派'，不但看报的人看了莫名其妙，就是记者写的时候，恐怕连自己也莫名其妙。这派可以不必说了。至于那种'道学派'的评论，天天只晓得提出一个'诚'字，或是一个'决'字，或是'箴某某人'，或是'勖某某官'等字样来做题目。满口所说的都是《人谱》《格言》《联璧》《五种遗规》几部书里的话。自命为'道气古风，训励末俗'等人物。遇着此种材料缺乏的时候，就搜出三四十年前《论杨月楼案》一类的笔记，出来充数，以示维持风化。我以为这派人如果是怕政府社会都忘却了格言，那就把《人谱》等书，印在报上，却也痛快，何必今天背一节，明天背一章呢?如新闻记者见到了政府社会有不诚不决的事，那就把这件事明明白白说出来好了，何必'隔靴抓痒'，令人难过呢？'诙谐派'的评论虽是报界的另一法门，为英国斯委夫特(Swift)一派所用过的。但是也有两种流弊，一是太诙谐多了，看的人徒发一笑，就是重要问题，也不把他当做正经事看待；一是诙谐的时候，往往令人真意不明。所以我盼望做这一类评论的记者先生，也要稍微留意一点'徐徐云尔'的时评，实在不见高妙。"总之，"报纸上的评论，不是仅为规劝政府而设的，是为普告社会而设的；不是为受高等教育的人而设的，是为一般人民而设的。所以总须就事论事，庄谐并出，以明白精确独具眼光八个字为主，'不关痛痒''人云亦云'的话，日后以少说为是"。可见若在政府与社会之间选择，罗家伦倾向于报刊要为社会说话，他强调报刊的时评要针砭时弊。

罗家伦希望新闻界多一些善人。他尤其强调新闻道德："我说的'新闻道德'，并不是一定说新闻记者敲竹杠的问题：新闻记者敲不敲竹杠，是没有证据，我不敢说的。我所说的新闻界没有道德，一件就是'逢社会之恶'。他国新闻界是开导社会的，我国新闻界是逢迎社会的，真真可叹！近来社会不愿意有世界眼光，新闻记者也就不谈国外的事。社会不好学，新闻记者就绝口不谈学问；社会喜欺诈作恶，新闻记者就去搜集许多小新闻，来做他们的参考；社会好淫乐，新闻记者就去征访无数花界伶界的消息，来备他们的遗忘。这番话不是我言之过甚，乃是实在有的。"即从新闻道德来看，记者不应当仅迎合社会，特别是涉及伤风败俗。"两年以来，更发达了！北京的报纸，除了小报几十种不计外，其余大报之后，也纷纷增设评花评戏的附张。"罗家伦以北京、上海两地的报刊为例做了论证："北京日报从前算是正经一点的，去年也都设了《消闲录》登载满纸的‘花询’。我以为也就够了，不料他还要印出种种的照片，来替一般的倡(娼)妓分‘仿单’。诸君想想，这是何等行为！近日上海几位驻京通信员，办了一种《京报》算是消息灵通的报纸，但是也不免附一张《小京报》。现在《小京报》听说也在征求仿单呢！略举二事，北京新闻界的情形可以看见了。至于上海本是新闻发祥地，报纸都是地位很稳的，无论如何能站得住的。不料去年一种有身份的报，也要添出一张小报来。里面载了些什么‘花国花总统’的消息，同人家太太小姐的佚事，弄得一班青年学生，天天离不了这些新闻。请问这些新闻对得住这些青年学生吗？其余若《探海灯》《黑幕大观》种种花门更不消说了。真是可惜！”在他看来，以上所说的都免不了“有心逢迎社会”的嫌疑，他还特别提到了广告：“还有那无心与社会生恶影响的，就是广告。虽不是记者所管，但是新闻记者是觉醒社会的‘木铎’，也是应该负点连带责任才是。我每拿起一张报纸来，无论前面后面，常有‘卖春药’‘医梅毒’的广告，‘血肉模糊’一大片。西洋大报中几曾有这样怪现象呢？(蔡孑民先生七年十月在新闻研究会演说，也特别提出这层，引以为忧。)其余卖秽书卖假货的广告，更不必说了。(西洋报纸对于一切卖货广告，大都先经审查，然后才登入。民国四年《甲寅杂志》曾以此为例。)现在问来登广告的人，他说‘我是营业呀！’唉！营业！营业！社会上一切的罪恶借你的名字去做好了！”

罗家伦在外文系就读，从《晨报》中刊载的译著来看，他对世界大势相当熟悉，并有研究。但他过度强调媒介责任，而没有看到广告是报刊的重要组成部分，至于内容有待改进则不能代表广告本身筹集的资金对报业本身的意义。“我以为中国社会污浊的情形，不过是一时的现象。若是有人提倡，终有廓清的一天。廓清的责任就是新闻记者的天职。现在新闻记者也同社会一样，那中国的社会真是‘万劫不复’了。现在中国识字的人是一天多一天，只要记者有手腕，仅可以不需用评花评戏的小新闻，而能使报纸一天畅销一天。这不是我的空话，现在美国意里诺意、英国伦敦各大学里的新闻科均异常发达，出的书也很多，稍一研究，便可相信的。英国《邮报》《太晤士报》每种一天总要销二三百万份，我国销路最广的报，一天只销得二万份上下，虽是英国的文化发达，但是也差不了许多呢？此事‘非天授乃人为’是可以知道的！有人说广告严加淘汰，报馆不免亏本。我以为这是可以不必虑的，若是报上的广告，个个可靠，那不但报纸的名誉可以增进，就是被登广告的货物，身价也就日高了。人家的广告，何乐而不送来登？所以我说若是报纸能取缔广告，日后广告，反可加多，不过过渡的时候，稍为受些影响罢了！资本充足，地位稳固的报纸，何妨出来一试呢？新闻记者常骂官僚得‘造孽钱’。我以为若是从‘贻误青年’‘流毒社会’得来的钱，比官僚‘造孽钱’好得多少呢？又有人说，‘你所说的是社会的罪。今日的新闻家不幸而生在这种的社会里面罢了！’我说，‘这是社会的罪恶，我也十分承认，但是我问你世界上还是报纸改良社会呢？还是社会改良报纸呢？’我望新闻记者想一想。”

罗家伦谈了他对于其时新闻界不满意的感想，也谈及其时新闻界的一些长处。“近来报纸上第一件‘差强人意’的事，就是有许多报都有了高等通信员（这个风气是黄远生开的）。有几封通信都能将政局内幕，详细揭出，而且有统系，这是很好的（《时报》有几个通信员专说笑话，实在太空虚一点）。若是他们能够把世界的情形，也能如此记载，那就‘尽美尽善’了！第二件就是国内的情形，有时颇详。编辑取材，也比前几年进步。不过进步稍迟，未能如我们心中所预想的。第三件就是今年北京同上海的新闻界联络，有渡日考察等事，足以为他日‘国民外交’的援助。但是我还望他们继续行，足迹还远一点岂不更好吗？总之，大战以后，国际间趋重一种‘平民统治的外交政策’。美国大总统威尔逊的演说与通牒，又口口声声说到‘世界有组织的舆论’。我们国内各位新闻记者，又安得不放大眼光，以担负这个重任吗？”罗家伦总结称：“我上面所说的，都是我良心上的主张，并非攻击那个。我新闻界的好朋友也很多，要求他们见谅我之所说，乃求其‘心之所安’。处于此刻政治同社会中间，诸位的痛苦，我也是知道的。不过我望诸位的心太切，所以责难的话愈多。亦惟诸君是‘贤者’所以敢责难，诸君是‘善人’，所以敢尽言。冒昧之处，望诸君指教才是。”罗家伦是英语系的学生，有西学文化背景，他与傅斯年等筹办《新潮》，在“五四”前夕的新文化思潮中发挥了重要作用，也受到蔡元培的高度重视。他关于新闻学、期刊学方面的论著显然引发广泛的社会影响，商务印书馆诸多报刊在罗家伦的批判下，主持人纷纷被替换。可见罗家伦等北大师生在报刊学理上的影响。

北大新闻学学科建制在著述上的重要标志就是徐宝璜的《新闻学》与邵飘萍的《实际应用新闻学》《新闻学总论》的刊布。徐宝璜的经典之作为1919年出版的专著《新闻学》，他称：“客岁蔡校长设立新闻学研究会，命余主任其事，并兼任导师。余乃于暑假中，正式加以研究，就所得著《新闻学大意》一篇，以为开会后讲演之用（此稿曾登客岁九、十、十一、三月发刊之《东方杂志》）。开会后，余继续研究，加以会员之质疑问难，时有心得，遂将原稿加以修正，成第二次之稿（散见客岁秋间之《北京大学日刊》）。今年暑假前，复修正一次，为第三次之稿，曾登于第七、第八等号之《新中国》。此则第四次之稿也。”徐宝璜谈及《新闻学》，称：“本书所言，取材于西籍者不少，然西籍中亦无完善之书，或为历史之记述，或为一方之研究。至能令人读之而窥全豹者，尚未一见也。本书虽仍不完备，然对于新闻学之重要问题，则皆为有系统之说明，而讨论新闻纸之性质与其职务，及新闻之定义与其价值，自信所言，颇多为西方学者所未言及者。”[①]这大体体现了中国新闻学学科建制过程中，作为开创者的徐宝璜在经验总结及学理等方面的诸多自信。

徐宝璜在《新闻学》第二章中探讨“新闻纸之职务”，他称新闻纸“职务”有六：“为供

① 徐宝璜：《新闻学·自序》，载松本君平等著，余家宏等编著：《新闻文存》，北京：中国新闻出版社，1987年，第280-281页。

给新闻，代表舆论，创造舆论，输灌知识，提供道德，及振兴商业。而前三者，尤为重要"[①]。论及报刊与舆论的关系，他称报纸的重要任务是代表舆论、制造舆论："代表舆论，亦新闻纸重要职务之一。西人常云：新闻纸者，国民之喉舌也。国内各报出版时，其发刊词亦多曰，将代表舆论，可见此职务，早为世所公认。不过'代表'二字之解释，今昔颇有不同。昔则仅为对于政府而代表国民之舆论也，今则又应对于世界而代表国人之舆论；昔则似仅代表国民而监督政府也，今则又应代表国民向政府有所建议或要求。新闻纸欲尽代表舆论之职，其编辑应默察国民多数对于各重要事之舆论，取其正当者，著论立说，代为发表之。言其所欲言而又不善言者，言其所欲言而又不敢言者，斯无愧矣。若仅代表一人或一党之意思，则机关报耳，不足云代表舆论也。"[②]可见，他从国家与社会关系的层面分析报刊舆论。论及创造舆论，他称："新闻纸不仅应代表舆论也，亦应善用其势力，立在社会之前，创造正当之舆论，而纳人事于轨物焉。"[③]他认为："新闻纸之'社论'一栏，乃其正当发表对于时事之意见以代表舆论或制造舆论之地也。"[④]在徐宝璜看来，"发表意见，本为易事。然求社论能代表或创造正当之舆论，则为事甚难"[⑤]。

对于新闻纸的定位，徐宝璜颇为自信。诸如新闻纸的主要任务是刊载新闻，而新闻的取舍标准多建立在新闻之精采等学理评判上，徐宝璜称："推定最近事实是否为多数阅者所注意之标准，曰新闻之精采。"[⑥]徐宝璜深入地分析了新闻之精采，诸如新闻纸涉及个人与社会关系及权力的界定，他从个人之关系层面讨论了新闻之精采。在他看来，"政治新闻，为一般国民所注意。此所以各国报纸昔均以政治新闻为中心，今仍以政治新闻登载最多也"[⑦]。谈到新闻之价值与报纸号外的关系，徐氏认为，"吾国报纸遇最紧要之事，不及候次日登载者，虽亦发行号外，然远不及增加发刊次数。因号外仅登最大之新闻，而且记载常极简单，为用甚小，无大补也"[⑧]。徐宝璜还谈到从事新闻采访的访员应守之金科玉律，特别提及"有请勿登载某事者，宜答以最后之决定，权在编辑，不可轻许之。尤不可受贿，为他人隐藏"[⑨]。在他看来，"新闻纸者，社会之耳目也。而访员与通信员者，又新闻纸之耳目也。故其责任重大"[⑩]。总之，徐宝璜是从媒介责任论的层面衡量新闻纸与新闻从业人员。

---

① 徐宝璜著，肖东发、邓绍根编：《徐宝璜新闻学论集》，北京：北京大学出版社，2008年，第48页。
② 徐宝璜著，肖东发、邓绍根编：《徐宝璜新闻学论集》，北京：北京大学出版社，2008年，第49页。
③ 徐宝璜著，肖东发、邓绍根编：《徐宝璜新闻学论集》，北京：北京大学出版社，2008年，第49页。
④ 徐宝璜著，肖东发、邓绍根编：《徐宝璜新闻学论集》，北京：北京大学出版社，2008年，第98页。
⑤ 徐宝璜著，肖东发、邓绍根编：《徐宝璜新闻学论集》，北京：北京大学出版社，2008年，第98页。
⑥ 徐宝璜著，肖东发、邓绍根编：《徐宝璜新闻学论集》，北京：北京大学出版社，2008年，第57页。
⑦ 徐宝璜著，肖东发、邓绍根编：《徐宝璜新闻学论集》，北京：北京大学出版社，2008年，第57页。
⑧ 徐宝璜著，肖东发、邓绍根编：《徐宝璜新闻学论集》，北京：北京大学出版社，2008年，第63页。
⑨ 徐宝璜著，肖东发、邓绍根编：《徐宝璜新闻学论集》，北京：北京大学出版社，2008年，第74页。
⑩ 徐宝璜著，肖东发、邓绍根编：《徐宝璜新闻学论集》，北京：北京大学出版社，2008年，第82页。

总体而言，徐宝璜所著《新闻学》属经验上升成学理的总结阶段。就西方新闻学对中国的影响而言，徐宝璜所代表的中国学者的论著可谓体现西方新闻学中国化的草创阶段。对于邵飘萍主持的《京报》，徐氏《新闻学》予以高度评价："《新闻学》以前中国无专门研究新闻之书籍，有之自先生始，虽仅五六万字，以言简赅精当，则无出其右者。在中国新闻学史上，有不可抹灭之价值，无此书，人且不知新闻为学，新闻要学，他无论矣。"[①]黄天鹏则称："五四运动的前后，我正从事新闻学的研究，启蒙的课本，就是先生(徐宝璜——笔者注)著的《新闻学》。我对新闻学的基础知识，差不多都是从这本书上得来的。"[②]这本"学"与"术"之间的著作可谓近代新闻学启蒙之作，在中国新闻学科建制上亦有重要价值。

在北大新闻学学科筹建及新闻研究会乃至后来的诸多新闻学讲座的开展上，徐宝璜与邵飘萍可谓学术知音。《京报》主持人邵飘萍不仅是近代中国职业化的报人，其时兼北大新闻研究会的导师。他在新闻采访学方面的著述为培养新闻人才做出了许多贡献。简言之，邵氏可谓兼涉报业及新闻学的双栖人物。邵飘萍颇有风流才子的气质，又善于社会交际，多游走上流社会，往往于府院不备之际抢得政治新闻。他有为《申报》等通讯专栏《北京特别通信》写作的丰富经验，同时他对中国报业变迁的历史原委亦有洞见，时人有高度的评价，包天笑在《钏影楼回忆录》中称邵飘萍一到北京就发挥他在新闻事业方面的资质与禀赋优势："那时候南方人士，关于新闻事业而到北京去的有好几种：第一，南方各报馆特派到北京去的通电员、通信员。北京为政治的重心，当时外国的通讯社，也未能像后来的普通，如上海《申报》所派的秦墨哂、《新闻报》所派的张继斋等，都是常驻北京发电的。第二，南方人有些政客，或者依附军阀，要伸张他们的权威的，便到北京去开报馆，因为那时在北京开报馆较为容易，不似上海的繁难，所以南方的所谓新知识阶级，都惠然肯来了。第三，至不得已也到北京来搞一个通讯社，倘能筹得一千元，可以办像样的一个通讯社，甚至有二三百元，也可以办起来了。"在包天笑看来，"这三种新闻事业，可以称之为三部曲。可是邵飘萍去了北京，还不到一年，这三部曲完全创立成功了！"这些大体可见邵飘萍在新闻界的出色成绩。当然邵飘萍对其时新闻业历史及现状很不满意。邵飘萍称："我国新闻业之不发达，又可谓为当然之事，新闻业既不发达，则所谓'新闻学'者，乃尚如婴儿之未学步，夫岂足怪也哉！"[③]邵飘萍还对中国新闻事业不发达的原因进行分析："以言我国新闻事业之目下状态，殆可勉强比诸十八世纪之英国及明治二十年前后宪法初颁布时之日本。所以不发达之根本原因：(一)教育不普及，(二)交通不便利，(三)工商业不振兴，(四)政治未

---

① 黄天鹏：《序》(1930年8月)，徐宝璜：《新闻学纲要》。参见肖东发、邓绍根编：《徐宝璜新闻学论集》，北京：北京大学出版社，第177页。

② 黄天鹏：《序》(1930年8月)，徐宝璜：《新闻学纲要》。参见肖东发、邓绍根编：《徐宝璜新闻学论集》，北京：北京大学出版社，第177页。

③ 孙晓阳：《中外名记者丛书·邵飘萍》，北京：人民日报出版社，1996年，第192页。

上轨道。”[①]邵氏总结得全面而深刻，他参考西方新闻传播学的一些背景论述显而易见。为了让中国新闻学在学步阶段走得稳健一些，他编撰《新闻学总论》，1924 年 5 月由京报社刊印。书稿原为他在 1924 年任教国立法政大学的新闻学讲义。邵飘萍在讲稿的绪言中强调新闻学应为公民素养的一部分，新闻学知识应为社会常识，而不能仅局限于新闻记者。邵氏能有这些见解除了因为有多年的采访及办报经验外，更主要的是留日期间他与日本新闻界有密切的接触。他强调研究要有广阔的学术视野："抑所谓新闻学者，初视之其范围似甚狭隘，不过关于新闻之采集、编辑以及营业方面之发行、广告等事耳。”[②]他认为事实并非如此："即以新闻之采集、编辑言之，已包含世界上其大无外、其小无内之事物，非洞明人生一切之关系，未可遽云胜任而愉快。是外观似仅为一种学问，而须有无数学问以为之助也。”[③]新闻从业人员需要广博的知识，新闻学研究更是如此。“以一人而应万事万物之变化，非有最广博之知识与阅历，不足以笼罩之。从另一方面言之，果能精于新闻之学，则观察世界上万事万物，尚安有遁饰之余地耶？吾所谓凡欲在社会上、政治上活动之人，皆不可以不研究新闻学者，其理由即在是也。”[④]邵飘萍还认为新闻敏感性是职业报人及访员所要具备的。随着新闻与社会关联度日益密切，社会中芸芸众生与政客或政治人物皆需留意于此。作为职业化的报人，邵飘萍的新闻采发能力给其时同业者留下深刻印象。包天笑在《回忆邵飘萍》一文中将黄远生的新闻采编才能与邵氏比较，称："就文笔而言，飘萍何能及远庸，远庸是个名进士，自八股以至策论，现又受了新文学影响，所谓‘腹有诗书气自华’。可是发通电，则飘萍独擅胜场，精密而迅速，无能出其右者。”邵飘萍丰富的办报经验及别具一格的新闻采访能力对后来者有相当的启发，而邵飘萍本人亦注意将其丰富的新闻从业经验付诸笔墨，倡导新闻理论上的探索。

邵飘萍既有丰富的阅世经历，亦有多彩的新闻采访经验，这些都有助于他对中国早期新闻学的探索。中国早期新闻学研究涉及方方面面。论及新闻与社会、政治的关系，邵飘萍在《新闻学总论》中称："新闻纸之重大任务，既在对于人类间互相传达其意志、感情、趣味、知识与夫一切利害有关之消息，故从事于新闻事业者，认明此种事业之特质，第一当彻底觉悟新闻纸之为社会公共机关；根据事实与信奉真理，皆以社会公意为标准，非办理新闻社之个人或团体所可因一己或少数人之感情、利害关系而任意左右之。所以成为新闻事业之特质者，盖事业与营业，其趣味完全不同，新闻事业尤与银行、公司、店铺等唯以营利为目的者有别。欲判断新闻纸的价值之有无、大小，即以是否适合乎社会公共机关之特质为第一必要条件。故新闻纸上之一切论载，不问为社长

---

① 邵飘萍著，肖东发、邓绍根编：《邵飘萍新闻学论集》，北京：北京大学出版社，2008 年，第 192 页。
② 邵飘萍著，肖东发、邓绍根编：《邵飘萍新闻学论集》，北京：北京大学出版社，2008 年，第 101 页。
③ 邵飘萍著，肖东发、邓绍根编：《邵飘萍新闻学论集》，北京：北京大学出版社，2008 年，第 101 页。
④ 邵飘萍著，肖东发、邓绍根编：《邵飘萍新闻学论集》，北京：北京大学出版社，2008 年，第 101 页。

之主张或主笔记者与夫外间不知姓氏之投稿，一经披露即对社会负有一种责任，皆当于可能的范围，求其无色透明、公平正直而不偏重于一人一派之感情及利害关系。”[①] 他一再强调：“所谓‘新闻事业为社会公共机关’，此种特质之见解，不但为从事于新闻事业者所宜彻底觉悟，始终坚持，无使或失，且在社会方面，亦当使之人人了解。”[②]即邵飘萍认为报刊属于社会公共机关，故登载新闻及时评要注意公正、公平。邵飘萍主持《京报》刊文往往根据新闻本身热点，而甚少顾及私交、私谊。邵飘萍认为新闻学教育应该是最普遍的教育，主要源于新闻业是公共事业。他称：“社会公共机关、国民舆论代表，为新闻事业之两项特质，既如前节所述。此外，尚有意味更为重大之一种任务，可称新闻事业之特质之一者，则新闻纸有最普遍的指导国民之效果，即教育的特质是也。”[③]邵飘萍强调新闻纸要对社会进行深度报道：“新闻纸决非对于社会仅为平面的描写，须有甚深之立体的观察。不独横的照见世间之事物，更须纵的贯穿问题之中心。有时以直线的方法，说明此事之始末；有时以曲线的方法，回翔此事之周围。其感觉非常敏锐，其神经无时休息，细微之刺激，顿起强烈之冲动，每见其披艺术之文绣，与世人握手跳舞于庄严绚烂之广大的交际场中也。”[④]可见其对深度报道要求既强调纵深层面的问题意识，又注意社会环境的揭示。纵横之中，他强调新闻敏感性及报道艺术。

基于新闻事业在社会及政治生活中扮演的重要角色，邵飘萍称：“新闻与社会及政治关系之重要，已为世界各国之所公认，然以之列为一种学科而加以研究者，犹属近代之事，其尚未完全脱离幼稚之境域，殆可谓为当然者也。若夫我国，则新闻之业，简陋特甚。因新闻业之发达，与社会上诸事之设备，有互相为用之势。换言之，新闻业之发达，与社会之发达与否，两者处于互为因果之地位，故每称新闻为社会之缩影。”邵飘萍强调新闻业与社会相互促进及制约的关系，并将两者置于发展、发达的逻辑链条中考察，认为两者是互为因果的互动关系。将新闻归结为社会的缩影，皆可见他的认识水平。他论述了新闻纸沟通世界之功能，但中国新闻纸及新闻事业仍属落后：“觇国者不必身履其国门，但取代表该国之新闻纸观之，已可测得其社会政治之大概。然则我国新闻业之不发达，又可为当然之事。新闻业既不发达，则所谓‘新闻学’者乃尚如婴儿之未学步，夫岂足怪也哉！”[⑤]邵飘萍还对新闻工作者的职业精神及素质要求做了颇有深度的论述：“新闻记者第一层之觉悟，即知自身无论处于何种境遇，皆当确守第三者之高垒而勿失。故唯以真理与事实为标准，不知有友亦不知有敌。例如当政局动摇之

---

① 邵飘萍著，肖东发、邓绍根编：《邵飘萍新闻学论集》，北京：北京大学出版社，2008 年，第 104 页。
② 邵飘萍著，肖东发、邓绍根编：《邵飘萍新闻学论集》，北京：北京大学出版社，2008 年，第 105 页。
③ 邵飘萍著，肖东发、邓绍根编：《邵飘萍新闻学论集》，北京：北京大学出版社，2008 年，第 107 页。
④ 邵飘萍著，肖东发、邓绍根编：《邵飘萍新闻学论集》，北京：北京大学出版社，2008 年，第 110 页。
⑤ 邵飘萍：《我国新闻学进步之趋势·新闻学应列为普通学科》，原载于《东方杂志》，第二十一卷第六号，第 23-25 页。参见肖东发、邓绍根编：《邵飘萍新闻学论集》，北京：北京大学出版社，2008 年，第 213 页。

际，新闻记者之议论，往往举足可以为重轻，然苟确守第三者之地位，则无论政府党与非政府党皆无彼所黏着之足迹。彼既熟知政府党所采用之主张策略，但同时即谙悉非政府党之态度与立场，而对双方皆无加人协同之义务。换言之，彼不问何时何地，皆常保其超越的与独立的透明无色之精神。”[①]邵飘萍一生都秉承独立自由的新闻学理念，并为此付出了巨大的代价。邵飘萍的新闻学思想既源自他对西方报业实践的学理思考，亦与他体察新闻传播史呈现的轨迹密不可分。在他看来，新闻纸的历史“乃是言论界与政府当局恶战苦斗之历史”。而近代中国仍延续人治的传统，监督与抨击当局的后果可以预见。而时代的局限无法阻遏思想长河的流淌。邵飘萍这些新闻学观念呈现了中国近代职业化的新闻人物其思想所达到的历史深度。

邵飘萍办报兼办学，他曾为北京大学新闻学导师，故他的新闻学思想在早期中国新闻人才的培养中颇有影响。诸如斯诺在《西行漫记》中记载毛泽东的一段自述：“在新闻学会里，我遇到了别的学生……还有邵飘萍。特别是邵飘萍，对我帮助很大。他是新闻学会的讲师，是一个自由主义者，一个具有热烈理想和优良品质的人。”[②]邵飘萍除在北大兼授新闻学方面的课程，同时亦在平民大学等教授，其中学子不乏杰出者，著名的有张友鸾、黄天鹏等。

总之，无论是徐宝璜还是邵飘萍皆强调立足于社会这一基本点考察近代政治变迁。两者都强调新闻采访学的基本框架，且都有西方新闻传播学的知识背景。面对新闻探索由“术”向“学”的转向，他们做了诸多努力，他们的论述今天多为常识，但在当时多有令人深省之处。

四、新闻学刊物与北大对新闻学学科的建制

北大在近代新闻学建制上取得的成绩显然得益于新闻教育与实践相得益彰。北大新闻学教育成功的重要原因即实现导师制及新闻研究会（后易名为新闻学研究会）的运作，采取学术讲座的方式将学理探索与新闻业务有机结合。前文述及导师邵飘萍曾创办“北京新闻编译社”，后经营《京报》。通过《京报副刊》系列，学界与报界相呼应，而执着于新闻专业主义精神的邵飘萍亦与北大进步师生结成了追求言论自由的有机的运作网络。邵氏一直抱有新闻救国理想，但对其时中国新闻记者的职业操守甚是失望，由此提倡专业精神意义上的新闻学学科建制。再有徐宝璜及校长蔡元培的支持，北大新闻学取得开创性的成绩。

---

① 邵飘萍：《新闻学总论·第七节第三者之高垒》，载肖东发、邓绍根编：《邵飘萍新闻学论集》，北京：北京大学出版社，2008年，第116-117页。

② 汤修慧（邵飘萍之妻）：《一代报人——邵飘萍》，北京市政协文史资料委员会选编：《文苑撷英》，北京：北京出版社，2000年，第363页。

北大新闻学学科建制的一个重要学术平台就是1919年4月发起创建的《新闻周刊》。徐宝璜在《新闻周刊》发刊词中称："北京大学何为而设立新闻学研究会乎？会中又何为发刊此周刊乎？谨作简约之答案，以为本报之发刊词。"[①]此大体可见《新闻周刊》与北大新闻学研究会之关联，也从侧面呈现《新闻周刊》办刊之旨趣。徐宝璜称："民智开通之国如英美，有不看书者，无不看报者。新闻纸之有用于人几若菽粟水火之不可一日无，其势力实驾乎学校教员、教堂牧师而上之。"可见新闻纸的社会影响力。徐宝璜称西方医牙烹调都有人细心研究，因而成专门之学，"况势力伟大如新闻纸者耶！"故"美英各大学近多设新闻学一科，以研究新闻学原理，培植新闻人才，冀于新闻纸之职务及其尽职之方法。由此发见，渐导其入正当之途，而补救其流弊也"。相比之下，"吾国新闻事业，现虽无英美之盛，然日益发达，则可必也。使今日国人所不满于新闻纸者，如新闻之纷乱而欠实，议论之琐屑而无当，不加改良，则发达愈甚，国人之不满意之程度，亦将愈高。北京大学有鉴于此，遂设立新闻学研究会，可介绍欧美所已发见之新闻学识于中国。二继为精深之研究，期有所贡献。三以培植明白新闻事业方法及记者责任之人材"。"一言以蔽之，欲解决新闻界各问题，使新闻纸之势力足为改良政治与社会之利器也。"[②]徐宝璜将新闻纸定位为改良政治与社会的利器，而《新闻周刊》为解决新闻界各问题，包括新闻学研究会所涉及"学""术"等新闻学学科建制方面的问题。可见北大新闻学研究会及《新闻周刊》所涉及新闻学学科建制无疑是奠定在新闻实践的基础上。

作为北大新闻学研究会之学刊的《新闻周刊》承担的任务有三：其一，便会员之练习。"今有此周刊之发行，则会员之研究学理之余，复可得采集新闻、撰著社论种种实地经验，练习既久，敏捷之习惯当能养成，则将来出而办报时，可往其效率非徒知学理或仅有经验之士所可比也。"[③]可见北大新闻学研究会及《新闻周刊》要将"学"与"术"融为"学术"，从而做到新闻学理论与实践融为一体。其二，便新闻学识之传播。"新闻为何物乎？如何求之？如何述之？如何构造题目？如何撰著社论？种种问题，内均含至理，知而行之者，则业兴，否则业败。"[④]可见《新闻周刊》就是要研究新闻"至理"。与欧美相比，"吾国之新闻纸，多昙花一现，瞬生瞬灭，即能于久存之大报，其销路亦不及英美大报，则新闻学识之亟应传播，从可知矣。本报同人，愿竭绵薄。每期论文一篇，将研究结果一一公之于世。愚者一得，尚荷新闻界之采用，则多少必是以助新闻事业

---

① 徐宝璜：《〈新闻周刊〉发刊词》，《北京大学日刊》，1919年4月21日第357号。见徐宝璜著，肖东发、邓绍根编：《徐宝璜新闻学论集》，北京：北京大学出版社，2008年，第126页。

② 徐宝璜：《〈新闻周刊〉发刊词》，《北京大学日刊》，1919年4月21日第357号。见徐宝璜著，肖东发、邓绍根编：《徐宝璜新闻学论集》，北京：北京大学出版社，2008年，第126页。

③ 徐宝璜：《〈新闻周刊〉发刊词》，见徐宝璜著，肖东发、邓绍根编：《徐宝璜新闻学论集》，北京：北京大学出版社，2008年，第126页。

④ 徐宝璜：《〈新闻周刊〉发刊词》，《北京大学日刊》，1919年4月21日第357号。见徐宝璜著，肖东发、邓绍根编：《徐宝璜新闻学论集》，北京：北京大学出版社，2008年，第126页。

之进步也”[①]。其三，便同志之商榷。

由此可见，《新闻周刊》作为北大新闻学研究会之阵地，其在新闻学建制上有诸多雄心壮志。北大《新闻周刊》在“五四”之后，人事倥偬，遂至停刊。作为校长的蔡元培甚觉遗憾，“凡一问题之起，非先有事实之标准，即多费商量，亦无由解决。而吾校所出之《周刊》，能将一国内外之大事，提要钩元，即示标准之意”[②]。蔡元培希望《新闻周刊》能够复刊。从中亦可见，为新闻学知识的标准化及其学理探讨提供相关平台，相当重要。1927 年 2 月《新闻学刊》的创刊显然实现了蔡元培复兴新闻学科的希望。《新闻学刊》在中国新闻学术史上占有重要位置，诸如徐宝璜在《新闻学刊》上连载《新闻学概论》，从学理及逻辑分类层面论及新闻纸之性质。徐宝璜称：“新闻学之对象为新闻纸（英文曰 newspaper），新闻纸之特点有三：（一）用一定名称；（二）用纸印刷；（三）继续定期发行。新闻纸之区别甚多：由形式及材料上言，可分日报、杂志、通讯社之稿等；就发行期而言，有日刊，半周刊，周刊，旬刊等；就时间而言，有朝、午、晚等；就销路而言，有地方报，都会报等；就编辑而言，有保守报（conservative paper），取稳健之态度，重理智之观察，多登载政治，外交各种重大事件，社会琐事，则屏绝之；有感情报（sensational paper），重大事件，固所注意，社会琐闻，亦所顾及，前者评论不轻作，作则重理智，后者则重于感情；有黄色报（yellow paper），较感情报尤进一步，非但乐载动人感情之新闻，甚且言过其实，以动人视听，每于新闻中加以奇特之穿插，致多失其本来面目，以迎合社会一般好奇之心理。”[③]论及“新闻纸之职务”，他称：“新闻纸之发生为适应社会之需要，其在欧美各国，犹布之于衣，谷之于食，政客官僚，可借以发表政见；学者人士，可借以发挥学术；农工商等，亦可借以互相介绍。其重要职务有四：（一）供给新闻；（二）评论时事；（三）补助商业；（四）补助教育。例如新闻通讯社为供给新闻，现代评论等则为评论时事，杂志等则为补助教育，日报等则包括上列四项焉。凡新闻纸须含有上列各项，方有可存在之价值，反之则否也。人为求知动物，社会交际日繁，则互相关系愈密，故须明瞭一切，方可应付环境，顺乎潮流。新闻纸即系应此种需要而生者。”[④]徐氏还特别提及新闻纸的社会责任担当：“新闻纸为国民之喉舌，世人有正当之意见，与公允之评论，非假新闻无从表现。其负评论时事责任之重要，可想而知也。其职务凡三：（甲）供给各方平等发表之机会。新闻（纸）既为国民之言论机关，社外一切来件，

① 徐宝璜：《〈新闻周刊〉发刊词》，《北京大学日刊》，1919 年 4 月 21 日第 357 号。见徐宝璜著，肖东发、邓绍根编：《徐宝璜新闻学论集》，北京：北京大学出版社，2008 年，第 126 页。

② 《北京大学日刊》，1919 年 10 月 21 日第 465 号。又见高平叔：《蔡元培全集》（第三卷），北京：中华书局，1984 年，第 348 页。

③ 徐宝璜：《新闻学概论》（原载于《新闻学刊》创刊号，1927 年 2 月），见徐宝璜著，肖东发、邓绍根编：《徐宝璜新闻学论集》，北京：北京大学出版社，2008 年，第 136 页。

④ 徐宝璜：《新闻学概论》（原载于《新闻学刊》创刊号，1927 年 2 月），见徐宝璜著，肖东发、邓绍根编：《徐宝璜新闻学论集》，北京：北京大学出版社，2008 年，第 137 页。

但须所记不虚，言之有理。不应问其属何党派及与本报主旨向背而予刊出。供世人之讨论，给各方平等待遇。(乙)代表舆论。代表舆论，为新闻纸之重要职务，早为世所公认。凡每事件之新闻，应默察多数人之意见，为正当之发挥，作具体之判断，代表群众舆情。(丙)指导舆论。新闻纸不仅代表舆论已也。对于不正当之舆论，应指导之而入正途；群众误解之事理，予以明白之解释，使得正确之评判，造成真正之舆论。”[①]此大体可见早期的舆论概念及其界定在中国新闻学的书籍中已有充分呈现。

《新闻学概论》在《新闻学刊》自创刊号始连载三期，言简意赅，可谓中国早期新闻学科之学术地图或概览。

而从新闻研究会到新闻学研究会，中国早期新闻学探索在北大经历了由“术”向“学”的转向，此由新闻学研究会《新闻周刊》到《新闻学刊》呈现的历史轨迹中可窥探之一斑。

五、新闻记者同志会与北大有关问题或主义框架下新闻学论争

1919年可谓中国新闻学科在北大建制的重要历史节点。后经过三年左右的学科建设，北大的新闻学研究及教学取得一定的进展。自1919年五四运动后陈独秀离开北京大学，舆论精英胡适、李大钊仍在任教。他们论学兼议政。特别是胡适，很注意报刊并在意自己在报界的影响。在论学与议政问题上，一度有《时报》等好友邀请他去上海办报。1922年11月2日胡适日记记载：“高梦旦先生……来谈，他很劝我不要办报。他在上海时，与王云五、张菊生、陈叔通三位谈起此事，都不赞成我办报。他们都很愁我要做‘梁任公之续’。他们都说我应该专心著书，那是上策；教授是中策；办报是下策。叔通还说我太和平了，不配办报。这一班朋友的意思，我都很感谢。但是我实在忍不住了。当《每周评论》初办时，我并不曾热心加入。我做的文章很少，并且多是文学的文章。后来独秀被捕了。我方才接办下去，就不能不多做文字了。自从《每周评论》被封禁之后(八年八月底)，我等了两年多，希想国内有人出来做这种事业，办一个公开的、正义的好报。但是我始终失望了。现在政府不准我办报，我更不能不办了。梁任公吃亏在于他放弃了他的言论事业去做总长。我可以打定主意不做官，但我不能放弃我的言论的冲动。”[②]可见胡适办报议政的决心。

胡适、李大钊等借报刊进行学人论政的想法，也是近代报学及新闻学在北京大学颇受重视的重要原因。1922年2月12日，北大新闻记者同志会召开成立大会。该会由北大部分从事新闻业的师生组成，宗旨是研究学识，促进新闻事业。黄右昌任主席，

① 徐宝璜：《新闻学概论》(原载于《新闻学刊》创刊号，1927年2月)，见徐宝璜著，肖东发、邓绍根编：《徐宝璜新闻学论集》，北京：北京大学出版社，2008年，第137-138页。

② 曹伯言整理：《胡适日记全编》(3)，合肥：安徽教育出版社，2001年，第552页。

顾名、张煊任会务书记，罗敦伟、费觉天任讲演书记，汪涵、谢绍敏任会计书记。应邀出席的徐宝璜、胡适、李大钊三位教授均发表演说，一致祝贺该会的成立。大家认为这类新闻职业团体一方面可以增进友谊，提高学识，同时又应关注社会、政治问题，提高记者人格，尽为国民宣传的责任。[①] 2月14日，北京《晨报》第3版发表消息《北大新闻记者同志会成立》，详录三位教授在会上的演说词。[②] 三位教授皆有关于新闻的论述，首先是徐宝璜的演说。他称："我今天来赴会因为没有什么预备，只能将我平日所想到的，向诸位简单言之。""最近这个时代以来，世界上新发明的一种大武器"，即新闻。"新闻在现代社会当中，无论在哪一国，都有极大的势力，凡社会上发生有什么问题，莫不靠他来宣传。"[③]"现在我们社会上，有所谓'有枪阶级'与'无枪阶级'，有枪阶级的武器即是兵力，'无枪阶级'如果对于'有枪阶级'打算有所对付，唯一的武器即是新闻"。[④] 徐宝璜希望北大新闻记者同志会，"将来扩充之，再为全国，或一地的新闻记者结合，对于社会上各种问题有一致坚决主张，而对于'有枪阶级'反抗，也容易得多"。他认为新闻记者同志会的宗旨除"研究学识，促进新闻事业之外，应该加以互相勉励，提高人格的意思"。[⑤] 徐氏的演说侧重从新闻职业精神层面讨论问题。

其次是胡适的演说。胡适侧重讨论报刊议政的编辑思想，而非报刊业务。在胡适看来，报刊业务为传播思想而服务。他批评其时北大同学从事新闻业，多半替一些报纸的附张充篇幅。胡适对马克思、克鲁泡特金、契诃夫、莫泊桑的作品充满偏见，认为上述论著占了太多报刊的重要版面，并不是北大记者应负的社会责任；应该讨论"社会上活的问题，真的问题"，"发有力的主张，这对社会才算有贡献"。当然，胡适认为仅从宣传意义讨论上述名家的著述意义不大，他强调学理参照与解决问题相结合，其中涉及马克思主义及其剩余价值学说等，"或者捧捧契诃夫、莫泊三，对于社会上事业，一点影响也没有"。这些表明在问题与主义之抉择上，他主张问题要一个一个解决。而在问题的选择上他显然侧重社会实践，"不研究活的问题，专门研究死的问题""自然也没有什么危险"，"如果讨论活的问题，如总统问题，国会问题，那可就发生问题了，甚至于封报馆，坐监禁，受枪毙"。但是宁可这样，"不可拿马克斯……来替曹锟、张作霖、叶恭绰、薛大可的报纸充篇幅！"[⑥]这些思想实际上是胡适与李大钊等关于"问题与主义之争"的延续。是年2月12日，胡适在其日记中称："北大同学新闻事业同志会今天开成

---

① 方汉奇主编：《中国新闻事业编年史》(上)，福州：福建人民出版社，2003年，第945页。

② 方汉奇主编：《中国新闻事业编年史》(上)，福州：福建人民出版社，2003年，第945页。

③ 《徐宝璜在北大新闻记者同志会上的演说词》(《晨报副镌》，1922年2月15日)，见徐宝璜著，肖东发、邓绍根编：《徐宝璜新闻学论集》，北京：北京大学出版社，2008年，第135页。

④ 《徐宝璜在北大新闻记者同志会上的演说词》(《晨报副镌》，1922年2月15日)，见徐宝璜著，肖东发、邓绍根编：《徐宝璜新闻学论集》，北京：北京大学出版社，2008年，第135页。

⑤ 《徐宝璜在北大新闻记者同志会上的演说词》(《晨报副镌》，1922年2月15日)，见徐宝璜著，肖东发、邓绍根编：《徐宝璜新闻学论集》，北京：北京大学出版社，2008年，第135页。

⑥ 方汉奇主编：《中国新闻事业编年史》(上)，福州：福建人民出版社，2003年，第945-946页。

立会，我去参观，他们要我演说，我说了十五分钟，希望他们对于真的问题、活的问题有点贡献，不要拿马克斯、克鲁泡特金来替人家充篇幅。结语为‘宁可因讨论活问题而被封禁，被监禁，被枪毙，不要拿马克斯、克鲁泡特金来替张作霖、曹锟、薛大可、叶公绰的报纸充篇幅！’”[①]胡适的演说得到李大钊在会上及《晨报》上刊文回应。

胡、李探讨报刊舆论与输入学理及社会现实的关系，这实际上是主义与问题论争的一个重要的方面。在“问题与主义”的论争及新闻学的“问题与主义”讨论中，李大钊可谓中国早期马克思主义的重要代表人物。他更多地强调主义，虽然涉及新闻学学科的建制，但他在北大新闻记者同志会上的发言显然针对胡适倡导研究问题。李大钊称：“我今对于我们北大同学，发起这个北大新闻记者同志会，抱着很大的希望。我以为新闻事业，是一种活的社会事业。刚才胡先生说新闻事业，是要研究‘活的问题’‘真的问题’，不希望诸位替人家做那‘充篇幅’的事情。我现在更希望诸位对于新闻事业，是社会的事业，这一点也特别注意。”李大钊面对国家与社会的关系重构，更多地倾向于新闻报道及时评要面对社会、立足社会。“因为社会是复杂的、多方面的关系，要想把这不断的、发生的、多方面的社会现象描写出来，而加了批评或指导，非有相当的学问和知识不可。以前新闻界，之所以有很多缺点，就是因为从事新闻业者的，眼光不能映注到全社会的生活上的缘故。”[②]李大钊显然是接着胡适的话题，强调新闻业是社会事业的一部分，故新闻从业者要有聚焦全社会的整体性目光。李大钊尤侧重阐述从社会运动及社会主义等出发考察中国问题。面对北京大学这样的学术重镇，李大钊认为：“现在我们北大同学从事新闻事业的，如此之多，将来必能‘改造’‘提高’新闻界。因为大学是一个最高的学府，所研究的学问，是多方面的，故由大学出身的人，必有比较多方面的知识，或有与多方面的知识界接近的机会，希望诸位同学出其所学，把新闻界在社会上的地位提高，给新闻界开一个新纪元。”[③]其时李大钊已经较全面地接触了马克思主义及社会主义运动学说，他试图以此重建近代社会学理并为此而努力。因此他更多地以马克思主义为路径与方法探讨新闻学、新闻界与社会重建的关系。

李大钊认为新闻记者的职责除记述事实以外，还应该利用活的问题需学理阐释的时机，输入些知识。李大钊与胡适对新闻业的解读或分析框架显然是有区别的：李大钊强调主义诠释，胡适强调问题逐个解决。李大钊称，“胡先生说，新闻宜注意活的问题”，其中涉及克鲁泡特金、马克思等论著及其学术，即强调动态地将学理阐释与解决社会问题相结合，而非局限于静止学习理论文本本身。“这话诚然不错，但是材料虽是死的，若是用当也未尝不可把他变成活的。譬如平日登些克鲁泡特金的学说，人便全

---

① 曹伯言整理：《胡适日记全编》(3)，合肥：安徽教育出版社，2001年，第555页。

② 《在北大新闻记者同志会成立会上的演说》1922年2月12日，《晨报》2月14日；又见《李大钊文集》(下)，北京：人民出版社，1984年，第537页。

③ 《在北大新闻记者同志会成立会上的演说》1922年2月12日，《晨报》2月14日；又见《李大钊文集》(下)，北京：人民出版社，1984年，第537页。

不注意,若当接到克鲁泡特金逝世的消息,那一天,把他的历史,他的学说,写出来贡献在社会上,便可以引起社会一般人的注意了。”[①]这涉及新闻报道的技巧,只是枝节问题,李大钊论述另有深意。在胡适看来,新闻学学科也应如此,需更多关注“问题”而非“主义”。李大钊从“活的新闻事业”这一逻辑起点出发加以反驳:“死的材料,若是随着活的事实表现出来,便是活的、有趣味的材料。最好的材料,若作平日充满篇幅之用,因为他与现实的生活不相关联,于阅者亦丝毫不发生兴趣。照这样子做去,一切的科学知识,都可以觅得机会,利用一种活的事实,输入给大家。”[②]李大钊显然是支持马克思主义的,他还强调:“新闻是现在新的,活的,社会状况的写真。历史是过去,旧的社会状况的写真。现在的新闻纸,就是将来的历史,历史不应是专给一姓一家作起居注,或专记一方面的事情,应当是注重社会上多方面的记载,新闻纸更应当如此”。即他主张新闻纸要有平民意识,侧重群众而不仅仅从社会精英的层面去考察问题。

李大钊强调新闻纸要关注民众,关注社会底层。他指出:“现在新闻界,遇着‘督军的举动’,或‘阔人的一言一行’,都是用大字,排在前几版,那穷人因穷自尽,或其他种种因为受环境压迫发生不幸的结果,乃社会上很大的变故,反用小字,排在报的末几版不注意的地方。这是旧习惯未退尽的一个最大的表现,也就是新闻界的一个大缺点。这一点也希望诸位同学注意。”[③]在个人与社会关系的框架的把握上,李大钊与胡适也针锋相对:“我们北大同学,在新闻界的人,发生这样一个团体,是一件很有关系的事。胡先生说,不希望主张必定一致,希望人人能发挥个性固然不错。但是有了这个团体,总可以借此情谊,立在同一的、知识的水平线上,常有机会来交换各人不同的意见。遇有国民的运动发生时,我们总可以定一大目标,共同进行,以尽指导群众,而为国民的宣传的责任。”[④]总之,李大钊等主张新闻记者及报刊侧重从社会底层来考察问题,而不仅仅从精英政治来探讨问题。

总体看来,除徐宝璜坚持新闻学职业化的理念外,胡适与李大钊实际上是将新闻学的学理及实践的讨论,纳入问题与主义论争的政治框架。其时李大钊等强调的“主义”(即马克思主义)实质是走社会主义之路,从新闻报道及时评的视角而言,他更强调从社会底层来审视中国的问题。相对社会而言的即为国家,国家—社会由此关联。与李大钊、邵飘萍等强调从社会层面立足讨论报刊作为社会之公器等主张相对,就是李大钊等发起或领导的少年中国学会在“五四”前后的分化,曾琦、李璜后思想右倾,倾向

① 《在北大新闻记者同志会成立会上的演说》1922年2月12日,《晨报》2月14日;又见《李大钊文集》(下),北京:人民出版社,1984年,第537页。

② 《在北大新闻记者同志会成立会上的演说》1922年2月12日,《晨报》2月14日;又见《李大钊文集》(下),北京:人民出版社,1984年,第538页。

③ 《在北大新闻记者同志会成立会上的演说》1922年2月12日,《晨报》2月14日;又见《李大钊文集》(下),北京:人民出版社,1984年,第538-539页。

④ 《在北大新闻记者同志会成立会上的演说》1922年2月12日,《晨报》2月14日;又见《李大钊文集》(下),北京:人民出版社,1984年,第539页。

从国家政治层而来探讨近代中国的出路。特别是1919年他们到法国留学，受法国政治思潮影响，1923年12月在法国巴黎成立中国青年党，信奉国家主义，1924年归国在上海创办《醒狮周刊》等，在政治舆论上公然以国家主义对抗马克思主义的政治宣传。简言之，国家—社会关系的重构引发中国知识精英分化，他们建立的政党或强调社会重建或侧重国家重建，作为喉舌的报刊刊发言论多为此做注脚。

地域文化中的媒介：西关文化与近代广州报刊(1827—1912) *

赵建国
(暨南大学新闻与传播学院)

摘要：广州是近代中国报刊发行中心之一，其报刊主要集中在西关，形成了独特的报刊地理景观，这一分布特征深受西关文化影响。由于西关商业氛围浓郁，以世俗生活为主导，西关报刊商业化和民间化趋势显著，并呈现强烈的地方色彩，成为区域文化的鲜活代表。作为地域文化中的媒介，西关报刊是比较彻底的地方性产品，具有内在的地理学属性，既是“历史的创造”，又是“地理的创造”。

关键词：西关文化；近代报刊；商业化；民间化；地理

西关文化是近代广州文化的时代缩影，它在地理条件、政治经济、教育文化、媒介技术等方面都拥有明显的区域优势，促使西关成为近代报刊的集中地，构筑了独特的报刊地理景观。不过，这一文化现象没有引起充分重视，相关研究薄弱，部分史实模糊不清。① 为此，本文拟在前人研究的基础上，从媒介地理学的角度，探寻西关文化对报刊发行的作用和影响，呈现西关报刊的发展特征，进而把握近代媒介与地域文化的相互关联。

一、近代报刊中心的变动

广州是近代报刊的发祥地。鸦片战争前夕，来华外国人先后创办《广州纪录报》(1827)、《中国差报与广州钞报》(1831)、《中国丛报》(1832)、《东西洋考每月统记传》

---

* 本文原载于《暨南学报》(哲学社会科学版)2015 年第 5 期，有修改。

① 相关研究成果主要有乐正：《近代广州大众传播业的发展(1827—1911 年)》，《开放时代》，1995 年第 5 期；蒋建国：《19 世纪初广州传播生态与近代报刊的产生》，《吉林大学社会科学学报》，2009 年第 2 期；李燕：《广州西关的历史发展及其文化特色》，《文史博览》，2013 年第 10 期；何薇：《略论西关在中西文化交流中的历史地位》，《广州大学学报》(社会科学版)，2004 年第 3 期；等等。

(1833)、《广州周报》(1835)、《各国消息》(1838)等6种报刊。[①] 遗憾的是,这些报刊的地理分布状况往往被人漠视,背后的蕴意未能彰显。尽管直接资料有限,但依据时人回忆,并综合考察当时特殊的历史环境,可以大体断定,早期报刊都在十三行商馆区刊行。也就是说,西关十三行才是近代报刊的诞生地和最早的报刊中心。

在早期报刊里,英文报刊占据多数,且与英美商人关系密切,他们不仅从经济上支持办报,而且是新闻的重要提供者和主要阅读受众。但清政府对外国商人限制重重,要求严格遵守"八项规章",其中包括:"妇女、枪炮、戈矛和其他任何武器不得带入商馆;所有引水及船上买办必须在澳门同知衙门登记……若无船上买办在场,其他船夫民人等不得与外国人接触;只有在每月初八、十八和二十八日三天方可外出'兜风'……夷人可到华园和河南游玩,但每次不得超过10人,'游毕',必须返回商馆,不得在外过夜,或聚众滥饮。如有违犯,下次'假日'将不准外出。如出游10人擅自闯入村庄、公共场所或集市,陪同之通事将受惩罚。"[②]这样的规定,让所有洋行和外国商人都集中在十三行商馆区,不得随意外出,更不能随意与中国人接触。

于是,以外国商人为办报主体和服务对象的早期英文报刊,全部局限在十三行商馆区。例如,《广州纪录报》坐落在马格尼亚克洋行,《中国差报与广州钞报》位于法国商馆。[③]《中国丛报》由奥立芬提供编辑与印刷场所,也在商馆区内,因为其时的外国人还不能在广州其他地方购买或修建房产。[④] 1831年,伍德在创刊《中国差报与广州钞报》时声称,"在像广州这么小的社会再另办一种报纸,可能是多余的",但是"我们深信,我们非常需要传播媒介,以传达别人无意讨论的意见和政策"[⑤]。显然,"这么小的社会",指代的就是商馆区。19世纪30年代初,在商馆区定居的外国人仅有300人左右,只能构成一个"小的社会"。

不仅如此,传教士所办的中文报刊也被束缚在十三行商馆区,无法在广州其他地方立足,更不能在城内编辑出版。缘由在于,所有在广州的外国人,从到达的第一天起,就被认为只是来做生意[⑥],传教是绝对禁止的,更不用说开设出版机构。"如有洋人秘密印刷书籍,或设立传教机关,希图惑众,及有满汉人等受洋人委派传扬其教,及改称名字,扰乱治安者,应严为防范,为首者立斩。"而且,鸦片战争前夕,外国人及其报刊在中国遭遇普遍的敌视或蔑视,很难在商馆区之外的地方生存。后世史学家白瑞华指出,《东西洋考每月统记传》之所以能够在广州发行,不是因为中国已经修改或放弃

---

① 不少学者认为《广州杂志》(1831)在广州创刊,属于广州的早期报刊,但该刊一直在澳门出版,应是澳门的第一份英语报刊。

② [美]亨特:《广州番鬼录》,冯树铁、沈正邦译,广州:广东人民出版社,2009年,第39-40页。

③ [美]亨特:《广州番鬼录》,冯树铁、沈正邦译,广州:广东人民出版社,2009年,第109-100页。

④ 广州市荔湾区地方志编纂委员会:《广州市荔湾区志》,广州:广东人民出版社,1998年,第12页。

⑤ 方汉奇:《中国新闻事业通史》(第一卷),北京:中国人民大学出版社,1996年,第280页。

⑥ [美]亨特:《广州番鬼录》,冯树铁、沈正邦译,广州:广东人民出版社,2009年,第38页。

严教政策，而应归功于郭士立本人“与中国人之间有不寻常的良好关系”①。

虽然广州西关在报业发展史上占据首要位置，但好景不长。鸦片战争结束后，报刊的地理分布发生重大变化。外国人先将办报重心南迁到香港，因为穗港紧邻，传送方便，港报又多面向广州，在西关创办报纸的迫切性减弱。随后，外贸中心北移上海，逐渐形成全新的外侨聚集地和经济中心。在这一过程中，传教士和外国商人的办报活动由广州、香港扩展至上海。《北华捷报》《六合丛谈》《上海新报》和《申报》等报刊的创办，使上海迅速取代香港，成为新的传媒中心，在报刊发行方面占据绝对的主导地位，对近代思想启蒙发挥了巨大作用。

报刊发行中心的转移，使广州报业沉寂多年，从1851年到1860年，几乎处于无报状态。直到沙面租界开辟，报刊才呈现新的生机，涌现了一批颇有特色的外报和国人自办报刊。需要注意的是，在租界开辟后的30多年里，外国人在广州的新创报刊，几乎都集中在西关的沙面租界，如《广州新报》《西医新报》《纪南报》等。而且，早期的华资报刊，除《广州报》具体地址不详外，多数集中在租界边缘：《述报》和《中西近事汇编》位于多宝大街，《岭南日报》位于沙基大街。只有《广报》在广州城内的华宁里，距离租界较远，最后也迁入租界。② 这类情形说明，沙面租界取代十三行商馆区，成为近代广州报刊分布的中心区域和纽带。

整体而言，在“戊戌”之前，无论是数量还是影响，无论是中文还是外文报刊，广州不但无法与沪、港相抗衡，也不足以与天津相比拟。幸运的是，这一状况在国人办报高潮兴起后，便有明显改观。1898年，广州呈现办报热潮，虽有1899年的低谷，但很快恢复并加强了发展势头，一直持续到1912年。在这一时期，广州新创报刊约114种，数量仅次于上海、北京，居全国第三位：1898年新创报刊5种，1900年5种，1902年3种，1903年4种，1904年3种，1905年9种，1906年14种，1907年12种，1908年7种，1909年8种，1910年10种，1911年12种，1912年22种。在报业扩展的热潮中，广州再度成为近代中国报刊发行的中心之一。

二、西关文化区与报刊发行

清末至民国初年，广州报刊发行的一个显著特征就是，早期外报主要集中在十三行商馆区和沙面租界，后来兴盛的华资报刊大多数集中在西关十八甫、第八甫、第七甫以及邻近的第五甫、光雅里和多宝大街等区域。在办报高潮中，能明确出版地址的新报刊大概有78种，至少有54种可证实在西关出版：1898年3种，1900年2种，1902

① 卓南生：《中国近代报业发展史(1815—1874)》(增订版)，北京：中国社会科学出版社，2002年，第44页。
② 史和等编：《中国近代报刊名录》，福州：福建人民出版社，1991年，第444、210、81、213页。

年1种，1903年2种，1905年6种，1906年8种，1907年6种，1908年2种，1909年3种，1910年1种，1911年8种，1912年12种。[①]

依据《中国近代报刊名录》《中国新闻事业史编年》和《广州市荔湾区志》等资料，能对清末民初西关报刊的地理分布详情，做出更为细致的统计，从中可以发现，聚集地点前后不一。1908年之前，十八甫是报刊最显著的集中地，新创报刊16种：《岭学报》《岭海报》(1898)、《羊城日报》《时敏报》(1903)、《游艺报》《时事画报》《游艺报》《觉报》《警报》(1905)、《国民报》《粤东小说林》《国是日报》《粤东小说林》(1906)、《二十世纪军国民报》《滑稽魂》《时谐画报》(1907)。第八甫、第七甫在1908年之前的新创报刊，只有3种：《广智报》(1898)、《安雅书局世说编》(1900)、《七十二行商报》(1906)。

不过，情形很快逆转。1908年至1912年间，十八甫的报刊数量明显下降，新创报刊仅3种：《时敏新报》(1909)、《中原报》(1911)、《广东日日新报》(1912)。第八甫和第七甫的报刊数量后来居上，超越十八甫，新办报刊至少有17种：《安雅报》(1908)、《南越报》《砭群丛报》(1909)、《平民日报》(1910)、《人权报》《天民报》《可报》《光华报》《震旦日报》(1911)、《中国日报》《大公报》《觉魂日报》《华国报》《华严报》《广南报》《广州共和报》《珠江日刊》(1912)。

办报高潮结束后，十八甫完全衰落，几乎没有新报问世，而第八甫、第七甫的新生报刊却源源不绝：1913年2种，1914年1种，1915年2种，1916年1种，1917年1种，1918年1种，1919年3种，1920年3种，1921年3种，1922年3种，1913年12种，1924年1种，1925年5种，1926年1种，1927年2种。在1931年，第七甫和第八甫合并改造，更名为“光复中路”，集中了《七十二行商报》《广州共和报》《国华报》《新国华报》《观象报》《人权报》《南越报》《粤商公报》《广东报》《天声报》《广州民国日报》《公评报》《国民新闻》《广州市商会报》《新民日报》《越华报》《大中国报》《大中报》《岭海报》《大中华报》《大华晚报》《大公报》《成报》等众多报馆[②]，构建出别具特色的“西关报馆街”，是近代广州报业繁盛至极的缩影。

先十三行，后沙面租界，再西关报馆街，这是西关报刊地理分布的路线图，尤以报馆街一带最为集中。这一报刊地理学特征的形成，与西关文化区的存在密不可分：

其一，西关原是广州的边缘区域，“一口通商”政策的实施和十三行的兴盛，使之成为外贸中心。沙面租界兴起后，由于地方狭窄，不能满足洋商的贸易需要，不少外资银行和洋行突破局限，先设置在租界边缘的沙基、长堤，再向周边蔓延。于是，靠近十三行和租界的十八甫等地，逐步繁华，开拓成新的商业核心区域，至清末民初达到鼎盛。与之相随，西关人口日渐稠密，发展为社会生活和文化消费重心。据广东省谘议局《编

① 据方汉奇等编：《中国新闻事业编年史》(上卷)，福州：福建人民出版社，1999年，第122-677页统计。

② 广州市荔湾区地方志编纂委员会：《广州市荔湾区志》，广州：广东人民出版社，1998年，第603-605页。

查录》记载，1910 年广州城人口 517 596 人，西关就有 233 144 人，占 45.04%[①]。经济发展和人口繁盛，直接推动商贸、戏曲、消费、娱乐等城市文化景观勃兴，形成独特的西关文化，这不仅为报业提供了新闻素材，也准备了消费市场和广告收入。

其二，西关以其得天独厚的地理环境、悠久的商贸传统、开放的人文意识，充任中西文化交流的桥头堡。十三行商馆区和沙面租界，先后是外国人在广州的大本营，这令西关得风气之先，接东风之便，最早接触先进文化，是众多新生事物的首创之地。尤其重要的是，西关在新式教育方面遥遥领先，传教士陆续在租界及周边的沙基、长堤兴建学校，包括 1868 年的真光书院、1879 年的安和学堂、1885 年的基督教广州书院、1886 年的博济医学院、1888 年的培道女子中学和格致书院等，这有利于提高租界周边地区居民的文化素养，为报业兴盛培养了潜在的读者群。

其三，中外政治势力在西关交错存在，从一定程度上能抵制中国政府的干涉，为近代报刊提供了一种特殊的媒介生态环境和必要的言论自由权，甚至是政治庇护。例如，1891 年，《广报》因登载某大员被参一事，触怒粤督李小泉，遭遇封闭，邝其照就将报馆迁往沙面租界，以逃避清政府的迫害，并请英商必文出面，改为《中西日报》，继续出版。《七十二行商报》记载，"该报发行后，渐肆议论，指摘政治，官无如何，只罪卖报之贫民而捕之耳"。后来，南海县令裴景福投资该报，才重新迁回广州城内的朝天街道。[②] 这个案例可以印证，西关报业发展，离不开租界的护佑，报馆街其实就是沙面租界的延伸。

其四，西关很早便从英美引进比较完备的印刷机，在出版方面先行一步，为报刊发展准备了物质技术条件。第八甫、第七甫原是"机房区"，纺织工场的集中地，并由此带动其他行业发展，印刷出版业不断向这里集中。晚清时期，书坊、书局主要集中在第八甫、第七甫和十七甫。另据舒平整理的《建国前夕广州市印刷机构一览表》，西关印刷机构有 91 家，约占广州的半数，先进的石印印刷机构占据 80%以上，且集中在光复中路、光复南路、第十甫和杉木栏一带。[③] 为此，报业集中到西关，特别是第八甫和第七甫，就不难理解了。

三、西关近代报刊的特征

作为一种区域文化景观，西关文化表现出风格鲜明的地方性、浓郁的商贸文化色彩以及中西文化交融的多元性和丰富性，而商贸文化是其主要特征[④]，因此，西关报刊

---

① 李燕：《广州西关的历史发展及其文化特色》，《文史博览》，2013 年第 10 期。

② 梁群球：《广州报业(1827—1990)》，广州：中山大学出版社，1992 年，第 14-15 页。

③ 广州市荔湾区地方志编纂委员会：《广州市荔湾区志》，广州：广东人民出版社，1998 年，第 608-611 页。

④ 李燕：《广州西关的历史发展及其文化特色》，《文史博览》，2013 年第 10 期。

自始就展示出十分明显的商业化倾向。

一口通商时期，西关十三行是中国最发达的洋行商馆区和唯一的国际化商贸区，也是外国人，特别是外国商人最集中的居留地。为此，位于十三行的报刊与英美商人、商业机构关系紧密。例如，1827 年出版的《广州纪录报》，是中国境内第一份英文报刊，即由英国怡和洋行经理、商会主席马地臣主办，美国商人伍德担任第一任编辑[①]；《中国差报与广州钞报》则由伍德创办，代表美商利益；《中国丛报》由马礼逊倡议，裨治文创办并主编，而美国商人奥立芬负责提供开办经费及房舍，补贴亏损；《广州周报》由英国鸦片商人颠地支持创办，代表英商自由贸易派利益[②]。在华英美商人出面办报，不仅反映中英、中美贸易增长和对商业信息的需求，也说明他们希望就对华政策发表意见，急迫打开中国市场。

就内容而言，十三行的报刊偏向于传播商贸信息、世俗生活和西方科技文化。《广州纪录报》在创刊时，就宣称要努力"发表丰富而准确的物价行情"，其内容以报道经济、商业行情及中国官方公布的材料为主，对鸦片贸易的报道尤为详尽。1833 年，该报出版《广州市价表》，关注广州市场价格行情，为外贸活动提供大量资讯。《中国差报与广州钞报》代表主张自由贸易的美国商人利益，同样以商情为主。《中国丛报》内容较为丰富，其中包括中国的政治制度、社会经济、物产资源、海岸港口、历史文化、风土人情和社会习俗等，成为当时西方人研究汉学的重要园地之一。[③]

十三行沉沦后，沙面租界取而代之，是西方列强对中国华南地区进行政治、经济、文化侵略的新据点。外国洋行、银行和各国领事馆陆续进驻，小小的沙面，麇集 10 家银行和 40 多家洋行，构建了一个相当典型的商业社会。[④] 工商业发达，为报刊发展，尤其是商业报刊，提供了契合的生长点。来华外人创办了一批英文报纸（多数为日报），均为商业报纸，致力于刊登广告和航运消息，如《每日广告报》《广州每日航运消息》《广州每日广告报》等。[⑤]

在西关报馆街，华资报刊的商业化倾向一样突出，对经营极为重视。为有利可图，各报大力刊登各类广告，《平民日报》每天 6 版，一半以上都是广告。很多报纸都注意收集各种商业信息，如货价行情、市场动态等，以吸引商家。《农工商报》称其宗旨是"志在讲明生财好法，俾大家捞翻起世界"。而且，各报都注意促销，广设代理处。《羊城日报》不仅在京、津、沪、汉各地设有代理处，还积极开拓国外市场，在美国旧金山、檀香山，日本长崎、横滨、神户，安南的海防、河内、西贡，南洋的新加坡、庇能、菲律宾等地都设置代理处，以至"国内销数还不如海外之多"。《广报》的省内销路扩大到佛山、大

---

① 方汉奇主编：《中国新闻事业通史》（第一卷），北京：中国人民大学出版社，1996 年，第 276 页。

② 方汉奇主编：《中国新闻事业简史》，北京：中国人民大学出版社，1995 年，第 47 页。

③ 乐正：《近代广州大众传播业的发展（1827—1911 年）》，《开放时代》，1995 年第 5 期。

④ 孔柱新：《沙面租界洋行、银行与华南经济之关系》，《岭南文史》，2003 年第 3 期。

⑤ 方汉奇主编：《中国新闻事业简史》，北京：中国人民大学出版社，1995 年，第 358 页。

良、陈村、江门、新会、香山等,外省有上海、梧州,海外有新加坡、安南、菲律宾等。此外,陈藻卿与李祝多所办的《人权报》、苏棱讽主持的《南越报》、叶茗孙主持的《商权报》、张镜藜主持的《总商会报》也专以营利为目的。可以说,报刊的商业化是近代广州报刊发行的主要动力之一,它使报人有利可图,也使更多的广州人开始读报。[①] 进入民国后,西关报刊的商业化倾向更为显著,营利成为主要动机,部分报纸甚至放弃言论,只有记载,成为"名副其实的新闻纸"[②]。

受区域文化影响,在商业化过程中,西关报刊民间化趋势日益凸显。初创时期,广州报刊都由外国人主办,多用英文写作,主要为外国人服务,与国人关系不大,很难融入当地社会,不算是真正的大众传播业。沙面租界时期,中文报刊成为主导,受众群体变化明显,西关报刊开始走向民间,走向大众。但是,报刊的主流依然是外报,要么为教会服务,要么替洋行代言,或两者兼顾,国人自办报刊数量较少,规模与影响较小,困难重重,且多依附租界。戊戌之后,形势骤变,华资报刊迅猛扩展,数量与影响均远超外报,广州报业成为中国人的天下,开明人士掌握编辑经营权,少有官方背景,有很大自主权,能保持独立性,持论相对客观公正。民族报业的发展,致使报业中心与租界渐行渐远,最后移至西关报馆街,进一步彰显西关报刊的民间化趋势。

报刊内容的平民化、通俗化和本地化,是西关报刊民间化趋势的另一重要体现。相当一部分西关报刊注重谐部和副刊,面向一般市民阶层,大众色彩鲜明。1905 年创刊的《时事画报》,论事先谐后庄,谐部有杂文、谈丛、小说、讴歌(南音、粤讴)、剧本(班本)、诗界等栏目;《国民报》谐部有落花梦、小说丛、新趣谈、伟人迹、犹轩录、话剧曲、瀛海谈、实业谈、拍板歌、珠江籁等;《震旦日报》之副刊名为《鸡鸣录》,内有杂文、谐著、专件、文艺、传记、新知识、小说、班本、板眼、南音、杂俎、词林;《人权报》副刊中有小说、喷饭、班本、歌曲(龙舟)、粤讴、针针见血(杂文)等;《中原报》副刊有光怪陆离、落花飞絮、稗剩、海客谈瀛、城狐社鼠、美人香花等栏目。[③] 这些谐部与副刊中的粤讴、南音、木鱼、龙舟、班本、板眼等,均是广州民间喜闻乐见的说唱形式,大多利用方言写作,地方韵味强烈,是西关文化的鲜活代表,提升了报刊的亲和力与接近性,对构建乡土想象和地域认同起到了重要作用。

伴随商业化和民间化而来的,是西关部分报刊走向庸俗,放浪形骸,"专以鼓吹娱乐事业为事"。比如,《天趣报》以记叙妓女为内容,栏目分为天铎音、天南趣录、天国趣闻、天涯趣语、满天花、花天梦、天宝谈、尺天眼、满天神佛、天外天、趣中趣、天仙奏、天籁鸣、漫天风雪、天花雨等,"传谈花事,为粤省花界小说之嚆矢";《醒报》被人斥为"淫

① 沈琼楼:《清末民初广州报业杂忆》,载杨光辉等编:《中国近代报刊发展概况》,北京:新华出版社,1983 年,第 226 页。

② 沈琼楼、陆遯翁:《从清末到抗战前的广州报业》,载《广东文史资料精编》(上编第四卷),北京:中国文史出版社,2008 年,第 235 页。

③ 李默:《辛亥革命时期广东报刊录》,《新闻研究资料》,1979 年第 1 期。

词之渊薮，凡舍风月以外无文章”；《游艺报》除了社说、访稿、笑柄、谐文、灯谜、诗界、粤讴、南音、班本外，还有花丛谈栏目①；《共和报》则是广州最著名的黄色报刊，以低级趣味，甚至猥亵的说部和记载来吸引读者，销路流畅，但不齿于大雅，得到“厨房阶砖”（咸湿之意）的称号。更有甚者，部分报纸在投合时尚之外，对同业竞争者施用种种卑劣手段，市侩气息极浓，非亲历其间者，不能想象。② 报刊的庸俗化，既展示了西关文化的大众化倾向，又以感官刺激麻痹受众，使之沉醉于风花雪月、奇闻轶事等软性新闻，远离时代主潮，实际有损报刊的公共形象，不利报业的长远发展。其中的教训，值得后人深刻反省。

因为西关是中西交流的要冲，在欧美政治文化和国内政治局势的影响下，西关报刊表现出明确的革新愿望，多以传播新知、广开民智、拯救民族国家为宗旨。但是，西关文化复杂多元，加之现实利益的考量，报刊的政治倾向各有不同，有的支持维新改革，有的同情或鼓吹革命。辛亥革命之前，西关最有影响的维新报刊有《羊城日报》《国事报》《安雅报》《七十二行商报》《广州总商会报》《广东地方自治研究录》等，这些报刊或与康、梁关系密切，或代表地方绅商势力，赞成君主立宪，政治上取温和主义。而《亚洲日报》《时事画报》《二十世纪报》《国民报》《时敏新报》《南越报》《二十世纪军国民报》《平民日报》《人权报》《震旦日报》《可报》《天民报》等则致力鼓吹革命，宣传民主思想。③ 在趋新报刊的倡导下，革命思想激荡，西关出现一批激进报人：谢英伯、黄晦闻、潘达微、高剑父、何剑士、陈垣、卢谔生、朱执信、陈炯明、李孟哲、黄世忠、卢博郎、陈树人、廖平子、邓警亚、陈耿夫、郭唯灭、邹鲁等。④ 主张革新的西关报刊，时常干预政治，监督地方官府，引发当局不满，查封事件时有发生。1906 年 5 月，《珠江镜》因揭发地方官绅互相勾结，把持粤汉路局，遭到清吏压制，被迫停刊。⑤《天民报》被认为“鼓吹排满，革命最激烈”，出版仅一天即被查封。⑥

四、结语

受益于文化的区域优势，西关是近代广州报刊发行最为集中的地区，构筑了一个典型的地方传媒中心。进一步细分，西关报刊的历史地理分布，脉络清晰，由十三行到沙面租界，再到报馆街，在凸显阶段性的同时，具有较强的连贯性。其中，租界承上启

---

① 乐正：《近代广州大众传播业的发展(1827—1911 年)》，《开放时代》，1995 年第 5 期。

② 沈琼楼、陆遯翁：《从清末到抗战前的广州报业》，载《广东文史资料精编》(上编第四卷)，北京：中国文史出版社，2008 年，第 235 页。

③ 冯自由：《广东报纸与革命运动》，载杨光辉等编《中国近代报刊发展概况》，北京：新华出版社，1983 年，第 222 页。

④ 杨万秀、钟卓安主编：《广州简史》，广州：广东人民出版社，1996 年，第 322 页。

⑤ 方汉奇主编：《中国新闻事业编年史》(上卷)，福州：福建人民出版社，1999 年，第 386-387 页。

⑥ 李默：《辛亥革命时期广东报刊录》，《新闻研究资料》，1979 年第 1 期。

下，是影响报刊地理分布的关节点和核心地带，十三行是沙面租界的前身，西关报馆街紧靠沙面，属于租界延伸地带。这形成独特的报刊地理景观，并融入西关文化，成为其重要组成部分。

由于西关是商贸重地，以世俗生活为主导，早期西关报刊表现出显著的商业化倾向，无论是在十三行，还是在沙面租界，商业报刊都是无可非议的主流，即使宗教报刊也重点关注世俗目标。传教士创办的《东西洋考每月统记传》，在办报理念上实现了由"宗教"到"世俗"的重心转移，注重为在华外国人的利益服务，与宗教报刊明显有别。1865 年出版的《中外新闻七日录》，虽由教会和传教士主编，却以刊载中外新闻、介绍西方科学知识为主，极少涉及宗教问题，体现出浓厚的世俗性。"戊戌"之后，在西关这一特定地理空间中发行的，多是华资报刊，往往注重市场运作，且不断接近市民，深入大众，商业化和民间化趋势日益彰显。

要特别注意的是，相当一部分西关报刊有鲜明的地方烙印，在新闻的选择、评论的立场、报道的内容等方面积极"书写"西关，拓展西关文化的意义空间。尤其是谐部与副刊，表现形式和言语特征都呈现别具一格的西关风情和精神，不仅增进了人们对西关的理解，也在不断强化西关的地区特征。传教士主编的《中外新闻七日录》，亦高度重视报道地方社会新闻，关注民生、娱乐、盗匪、街头政治、文化冲突等问题，地域特色明显，在近代早期中文报刊中是罕见的。[①] 这说明，作为地域文化中的媒介，西关报刊是比较彻底的地方性产品，具有内在的地理学属性，它既是"历史的创造"，又是"地理的创造"。

---

① 蒋建国：《地方新闻与社会话语：1865—1867 年的广州》，《学术研究》，2008 年第 11 期。

开山创业:上海时期的暨南大学新闻教育研究*

邓绍根

(中国人民大学新闻学院)

摘要:1928—1929 学年,暨南大学外国文学系主任叶公超聘请《申报》编辑马崇淦出任新闻学讲师,尝试开展新闻教育,点燃新闻学的火种。在抗战胜利后中国新闻教育恢复发展和上海创办新闻教育的第二次高潮中,暨南大学于 1946 年 8 月聘请华侨报人冯列山为新闻学专任教授创办新闻学系,提出了"华侨报业生力军的摇篮"的发展目标,开创了系统新闻教育的历史。1947 年 10 月,暨南大学聘任《新闻报》总编辑詹文浒为新闻学系教授兼系主任,直至 1949 年 9 月合并至复旦大学新闻学系。上海时期暨南大学新闻教育处于开山创业阶段,具有顺应中国新闻教育历史发展潮流、符合侨校特点、重文史基础、密切新闻业界合作等特点,也取得了较好的办学成效和社会声誉。

关键词:暨南大学;新闻教育;马崇淦;冯列山;詹文浒

2016 年,正值暨南大学建校 110 周年之际,暨南大学新闻学系也迎来建系 70 周年的纪念。盛时佳节,寻根溯源,深入探求研究薄弱的上海时期暨南大学新闻教育历史,不仅是对暨南大学新闻教育前辈们开疆拓土功绩的缅怀,还能拓展暨南大学校史研究,并将丰富上海乃至中国新闻教育历史的研究成果,从一个侧面折射出中国新闻教育发展的艰辛曲折历程,因此具有重要的现实意义和学术价值。

一、1928—1929 年:暨南大学尝试开展新闻教育

暨南大学的前身是 1906 年晚清政府为推行"宏教泽而系侨情"的华侨教育政策而创立于南京的暨南学堂。1918 年 1 月,在南京改名为"国立暨南学校"。1923 年 9 月,

* 本文原载于《暨南学报》(哲学社会科学版)2019 年第 1 期,有修改。

暨南学校从南京迁至上海,并创建大学部。1927 年 6 月,暨南学校更名为"国立暨南大学"。1928 年,暨南大学尝试开展新闻教育,正是上海新闻教育兴起之时。上海是近代中国的新闻业中心,中外新闻交汇,报刊云集,报馆林立。世界各国新闻家纷纷前来中国考察,上海是必经之地。美国密苏里新闻学院院长沃尔特·威廉(Walter William)先生曾先后于 1914、1919、1921、1927、1928 年五次访问中国,后四次均到上海考察新闻业情况,同新闻界密切交流,积极推广新闻教育。上海逐渐成为中国新闻教育发达地区之一,20 世纪二三十年代,大学、专科、函授等各类新闻教育机构相继创办,形成上海第一次新闻教育高潮。[①] 1921 年 9 月,上海圣约翰大学创办的报学专业是中国第一个新闻专业。该专业的创办者就是密苏里新闻学院毕业生柏德逊(Don D. Patterson)。1924 年,复旦大学国文部主任邵力子开设新闻学课程"新闻学及现代政治"。1925 年,密苏里新闻学院学士和哥伦比亚新闻学院硕士毕业生汪英宾在上海南方大学建立新闻学系。1926 年,戈公振在上海国民大学设立新闻学系。同年 9 月,复旦大学以新闻系名义开始招生。1928 年,顾执中在上海建立民治新闻专科学校。暨南大学正是在上海新闻教育兴起的背景下尝试开展新闻教育的。

1927 年 6 月,郑洪年出任国立暨南大学校长后,大刀阔斧地推进大学改组工作,积极扩充大学部,分设六个学院,即文哲学院、社会科学院、自然科学院、农学院、商学院、艺术学院。他延聘大批名师硕儒加盟暨大,叶公超(George K. C. Yeh,1904—1981)就是其中一位典型代表。

叶公超,原名崇智,字公超,广东番禺人。1918 年,他求学于天津南开中学。1920 年 8 月,赴美国伊利诺伊州尔宾纳中学留学。1921 年考入缅因州贝兹大学,后转入麻省赫斯特大学,获得文学士学位。后转赴英国,研究西洋文学。1924 年获得剑桥大学文学硕士学位后,赴美国留学。1926 年,再获得哈佛大学硕士学位。1926 年底,他归国后任北京大学英文系讲师。1927 年春,他参与创办新月书店。同年夏,加盟暨南大学,任外国文学系主任、图书馆馆长。[②] 1928 年 1 月,暨南大学公布的职员一览表中,叶公超个人信息为"叶崇智,外国文学系主任兼教授、大学训育委员及南洋文化教育事业部委员;安姆士德大学文学士,哈佛大学硕士;北京师范大学讲师,北京大学教授;英文《东方时报》副编辑、《波士顿记载日报》驻华通讯员",并注明他在暨南大学讲授三门课程,分别为"基本英文、新闻学、小说"。[③] 但是,由他负责编写的《英文学系本学期进行计划》,刊登于 1928 年第 2 卷第 3 期《暨南周刊》开学号(1928 年 2 月 18 日),并没有出现新闻学课程,说明当时暨南大学并没有开展新闻教育活动。3 月 10 日,《新月》月刊创刊,他与徐志摩、胡适等积极参与编辑工作,成为《新月》月刊核心人物。正是中外

---

① 马光仁:《上海新闻史(1850-1949)》,上海:复旦大学出版社,1996 年,第 1072 页。

② 徐友春:《民国人物大辞典》,石家庄:河北人民出版社,1991 年,第 1252-1253 页。

③ 黄振汉:《改组后的国立暨南大学》,《暨南周刊》,1928 年第 2 卷第 2 期,第 16 页。

新闻工作实践经验的积累，加深了他对新闻工作的认识。6月4日，他撰写了《英国文学系课程指导书》，列出“初级科目，英150，新闻学”课程，具体时间和学分为“每周二小时，一年修完，四学分”；选修要求是“修毕大学英文两年者得选修”；课程内容“包含近代新闻纸之组织、编辑之原理及方法、新闻纸之伦理问题及英美新闻纸事业之发达、校对、装样、编辑，标题，及访事等均于第二学期实习”。[1] 拟采用教材为“*Newspaper Writing and Editing*”（美国著名新闻学者威拉德・布莱耶的《报纸写作与编辑》，该书出版于1923年，全书390页）。6月11日，《英国文学系课程指导书》英文版发表于《暨南周刊》第3卷第3期。叶公超编写的《英国文学系课程指导书》发表，表明叶公超主持的外国文学系尝试开展新闻教育的计划，标志着暨南大学新闻教育活动提上议事日程。

1928年8月，暨南大学外国文学系开始积极筹备新闻教育活动，聘请《申报》编辑马崇淦出任新闻学讲师。同月23日，《申报》以“暨南大学教职员之全部组织”为题进行报道：“暨南大学校长郑洪年氏，现已将各学院系主任、教授、讲师、助教、助理各人员分别聘定。……文哲学院（外国文学系），主任兼教授叶公超，教授梁实秋、余上沅、洪深、蒯叔平，讲师马崇淦、余楠秋、林语堂、顾乐全……”[2]马崇淦（1886—1978），江苏苏州人。1916年，考入圣约翰大学中文系。1920年毕业后，他加盟申报馆，成为体育新闻记者，负责采写体育新闻，后任《申报・教育版》主编，主持《申报・教育版》编务工作。同时，他富有教育经验，先后在约翰大学、持志大学、南方大学附中、南光文商专门学校任教。1928年8月底，他受聘为暨南大学教职员，出任“报学概要”讲师。

马崇淦注重新闻“理论与实际并重”，重视学生新闻业务能力的培养。为了开拓新闻视野，他利用在申报馆工作的便利条件，在课余组织报学班（或称新闻学班）同学前往上海各大报馆学习。1928年11月24日，星期六，下午1时，他组织学生到报馆参观。《申报》以《暨大报学班今日参观》为题报道说：“真如国立暨南大学本学期添开报学班，各院系学生选习者极感兴味，兹为求理论与实际证验起见，特组织参观团，自今日下午一时起，至本埠各大报馆参观。”并预告了第二天学生的新闻活动：“明日（星期日）午刻假座悦宾楼举行聚餐同乐会、业已柬邀报界名流多人。届时莅临讲演，闻此次团员约十余人，均有志于将来献身报界。”[3]

同日，《民国日报》以《暨大报学班来沪参观》为题也进行了报道：“真如国立暨南大学，自本学期添开报学班后，郑洪年校长特聘报学专家马崇淦氏担任教授以来，各院系学生选习者极感兴味……该校南洋通讯员李邦栋君，亦加入团体参观云。”[4]

---

① 叶崇智：《英国文学系课程指导书》，《暨南周刊》，1928年第3卷第2期，第25页。
② 《暨南大学教职员之全部组织》，《申报》，1928年8月23日。
③ 《暨大报学班今日参观》，《申报》，1928年11月24日。
④ 《暨大报学班来沪参观》，《民国日报》，1928年11月24日。

11 月 25 日中午，暨大新闻学班同学邀请新闻业界名流齐集上海悦宾楼，举行聚餐会。受邀的新闻人士除严独鹤、严慎予、吴灵园、朱翊新、郑元善等人因事未能参加外，潘竞民、钱沧硕、周孝庵、顾执中、陈宪谟、孙道胜等悉数到场与学生座谈交流。聚餐会首先由暨南大学南洋通讯社记者兼参观团总务李邦栋（政治经济学系大四学生）主持，他发表了热情洋溢的欢迎词："为求报学班同学与报学界人士接近起见，特举行兹会。承报界诸位先进，惠然莅止，无任荣幸。晚近报纸事业，日渐发达，而报学领域，亦日形扩大，诸君皆报学界名造，流诣俱各有独到之处，故希望以积聚之学验，详为指导，俾报学班同学，待有丰富之知识，将来献身报界，可应付裕如。"马崇淦随后演说。《新闻报》潘竞民应邀讲演："上海各大学，亦多有设报学系或报学学程者，然暨南大事以所负之使命及所处之地位，此类学级尤切要，希望诸位不断努力，以达贵校发展华侨教育之至意。"出席者纷纷发表高见，"勉励备至"[①]。聚餐会结束后，大家合影留念。

1929 年春季开学后，马崇淦继续担任暨大新闻学讲师。《暨南年鉴 1929》记载："马崇淦，圣约翰大学文学士，报学及报学概要讲师，兼高中国民外交常识教员"[②]。暨大报学班之成效，受到了新闻界的关注。1929 年 3 月，上海《申报》《民国日报》均以《暨大报学班之发达》为题进行了报道，并展望了其美好前景："该班理论与实际并重，故参观各报馆，联系采访与编辑，均定期举行。现为鼓励学员起见，将有该校南洋通讯员李邦栋，发起组织报学研究会，多聘报界名流莅校讲演，并定期出版刊物云。"马崇淦没有采纳系主任叶公超先生规划的英文教材——由威拉德·布莱耶编写的《报纸写作与编辑》，而是积极吸纳各种新闻学研究成果编撰讲课讲义，并结合学生实际采用最新出版的新闻参考用书《最新实验新闻学》。《民国日报》报道说："除酌编讲义外，参用笔记外，并采用周孝庵新著之《实验新闻学》为主要参考书。"[③]该书由作者周孝庵于 1928 年 11 月出版。该书出版后，深受新闻界好评，邹韬奋撰文推荐说："这本书有四百二十余页，共分三编：第一编为新闻采访法，第二编为新闻编辑法，第三编为新闻标题法。这本书不但是服务新闻界的人可资参考，凡有志于选择此业及负职业指导责任的人，都很可以看看。"[④]当时，马崇淦热心讲授新闻学，深受学生好评。暨大报学课程原来仅限外国文学系学生选修，后扩大至"政治、经济、文学三系共选修"，一时"加入该班选习之人数激增，竟超过原额四倍以上"[⑤]。关于他授课受欢迎的程度，1929 年 5 月 18 日，《申报》以《暨大新闻学班卖座甚满》为题进行了专门报道："暨大新闻学班成立以来，一载于兹。前仅为文学系选修课，自今春改为政治、经济、文学三系共同选修后，听者骤增。尤以该科教师马崇淦先生授课有方，滑稽突奇，听者不倦，乐而忘饥。每逢上

---

① 《暨大报学班聚餐会概况》，《申报》，1928 年 11 月 27 日。

② 1929 年鉴委员会：《暨南年鉴 1929》，上海：暨南大学，1929 年，第 76 页。

③ 《暨大报学班之发达》，《民国日报》，1929 年 3 月 8 日。

④ 穆欣编：《韬奋新闻工作文集》，北京：新华出版社，1985 年，第 213 页。

⑤ 《暨大报学班之发达》，《申报》，1929 年 3 月 10 日。

课时,广大之演讲厅,席无虚位,拥挤不堪,其卖座之为可以想见矣。"①

但是,暨南大学渐有起色的新闻教育活动并没有持续发展下去。原来计划成立的报学研究会、出版新闻刊物等计划也没有实施。其中最重要的原因是人事更迭。1929年7月,积极筹划和支持新闻教育活动的外国文学系主任叶公超先生离开暨大,北上加盟清华大学,出任外国文学系教授。具体负责新闻教育活动的马崇淦先生也于1929年9月被新成立的复旦大学新闻学系聘任为新闻学讲师,主讲新闻学。② 虽然《暨南年鉴1930》教职员名录中,马崇淦仍然在册,但已无课程信息。《暨南年鉴1930》记载:"马崇淦,圣约翰大学文学士,新闻学讲师"③。而在1930年《暨南大学一览》中,详细列出的文学院外国文学系的课程体系名单,也没有出现过新闻学(或报学)课程名称。因此,根据迄今掌握的史料,笔者认为:至1929年7月,随着1928—1929学年的结束,暨南大学尝试开展的新闻教育活动因人事变故而停止。虽然暨南大学于1929年7月暂时中止了新闻教育活动,但当时上海《申报》和《民国日报》关于暨南大学新闻教育活动的六次报道,说明这些活动引起社会关注,有一定的社会影响。总之,1928—1929年,暨南大学尝试开展新闻教育活动,虽仅为短短的一年,却掀开了暨南大学新闻教育的历史,暨南大学由此成为在中国新闻教育初步发展阶段较早开展新闻教育的国立大学之一,同时点燃了暨南大学新闻学的火种。1941年12月,太平洋战争爆发后,暨南大学在福建建阳复校,虽然条件简陋,但新闻学火种薪火相传。以卢宗汉等为首的学生组织成立"新闻学会",以研究新闻、阐扬"三民主义"为宗旨,积极开展新闻研究和新闻出版工作;"为宣扬校誉,联络校友及练习新闻工作起见",新闻学会出版《南风》周刊,"每天从当地美军电台和建阳县政府电台拿来国内外新闻的电讯稿件加以编辑,并且有评论,有副刊,有插图等,在校园中张贴时,常常围了一大堆观众,很受同学们欢迎"④。正是这些新闻教育的探索活动,推动了暨南大学于1946年8月设立新闻学系,系统开展新闻教育。

二、冯列山与暨南大学新闻学系创建

抗战胜利后,暨南大学师生终于看到了复兴暨大、壮大暨大的希望。同时,中国新闻教育,尤其是上海的新闻教育也迎来了恢复发展的大好时机。随着战后新闻事业东移,上海复刊和新创办的报刊如雨后春笋。当时各报刊面临的困难,不仅是物资的匮乏,更为严重的是编辑、记者的奇缺。培养新闻人才已是迫切任务,于是各类新闻教育

---

① 《暨大新闻学班卖座甚满》,《申报》,1928年5月18日。

② 复旦大学新闻学院:《新闻学院大事记》,http://www.xwxy.fudan.edu.cn/node2/fdxwxy/gywm/node916/。

③ 1930年鉴委员会:《暨南年鉴1930》,上海:暨南大学,1930年,第65页。

④ 张晓辉、夏泉:《暨南大学史(1906—2016)》,广州:暨南大学出版社,2016年,第152页。

事业纷纷恢复或兴办,形成了上海创办新闻教育的第二次高潮。[①] 中国新闻专科学校是抗战后最先创办的新闻教育机构,1945 年 9 月开学,招收第一届学生。1946 年初,顾执中主持的上海民治新闻专科学校恢复。此后,圣约翰大学报学系恢复招生。同年夏,复旦大学从重庆迁回上海江湾五角场复校,其新闻学系走上了健康发展的道路。沪江大学新闻学系恢复了教学活动。甚至同年 8 月,国民党国防部也在上海开办了新闻讲习班,上海文化函授学院也创办了新闻科。正是在抗战后中国新闻教育恢复发展和上海创办新闻教育的第二次高潮中,暨南大学在上海复校时聘请华侨报人冯列山先生创办了新闻学系。

1946 年 3 月,暨南大学全校师生携带图书仪器及随身用品,分乘多辆卡车,从建阳经龙游到兰溪,再换船到杭州,之后转往上海。5 月 14 日,国民政府教育部调何炳松任国立英士大学校长,委任李寿雍接任暨大校长。6 月 15 日,学校师生历经磨难,返回上海。暨南大学校长李寿雍到沪履新。在他领导下制定院系调整、扩充规模的庞大计划,以使暨南大学真正承担起光大华侨高等教育、复兴中华民族的神圣使命。[②] 暨南大学百废待兴,迎来了一个崭新发展的新时代。暨南大学感应时代脉搏,为了满足当时上海新闻人才的培养需要,决定在文学院增设新闻学系培养新闻人才。6 月 16 日《申报》报道:“关于院系之增设及调整二事与招生事宜,顷正向教育部请示中。”[③]另《国立暨南大学概况》记载:“新闻学是一种新兴的科学,为迎合时代的需要,教部于 1946 年授命本校增设新闻学系。”[④]8 月 1 日《申报》报道文学院增设新闻学系,已经获得教育部批准:“一、招收:文学院:中国文学系、外国语文系、史地系、教育系、师范系、新闻学系。”[⑤]确实,在当时新闻院校鼎足三分(燕大、复旦、政大)的局面下,“奉着部令,暨南的新闻系开始了”[⑥]。

新闻学系的设立,首要是聘请系主任和师资力量。8 月 7 日《申报》报道:“自李寿雍接校长以来,积极筹备复校事宜。该校原有文理商三院,现由教部核准,自下学期起,增设法学院,分设法律、政治、经济三系。文学院增设新闻学系,加收师范生一班。理学院增设人类学系。”而且报道说各院系教授大致聘定者,有刘咸、刘大杰、邹文海、张毓珊、李率之、王应三、潘仆、陆铁乘、张海澄、孙贵定等 40 多位教授。[⑦] 1946 年 8 月,暨南大学聘定的新闻学系主任是华侨著名报人冯列山。1946 年 8 月暨南大学发布的“聘字第 30 号”聘书记载:“兹敦聘冯列山先生为本大学文学院新闻学系专任教授

---

① 马光仁:《上海新闻史(1850—1949)》,上海:复旦大学出版社,1996 年,第 1072 页。

② 张晓辉、夏泉:《暨南大学史(1906—2016)》,广州:暨南大学出版社,2016 年,第 162 页。

③ 《国立暨南大学,新旧校长交接》,《申报》,1946 年 6 月 16 日。

④ 马翼伦:《国立暨南大学概况》,《读书通讯》,1948 年第 158 期,第 17 页。

⑤ 《国立暨南大学招生》,《申报》,1946 年 8 月 1 日。

⑥ 邹宜庸:《成长中的暨大新闻系》,《大众新闻》,1948 年第 9 期,第 16 页。

⑦ 《暨南大学讯,教授聘定,开始招生》,《申报》,1946 年 8 月 7 日。

兼系主任，任期自三十五年八月一日起至三十六年七月三十一日止，月薪国币六百元。此订。国立暨南大学校长李寿雍。中华民国三十五年八月　日（没有具体日期）。”此时冯列山在燕京大学新闻学系新闻学教授聘期刚刚结束。为什么冯列山是最佳人选？学术界认为，行动者要进入学术生产或教育场域时，需要各种资本，其中包括教育资本（如相关的学位）、学术资本（如研究成果的出版）、文化资本（特定的文化作品，如摄影、新闻报道、影像作品）、政治资本（如党政的经历与网络）、社会资本（指与民间社会团体的网络）和经济资本（指财货与金钱）。[①] 冯列山逐渐具备了这些资本。

冯列山（Feng Li San，1907—1998），名立三，号瑞麟，1907 年 9 月 8 日出生于福建福安双峰村。其父冯文基，清末秀才，长期在闽沪两地经商，好结交文人雅士。冯列山在家乡读完小学后，于 1920—1925 年前往福州读中学。高中毕业后，前往上海就读复旦大学中文系。在校期间，他学习文学、历史，并对新闻学产生兴趣。1929 年 9 月，复旦大学新闻学系成立复旦大学新闻学会，冯列山成为该会“特别会员”，与新闻结下了不解之缘。1930 年 1 月，冯列山在复旦大学获得文学士学位毕业，其名“冯立三”位列文学院第一。由于对新闻有浓厚的兴趣，他进入上海申报馆工作。1932 年秋，“一·二八”淞沪抗战后时局动荡，他因在复旦大学取得的优异成绩，获得德意志文化交流中心全额奖学金，并以《申报》驻欧特派记者的身份前往德国留学。1933 年夏至 1934 年，他求学弗赖堡大学，并参加了 Witkop、Kapp 和 Kolbe 教授的课程学习。1934 年夏，他前往慕尼黑大学新闻学系就读，参加了 Aufhauser、Brecht、Borcherdt、D′Ester、Günter、Kutscher 等教授的课程研讨班，主修新闻学课程，辅修德国文学史、宗教学，申请免修古希腊语和拉丁语课程。1935 年 5 月 10 日，他因成绩优异获得德国洪堡基金会奖学金，而不必因生活支出困难而中断学业回国。在奖学金的申请书中，推荐人 W.Burmeister 教授写道：“上学期，冯列山在慕尼黑大学新闻系注册并在 Kutscher 教授的指导下完成了《当代中国政治与文学报刊研究》的毕业论文。……冯先生是少数系统地学习了欧洲新闻学的中国人。他很有可能在以后的职业生涯中对中国新闻的改革以及以新闻领导者和记者身份对新闻事业发挥导向作用。我们感兴趣的是德国能对促进中国新闻事业的改革起到一定的作用。”[②]他因此得以提前参加博士论文答辩。5 月 17 日，在洪堡基金会的支持下，他郑重向慕尼黑大学新闻学系提出了提前参加博士论文答辩的申请，他写道：“我在此郑重保证：提交给慕尼黑大学新闻学系的博士论文《当代中国政治与文学报刊研究》是我自己独立完成的。我没有在其他大学提交过此论文。”[③]慕尼黑新闻学系系主任 Müller 推荐了 D′Ester 教授为主考官，Geheimrat Rerecht 先生为副考官，以及其他成员审阅其博士论文。6 月 24 日，星期一，下

---

① 林丽云：《台湾传播研究史：学院内的传播学知识生产》，台北：巨流图书公司，2004 年，第 62 页。

② 慕尼黑大学档案号：LMU File O-Np-SS1935-5-10 Feng。

③ 慕尼黑大学档案号：LMU File O-Np-SS1935-5-17 Feng。

午6点，慕尼黑大学新闻学系在系主任办公室举行了冯列山博士论文答辩会。答辩委员会由D'Ester教授、Brecht教授、Aufhauser教授三人组成。经过紧张的答辩，冯列山博士毕业论文成绩为"优秀"，答辩考试的总成绩为"良好"，博士论文最终顺利通过。[①] D'Ester教授高度评价了冯列山的博士论文，并评分为"优秀"。他在评语中写道："要真实了解关于中国新闻界的过去和现状是极其困难的。动荡多变的政治形势使得这方面的研究非常困难，并且时常发生所有与领导党派方向不符合的周期性报刊被销毁的情况。该博士论文撰写者曾长期在上海一家一流报社工作。他曾身处新中国的政治和文化运动中，因此他能从亲身体验来讲述实际情况。由于这涉及的很多形势是为欧洲所不认识的，所以他的主要责任就是描述当前中国新闻状况。他把他的描述细分为中国政治、经济和文化形势以及新报刊的产生。在早期，杂志和报纸是不分开的，而被视为一种特殊形式的出版物。报刊报道了所有在政治、文学和社会领域的改革创新。它提供了一种全新的、迄今为止中国新闻史上未出现过的出版方式，把古老的文化传统和新版式结合起来。多种多样的报刊反映了命运多舛的中国，冯列山先生深具启发性的博士论文也深刻地表达了这种多样性。由于以前几乎没有相关报道，所以冯先生的研究是很有价值的。论文的撰写者很全面细致地罗列了他所了解的报刊，对国际报刊研究也是具有价值的参考文献。他简短地评估每一个报刊，并试图把它们放置于整个大环境中。他也阐述了促成新报刊创立的情势。他描述了期刊在编辑方面和技术方面的运作，也提出了很多跟欧洲报刊业的不同之处。在有些章节里他讲述得比较表面，主要是缺乏能更全面了解的文献资料。这个全面细致的研究工作开拓了一个国际报刊研究至今所未曾了解的领域。这个研究工作可以被接受为博士论文。考虑到冯先生积极努力地克服一些作为外国学生所遇到的特别难的困境，他努力而优秀的研究工作被评定为valde laudabilis（优秀）。"[②]冯列山的博士论文受到了其他德国新闻学研究者的关注。1935年8月20日，柏林大学新闻学研究所特意致信慕尼黑新闻学系，垂询该博士论文手稿或者打印方式，并希望慕尼黑大学新闻学系同意为他们拍照或者用打字机打印一份冯列山的博士论文。[③] 由此可见，冯列山毕业于复旦大学中文系获得文学士学位，并留学德国获得慕尼黑大学新闻学系博士学位，成为第一个获得新闻学博士学位的中国人，从而具备了从事新闻教育和新闻学研究的教育资本和学术资本。

在攻读慕尼黑大学新闻学博士期间，他开始以《申报》驻欧特派员身份采访新闻，在《申报》上发表《奥国政变与欧洲前途》《德国国会新选举的前夜》《德国国会新选举》《世界大战恐慌向瑞士袭来》等德国通讯；在《申报月刊》上发表了《法国的外交政策与

---

① 慕尼黑大学档案号：LMU File O-Np-SS1935-6-24 Feng。

② 慕尼黑大学档案号：LMU File O-Np-SS1935-6-25 Feng。

③ 慕尼黑大学档案号：LMU File O-Np-SS1935-8-20 Feng。

希特勒的前途》(1934年第3卷第9号)、《德国的农村生活》(1934年第3卷第12号);在《时事类编》上,发表了《德国往那里去? 欧洲又往那里去?》(1934年第2卷第6期)。1935年,在中国报学史专家戈公振的鼓励下,他开始研究中外新闻史,先后为《东方杂志》撰写了《德国新闻纸的研究》《美国新闻事业的研究》《英国的报纸概观》《法国新闻事业的现状》等学术论文,向国内读者介绍了德国、美国、英国、法国等西方主要强国的新闻事业发展历史和现状。冯列山获得新闻学博士学位后,作为《申报》驻欧特派员前往欧洲各地采访和发表的新闻明显增多。1936年,冯列山发表《斯文赫定访问记》等11篇新闻作品。1937年,在国内报刊共发表43篇新闻作品,连载于《旅欧随笔》《惠勃尔登网球大会》《列山随笔》等。他逐渐成为一位富有新闻实践经验和从事新闻学术研究的新闻学者。上述经验和研究成果使其学术资本、文化资本更加丰厚。

1937年7月,抗战全面爆发后,冯列山取道伦敦回到上海,重返《申报》。他开始关注和研究海外华侨问题,先后在各大刊物上发表《二年来对于华侨之感想》《一年来社友之动向》《暹罗清迈府概况》《华侨在暹的地位与自然移殖》《暹罗清迈府概况》《对时局应有之认识》《华侨在暹的地方与移殖》等文章,逐渐向华侨报人转型。1938年3月1日,他随申报馆员工乘广九线南下,前往香港,出任《申报》(香港版)主笔撰写社论。8月,胡文虎在香港出版《星岛日报》,他应邀参加筹备工作并出任该报主笔,主持笔政,同时负责主编《星岛周报》,真正成为华侨报人。1939年8月1日,星系报业收购南洋《总汇新报》,胡文虎派他前往新加坡担任该报总编辑。太平洋战争爆发后,新加坡于1942年2月沦陷,他被日军列为第三号的抗日报人,被四处搜捕。他在香港和新加坡的办报经历使他成为著名的海外华侨报人,也使他具备了在暨南大学开展新闻教育的政治资本和社会资本。

1942年9月,冯列山返回重庆后,被母校复旦大学聘请为文学院新闻学系教授。1943年,他迁居成都,出任燕京大学新闻学系教授。在燕京大学新闻学系教书期间,他教学相长,与学生密切交流,逐渐深入研究新闻学,开始撰写新闻学著作《新闻讲话》讲义,并计划撰写《新闻学通论》《世界报业概观》《新闻伦理》《新闻哲学》等新闻学著作。虽"连经变乱,不独生活不能安定,甚至参考书籍也早已失散各地"①,但也断断续续写了六七十万字,《新闻学通论》约四十万字,《世界报业概论》十多万字,还有一些是研究"新闻"及"言论"的论文。他对新闻学深入研究,学术造诣深厚,成为当时著名的新闻学教授和报学名家。在成都期间,他还积极投身其他新闻活动。1945年5月,他负责《成都周报》编务工作。9月,他被四川大学聘为夜校新闻组讲座教授,讲授新闻学。10月,冯列山创办了以研究学术、发展文化为宗旨的《自由周报》。上述新闻学教育经验和研究经历以及新闻实践活动,使得其教育、学术、文化、社会、政治等资本更为

① 邓绍根编:《冯列山新闻文集》,北京:世界知识出版社,2014年,第392页。

厚实。

因此，1946年8月抗战结束后，内迁的各大高校纷纷复员，迁避福建建阳的暨南大学在上海复校。由于冯列山毕业于上海名校复旦大学，是留学海外第一位获得新闻学博士的中国人，曾作为《申报》驻欧特派员发表了诸多国际时评，归国后关注并研究海外华侨问题，南下香港和新加坡后出任香港《申报》和《星岛日报》主笔、《星岛周刊》主编、新加坡《总汇新报》总编辑，成为著名海外华侨报人，从新加坡回国后，先后被复旦大学、燕京大学、四川大学等名校聘为新闻学教授，且新闻学术造诣高，成果突出，所以成为当时报学名家，具备较为厚实的教育、学术、文化、社会、政治等资本，成为暨南大学在上海复校后增设新闻学系系主任的最佳人选。后来舆论界普遍认为："该系拥有大批名教授。系主任冯列山先生，更为新闻界名宿。此前曾执教复旦新闻系，旋去英考察报业，返国后任香港《星岛日报》主笔，因己身与华侨有密切之关系，故于去夏掌暨大新闻系。"①冯列山出任暨南大学新闻学系首任系主任，主持该系创建工作，由此成为暨南大学新闻学系的创立人。

冯列山出任暨南大学新闻学系专任教授兼系主任后，表示"此后不再出任报馆，将致全力于新闻教育"，负责起暨南大学新闻学系的招生工作。1946年8月8日，暨南大学报名开始后，考生踊跃报名，四天报名就达6000人，大大超出了预期人数，新设的新闻学系甚受欢迎。正如后来有人写道："这么一个酷暑炎夏的时候，正时暨大从建阳复员到上海的首次招考，在黑压压的一堆院系里，却异军突起了新闻系的大帜！"②8月17—18日举行第一期考试，20日举行了第二期考试。9月21日，暨南大学新生招考工作结束，公布了新生录取名单，共录取新生正取生481人、备取生136人。其中文学院新闻学系正取生35人，名单如下：高元、乐后雄、陈慧英、周叔华、孙耀君、冯尔祺、马翼伦、王萃鑫、马元照、周宏九、季德明、周东塾、李允淑、李钧介、刘功藩、刘菊林、贺师尧、叶徵尧、杨蕙善、何正木、朱谦、章学清、南登昆、王思曾、卢恒昌、郑志明、张寿同、郁飞、余则良、唐雨霖、林徵、徐世洪、龚维宁、王昊天、吴晓报；备取生10名：左步青、戴海清、李光新、张志良、罗贻蕙、吴振武、刘文蔚、蔡旭若、徐丽生、庄澈。③ 10月，暨南大学在完成了转系生、补录华侨生等考试以及校舍建设后，新学期于11月10日开学注册。11月18日，二、三、四年级学生开始上课；11月29日，一年级新生也正式上课。④

冯列山根据暨南大学华侨教育的传统和自身丰富的海外新闻实践经验，以及高校新闻教育的经历，提出了将该系打造成"华侨报业生力军的摇篮"的发展目标。他认为，暨大新闻系之设立，其目的与教学方针，应与燕京、复旦以及社会学院之新闻系相

① 赵克惠：《介绍"暨大"新闻系》，《中央日报》，1947年8月23日。

② 邹宜庸：《成长中的暨大新闻系》，《大众新闻》，1948年第9期，第16页。

③ 《国立暨南大学通告》，《申报》，1946年10月24日。

④ 《国立暨南大学录取新生通告》，《申报》，1946年9月21日。

同，但为针对侨胞侨务事业之发展，其教学方针有别于燕京、复旦各校者，且使命有异于它们。他还详细阐述了培养目标："（一）提高侨胞之社会程度，令其熟悉祖国语言文字。因迄民国以来，我国拓殖海外之侨胞日渐增加，而华侨教育未能大兴，生长其地者，且有不识祖国文字者，社会程度甚幼稚非特阅报者少，即觅一有价值之新闻亦不易。（二）加强华侨报业组织。侨报发生虽早，然因编辑人才缺乏，执笔者来去无当，报馆内部时有变动，少有长时期以一定姿态用现之报纸。（三）为侨胞争取国际市场及其他。我国经此次战争，民气蓬勃，侨胞知识日渐增进，外人乃摧残之不遗余力。数十年来，我侨胞无远大眼光，以报纸为对外之利器，以至华侨事业之发展，备受外人之压迫，商业上无力与之相竞争。祖国与侨胞之感情之联络，又如长线放纸写。"因此，他强调："由此种种，华侨报业之发展在所必然，除目前暂由实业教育界以及热心海外事业之新闻界人士接充发展外，未来侨胞劲军之培养，即在新生之暨大新闻系。"①

在新闻教育中，冯列山是一位和蔼可亲的导师。他对30多位学生给予学术上、思想上充分的自由，谆谆教诲；教学范围非常广泛，除注重报业研究外，也重视广播电影业的研究。他希望："这批未来的新闻记者，能走入社会上每一个角度"。他认为，现今各个学校的教学方法都不太理想，也不够完整。因此，他参合中外各新闻学校的教学法，"取其中之积极，予以施教"。他希望用四年的时间进行大胆的改革尝试。他曾云："我以你们卅几位同学为试验班，试验我所想象中之教学法可否实现，希望能够有三分之一的成功，也不枉我四年的苦心。"②

冯列山主持下的暨南大学新闻学系，学生新闻活动积极，朝气蓬勃，成效显著，受到好评。1947年8月，国民党中央机关报《中央日报》专门发表文章《介绍"暨大"新闻系》，记载了成立一年的暨南大学新闻学系成绩："暨大新闻系设立虽仅一年，然在名教授指导下，亦能察见一点成绩。那就是全系卅位同学，整天在融洽的空气里相研讨、学习，虽然他们没有办上一份刊物，但在沪市行销的杂志中，不难找出他们的文章。每天他们都是辛勤的，愉快的，埋着头在图书馆里，收集着有关的资料，研读新闻理论的书籍。至今他们没有一间足够容纳他们自修、工作、聚会的场所，但他们会在别的，在自己的宿舍里，做他们学习的基本工作——剪报、整报。晴朗的日子便集会在公园的草地上，相互解释读问题，作自我工作检讨，强烈的阳光下，闪现着卅张不同面孔。虽然个人的思想见地不同，但卅张面孔，却只是一张笑脸和一颗爱护自己学系的心。他们说：'职业不好，我们可以用思想和智慧的工具来改造！'这群天真活泼的小伙计，在暨大带来和谐的学习空气，在暨大，他们是最被人注目的。"该报寄语说："今年暑期，又将有一群有志从事发展华侨报业的青年，走进他们的行列里。日久将汇成一河流，夹带

① 赵克惠：《介绍"暨大"新闻系》，《中央日报》，1947年8月23日。
② 赵克惠：《介绍"暨大"新闻系》，《中央日报》，1947年8月23日。

着祖国的文化，播撒在海外各地。”①

冯列山优异的工作表现也受到了暨南大学师生的高度认可。1947 年 2 月，李寿雍校长聘请他兼任暨南大学训导长。1947 年 4 月 5 日，申报馆还专门为他向教育部开具身份证明：“敬启者，现任国立暨南大学新闻学系主任兼训导长。冯列山君曾于民国廿四年至二十六年担任本报驻欧特派员。民国廿七年担任本报香港版主笔。特此证明。此致。教育部。申报馆。谨启。卅六.四.五。”

随着国共内战的爆发，暨大师生在爱国学生自治会领导下，积极参加反美抗暴和“反饥饿、反内战、反迫害”运动，并派学生前往南京请愿。暨大师生一直站在斗争的最前列，赢得了“东南民主堡垒”的美誉。1947 年 5 月 28 日，国民党当局派遣大批军警、特务包围了暨大，逮捕暨大学生 60 多人。6 月 10 日，全市学生举行了一天控诉总罢课，才结束了波澜壮阔的“红五月”学生运动。此后，国民党政府指令各大院校当局处分参与学运的积极分子。暨南大学的许春澍、王世杰、陶玉麟被开除学籍，校方还分别以停止公费、勒令退学等方式辞退 100 余名学生，几占全部学生的十分之一，36 位同情和支持学运的教授亦被解聘。上海学联号召全市学生开展了反开除、反退学、反无理处分的斗争。6 月 26 日，暨南大学 1946—1947 学年结束，开始放暑假，但是，斗争还在继续。8 月 14 日，暨大学生自治会号召全校学生声援被解聘教授，派代表前往慰问并向校方提出无条件续聘 36 位教授等要求。作为暨南大学训导长，冯列山秉承校长主持全校训导事宜。面临国民党和校方当局多种责难，他压力重重。在他新闻学系专任教授兼系主任聘请期(8 月 31 日)即将到来之际，他主动向暨南大学校方提出了辞呈。《大公报》8 月 15 日报道说：“暨南大学这次解聘大批教授事件，尚未圆满解决。被解聘的教授、讲师及助教三十余人及其家属生活，已成问题。他们原由校方供给住所，现在既遭解聘，自将被迫迁出，难免流离失所。又该校国际贸易系主任张毓珊、新闻系主任冯列山、史地系教授王成组已自动向校方辞职，原因未详。”②

1947 年 8 月，冯列山离开了暨南大学新闻学系，但他在暨南大学开展系统新闻教育的经历，也影响了他后来的人生道路。1949 年 3 月，随着内战形势日益严峻，他偕全家前往新加坡定居。至 1972 年 5 月 1 日，冯列山退休。他在新闻战线辛勤耕耘 42 载，为中国和海外华侨新闻事业奉献了其人生的大半光阴。1998 年 8 月 12 日，冯列山在新加坡逝世，享年 91 岁。他于 1946 年 8 月受聘出任暨南大学新闻学系首任系主任，创建新闻学系，确立该系“华侨报业生力军的摇篮”的发展目标。虽然他主持该系开展系统新闻教育仅为一年，但其开山之功，为暨南大学新闻学系成为国内著名大学新闻学系立下了汗马功劳，让其彪炳于暨南大学新闻教育乃至中国新闻教育史册。

---

① 赵克惠：《介绍“暨大”新闻系》，《中央日报》，1947 年 8 月 23 日。

② 《暨大三教授向校方辞职》，《大公报》，1947 年 8 月 15 日。

三、詹文浒与暨南大学新闻学系在沪的终结

1947年8月，冯列山向暨南大学辞职之际，国民政府更加重视全国新闻院校培养新闻人才事业的发展。当时教育部长朱家骅曾布告说："为造就新闻事业人才计，拟在各国立大学中普设新闻学系。"[①]在8月1—3日暨南大学新学年的招生中，竟有404名学生报考了新闻学系。经过8月7—8日考试，9月12日，新生名单放榜，全校共录取新生388名，新闻学系22人。[②] 他们分别是：何鹤方、任德志、汤礼智、叶祖孚、沈效良、徐佩英、严家马、陈清河、黄成安、张前钟、蒋宗禹、陈嘉锜、李强恒、郇福肇、吴平、霍绮兰、朱世瑛、周瑞珍、黄友云、徐震、骆焉名、郭清。[③] 在随后的侨生招考中，新闻学系录取正取生孙竞男。

1947年10月6日，暨南大学新学年第一学期开学，13日正式上课。暨南大学聘任《新闻报》总编辑詹文浒为新闻学系教授兼系主任。1947年11月出版的《国立暨南大学校刊》复刊第二期《新聘专任教授介绍》记载："本校本年度新聘专任教授，业已陆续到校授课。……詹文浒先生，新闻学系教授兼系主任，历任中央政治学校新闻学系教授兼系主任，新闻报总经理。"[④]

詹文浒(1905—1973)，原名渭，浙江诸暨人。他拥有良好的教育经历。他从高小读英语，进入嘉兴教会学校——秀洲中学后，开始接受西方教育，积极参加英文补习班，提升自己的英语水平。1926年，他赴上海进入沪江大学读书，在学生中崭露头角，获得沪江大学感亲会十周年纪念中英文征文中文类一等奖。1927年8月，他因积极支持收回教育主权运动，脱离具有西方背景的沪江大学，插班进入由中国人刚刚自办成立的光华大学哲学系求学。1929年6月，他在光华大学顺利毕业，获得文学士学位。1936年8月5日，《申报》报道说："世界书局英文编辑部主任詹文浒，毕业于上海光华大学，平素努力研究，著译甚富。已出版者有：《威柏西洋哲学史》、《期班经济思想史》、《古柏莱世界教育史纲》(世界)、《杜伦哲学故事》、《哲学概论》(开明)、《罗杰士西洋哲学史》(新中国)及《初高中活用英语读本》等。现为继求深造起见，定下月一日，乘杰佛逊总统号，启程赴美，入哈佛大学研究院。"[⑤]9月1日，詹文浒在经济上得到世界书局沈知方、陆高谊，中华书局舒新城、许达年，新闻报馆汪伯奇、严独鹤等人资助后，乘坐"杰佛逊"号邮轮前往美国留学。他一年时间修完两年课程，并以优异成绩拿到硕士学位。"连得一般美国教授都对他十分惊异的，一手翘起了大拇指，向他啧啧地说：

---

① 《教部重视新闻人才各大学将设新闻系》，《大公报》，1947年7月20日。
② 《暑假招考简讯》，《国立暨南大学校刊》，1947年复刊第1期，第11页。
③ 《暨大昨放榜，录取新生388名》，《申报》，1947年9月13日。
④ 《新聘专任教授介绍》，《国立暨南大学校刊》，1947年复刊第2期，第10页。
⑤ 《詹文浒将赴美》，《申报》，1936年8月5日。

‘挺好，挺好！像你这般的勤学苦读，在我们美国的学生中固然不会有，就在贵国的留学生中，也很难，找到几个的确是太不容易了！’”[①]1937年11月14日，他乘坐意大利邮轮从纽约回国，沿途游历了伦敦、巴黎、布鲁塞尔、柏林、华沙、莫斯科、列宁格勒（圣彼得堡）、普拉哈、维也纳、日内瓦、罗马、威尼斯、佛罗伦萨、那帕利，经苏伊士运河至孟买，过新加坡、中国香港到上海，学成归国。由此可见，他毕业于国内知名大学，留学于美国名校，先后获得文学士和硕士学位，拥有良好的教育背景。

詹文浒也具有深厚的学术资本和文化资本。1929年，他于光华大学毕业后先后在上海青年协会书局和中山书局出版译作《哲学的故事》《现代政治哲学引论》，走上了职业翻译家的道路。1931年春，他进入世界书局充任编译员。他编译出版了美国学者杜伦的著作《哲学概论》。不久，他因“工作得力，成绩优异”升任英文编译部主任，开始筹划主编《英汉四用辞典》工作。1935年2月，他出任世界书局英文函授学校教务主任。1936年8月底，他负责主编的1950页《英汉四用辞典》历时五年完成，“空前第一部英汉词典，十人心血，五载完成”[②]。正式出版后，大受欢迎，三月印刷三版出售，成为中国近现代双语词典出版史上的经典独特之作。詹文浒在翻译家道路上越走越成功，成绩斐然。哈佛大学留学归来后，担任了世界书局编译所所长。至1948年，据不完全统计，他先后出版、翻译、编校著述30部之多，成为中国近现代著作等身、成就卓著的翻译家。

詹文浒也具有社会资本和政治资本。1938年3月，他自任发行人，与友人共同主编出版《青年周报》，跻身新闻界，成为一位报人，邀请了50多人担任该报特约撰述。1939年8月，上海租界成为孤岛后，詹文浒受CC派吴任沧的大力邀请，出任《中美日报》总编辑，开始与政治结缘。他利用《中美日报》版面发动“讨奸运动”，在教育版上揭发汉奸罪行，在社论栏中提出申讨，在本市版上诉述各种罪状，毫不迟疑地痛斥上海教育界的汉奸巨魁。1941年12月，太平洋战争爆发后，日军占领租界，侵入中美日报社，《中美日报》被迫停刊。詹文浒被迫离开上海，前往后方昆明。抵达昆明后，他出任了昆明中央日报社社长。此后，他前往重庆，出任中央日报总社副社长兼总经理，跻身国民党中央党报核心成员，对“营业编辑皆拟具远大之计划”。1944年9月，詹文浒调任国民党中央宣传部普教处处长。1945年8月29日，抗日战争胜利后，詹文浒被中央宣传部任命为国民党中宣部上海特派员，负责接收上海敌伪新闻、广播、出版、电影等文化事业，指导各地党部及宣传机关开展宣传工作。[③] 1946年5月，出任《新闻报》总经理，兼任上海市记者公会理事、上海市参议员等职务。由此可见，他拥有丰富的新闻从业经验、政治资源和社会资本。

---

① 平步：《海风》，1946年第28期，第3页。

② 《英汉四用辞典》，《申报》，1936年8月24日。

③ 《中央宣传部发表京沪平津特派员分赴各地接受文化事业》，《申报》，1945年8月30日。

詹文浒也有丰富的新闻教育和管理经验,且著有新闻学著作。1943 年春,他投身新闻教育。由于中央政治学校新闻学系系主任马星野被调任国民党中宣部新闻事业处处长,詹文浒受国民党中宣部委派出任中央政治学校新闻学系教授兼系主任。他修改了课程比例,加重了与新闻有关的实用课程,如新闻文学、新闻地理学等。他负责讲授报业经营与管理课程,积极支持学生的新闻学术研究和实践活动。同年 7 月,他为容又铭编撰、马星野校订的《世界报业现状》撰序推荐。在中央政治学校新闻学系的新闻教育实践活动,使他对新闻教育和新闻人才培养有了独特的见解。他主张新闻教育与新闻实践要密切结合,相互渗透。他认为,对于"主持新闻教育事业的人来说,应当跑出象牙之塔,在现实的环境中,切实指示业务管理的方法。较个人的有限经验成功报人们传记,最能激励青年,使之转向业务的路"。"我们宁愿在教室中,少上几堂课,让同学们凑出一点时间,办一个实习通讯社,或一张实验报纸。尤其办一张报,时间的长短,没有关系,能够每天或隔天出报固然好,不可能时,就是每月或每半个月出版一次,亦未始不好。交给学生一张白纸,要他们印上油墨,这其中包括全部办报历程,从采访起,到叫卖止,他们都可有一概括的领会。只要他们轮值一次,他们所提的问题显然与前不同。这种种都是主持新闻教育者可以做而且应该做的具体事项。"①同时他也主张报社选派青年人才到新闻学校培养,接受系统新闻教育:"从报馆当中,选取干才,而学校继续予以训练。……他们本已具备实际的管理经验,如今经学校的补充后,亦具备必需的理论知识,理论与经验,打成一片,其对于今后报业的伟大贡献,自属意料之中。"②

在中央政治学校新闻学系任教期间,他积极投身新闻学术研究,将自己主讲的"报业经营与管理"课程讲义撰写成书。1944 年 8 月,他写就《报业经营与管理》的"自序",阐明自己著作的特色:"在中国出版界,关于报业管理这一类的书,本不算多,而本书的编著,又与已出版的报业管理书籍,不尽相同。"叙述了撰写缘由:"本书特重成功报人的故事,他们的切身经验,就是青年报人的有力启示。"③介绍了全书主要内容:第一篇经验的背景、第二篇创造自己的事业、第三篇组织之道、第四篇发行原理、第五篇报纸广告、第六篇排印问题、第七篇理财原则。也交代了参考书和资料来源,即邓亚魂"将其所藏全部新闻学书籍,计西文的二一七册,中文的一四九册,赠送中央政治学校"。1945 年 8 月,他参与发起创办中国新闻专科学校,并经常被邀请前往演讲。1946 年 11 月,经过两年多的修改,他的专著《报业经营与管理》由正中书局出版问世。有人撰写书评,认为该书特点是:(一)它的叙述方法很成功;(二)它能吸收欧美新闻事业经验的结晶;(三)它能注意到许多最烦琐的问题;(四)理论与实际均能顾到。作者

① 詹文浒:《培养报业人才管见》,《中国新闻学会年刊》,1944 年第 2 期,第 98-99 页。

② 詹文浒:《培养报业人才管见》,《中国新闻学会年刊》,1944 年第 2 期,第 100 页。

③ 詹文浒著,朱磊编:《詹文浒文集》,北京:世界知识出版社,2016 年,第 232 页。

做到了“大处着眼，小处下手”，“就整个印象来说，本书的条理很清楚，文字也流畅，组织亦颇为严密”。[①]

1947 年 10 月，冯列山辞职后，暨南大学聘请詹文浒出任新闻学系教授兼系主任，公告似乎基于其新闻学术造诣、丰富的新闻教育和从业经历，其实更多基于其雄厚的政治资源和广泛的社会资本。詹文浒出任暨大新闻学系系主任后，首先制定了教学课表（见表 1）。

表 1　1947 年第一学期课表[②]

<table>
<tr><th>科目</th><th>授课年限</th><th>每周授课时数</th><th>选修或必修</th><th>授课年级</th><th>附注</th></tr>
<tr><td>三民主义</td><td>年</td><td>二</td><td>必</td><td>大一</td><td rowspan="8">以上大一每周授课二十一小时</td></tr>
<tr><td>国文</td><td>年</td><td>三</td><td>必</td><td>大一</td></tr>
<tr><td>英文</td><td>年</td><td>三</td><td>必</td><td>大一</td></tr>
<tr><td>中国通史</td><td>年</td><td>三</td><td>必</td><td>大一</td></tr>
<tr><td>民法通则</td><td>期</td><td>二</td><td>必</td><td>大一</td></tr>
<tr><td>哲学通论</td><td>年</td><td>二</td><td>必</td><td>大一</td></tr>
<tr><td>政治学</td><td>年</td><td>三</td><td>必</td><td>大一</td></tr>
<tr><td>新闻学概论</td><td>年</td><td>三</td><td>必</td><td>大一</td></tr>
<tr><td>伦理学</td><td>年</td><td>三</td><td>必</td><td>大二</td><td rowspan="8">以上大二每周授课二十二小时</td></tr>
<tr><td>中国近代史</td><td>年</td><td>三</td><td>必</td><td>大二</td></tr>
<tr><td>经济学</td><td>年</td><td>三</td><td>必</td><td>大二</td></tr>
<tr><td>政治学</td><td>年</td><td>三</td><td>必</td><td>大二</td></tr>
<tr><td>国际公法</td><td>年</td><td>三</td><td>必</td><td>大二</td></tr>
<tr><td>采访学</td><td>年</td><td>二</td><td>必</td><td>大二</td></tr>
<tr><td>报业管理</td><td>年</td><td>二</td><td>必</td><td>大二</td></tr>
<tr><td>英文新闻文选</td><td>年</td><td>三</td><td>必</td><td>大二</td></tr>
</table>

注：该校新闻学系自三十五度开始成立，只有二年级。所开课程未完全。

在这份课程表中，暨南大学新闻学系的“本系科学程”，即专业课，仅有理论学程 7 学分，占 16.28%；实习学程为 0，因为仅有一、二年级；文法科共同学程，即公共课中，语文学程 9 学分，占 20.93%，史地学程 6 学分，占 13.95%，其他学程 21 学分，占 48.84%，共计 43 学分。[③]

① 詹文浒著，朱磊编：《詹文浒文集》，北京：世界知识出版社，2016 年，第 531 页。
② 施志刚：《论中国新闻教育》，《读书通讯》，1948 年第 152 期，第 5 页。
③ 施志刚：《论中国新闻教育》，《读书通讯》，1948 年第 152 期，第 5 页。

詹文浒加强了师资队伍，聘请了新闻业界良师。当时，“教授阵容相当坚强，如系主任詹文浒先生，《大美晚报》总编辑兼采访主任吴嘉棠先生及邵鸿香先生等，都是国内知名学者。他们教学认真不苟，使同学们受益不少。”[①]1948年暨南大学新闻学系兼职教授许君远自述：“他（詹文浒）主持暨大新闻系时，计划把当时上海各大报负责人拉到系内教课，于是竭力邀我前去。我因为工作繁重，再三推辞，但结果还是去了。当时暨大校长是李寿镛，我没见过。我担任‘新闻编辑’，每周上课二次。薪水甚薄，几个月发一次。”[②]詹文浒亲自担任“新闻学概论”和“报业管理”课程教学任务；《大美晚报》邵鸿香负责讲授“英文新闻写作”“英文新闻文选”；圣约翰大学报学系本科和密苏里大学新闻学院硕士毕业生、《大美晚报》总编辑兼采访主任吴嘉棠负责“采访学”；北京大学英文系毕业生、上海《大公报》编辑主任许君远讲授“报纸编辑”。

虽然1946和1947两年级学生有50多人，但由于各种原因，有些人转学其他系，如外文系、历史系、银行学系、会计系，最后只剩下了40人。如郁达夫之子郁飞，在新闻系仅读了半年，就转去了英文系。但是，他们学习热情高，被人称为“愿意献身给新闻事业的优体”。虽然“物质条件的限制，也使他们的努力受到了不少阻碍，然而这四十个优体们是以最诚恳的态度工作着，尤其都具有着苦干的精神。……各同学除选读原开的课程外，为了充实自己的外国文，他们请求小方另开两小时英文；课余更分组学习打字、速记等技术，为做一个良好的新闻记者，他们都埋头地在努力”。新闻学系学生优良品质受到学校认可，“新闻系的朴实诚恳求智的作风，已是全校所深知的”[③]。

此外，他们积极创造条件参加新闻实践活动。他们成立暨南大学新闻学会，并因系主任詹文浒先生兼任上海《新闻报》总经理和吴嘉棠先生兼任上海采访科主任等种种便利，决定组织暨南通讯社，“以收教学与实习联系之效果”[④]。1947年11月29日下午，由马元照代表新闻学会向暨南大学第九次校务会议报告筹备暨南通讯社事宜。他准备充分，还附了“所需全部经费预算表”，经校务会议讨论，形成决议：“由教务长、文学院院长商同新闻系系主任办理。”[⑤]“为实习而办的”暨南通讯社创立后，学生们积极性很高，“每次的送稿，为了节省交通费，都由同学自己分头送到各报社去。每次发稿时编辑采访录印等大家都忙着常至深夜不休”。因为暨南通讯社是为了实习采访编辑而办的，“每周发稿一次，因为不使浪费同学太多的时间，所以新闻采访的对象着重教育新闻”。新闻学系采取“请进来”政策，几乎每周邀请新闻界名士前来进行“名人演说”，与学生分享“宝贵的意见和经验”。1948年3月25日，詹文浒邀请王芸生莅临暨大新闻学系讲演《一个理想的报人和理想的报纸》。他勉励同学们，要做一个新闻从业

---

① 邹宜庸：《成长中的暨大新闻系》，《大众新闻》，1948年第9期，第16页。
② 眉睫：《文学史上的失踪者》，北京：金城出版社，2013年，第99页。
③ 邹宜庸：《成长中的暨大新闻系》，《大众新闻》，1948年第9期，第16页。
④ 马翼伦：《国立暨南大学概况》，《读书通讯》，1948年第158期，第17页。
⑤ 《第九次校务会议记录》，《国立暨南大学校刊》，1947年复刊第5期，第4页。

员，“首先，应先对该事业有浓厚兴趣”，“其次，我以为做一个新闻记者要能专业”。他对报人有八字铭言：“人格第一，学识次之。”[①]他也分享了他作为报人对言论的态度：第一，不懂的话不说；第二，秘密的话不说；第三，有害社会人群的话不说。他认为做人办报的原则是：第一，要为多数人服务；第二，要能发挥同情心；第三，不锦上添花，尤其不要为少数“要人”虚张事实；第四，不要落井下石；第五，不与人共利害；第六，不要深入人的机密。[②] 最后，他重申了《大公报》“不私、不盲、不党、不卖”的“四不主义”。他希望同学“将来从事新闻事业的时候，能够另开途径，把范围扩大，去创造一片光辉璨烂的新天地”[③]。此后，还邀请了赵敏恒演说《国内外时事分析》等。

1948年8月，暨南大学举行抗战之后的第三次招生，并于9月1日公布了录取结果。新闻学系正取生23名，分别是：蒋传一、陈镐汶、李华旦、王哲贤、陈朝枢、朱汝谐、张启珊、吕荫华、冯士贤、严瑞珍、章瑞年、丁祖建、任贤正、叶幼琴、刘铎声、曾智仁、毛节良、蒋立德、华将谟、许重庆、黎泽重、王明理、陆本城。[④] 湖南湘潭人黎泽重，报考了五个大学，分别是：山东大学水利系、武汉大学中文系、南京金陵大学地理系、上海暨南大学新闻系、杭州之江大学教育系。当他接到暨南大学新闻学系录取通知书时，全家非常高兴。他父亲特意赋诗一首《赠季儿入暨南大学读书》：“登峰须造极，观水必探源。为学当如此，求精莫惮烦。壮怀方待展，云梦竟能吞。鏖战秋风罢，宫墙幸入门。”[⑤]

随着学生的增多，新闻学系的课外活动更加丰富多彩。有记载：“课外活动在暨大是不沉寂的。新闻系的活动该是更不沉寂吧！他们由校内活动到校外。”新闻学会是主持活动的枢纽。他们成立了“新闻馆”，收藏了各地报纸及各类期刊，供学生们阅读学习，经常门庭若市。除创办暨南大学通讯社外，新闻学系也主办了一份《暨南新闻》的定期刊物，由学生轮值担任编采任务。左步青先生回忆：“该刊是由系主任詹文浒从自己任职的《新闻报》划拨了500令白报纸以为家底办起的。报纸是四开四版，每期由同学轮流主持编辑、撰稿、校对和发行，由校外的印刷厂代印。由许君远任指导老师。1948年秋季开学后，一个学期共出版了四期。”[⑥]系里的学生另一个重要活动就是搜集资料，“每天轮值的同学将上海大报的各项新闻评论分类剪贴，以充资料”。时事测验也是一项重要活动。系主任詹文浒规定每周至少举行一次，“那就是在考验这些‘准记者’们的读报是否精细，测量的题目都是小而不使人注重的，皆所谓‘冷门’，不大注重

① 王芸生讲，黄蕾记：《一个理想的报人与理想的报纸》，《知识与生活》，1948年第28期，第7页。

② 王芸生讲，黄蕾记：《一个理想的报人与理想的报纸》，《知识与生活》，1948年第28期，第8页。

③ 王芸生讲，黄蕾记：《一个理想的报人与理想的报纸》，《知识与生活》，1948年第28期，第6页。

④ 《国立暨南大学录取新生通过》，《申报》，1948年9月2日。

⑤ http://blog.sina.com.cn/s/blog_4b84a4e30102vp6w.html.

⑥ 王明亮：《1946—1949年的暨南大学新闻系》，《暨南新闻学术通讯》，2011年第4期，第46页。

报纸的常常为此而吃窘”[1]。新闻学系采取“走出去”的措施，动用一切社会关系和资源，将学生派到新闻单位实习。王浩天回忆：“大约在读新闻系二年级期间，全班同学曾去过《大公报》参观学习夜班编辑工作。先由许君远先生出面接待，介绍情况，然后由别人领着参观。”[2]许君远在暨大兼任新闻学教授后，自己组织学生前往大公报社实习。1948年寒假，他向学生宣布：“已经和系里商量过，准备派几位同学，利用寒假到《大公报》实习，使大家亲身接触到办一张报纸的方方面面，得到一次锻炼。请同学们自己报名。”最后有五名同学前往《大公报》实习。戴海清、王浩天、马亦伦三位同学在编辑部资料室做内勤（整理、编写资料），左步青和杨薰善在采访科做外勤（采访新闻）。左步青回忆说：“1948年的寒假，……我是上海暨南大学文学院新闻系三年级的学生，系里派我到上海《大公报》实习。……两个多月的实习生活，是我一生中难忘的一段经历，也是我一生命运的转折点，从此‘情系《大公报》，半生笔墨缘。’”[3]新闻学系还组织学生外出旅游。1948年10月，新闻学系组织师生前往苏州游览。但是游玩节目的重头戏是用来调剂精神的周末“晚会”。“那该是最轻松的节目了。那些‘准记者’们济济一堂，系主任带了太太出席，教授们也都参加。这时，不分彼此，没有长幼，尽情的欢，尽情的唱。师生混合一团，让疲惫的身心，得到休憩的机会。每次都会到日影西斜夜快深的时候，才尽兴而散。新闻系的严肃是人所共知的，新闻系的活泼也是不甘后人的！”

正是通过这些丰富多彩的活动，新闻学系的教授们给学生们留下了深刻印象，结下了深厚的友谊，使学生们终身受益。据左步青先生回忆，詹文浒深受学生爱戴，对学生非常慷慨，经常自己掏钱或从报社拉钱给学生搞活动。每年的元旦，都会举办一次贺新年的联欢会，这时他都会带夫人和女儿参加。[4] 同学们对许君远老师的教学与为人非常钦佩。马元照说：“我们听他讲课，都感到是一种难得的享受。他在课堂里说，做一个好的报纸编辑，不光是要会改稿件拟标题和拼版面，最重要的要有政治敏感，该发表评论时就发表评论，半点也不能含糊。我记得有一天上课时，他脸色阴沉地进了教室，立即拿起粉笔在黑板上写了一个标题：《评〈文汇报〉等三家报纸被迫停刊》。他气愤地说：‘国民党开始对上海新闻界进行迫害了，这件事要不要发表短评抨击？要！要尖锐！要快！我限定你们每人立即写一篇，限定十分钟内交卷。’听完他的话，为了赶时间，我们便沙沙地动起笔来。许先生站在讲台上一面看着表，一面对我们说：‘排字工人等着排稿子，你文章再好，不能一下子写出来，又有何用？’结果全班同学都在短短十分钟内交了卷，他当即对每篇答卷逐一评论，表扬优秀，指出缺失。许先生这种教

---

① 邹宜庸：《成长中的暨大新闻系》，《大众新闻》，1948年第9期，第16页。

② 眉睫、许乃玲编：《读书与怀人：许君远文存》，北京：中国长安出版社，2010年，第254页。

③ 左步青：《走进上海〈大公报〉采访课》，《大公报》（香港），2007年6月13日。

④ 王明亮：《1946—1949年的暨南大学新闻系》，《暨南新闻学术通讯》，2011年第4期，第44页。

学方法，使我们受到快速写作评论的锻炼，获益良多。此后，我们全班同学天南地北，分别走上不同的新闻工作岗位，但许先生的教导，我们都铭记不忘，成了我们别后重逢谈不尽的话题。”[①]贺师尧追忆说：“许老师教课的特点是，既注重编辑业务知识，更重视编写实践。他每次来讲课，先不张口，从公文包中取出一叠白稿纸，一一分发给每个同学，然后命题，要大家当堂撰写，限时交卷。题目多属时评方面的。他上的课一部分时间是一场作文比赛，很紧张，但很有意思。下次再来讲课时，他就当众宣布部分同学的写作成绩。许师实‘隐恶扬善’政策，以表扬为主。每次依次念的是写得最佳的前五六个同学的名字。自惭水平不高，有幸有时榜上有名。每当听到我的名字时，感到十分欣慰。”[②]

左步青回忆说：“许先生讲课时从不在新闻学概念、定义、理论等方面兜圈子，讲的内容都是和报纸编辑的实践相联系。从版面安排、稿件取舍、一篇论文的得失、一条新闻的写作，都讲得透辟精到，触类旁通，得心应手。看到报纸上一个好的标题，也作为一个范例讲一讲。他经常在课堂上要同学们写事实评论，由他命题，题目大多是着眼于当前政治、经济、军事和国际形势，限定时间当场交卷，然后挑几篇进行点评。年终时，还让学生各自选出‘国际十大新闻’，测验学生的专业水平。同学们上他的课，非常专注，兴味盎然。许先生指导学生创办一张实习报纸《暨南新闻》，安排同学们轮流主持编辑、撰稿、校对、发行，一个学期连续办了四期。”[③]

詹文浒在新闻学系的办学成效，也得到了暨南大学的认可。1948 年暨南大学校庆纪念会上，詹文浒教授应邀发言，对学生后辈的关爱之情溢于言表：“诸位大学毕业之后，放在我们眼前的，就有两件大事：第一，就是找出路；第二，就是结婚。……希望诸位能同意我的意见，我们要以追求生活的毅力来追求学问，将来才有一番更高贵更有价值的造就！”

随着解放战争时局逆转，暨南大学的命运再次发生了变化。1948 年 12 月，暨南大学校长李寿雍呈文教育部，拟将暨大迁往台湾。学校教授们则团结起来组成教授会，并与进步组织“雷社”等密切合作，开展了反破坏、反迁校、团结护校运动。[④] 上海解放后，1949 年 6 月，暨南大学成立“清点委员会”，由人民政府接管。7 月，主张暨大合并之声开始不绝于耳，渐成气候，暨大合并已是大势所趋。8 月 20 日，上海军管会发表军教字第一号命令，宣布暨南大学文、法、商三学院并入复旦大学，理学院并入上海交通大学，地理学系并入南京大学，人类学系并入浙江大学。9 月 9 日，全部学生迁出，前往各学校就读。9 月 10 日 7 时 40 分，暨大文、法、商三学院学生分别乘车搬到

---

① 眉睫、许乃玲编：《读书与怀人：许君远文存》，北京：中国长安出版社，2010 年，第 246 页。

② 眉睫、许乃玲编：《读书与怀人：许君远文存》，北京：中国长安出版社，2010 年，第 251 页。

③ 左步青：《走进上海〈大公报〉采访课》，《大公报》（香港），2007 年 6 月 13 日。

④ 张晓辉、夏泉：《暨南大学史（1906—2016）》，广州：暨南大学出版社，2016 年，第 194 页。

江湾的复旦大学。“复旦人展开热烈欢迎，校园内喜气洋溢，锣鼓喧天，各系会贴出的板报和标语，琳琅满目，充分表示这是力的汇合和情感的交流。八点整，第一辆暨大的车子开到复旦德庄宿舍，复旦各系的招待小组同学一拥而上，抢着搬行李，送开水，一会儿功夫就搬好了。自治会方面，将印赠暨大人复旦校园地图一册，真亲热得像一家人的样子。不到中午时候就已全部安顿妥当。一百多暨大同学都被恳挚的友爱感动，衷心表示谢意。”①教师则大部分调离暨南大学，至 1949 年 12 月，仅剩 22 人。② 1951 年 7 月，暨南大学善后工作完全结束，上海时期的暨南大学彻底终结。在暨南大学接管和合并过程中，新闻学系并入复旦大学新闻学系，其学生如王浩天、贺师尧、詹若文、赵克惠、马元照等 1946、1947、1948 年级大部分学生转入复旦大学新闻学系；而有部分则转学进入上海华东新闻学院，如庞嘉季、戴海清等；但有部分则没有继续学业，如左步青因在《大公报》实习表现良好，被《大公报》招聘入馆，负责报道教育新闻，黎泽重则在上海被解放军解放后从暨南大学新闻学系肄业回到了家乡。而暨南大学新闻学系教授兼系主任詹文浒则由于国民党 CC 派的政治背景和国民党中宣部驻沪特派员等身份，于 1951 年被以“现行反革命”罪逮捕，被判处 20 年有期徒刑。1973 年病逝于青海都蔺劳改农场，终年 68 岁。③

四、结论

纵观上海时期暨南大学新闻教育历史，可以发现其表现出五大鲜明特点：

第一，阶段性明显。上海时期暨南大学新闻教育历史具有前后截然不同的两个阶段。1928—1929 年的暨南大学新闻教育历史，属于尝试开展新闻教育的探索阶段；而 1946—1949 年则属于系统开展新闻教育阶段。

第二，顺应中国新闻教育历史发展潮流。上海时期暨南大学分两个阶段开展新闻教育，恰好顺应了上海乃至全国新闻教育兴起的两次高潮。第一次是民国时期“黄金十年”刚刚开局，中外新闻交流频繁，西方新闻教育潮流对中国产生了巨大影响，中国新闻教育进入初步发展阶段，上海新闻教育兴起第一次高潮。暨南大学有识之士感应时代脉搏，尝试开展新闻教育，探索新闻教育发展之路。第二次是抗战胜利后，由于新闻采编人员短缺，急需开展新闻教育培养新闻人才，中国新闻教育迎来了恢复发展时期。尤其是上海形成了新闻教育的第二次高潮，不仅旧的新闻院校纷纷复校，而且新的新闻院校不断创立。暨南大学新闻学系就是在这种背景下创建起来的，成为较早开

---

① 《暨南大学四院同学分别迁入复旦交大复旦人喜气洋溢服务周到交大同学也表示热烈欢迎》，《大公报》，1949 年 9 月 11 日。

② 张晓辉、夏泉：《暨南大学史（1906—2016）》，广州：暨南大学出版社，2016 年，第 198 页。

③ 刘家林：《中国新闻史》，武汉：武汉大学出版社，2012 年，第 710 页。

展新闻教育的国立大学之一。

第三，符合侨校特色，培养华侨报人。暨南大学抓住自身侨校特色，从培养华侨人才出发，从1928—1929年尝试开展新闻教育开始就积极为华侨培养新闻人才。1946年，暨南大学开展系统新闻教育后，冯列山认为新闻学系"针对侨胞侨务事业之发展，其教学方针有别于燕京、复旦各校者，且使命有异于他们"，因此提出了将该系打造成"华侨报业生力军的摇篮"的发展目标。这非常具有前瞻性和国际眼光。

第四，重文史基础，加强新闻史论及业务学习。1928—1929年新闻学课程的设置体现了该特点。该课程分两学期讲授，第一个学期以史论学习的课堂教授为主，第二学期以业务训练的实习实践为主。具体讲授的内容，既有包括新闻组织结构、编辑原理、新闻伦理和英美新闻发展史等在内的史论部分，也包括采访、编辑、校对、装样等具体的业务训练内容。1946年，暨南大学开展系统新闻教育后，新闻学系的新闻学专业课，理论占7学分，语文课程占9学分，史地课程占6学分，其他课程占21学分，在低年级课程中重视文史课，夯实文史基础。新闻学系也成立新闻学会，组织暨南通讯社，出版《暨南新闻》，整理资料，测评学生的时事分析能力，通过这些新闻实践活动提高学生们的新闻技能。

第五，密切新闻业界合作。前一阶段，暨南大学聘请富有外文新闻工作经验的叶公超先生筹备新闻教育；同时聘请具有丰富的新闻采编经验和教育背景的《申报》编辑马崇淦先生开展新闻教育；并聘请申报馆主史量才先生出任校董，组织新闻学班同学前往新闻报馆参观学习，邀请新闻业界人士举行聚餐讨论会；等等。后一阶段，两位系主任和授课老师均来自新闻业界，具有丰富的新闻从业经验。尤其是詹文浒出任新闻学系主任后，仍然兼任《新闻报》总编辑。其授课老师来自大美晚报社、大公报社等著名报社。同时，不断请新闻业界精英走进校园，给新闻学子演讲，传授新闻工作经验；也组织学生前往新闻报馆参观和实习，开扩他们的新闻视野，增长他们的新闻见识。

上述特点有些是民国新闻教育发展的共性，有些是上海时期暨南大学新闻教育的独特性，当然也存在着共同的问题。如新闻学者储玉坤曾言："不论是燕大、复旦、暨南甚至政大，都有着教授缺乏的现象。"①上海时期暨南大学新闻教育虽然时间不算长，只有仅仅四年时间，但也引起了社会瞩目。如1947年，陈锡余在《中国新闻教育与新闻事业》一文中，将暨南大学新闻学系列为仅次于中央政治大学新闻学系、燕京大学新闻学系、复旦大学新闻学系的"第一类四年制的大学新闻学系"②。冯列山创立的新闻学系在暨南大学异军突起，受到了各界好评。同年，新闻学者储玉坤在文章《今日之中国新闻教育》中，已将暨南大学新闻学系列入"国内著名大学新闻系"之列，向广大报考学生推荐，"据作者所知，特将国内著名的大学新闻系，介绍如次：(一)南京国立政治大

---

① 储玉坤：《二十年来的新闻教育》，《教育杂志》，1948年第6期，第63页。

② 陈锡余：《中国新闻教育与新闻事业》，《文风学报》，1947年第2-3期合刊，第6页。

学新闻系;(二)上海国立复旦大学新闻系、国立暨南大学新闻系、私立沪江大学新闻系、私立圣约翰大学新闻系;(三)北平燕京大学新闻系"[①]。1948 年,施志刚将当时新闻教育学校分为三类,其中第一类是采取四年制的大学新闻学系,暨南大学新闻学系位列第三,仅排在燕京大学新闻学系和复旦大学新闻学系之后。[②]

上海时期暨南大学新闻教育也取得了一些成效,培养了一批新闻人才。如马元照毕业后进入新闻日报社,做了该报副刊《人民广场》编辑;左步青、贺师尧、詹若文、王浩天等人则加盟了大公报社;赵克惠则在人民日报社,庞嘉季在河南日报社,甚至仅在暨大新闻学系学习半年就转学外语系的郁飞也在新疆日报社投入了新闻工作。虽然上海时期暨南大学新闻教育在 1949 年 9 月停止了,但其对暨大新闻教育的开山创业之功不容抹杀,其新闻教育的火种也于 1960 年在暨南大学新闻专业接续相传。特别是随着 1978 年改革开放的生机,暨南大学恢复新闻学系建制,薪火传承,生生不息。

---

① 储玉坤:《今日之中国新闻教育》,《读书通讯》,1947 年第 138 期,第 6 页。

② 施志刚:《论中国新闻教育》,《读书通讯》,1948 年第 152 期,第 2 页。

知识变迁与意义之网

清代科举的知识规划、考试实践与士子群体的知识养成*

曹南屏

（复旦大学历史系）

摘要：科举考试对于士子群体购阅书籍、储备知识等行为具有明显的导向作用。自康熙朝以降，清代官方多次以皇帝的名义向各地颁行“御纂”“御批”“御定”“钦定”等名目的各类书籍，并试图向科举制度渗透，以达到垂范士子、“道一风同”的目的。然而，清代乡会试衡文取士的实践却展现出重视首场乃至重视首场首艺的显著倾向，楷法的优劣也成为左右乡会试以外各项考试结果的关键因素，如此一来，科举考试的实践对官方的知识规划起到了“损之又损”、极度简化的作用。也因此，士子群体的阅读世界与知识世界往往偏重坊本制艺、试帖乃至闱墨、程文等文本，并多注意楷法的训练，从而与官方的期待渐行渐远。清代“历史知识”易涉忌讳的时代背景，外加考试实践对于史学的长期忽略，使得清代士子群体的“历史知识”尤其是关于本朝史事的知识极度匮乏，成为清代士子知识缺环的典型例证，也与晚清以来史学日益跃居“有用之学”乃至科举改制提高历史知识在考试中的比重与地位的趋向明显背离。

关键词：科举考试；钦定书籍；历史知识；阅读史；知识史

在科举制度施行之初的唐代，唐太宗李世民尝言“天下英雄入吾彀中矣”（语出《唐摭言》），此语不断为后世之人提起，因其形象地刻画了科举制度对于天下读书人的“网罗”作用。这种“帝王网罗群才，惟以科名爵禄为激扬之具”的情形至清末依然如此。①

---

* 本文原载于《学术月刊》2017 年第 9 期，有修改。

① 张之洞：《筹定学堂规模次第兴办折》（1902），载璩鑫圭、唐炎良编：《中国近代教育史资料汇编·学制演变》，上海：上海教育出版社，2007 年，第 112 页。

康门弟子欧榘甲将此表述为“上以牢笼人才为主,下以猎取爵禄为志”[①]。社会对科名的普遍重视,使得“朝为田舍郎,暮登天子堂”“学成文武艺,货于帝王家”等俗语成为科举时代中国士子最为典型的成功学想象。

在清代科举中,经由童试、乡会试、殿试、朝考这一科举考试的层级而出身、入仕的读书人被视为“正途”,相比其他各种“异途”出身,在士林的观念与舆论中存在明显的高下之别,“有以他途进者,终不得与科第出身者相比”。[②] 虽然经由每一科乡会试、殿试而产生的举人、进士的绝对数量有限,但并不影响“正途”出身在清代士子观念中的崇高地位,故有“人才登进之路,赖有乡会两科”之说。[③] 虽说举、贡、监等均属正途,但在晚清人士的观念里,“本朝取才,进士一途最重”[④],还有人指出“天下之士,归于进士一途”[⑤],足见一个时代的人心所向与风尚所趋。因此,为数众多的士子读书、应考之路都是以应童试、乡会试直至殿试、朝考的科举考试的完整过程为目标。在这样一种士林观念和风气的影响之下,科举考试对于读书人群体的阅读世界和知识世界都具有极强的导向和形塑作用,清代官方因而也会将官方意识形态灌输于科举考试所考的知识内容之中。科举考试所考的知识内容往往体现出官方对于“知识”的刻意规划、控制与操弄,试图借此对广大读书人群体的知识养成环节施以影响,以拔取符合官方期待的人才。

关于清代科举与士子教育、书籍出版之间的互动,已有若干前人研究,但依然还有不少可供继续深入探讨的空间。[⑥] 以书籍与知识作为视角,本文试图探讨的是,清代官方试图体现科举制度的知识规划,以及科举考试的实践本身,对于志在读书应考的士子群体的阅读行为与知识养成环节有着怎样的影响,并产生了怎样的后果。

一、道一风同:清代科举的知识规划

自清人入关以后,经过数十年的经营,随着其对中原地区的统治渐趋稳定,一些原

---

① 无涯生(欧榘甲):《论政变为中国不亡之关系》,《清议报》,第 27 册(1899 年 9 月 15 日),“本馆论说”,第 3 页。

② 刘愚生:《世载堂杂忆》,北京:中华书局,1997 年,第 6 页。

③ 游百川:《请崇尚经术书》,载陈弢辑:《同治中兴京外奏议约编》,收于沈云龙主编:《近代中国史料丛刊》第 13 辑,台北:文海出版社,1968 年,第 366 页。

④ 王清穆:《知耻斋日记》“1894 年 9 月 20 日”条,载上海图书馆历史文献研究所编:《历史文献》第 12 辑,上海:上海古籍出版社,2008 年,第 372 页。

⑤ 《论八股存亡之关系续前稿》,《国闻报》,1898 年 7 月 5 日。该文作者为夏曾佑。另见杨琥编:《夏曾佑集》上册,上海:上海古籍出版社,2011 年,第 34 页。

⑥ 如王德昭简要讨论了清代科举制度下的士子教育,但主要是制度史的梳理,参见王德昭:《清代科举制度研究》,北京:中华书局,1984 年,第 85-126 页。关于清代科举书籍,可参见 Ping-ti Ho. *The Ladder of Success in Imperial China*. New York: Da Capo Press,1962, pp.212-215;另可参见 Cynthia Brokaw. *Commerce in Culture: the Sibao Book Trade in the Qing and Republican Periods*. Cambridge, MA: Harvard University Press,2007, pp.321-409。其中,包筠雅(Cynthia Brokaw)基于福建四堡地区的出版史,对科举用书的探讨要比何炳棣(Ping-ti Ho)深入,但受制于四堡地区所出版的此类书籍名目、种类的局限,分析亦不够系统。

本无暇顾及的意识形态化控制的手段也开始逐渐显露。黄进兴指出，“清初君主在政治意识形态所努力的是，将‘政治势力’延伸到‘文化领域’”。[①] 自康熙朝开始，清代官方明显加强了对“文化领域”意识形态化控制的努力，多部以“御纂”“御批”“御定”“钦定”等名目编纂和颁行的书籍可以视作这样一种文化控制的具体表现。[②] 清朝宗室昭梿的《啸亭杂录》列举了以几位清代帝王名义刊行的“钦定诸书”，以经、史、子、集分列，其中多为康熙及乾隆时所编纂，旨在“爰命儒臣选择简编，亲为裁定，颁行儒宫，以为士子仿模规范”[③]。

从康熙朝后期开始，清廷即向各直省颁发多种御纂、钦定书籍，并很快就与广大士子的“诵习”活动联系起来。康熙四十五年(1706)，《御制古文渊鉴》《御批资治通鉴纲目》等书在刷印并颁赐给大臣之外，康熙的上谕明言这几种书籍“特为士子学习有益而制，可速颁行直省”，并且还特意提出“凡坊间书贾，有情愿刊刻售卖者，听其传布”。[④] 康熙年间另颁行有《御纂朱子全书》《御纂周易折中》等书，雍正年间则颁行有以康熙帝名义修撰的《钦定孝经衍义》《御纂性理精义》以及《书诗春秋三经传说汇纂》(即《钦定书经传说汇纂》《钦定诗经传说汇纂》《钦定春秋传说汇纂》)等。至乾隆初年，又向“直省各书院及所属各学”颁行以康熙帝名义修撰的《律书渊源》，并且“招募坊贾人等，刷印鬻卖，有情愿刊刻者听”。考虑到各直省的士子观览不便，“得书者寥寥”，故乾隆帝又曾令各直省抚藩“招募坊贾，自备纸墨刷印，通行售卖”，并且要使“坊贾皆乐于刷印，则士子自易于购买，庶几家传户诵足以大广厥传”。此后，乾隆间又屡次颁行上谕，要求各地督抚广为流传以康熙帝名义修撰的多种钦定书籍，并且，为了“以广其传”，一再明示“许坊贾人等刷印通行，广为敷布”。至乾隆十五年(1750)，以乾隆帝名义修撰的《御纂三礼》(即《钦定周官义疏》《钦定仪礼义疏》《钦定礼记义疏》)等告成，令各省布政使“照御纂《折中》《传说》诸书之例，敬谨刊刻，准人刷印，并听坊间刊刻，以广诵习”。[⑤] 康熙朝所纂修的《御纂周易折中》《钦定书经传说汇纂》《钦定诗经传说汇纂》《钦定春秋传说汇纂》等被称作《御纂四经》，乾隆朝所修纂的《钦定周官义疏》《钦定仪礼义疏》《钦定礼记义疏》等则被称作《御纂三礼》或《钦定三礼》，这七种书籍也往往被合称为《御纂七经》，成为清代御纂、钦定诸书中最为主要的经学书籍。

除了经学著作之外，对于史学著作，清代官方也以“御批”“御撰”等形式为天下臣民树立了标准。早在康熙朝，清廷以康熙帝的名义修纂有《御批资治通鉴纲目》，而这

① 黄进兴：《清初政权意识形态之探究：政治化的“道统观”》，载黄进兴：《优入圣域：权力、信仰与正当性》，台北：允晨文化公司，1994 年，第 109 页。

② 关于康熙朝在文化领域的统治表现，另可参见姚念慈：《康熙盛世与帝王心术——评“自古得天下之正莫如我朝”》，北京：生活·读书·新知三联书店，2015 年，第 224-247 页。

③ 昭梿：《啸亭续录·本朝钦定诸书》，载昭梿：《啸亭杂录》，北京：中华书局，1980 年，第 400-403 页。

④ 《钦定学政全书》，收于沈云龙主编：《近代中国史料丛刊》第 30 辑，台北：文海出版社，1968 年，第 91 页。

⑤ 《钦定学政全书》，收于沈云龙主编：《近代中国史料丛刊》第 30 辑，台北：文海出版社，1968 年，第 92-120 页。

种为历代史事树立标准的努力在乾隆朝臻于顶峰，故乾隆朝以皇帝的名义纂修的史籍之数量为清代最多，影响也最大。[①] 何冠彪指出，到了乾隆朝(1736—1796)晚期，清高宗"希望官方能垄断历史编纂，再由他控制其中的笔削褒贬"。[②] 在这位热衷修史及修改前代史籍的皇帝看来，史的功用在于"垂法戒"和"彰善瘅恶"，并且除了将此奉为"修史的正鹄"之外，乾隆帝还明言"杜绝野史稗乘"，此举旨在"收统制思想之效，使到官修诸史的资政教民功能更加有效地发挥"，在乾隆帝的刻意经营和努力之下，他将自己塑造成了"历史判官"般的角色，"成为执掌笔削褒贬的唯一合法者"。[③] 乾隆帝尤其推崇朱熹的《资治通鉴纲目》一书，而以此为取法对象，纂修成《御撰资治通鉴纲目三编》《御批历代通鉴辑览》《评鉴阐要》等书。这几种御制书籍中，尤其以《御批历代通鉴辑览》与《评鉴阐要》对于后世的影响最为深远，故何冠彪认为"《辑览》与《评鉴阐要》的修撰，标志弘历希望由官方垄断历史编纂，然后由他操纵笔削褒贬的企图"，以乾隆帝名义所修纂的这些"御批""御撰"的系列史著，其主旨在于为天下读书人树立起史学的标准，使这些著作成为天下士人"读史之指南"。[④]

从康熙后期直至乾隆年间，清代官方一直在有意识地向各地的书院及府、州、县学等颁发各种御纂、钦定书籍，并要求各地督抚自行刊刻，以扩大这些书籍的影响，还屡次表示允许坊间书贾翻刻，其目的也在于使这些书籍能够更加广为传布。乾隆帝对康熙以来御纂、钦定书籍的传统十分重视，若干种新编的书籍在乾隆朝被列入御纂、钦定书籍的系列，并且试图向科举制度渗透。乾隆二十三年(1758)，顺天学政庄存与在奏折中言："经旨应遵功令也。……御纂钦定四经、钦定三礼昭乎日月，颁在学官，试卷文字，咸应遵用。"[⑤]乾隆二十九年(1764)，湖南学政李绶在一道奏折中指明，乾隆帝以"颁发御纂四经、钦定三礼"的方式来显示朝廷"振兴文教、崇尚经学"的态度，也借此让"士子知所折衷"。[⑥] 乾隆三十七年(1772)，乾隆帝还在一道上谕中历数自己在文治上的几项重要举措："命儒臣校勘十三经、二十一史，徧布黉宫，嘉惠后学；复开馆纂修《纲目三编》《通鉴辑览》及《三通》诸书。凡艺林承学之士，所当户诵家弦者，既已荟萃略

---

① 参见乔治忠：《清朝官方史学研究》，台北：文津出版社，1994年；乔治忠：《中国官方史学与私家史学》，北京：北京图书馆出版社，2008年；何冠彪：《明清人物与著述》，香港：香港教育图书公司，1996年。另可参见邵学禹：《〈御批历代通鉴辑览〉所见乾隆皇帝之政论及其对史事之意见》，《史辙：东吴大学历史学系研究生学报》，2009年第5期，第93-109页；邵学禹：《〈御批历代通鉴辑览〉御批析述》，台湾东吴大学历史系硕士论文，2010年。

② 何冠彪：《清高宗纲目体史籍编纂考》，载何冠彪：《明清人物与著述》，香港：香港教育图书公司，1996年，第241页。

③ 何冠彪：《论清高宗自我吹嘘的历史判官形象》，载何冠彪：《明清人物与著述》，香港：香港教育图书公司，1996年，第149-156页。

④ 何冠彪：《清高宗纲目体史籍编纂考》，载何冠彪：《明清人物与著述》，香港：香港教育图书公司，1996年，第241-280页。

⑤ 庄存与：《奏为敬陈酌改乡试各事宜事》，朱批奏折，中国第一历史档案馆藏，档案号：4/1/38/70/16。

⑥ 李绶：《请禁止各种删本礼记等事》，军机处录副奏折，中国第一历史档案馆藏，档案号：03/1147/028。

备。”[①]至乾隆五十九年(1794),乾隆帝依然对御纂、钦定书籍的修纂与颁行颇多留心,该年的一道上谕称:“国家以四书五经试士。经书自五代镌板以来,久鲜手钞,士子诵读者多系坊本,即考证之家祗凭前明监本。……我朝文治光昭,圣祖仁皇帝《御纂四经》、朕复钦定《三礼》,武英殿官刻十三经勘雠精核,久已颁发黉序,嘉惠艺林。但各书卷帙繁多,草茅寒素,恐艰于购觅,未必尽人能读。”于是,乾隆帝命人厘订出六册本的《石经考文提要》,还一度试图用此书作为考试时“四书五经题文”的文本依据。[②] 向各直省的府、州、县学颁发御纂、钦定的诸种书籍已经成为惯例。晚清官员根据《学政全书》指出:

> 各省府、州、县学向有尊藏御纂、钦定诸书,并于雍正、乾隆初年,迭经奏准,令直省抚藩将颁发御纂、钦定经史诸书,敬谨重刊,并听坊间印售,以广流传。[③]

据此可知,在国家意志之下,御纂、钦定的诸种书籍曾在康、雍、乾时期被屡次颁发至各直省的书院及府、州、县学供士子讲习之用,且听凭民间的坊肆翻印、销售,其目的是使御纂、钦定诸书发挥出更为广泛的影响力。

同时,自乾隆朝开始,清廷还力图将科举考试中考官所用的参考书籍加以标准化。向顺天乡试及会试考场颁发“内帘应用”书籍的举措开始于乾隆四年(1739)。[④] 乾隆二十七年(1762),清廷颁下上谕,为乡会试“闱中书籍”制定标准:

> 闱中旧存书籍残缺不完,试官每移取坊间刻本,大半鲁鱼亥豕,自命题发策以及考信定伪,迄无裨益。应将乡会两试需用各书汇列清单,就武英殿请领内府官本,钤用该衙门印信,备贮应用。

随后,清廷向顺天的乡会试考场颁发《御纂七经》《御批资治通鉴纲目》等书共计20余种。[⑤] 至乾隆三十六年(1771),考虑到“江南等省尚沿用旧存坊本”,清廷再颁上谕,除了《御批资治通鉴纲目》《康熙字典》二书要求各地“自行购办”外,将《御纂七经》《钦定

---

① 《钦定学政全书》,收于沈云龙主编:《近代中国史料丛刊》第30辑,台北:文海出版社,1968年,第67-68页。

② 刘锦藻:《皇朝续文献通考》,载《续修四库全书》第816册,上海:上海古籍出版社,2002年,第649页。

③ 鲍源深:《请购刊经史书》,载陈弢辑:《同治中兴京外奏议约编》,收于沈云龙主编:《近代中国史料丛刊》第13辑,台北:文海出版社,1968年,第373页。

④ 《钦定科场条例》,收于沈云龙主编:《近代中国史料丛刊三编》第48辑,台北:文海出版社,1989年,第3007-3008页。

⑤ 《钦定科场条例》,收于沈云龙主编:《近代中国史料丛刊三编》第48辑,台北:文海出版社,1989年,第3008-3009页;《续增科场条例》,收于沈云龙主编:《近代中国史料丛刊三编》第49辑,台北:文海出版社,1989年,第2299页。

四书文》等17种标准化的“闱中书籍”颁发至顺天乡试考场之外的其他乡试考场,并从此规定“永行禁止考官移取坊间书籍”。[①] 经过乾隆朝的整饬,各地乡试考场及会试考场所用的“闱中书籍”完成了标准化,除了清廷颁发的书籍,考官“不许携带出题书籍”,评阅考卷时的参考书籍也是以“闱中书籍”为限。[②] 此外,乾隆年间还颁布有《钦定四书文》一书,为科举考试第一场所考的四书文的撰写也树立了标准:

> 首场制艺,以《钦定四书文》为准,其轻僻怪诞之文不得取录。又,经文以遵奉《御纂四经》《钦定三礼》及用传注为合旨。[③]

除了以《钦定四书文》为主要的考试文体设立标准,御纂、钦定系列书籍对科举考试中的经籍文本同样享有权威的地位。

至晚清,这种官方向各地官学颁布钦定书籍并向科举制度渗透的行为依然还在继续。由于南方多省经历了太平天国的兵燹,各地官学中所贮藏的钦定书籍损毁严重,于是清廷颁下上谕,令南方诸省重刊御纂、钦定诸书。同治六年(1867),在江苏学政鲍源深“购刊经史”的奏请之下,同治帝颁下上谕:

> 江苏等省自遭兵燹以后,各府、州、县学中旧藏书籍,大半散佚,经史板片,亦皆毁失无存。现在地方已就肃清,亟应振兴文教,士子有志读书,而载籍难于购觅,其何以资讲贯而惠艺林?着各直省督抚转饬所属,将旧存学中书籍,广为购补,并将列圣御纂、钦定经史各书先行敬谨重刊,颁发各学,并准书肆刷印,以广流传,俾各省士子得所研求,同敦实学,用副朝廷教育人才至意。[④]

这其实是对鲍源深所上奏折的直接回应,因为在鲍源深的原奏中,提请将顺治帝的《御注孝经》、康熙帝的《御纂周易折中》和《钦定书诗春秋三经传说汇纂》、雍正帝的《御纂孝经集注》、乾隆帝的《御纂周易述义》《诗义折中》《春秋直解》《钦定三礼义疏》等经学著作,以及康熙帝的《御批通鉴纲目》、乾隆帝的《御批历代通鉴辑览》等史学著作,先行

---

① 《钦定科场条例》,收于沈云龙主编:《近代中国史料丛刊三编》第48辑,台北:文海出版社,1989年,第3009-3012页;《续增科场条例》,收于沈云龙主编:《近代中国史料丛刊三编》第49辑,台北:文海出版社,1989年,第2299页。

② 《钦定科场条例》,收于沈云龙主编:《近代中国史料丛刊三编》第48辑,台北:文海出版社,1989年,第3005-3006页。

③ 《钦定科场条例》,收于沈云龙主编:《近代中国史料丛刊三编》第48辑,台北:文海出版社,1989年,第1220、1225、1228-1229页;《续增科场条例》,收于沈云龙主编:《近代中国史料丛刊三编》第49辑,台北:文海出版社,1989年,第2125页。

④ 中国第一历史档案馆编:《咸丰同治两朝上谕档》第17册,桂林:广西师范大学出版社,1998年,第143页。

刊发,并“遵旧例,听书估印售以广流传”。[1] 几个月后,浙江巡抚马新贻即上奏表示立即刊印“钦定《七经》、御批《通鉴》、御选《古文渊鉴》等书”,以“昭示圭臬”,并且由于“从前钦定诸经,卷帙阔大,刷印工价浩繁,寒士艰于购取”,所以此次刊刻,“略将板式缩小,行数增多,以期流传较易,庶几家有其书,有裨诵习”。[2] 同治八年(1869),时任湖广总督兼署湖北巡抚的李鸿章亦上奏表示尊奉同治六年的上谕,在湖北刊刻“钦定《七经》、御批《通鉴》”等书,认为此两种书“集经史之大成,尤为士林圭臬”,并且在刻成之后将“颁发各学、书院”,亦允许“穷乡寒儒、书肆贾人随时刷印,以广流传”。[3] 平定太平天国之后,南方各省设立官书局并首先刊刻御纂、钦定诸书的官方行为,显示出清代官方始终未曾放松对读书人群体进行意识形态化灌输与控制的努力。

光绪元年(1875),甘肃与陕西分闱,首次独立举行乡试。第二年,左宗棠即奏请清廷将“甘肃乡试闱中应用书籍”颁下,其中即有“《周易折中》《书经传说汇纂》《诗经传说汇纂》《春秋传说汇纂》《三礼义疏》《性理精义》《袖珍渊鉴类函》《唐宋文醇》《唐宋诗醇》《佩文韵府》《袖珍古文渊鉴》《十三经注疏》《文献通考》《史记》《前汉书》《后汉书》《四书文选》各一部”,所提及的书目中,《御纂七经》占据了很高的比重,也基本与乾隆三十六年(1771)颁发给各地乡试考场的书单相一致。[4] 即便是到了光绪戊戌年(1898),在戊戌维新运动失败之后,清廷依然在巩固始自乾隆年间的制度:

> 惟闻各省所存原颁书籍,历年已久,不无残缺散失,拟由臣部(案:指礼部)行文各省大吏,遵照《科场条例》内载原颁书籍若干部,如数购备齐全,报部存案,用款作正开销,届期送内帘应用,事竣,收回造册交代,如有损失,着落赔补。经此整顿,庶主司共识祖制,明示法程,自当循行无失,不致以奇邪之说惑及士人,则表率端而人才出矣。[5]

由此可见,始于乾隆朝的科举考试“闱中书籍”的标准化已经成为一个长期被遵行的惯例。

由于御纂、钦定书籍长期扮演着主要“闱中书籍”的角色,士子群体又很难真正通过各地府、州、县学及书院等场所来阅读此类书籍,所以,坊间也为士子群体准备了这些书籍。在晚清的出版市场上,康熙年间颁行的《御纂周易折中》《钦定书经传说汇纂》

---

① 鲍源深:《请购刊经史书》,载陈弢辑:《同治中兴京外奏议约编》,收于沈云龙主编:《近代中国史料丛刊》第 13 辑,台北:文海出版社,1968 年,第 375-376 页。

② 马新贻:《马新贻文案集录》,北京:中央民族大学出版社,2001 年,第 162-163 页。

③ 李鸿章:《设局刊书折》(1869 年 6 月 29 日),载《李鸿章全集》第 3 册,合肥:安徽教育出版社,2008 年,第 450 页。

④ 中国第一历史档案馆编:《光绪宣统两朝上谕档》第 2 册,桂林:广西师范大学出版社,1996 年,第 89 页。

⑤ 《续增科场条例》,收于沈云龙主编:《近代中国史料丛刊三编》第 49 辑,台北:文海出版社,1989 年,第 2302-2303 页。

《钦定诗经传说汇纂》《钦定春秋传说汇纂》以及乾隆年间颁行的《钦定周官义疏》《钦定仪礼义疏》《钦定礼记义疏》等7种经学著作往往被合刊为《御纂七经》。另外，出版市场上还有《御纂五经》通行，收有《御纂周易折中》《钦定书经传说汇纂》《钦定诗经传说汇纂》《钦定礼记义疏》《钦定春秋传说汇纂》等5种经学书籍。[①] 出版商还在报纸上大做广告："《御纂七经》，刊板武英殿，颁行各直省，俾天下士子翕然为体用兼赅之学。"[②]至清末，某官员的奏折中依然还在复述："我朝列圣相承，昌明正学，于经则有《御纂九经》，于史则有《御批通鉴辑览》，于理学则有《御纂朱子全书》，于古文辞则有《御选唐宋文醇》《诗醇》《御选古文渊鉴》，道一风同，号称极盛。"[③]在历数盛清时代"列圣"的各种御制书籍的同时，该官员也体会到这类书籍的主要功用在于"昌明正学""道一风同"。

考虑到仅仅"颁行儒宫""颁行各直省"以起到"垂范"的作用显然不够，清代官方还试图在科举的考试内容中体现其对于知识内容的规划。在晚清人士的表述中，"士子读书以穷经为本，经义以钦定为宗"[④]。除了《钦定四书文》被树立为乡会试第一场的3道四书题的撰文标准之外，乡会试第二场的5道五经题、第三场的5道策问题，也被《御纂七经》《御批历代通鉴辑览》等经史书籍所笼罩。按照清代科举的大致惯例，在1901年科举改制之前，在第三场的策问题中，通常在前两道题目考试关于经史的知识，也因此，1897年清廷开始将西学知识加入乡会试第三场的5道策问题中时，还是依例"前二道仍问经史"。[⑤] 直到晚清时期，御纂、钦定诸书在科场依然有其效用，故应考士子还是会购买了这些书籍。1889年己丑科会试，第一次参加会试的安徽士子姚永概特地去北京琉璃厂买了石印本的《御纂七经》《皇清经解》《诗赋题解》等书用以备考。[⑥] 1896年，山西士子刘大鹏还托自己的弟子从北京购买了一箱书籍，其中即有《御纂七经》《御批历代通鉴辑览》等书。[⑦] 至清末，当时的读书人还是能够清晰地了解到乡会试第三场策问题的答题规矩：

> 乡会试为士子进身之地，文律更严，三场对策，除钦定诸书外，向不准用国朝人所著书籍，更何论同时见存之人。[⑧]

---

① 《御纂五经》，光绪十四年(1888)，上海点石斋刊本。

② 《御纂七经先印易书诗春秋礼记五种启》，《申报》，1887年5月25日。

③ 《会奏改设学堂以保国粹而励真才折》(1907)，载潘懋元、刘海峰编：《中国近代教育史资料汇编·高等教育》，上海：上海教育出版社，2007年，第229页。

④ 鲍源深：《请购刊经史书》，载陈弢辑：《同治中兴京外奏议约编》，收于沈云龙主编：《近代中国史料丛刊》第13辑，台北：文海出版社，1968年，第375页。

⑤ 《策问西学》，《集成报》，1897年第12册(1897年8月22日)，第13页。

⑥ 姚永概：《慎宜轩日记》上册"1889年4月3日"条，合肥：黄山书社，2010年，第386页。

⑦ 刘大鹏：《退想斋日记》"1896年10月14日"条，太原：山西人民出版社，1990年，第62页。

⑧ 《论策问时务宜先厘定书籍以便诵习征引》，《申报》，1897年5月12日。

曾担任江西省萍乡县（今萍乡市）知县的顾家相在清末撰有《课士略说》一文，其中也曾叙及"《十三经注疏》《监本五经》《钦定七经》并颁在学官，苟为乡会试二场计，则此数部已足，毋庸再读他书"[①]。从中可见《御纂七经》直至清末依然能够在各地"学官"处读到，并可应用于乡会试层级的考试。1897 年，御史杨崇伊上奏"厘正文体"，在礼部随后的指示中依然不忘肯定《钦定四书文》《御纂四经》《钦定三礼》等书籍在衡文取士中的正统地位。[②] 可见至少在官方表述上，御纂、钦定诸书在清末科举考试中依然在发挥重要作用。即便在 1901 年科举改制之后，"中国政治史事论"成为考试的主要内容之一，而《御批资治通鉴纲目》《御批历代通鉴辑览》等书依然是官方推荐的参考书目。[③] 原本最受重视的四书文（又称"制艺""时文""八股文"等）文体被废除，而代之以四书义、五经义等新的文体，但是清廷依然为四书义、五经义等文章设定了撰写的标准：

> 四书义、经义允宜朴实说理，恪遵先儒传注及御纂钦定诸说以为立言宗旨，即令荟萃群书，反复推阐，而体裁谨严，亦不得稍越范围。[④]

至少从制度条文上而言，御纂、钦定诸书在科举考试中的权威地位一直延续至清末，伴随着清代科举制度施行之始终。

清代官方以钦定书籍为主，将乡会试考官据以评阅考卷的"闱中书籍"标准化，此举既为乡会试考官的命题、衡文取士等规定了参考书目，也试图由此来引导士子群体的备考行为，从而介入其购阅书籍、储备知识等环节。标准化的"闱中书籍"的意义即"所以为主司设绳尺，即为群士端趋向也"。[⑤] 同时，以经学、史学书籍为主的"闱中书籍"也在向士子群体传递着清代官方所提倡的以经史之学为核心的实学观。若以当时的眼光来看，清代士子用于应对科举考试而储备的知识内容，几乎都在御纂、钦定诸书范围之内。通过御纂、钦定诸书的编纂与颁行，并向科举考试渗透，清廷旨在于读书人群体中间树立官方意识形态，借以"垂范"士子，以期达到"道一风同"的目标。

二、损之又损：科举考试实践对"知识"的简化

按照一位清代官员的说法，在科举的制度设置中，"人才登进之路，赖有乡会两科；

---

① 顾家相：《江西萍乡县顾大令家相课士略说》，《知新报》，第 98 册（1899 年 9 月 5 日），第 1 页。

② 《续增科场条例》，收于沈云龙主编：《近代中国史料丛刊三编》第 49 辑，台北：文海出版社，1989 年，第 2125 页。

③ 《会奏变通科举章程》，载张静庐辑注：《中国近代出版史料二编》，北京：中华书局，1957 年，第 61 页。

④ 《续增科场条例》，收于沈云龙主编：《近代中国史料丛刊三编》第 49 辑，台北：文海出版社，1989 年，第 2559 页。

⑤ 《续增科场条例》，收于沈云龙主编：《近代中国史料丛刊三编》第 49 辑，台北：文海出版社，1989 年，第 2300 页。

人才培植之基,尤在岁科两考"[①]。乡会试是科举"正途"出身的主要通道,而在乡试这一层级之前则还有县试、府试,以及由学政主持的院试、岁试和科试。按照清制,在各省学政所主持的院试、岁试与科试的正场考试之前,设有名为"经古场"的一项考试,参加考试者为童生和生员。经古场所考的知识内容,在晚清屡有变易,大体而言有经解、史学、辞章、掌故、诗古、性理、舆地、算学等内容。[②] 虽然作为科举考试之一环的基层考试中有着这样的制度设计,但是据清末礼部官员的观察,旨在"考试经解、诗赋、杂著"的经古场实际上"生童应试者寥寥"。[③] 事实上,在各省学政所主持的几项考试中,经古场一直显得无足轻重。据周询的《蜀海丛谈》记载,四川地区的经古场主要考"五经文或诗赋","童生不应经古者亦听"。[④] 在河北临漳人杜慕堂的回忆里,也清楚记录了"不愿进古场者听之"。[⑤] 清末小说《文明小史》也提到清末经古场在"诗赋之外,准人家带着报考时务掌故之类",但是"你不去投卷,他并不来勉强你"。[⑥] 清末的读书人也都很清楚"旧时岁科试之有经古场,不必人人就试,而去取则专以正场为定"[⑦]。经古场的考试表现,对院试、岁试、科试的结果并无影响,也就自然导致应考士子数量极少。此外,在每一任学政到任各省之时,依例会拟出"观风题"以考察各府属童生及生员的文风。除了写作一篇四书文之外,其题目内容大体与经古场类似,但是由于对实际科举考试结果不存在任何影响,故观风题也仅仅是一个始终贯彻的历史成例而已。[⑧] 从中可见,在参加乡试之前的各种基层考试中,无论是经古场还是观风题,在考试的实践过程中往往流于形式,也就很难对士子的知识追求有所指引。

乡会试所考察的知识内容对于清代读书人群体最为重要,故尤其能够影响到读书人群体的阅读世界与知识储备。清代科举制度中,乡会试都是分三场考试,而且三场的考试内容完全一致。自乾隆五十八年(1793)之后,至 1898 年科举改制方案颁行之前,乡会试的三场考试内容,一直保持稳定,即第一场考四书题 3 道、诗题 1 道,第二场考五经题 5 道,第三场考策题 5 道。[⑨] 然而,清代一个十分明显的科场风气是重视首

---

① 游百川:《请崇尚经术疏》,载陈弢辑:《同治中兴京外奏议约编》,收于沈云龙主编:《近代中国史料丛刊》第 13 辑,台北:文海出版社,1968 年,第 366 页。

② 刘禺生:《世载堂杂忆》,北京:中华书局,1960 年,第 7-8 页;张之洞:《劝学篇·外篇·变科举第八》,张之洞:《劝学篇》,上海:上海书店出版社,2002 年,第 54 页。

③ 《礼部遵议顺天学政奏请改生童经古场为头场折》,《东方杂志》,1904 年第 7 期,第 76 页。

④ 周询:《蜀海丛谈》,成都:巴蜀书社,1986 年,第 45 页。

⑤ 杜慕堂:《清末考试制度》,载中国人民政治协商会议河南省委员会文史资料研究委员会编:《河南文史资料》,第 9 辑,郑州:中国人民政治协商会议河南省委员会文史资料研究委员会,1989 年修订第 2 版,第 86 页。

⑥ 李伯元:《文明小史》,上海:上海古籍出版社,1982 年,第 88 页。

⑦ 《科举变制余论》,《中外日报》,1901 年 9 月 6 日。

⑧ 刘禺生:《世载堂杂忆》,北京:中华书局,1960 年,第 7 页。

⑨ Benjamin A. Elman. *A Cultural History of Civil Examinations in Late Imperial China*. Berkeley: University of California Press, 2000, p.565.

场，这就导致第二场的五经题、第三场的策题所考的知识内容不受士子所重视。[①] 光绪年间参加过乡试的王锡彤指出，各省乡试考生数量庞大，“每卷三场，共为文十四首”，再加上阅卷的时间较短，考官阅遍所有文章存在现实的困难，故往往看其中极少的部分。[②] 吕思勉也指出，明清科举考试采用八股取士，可能也有可操作性方面的考虑。因为限定文体，限定写作方式为“代圣贤立言”，故在考官批阅时可以由于“标准”的确立而容易操作，而规定四书文的字数在 300 字到 700 字之间，显然也是为了便于考官批阅。[③] 由此，乡会试首场所考的“八股文章试帖诗”自然就成了士子备考时的重中之重，也成了许多人对清代科举考试内容的大概印象。[④]

清代科举的乡会试，不仅“重首场”的历史积习一直延续，而且甚至发展到只重视首场首艺，即乡会试第一场的第一篇四书文。咸丰元年(1851)，王茂荫上《振兴人才以济实用折》，在折内描述了当时乡、会试的情形：

> 近时考官专取头场首艺，二三篇但能通顺，二三场苟可敷衍，均得取中。以故近来各省刊刻闱墨，首艺尚有二三十篇，次三艺已属寥寥，至经策多不刊刻，是考官明示士子以为无足轻重也。磨勘官于头场文艺，间有签议，而二三场则绝少，是磨勘大臣又明示考官以为无足轻重也。[⑤]

生活于咸同时期的福格在其笔记《听雨笔谈》中亦言：

> 主司去取，皆以第一场四书文为鹄，他艺概置之不论。……盖中式后进呈者，惟四书首艺。闱墨之刊刻者，亦只首艺。其余文字，皆束置如弃，虽有磨勘，亦属具文。[⑥]

无论是各省刊刻闱墨时所选的范文，还是磨勘官在复核试卷时提出的签议，都大量集中在首场首艺，似乎都在暗示士子乡会试的首场首艺最为重要。亲历晚清科举考试的傅云龙在其同治五年(1865)的日记中就曾如此写道：

> 乡会试三场最重首场，首场最重首艺，首艺最重起讲领题，此乃命脉所

① 侯美珍：《明清科举取士“重首场”现象的探讨》，《台大中文学报》，2005 年第 23 期，第 323-368 页。

② 王锡彤：《抑斋自述七种之一·浮生梦影》，载北京图书馆编：《北京图书馆藏珍本年谱丛刊》第 189 册，北京：北京图书馆出版社，1999 年，第 88-92 页。

③ 吕思勉：《白话本国史》下册，上海：上海古籍出版社，2005 年，第 642-643 页。

④ 陈寅恪：《文章》，载《陈寅恪集·诗集》，北京：生活·读书·新知三联书店，2001 年，第 78 页。

⑤ 王茂荫：《振兴人才以济实用折》，王茂荫：《王侍郎奏议》，载《续修四库全书》第 500 册，第 424 页。

⑥ 福格：《听雨丛谈》，汪北平点校，北京：中华书局，1997 年，第 78-79 页。

在。二三场第取饱满充畅，二三篇第取气旺词丰，与首艺相称。①

王锡彤也说，“大抵应试者之文虽有十四首之多，而得达于同考官之眼者十之一，再达于主考官之眼者五之一，而仅阅首文即定去留者，又去其大半”。② 在1902年出版的署名为“泔滨渔者”的《时务目论》一书中，还有如下观点：

中国以帖括取士。乡试每省辄万余人数千人，而额取百人数十人不等。会试每届万余人，额取仅三百人。又限以三场，三场只重首场，首场只重一日。人多则良莠不齐，限促则真伪难分，不得不据一日之优劣，以定弃取。③

可见晚清时期的乡会试中，重视首场首艺的科场风气已经堪称众所周知。这种科场风气对士子群体的知识养成环节显然存在明显的影响。

清末读书人对这一科场风气大多心照不宣，如《中外日报》上的一篇论说指出：

从前经文五篇、策五道，以偏重首场，至此不过潦草塞责，所谓不求有功，但求无过者。……向来首场考官阅卷者，每篇只阅破承起讲而止，次场则尤在所轻，阅否随意。④

因此导致的结果就是乡会试第二场的五经题、第三场的策题很难让士子重视。以乡会试第三场的策题为例，原本策题所涉及的知识门类较多，往往有经学、史学、理学以及舆地、漕运等诸多与时政相关的内容，但是，由于长期以来的重首场的风气，第三场的考试内容早已流为虚应故事而已。乾隆九年（1744），广东学政金洪铨已经在向清廷反映，乡会试第三场的策题“沿袭既久，而策为具文”，甚至还有士子在考试时“但取发问全题，颠倒其辞，含糊敷衍”，这种答题方式由于不费力气而被形容为“伸腰策”。⑤福格在《听雨丛谈》中也描述了当时乡会试对策题的轻视，甚至有考生在答卷时“将原题所问，窜为所答，改‘欤’字为‘也’字而已”，即将题目中问句的句末助词“欤”字改为“也”字，其他则基本照抄题目，敷衍成篇。福格还指出，由于阅卷的考官也不具备策题的相关知识，所以“合场士子万人，纵有一二条对策问，主司辄恐征引出于臆造，惮于考

① 傅云龙：《傅云龙日记》“1865年6月23日”条，杭州：浙江古籍出版社，2005年，第294页。

② 王锡彤：《抑斋自述七种之一·浮生梦影》，载北京图书馆编：《北京图书馆藏珍本年谱丛刊》第189册，北京：北京图书馆出版社，1999年，第88-92页。

③ 泔滨渔者：《论相命风水》，载泔滨渔者：《时务目论》，上海：华洋书局代印本，1902年，第33-34页。

④ 《科举变制余论》，《中外日报》，1901年9月6日。

⑤ 金洪铨：《奏为敬陈四书大全宜重加纂修恭陈钦定以阐圣学等管见事》，朱批奏折，中国第一历史档案馆藏，档案号：4/1/38/181/21。

定;又恐断章取义,全文或涉忌讳,转致弃之不录。是以士子相戒悉以空文敷衍而已"[①]。对晚清科举考试富有经验的湖南人周寿昌一针见血地指出,"士子应试之作,荒陋浅鄙,莫如第三场之策",并且进一步描述道:

> 主试者挟兔园册为底本,应试者即恃夹带以为资。或令严不能夹带,则就题敷衍成篇。盖制题本有一二百言,略就题作波澜,即可数百言矣。[②]

至1880年代后期,王韬还言"方今崇尚西学,亦徒有名而无实耳。功令所重,仍以时文取士,经策且视为具文,遑论乎西学哉!"[③]

如若细究乡会试的具体规定,则更可以发现,在科举考试的实践中,不管是考生答题,还是考官衡鉴文章,都不看重乡会试第三场的策题。清代在举行乡会试时,按照惯例会向应试士子分发或公布"科场条规"类的文本,但这类文本保存至今的尚不多见。光绪十七年(1891)辛卯科的《甘肃乡试条规及格式》是目前能看到的为数不多的"科场条规"文本之一。据《甘肃乡试条规及格式》,其中对于第三场的策论文字,仅仅规定字数必须达到300字,并且甚至还建议考生:"策有征引繁博、考据精确者,固是能手。如其不能,但求文气通顺足矣,不必抄袭兔园册子,致多讹字。"[④]即官方对于应试士子的策论,所期望的亦仅在"文气通顺"而已。一方面是考官与士子在乡会试的考试实践中都不重视第三场的策题,另一方面应试士子为了免交白卷却又必须敷衍成文,于是科场内亦渐渐出现了对于第三场考试的应对策略。到了清末,对于科举考试的第三场考试的技巧,出现了一段十分戏谑的"顺口溜",其中就有如下言语:

> 删去然与、否与,画就依样葫芦。只要头场中式,其余都可模糊。[⑤]

"然与""否与"是策题中经常用到的发问用语,从中可见考生的应对之道便是将问题中的"然与""否与"去除,然后照抄一遍问题的大概内容,再添添补补地写就策论文章。这与上文所引《听雨丛谈》中所描绘的情况如出一辙。有趣的是,如果对照光绪十七年的《甘肃乡试条规及格式》,则会发现,清代官方对于这种现象也已司空见惯,所以才如此建议考生:

---

① 福格:《听雨丛谈》,汪北平点校,北京:中华书局,1959年,第78-79页。

② 周寿昌:《思益堂日札》,长沙:岳麓书社,1985年,第113页。

③ 王韬:《西学大成序》,载王西清、卢梯青辑:《西学大成》,上海:醉六堂书坊,1888年,第2页。

④ 《甘肃乡试条规及格式》(1891年),载中国社会科学院近代史研究所近代史资料编辑部编:《近代史资料》,总第115号,北京:中国社会科学出版社,2007年,第8-9页。

⑤ 朱必谦:《清末考试制度琐记》,载中国人民政治协商会议四川省委员会文史资料研究委员会编:《四川文史资料选辑》,第33辑,成都:四川人民出版社,1984年,第145页。

> 策题中所有主司问语，如“可言其故欤”“可指其实欤”“可历详之欤”“然欤否欤”等句，俱要换过，不可仍用问者口气。[①]

从中也可窥知，甚至还有不少考生在“作策”时直接照抄问句，故官方特意在分发给考生的“科场条规”中加以提醒，这也证明以上所引的流传于考生中的应对第三场策论文字时的“顺口溜”绝非仅仅是夸张之词。由于重点在于“头场中式”，于是对于乡试第三场的5道策问题，晚清科举改制之前的“应考生员，多是囫囵对付”。[②] 因此，清代士子在乡会试第三场答题时，“敷衍成文”的现象十分常见。以多次参加乡会试的姚永概为例，在参加1885年乙酉科乡试时，他是“对空策而毕事”；而在参加1894年甲午恩科会试在答题时他“十得六七”，但是“惟金石一条只得四五事耳，乃以骈体空衍之”。[③] 由于乡会试第三场的策题处于这样的境遇，甚至连晚清出版科举考试书籍的书商也只好在广告中说这类题目“苟非条对详赡，光采陆离，必致典乏胸罗，讥贻腹俭，且首场亦不免减色”[④]。倘若写得不好，其影响也只不过是“首场亦不免减色”，这一书籍广告的内容也只是映衬出晚清时期的乡会试不重视第三场的策题而已。

科举体制下的读书人“重科名”的观念，对于读书人群体的阅读世界和知识养成具有极大的影响。刘愚生的《世载堂杂忆》将清代参加科举考试的不同人群大体区分为“世家”“崛起”和“俗学”三类，其中除了少数世家出身的士子可以在知识养成的过程中“不拘泥于八股试帖”，其他士子则大多是“学无渊源”“钻研时艺”罢了。[⑤] 晚清广东人罗攻武在其《粤故求野记》一书中如此描绘太平天国后广东地区科举士子的“常课”情形：“其时所谓读书之士，亦但以得科名为主，不敢更为奇说异行，故所读书，除足取科名外，概束之高阁。”[⑥]在包天笑的回忆中，也由自己的亲身经历而忆及：

> 在清代一般士子，为了科举，在未入学以前，只许读四书五经，最多读一部《古文观止》，除非是特异而聪颖的子弟，阅读些《史》《汉》《通鉴》之类。[⑦]

---

① 《甘肃乡试条规及格式》(1891年)，载中国社会科学院近代史研究所近代史资料编辑部编：《近代史资料》，总第115号，北京：中国社会科学出版社，2007年，第9页。引文中问语的引号为笔者所加。

② 朱必谦：《清末考试制度琐记》，载中国人民政治协商会议四川省委员会文史资料研究委员会编：《四川文史资料选辑》，第33辑，成都：四川人民出版社，1984年，第145页。

③ 姚永概：《慎宜轩日记》上册，合肥：黄山书社，2010年，第226、569页。

④ 《历科试策大成告白点石斋代启》，《申报》，1888年4月17日。

⑤ 刘禺生：《世载堂杂忆》，北京：中华书局，1960年，第3页。

⑥ 罗攻武：《罗攻武遗稿〈粤故求野记〉选辑》，载高明市政协文史资料研究委员会编：《高明文史》，第9辑，无出版年月，第27页。

⑦ 包天笑：《钏影楼回忆录》，北京：中国大百科全书出版社，2009年，第79页。

晚清的地方文献亦对读书人知识养成的大体过程有所描摹：

> 儿童入塾，以寸许红笺书字令识，谓之“识方字”；积三四百字，始授以《三字经》《千字文》《百家姓》，谓之“小书”；次授以四子书，进而授以《诗》《书》《礼记》《左传》，又进而授以《古文观止》，即开讲制艺矣。①

对于绝大多数非世家子弟出身的普通读书人而言，他们的知识养成与其说是遵照朝廷功令，不如说是高度“实践导向”的，即科举考试的实践更能指引他们“上以是求，下以是应”地准备考试所需的知识。因此，在清代读书人的阅读世界中，“凡与场屋无关者不读”的现象比比皆是。② 而且，“今日之举子，即他日之试官”③，由于科举制度具有再生产（reproduction）的功能，通过一代又一代从“举子”到“试官”的传承，使得科举所规限的知识范围具有极强的历史惯性，诸多科场风气乃至读书人在读书备考时的阅读世界与知识养成，即由科举考试的制度设置与实践中的科场风尚所形塑。④ 对于绝大多数考生而言，“足取科名”的重中之重便在于首场首艺，并且上行下效，“官以此召，师以此教”⑤，考官、塾师、士子等亲身参与科举的各色人等彼此心照不宣，而成为士子之间广为流行的积习。如此一来，清代科举考试在实践中重首场乃至首场首艺的科场风气也就进一步简化了士子群体的阅读世界和知识世界。

时人对清代科举制度的诸多批评，除了批评衡文取士只重视首场首艺之外，更为严厉的批评还指向了科举考试重视楷书之风。在清末科举改制之前，乡会试由于誊录制度的存在，考官阅卷时不能看到士子的亲笔，所以还不存在这一问题。然而，乡会试以外的诸种考试，如县试、府试与院试，尤其是优贡、拔贡的考试以及殿试、朝考等，考官所见都是士子亲笔所书，于是“楷法”是否出色就很重要。王锡彤在 1884 年就因为楷书“拙劣”而在院试中吃过亏。1890 年代，他又考过优贡、拔贡，清楚记得这两项考

---

① 《南汇县续志·卷十八·风俗志一》，第 1 页。

② 朱峙三：《朱峙三日记》“1899 年 10 月 23 日”条，武汉：华中师范大学出版社，2011 年，第 54 页。

③ 此语出自乾隆四十四年（1779）的一道上谕，见《钦定科场条例》，《续修四库全书》第 830 册，第 402 页。《钦定科场条例》亦收于沈云龙主编的《近代中国史料丛刊三编》第 48 辑，与《续修四库全书》所收为不同的版本，该版未见这道上谕。

④ Benjamin A. Elman."Political, Social, and Cultural Reproduction via Civil Service Examinations in Late Imperial China".*Journal of Asian Studies*, Vol.50, No.1(February1991), pp.7-28. 另可参见 Benjamin A. Elman. *A Cultural History of Civil Examinations in Late Imperial China*. p. xxix, pp. xxxvii-xxxviii.

⑤ 朱必谦：《清末考试制度琐记》，载中国人民政治协商会议四川省委员会文史资料研究委员会编：《四川文史资料选辑》，第 33 辑，成都：四川人民出版社，1984 年，第 145 页。

试“旧习大抵以楷书为重”。[①] 1888 年，上海点石斋发售石印《翰墨林》一书，其广告即言：

> 功令士子应试，著作之外，兼重楷法。自甄优拔萃，以迄殿廷两试，必取丰润匀图，入时眉样者，乃能膺上选，而冠群伦。[②]

晚清士子的亲身经历足以证明这类广告所言非虚。刘光第在 1883 年进京会试并成为进士，此后即在北京担任刑部主事一职，据其对当时京官中风气的体察，则感到“近日京官所重，多在写字作诗，盖人才由此黜陟，人才遂由此升降矣”。并且“上之所以取求，下之所以摩厉，止皆如此”。[③] 1895 年，刘大鹏赴北京参加会试，在北京时他观察到，“京都习尚以写字为先，字好者人皆敬重，字丑者人都藐视，故为学之士，写字为第一要紧事，其次则读诗文及诗赋，至于翻经阅史，则为余事也”[④]。1896 年，刘大鹏对此又有一番描述：

> 我朝开科取士，乡试会试外，大率以字取者居多。殿试则是取字，朝考亦然，京都凡取士，总以字为先，以诗赋为次，文艺又次之。故用功之士，写字为要务，一日之中写字功夫居其半，甚且有终日写字者。京师之人相见问曰：近日用功否？即问写字也，并不问所读何书。若见一生人，阴问此人书法何如，善写则钦仰，不善写则轻视，风气使然也。[⑤]

夏曾佑也说清代科举“其朝夕讲习以应上之所求者，文则制艺也，试帖也，楷法也”。[⑥]朱峙三在其 1899 年的日记中记载了父亲指定他临摹“欧帖”的经历，谓“科举以字佳颇占便宜”，即便“场中文虽不佳”，但如果字好的话，“试官另眼观看”。[⑦] 至 1901 年，正在准备参加县试的朱峙三还被塾师要求“写字注重小楷，限定每日抄八股文一篇，以当小楷功课”。[⑧] 进士须经由朝考被选为翰林院庶吉士，故清末人回顾清代翰林制度，亦

---

① 王锡彤：《抑斋自述七种之一 · 浮生梦影》，载北京图书馆编：《北京图书馆藏珍本年谱丛刊》第 189 册，北京：北京图书馆出版社，1999 年，第 87 页；王锡彤：《抑斋自述七种之二 · 河朔前尘》，北京图书馆编：《北京图书馆藏珍本年谱丛刊》，第 189 册，第 141、155 页。

② 《发售石印翰墨林告白》，《申报》，1888 年 1 月 21 日。

③ 刘光第：《都门偶学记》，载《刘光第集》，北京：中华书局，1986 年，第 176 页。

④ 刘大鹏：《退想斋日记》“1895 年 3 月 18 日”条，太原：山西人民出版社，1990 年，第 40-41 页。

⑤ 刘大鹏：《退想斋日记》“1895 年 3 月 18 日”条，太原：山西人民出版社，1990 年，第 61 页。

⑥ 夏曾佑：《论中国科举不能变之故》(1897 年 12 月 2 日)，载杨琥编：《夏曾佑集》上册，上海：上海古籍出版社，2011 年，第 28 页。

⑦ 朱峙三：《朱峙三日记》“1899 年 5 月 8 日”条，武汉：华中师范大学出版社，2011 年，第 51 页。

⑧ 朱峙三：《朱峙三日记》“1901 年 3 月 20 日”条，武汉：华中师范大学出版社，2011 年，第 75 页。

言及“降及后世(指乾隆朝开博学鸿词科之后),凡朝考殿试馆课皆敷衍策论,惟重楷书”。[①]

三、科举考试中的“历史知识”

在科举考试实践对士子群体知识养成的导引与形塑之下,普通读书人尤其缺乏八股文、试帖诗以外的经学与史学知识。如果说八股文的内容还算多少涉及经学知识,史学知识的匮乏则成了科举制度下士子群体知识世界的一大特征。19 世纪末,当时的人回顾清代读书人的知识结构之时指出:“中土士人,向来学业于应试工夫外,能深通史学者十中之一二,能熟谙国朝政事者,百中之一二,更能旁及五洲各国政事、各种专门艺学者,不过千中之一二。虽在沿海、长江通商口岸相近省分,风气略已转移,或者人材不止此数,而合边僻各省以计之,实不逾乎此数。”[②]阅读世界往往反映知识结构,若从清代普通读书人的阅读世界来看:“从前士人所研考、书贾所贩卖,大抵制艺、试帖居多,城市、乡村之塾,案有《十三经注疏》与马、班、范、陈之史暨《东华录》《经世文编》者,百无一二,书肆之架亦不多见焉。”[③]美国传教士狄考文(Calvin Wilson Mateer)也观察到,在中国读书人中间,“虽有《纲鉴》《史记》、诸子百家,可以益智,览者以为非命题之书,鲜有博习而兼通者”[④]。也因此,批判科举制度下应考士子历史知识的匮乏,成为反对八股取士乃至反对科举取士之人的共同论调。例如,袁枚的《随园诗话》中录有一段“吴江布衣”徐灵胎写的《刺时文》,其中言及读书人用于备考的主要书籍是“案上放高头讲章,店里买新科利器”,而其导致的后果之一就是不知“《三通》《四史》是何等文章?汉祖、唐宗是那一朝皇帝?”[⑤]

这一情形至清末依然如此,并且由于外国史知识重要性的跃升而愈益彰显出清末读书人历史知识的严重不足。唐才常对科举制度下旧有的知识养成方式激烈地加以抨击,涉及史学知识时,尝言:“萃什百千万之儒冠缝掖,咨以《三通》《廿四史》之名,能备举其目者,不可多得,何论寰球?”[⑥]康有为亦言:“但八股清通,楷法圆美,即可为巍科进士、翰苑清才,而竟有不道司马迁、范仲淹为何代人,汉祖、唐宗为何朝帝者!若问以亚非之舆地、欧美之政学,张口瞪目,不知何语矣。”[⑦]夏曾佑则形容清代读书人群体

---

① 《录独立山人读宣示翰林衙门谕旨书后(录〈苏报〉)》,载国家图书馆分馆编选:《(清末)时事采新汇选》第 1 册,北京:北京图书馆出版社,2003 年,第 10 页。

② 《拟请暂缓科举数年以全力督课学堂甄别仕宦议》,《申报》,1898 年 8 月 3 日。

③ 《书肆慨言》,《申报》,1904 年 5 月 27 日。

④ 狄考文:《振兴学校论 · 考试》,《万国公报》,第 14 年第 655 卷(1881 年 9 月 10 日),第 38 页。

⑤ 袁枚:《随园诗话》上册,北京:人民文学出版社,1960 年,第 411-412 页。

⑥ 唐才常:《史学第一》,《湘学新报》,第 1 册(1897 年 4 月 22 日),第 1 页。

⑦ 康有为:《请废八股试帖楷法试士改用策论折》(1898 年 6 月 17 日),载《康有为全集》第 4 集,北京:中国人民大学出版社,2007 年,第 79 页。

"汉、魏、隋、唐，不知为何朝，而但知有朱子；礼、乐、兵、刑，不知为何事，而但知有时文"[①]。宋恕也嘲笑"天下学问之最孤陋者，无如中国北边之京官"。虽说昔人就已盛传"太史公是何科进士？《史记》是何科朱卷？"的笑话，但宋恕认为清末的京官对于历史知识的"孤陋"更甚，乃至于还出现了某京官借阅《汉书》后觉得此书"不见有一点好处，其中文理荒谬令人费解者甚多"一事。另有数名京官在由北京赴上海的轮船上只知"吟哦消遣"近科的闱墨，见某进士在阅读《支那通史》一书，京官们既不解"通史"何意，又误会"支那"为日本。[②] 张伯驹的《春游琐谈》也提到清末有已中进士者"尚不知岳飞为何时人"。[③]

清代普通士子对于历史知识的隔膜成为十分普遍的现象，究其原因，则是由于以应对考试为主要目标的士子科举教育中甚少涉及史学知识，大多数士子的少年所学与史学关系不大。在清末小说《学究新谈》中，主人公夏时中所教的学生在八股改试策论的风声传出之后，急急忙忙将放了馆的先生叫来，对其教学内容缺乏策论埋怨不迭："人家书房里读的是什么《古文文选》，还看见我一表兄的馆里，有什么《纲鉴易知录》呢，据他说，都是做策论的料子。"[④]而按照这位夏先生的辩解，私塾教育中忽略科举考试且不重视策论，简直是理所应当的"对策"，因而，这位夏先生阐述的教法便是："只叫他读四书五经，熟书生书背起来，是不准错一个字的。读完了五经，就叫他读八股，只不许看那些邪魔左道的书。虽然听见人家说，有什么《史记》《汉书》《文选》《国策》《念(廿)二子》等类，愚兄都不许他们读的。这是老辈先生传下来的秘诀。"[⑤]这些故事情节虽然出自小说，然而基本合乎晚清士子教育的实际情形。据参加过 1902 年乡试的杭州人骆憬甫回忆，他自己在 1901 年中了秀才之后，并没有依照惯例另从名师或者进入书院，而是继续在家塾跟随原来的塾师读书。但是，1901 年清廷早已颁下诏谕，从下一科乡会试开始，废八股改试策论，而那位在八股文章试帖诗中浸淫了大半辈子的塾师"对于史学、经学、时事是外行"，故无法在新的形势下对其给予有效的指点，因而耽误了骆憬甫的前程。[⑥] 另如，1905 年刊行的《东社读史随笔》一书中，署名"独醒主人"的作者也自承："余束发读书，沉埋于帖括者近廿年矣，不知所谓史学者。"[⑦]该书是作者 1904 年赋闲在家于读史后所作文章的结集，其所忆及的个人成学经历也进一步为我们展现了晚清时代士子教育中史学知识的缺位。

---

① 《论八股存亡之关系续前稿》，《国闻报》，1898 年 7 月 5 日。另可参见杨琥编：《夏曾佑集》上册，上海：上海古籍出版社，2011 年，第 34 页。

② 张棡：《张棡日记》"1901 年 5 月 7 日"条，上海：上海社会科学院出版社，2003 年，第 74-75 页。

③ 张伯驹：《春游琐谈》，载张伯驹：《张伯驹集》，上海：上海古籍出版社，2013 年，第 512 页。

④ 吴蒙：《学究新谈》，上海：商务印书馆，1915 年，第 7 页。

⑤ 吴蒙：《学究新谈》，上海：商务印书馆，1915 年，第 22 页。

⑥ 骆憬甫：《浮生手记：一个平民知识分子的纪实》，上海：上海古籍出版社，2004 年，第 37 页。

⑦ 独醒主人：《东社读史随笔序》，载独醒主人：《东社读史随笔》，1905 年刻本，第 1 页。

历史知识未能受到清代士子群体的重视显然与科举考试的实践并不重视这类知识有关。相应地，通行于清代士子科举教育环节的历史类书籍的种类也明显偏少。郑振铎在其《中国儿童读物的分析》(1936)一文中论及："到了清代，蒙童读的史学书，几乎一部也没有。元明二代的那些史籍，也都几成为罕见的东西。亡人国的，必须灭其历史。这手段是很恶辣可怕的。"[①]并且，在清代的士子教育中，少数几种历史类书籍也并未拥有广泛的读者。唐才常在《读史论略》一文中对科举时代士子的史学修养大加挞伐：

> 震旦之儒，自束发受书，即戢戢抱兔园册子，求名利资，低首下心，瞑坐苦索。天日黯葤，山川惨然，孔、孟之绪，不祀忽诸。其稍黠者，则剌取坊间《易知录》《了凡纲鉴》，与胡致堂(胡寅)、邱琼山(丘浚)、林西仲(林云铭)一二颓率无理之语，哓哓号于众曰：史学、史学。[②]

"兔园册子"即指坊间所刊的用于科举考试的参考书籍。在以科举应试为导向的时期，除了偶有士子会阅读类似《纲鉴易知录》《了凡纲鉴》等坊间通行的历史类书籍，由于科举考试看重文体，所以唐才常还指出许多士子还直接"剌取"胡寅、丘浚、林云铭等名家的史论类文章。读史论类文章往往是为了学习文体，故清代士子所读的历史类书籍并不注重时效性。南宋吕祖谦的《东莱博议》至清末依然通行，即为一个显例。例如，四川学政任上的张之洞给当地学子推荐《东莱博议》与明代张溥的《历代史论》等两种书籍，作为学习"作论"的参考。[③] 在唐才常所列举的晚清通行的历史类书籍中，《了凡纲鉴》为明代袁黄所编，胡寅为宋代人，丘浚为明代人，林云铭则是清初人士。袁黄所编的《历史纲鉴补》往往被人与明代王世贞所编《历朝纲鉴汇纂》合编，以《王凤洲袁了凡合编纲鉴》《纲鉴合编》等名目在坊间流通。[④] 另有明代顾锡畴所编的《纲鉴正史约》也是直到清末依然在被用作蒙学书籍。例如，吕思勉自承，其"和史学发生关系"，是在八岁时由其母亲、姐姐讲解《纲鉴正史约编》(即《纲鉴正史约》)。[⑤]

除了这几种清代以前即已编著的书籍，坊间流行的清人所编的历史类书籍则有《御批历代通鉴辑览》《纲鉴易知录》《史鉴节要便读》等。关于科举时代所接触到的"历史知识"，周作人回忆：

---

① 郑振铎：《中国儿童读物的分析》，《文学》，1936年第7卷第1号，第58页。

② 唐才常：《史学论略》，收于唐才常《觉颠冥斋内言》，1898年长沙刊本，见《清代诗文集汇编》第791册，上海：上海古籍出版社，2010年，第618页。《史学论略》的内容大体来源于《湘学新报》第1册的《史学第一》及第5册的《论各国变通政教之有无公理》，而略有不同。

③ 张之洞：《輶轩语》，载赵德馨主编：《张之洞全集》第12册，武汉：武汉出版社，2008年，第209页。

④ 王汎森：《历史教科书与历史记忆》，《思想》，2008年第9期，第125页。

⑤ 李永圻、张耕华编：《吕思勉先生年谱长编》上册，上海：上海古籍出版社，2012年，第31页。

> 从前我们在书房里只念四书五经，读得烂熟，却是不能理解，史鉴随意阅看，并不强迫，倒反多少记得，虽然那时所用的只有《纲鉴易知录》《通鉴辑览》这一类的陋书，却也能够使我们知道国史的概要。①

另据张元济(1867—1959)回忆，在科举导向下，少时原本“心界、眼界无一非三代以上景象”，也是凭借对《纲鉴易知录》的阅读“乃知战国以后尚有谓曰秦、曰汉、曰三国、曰晋、曰南北朝、曰隋、曰唐、曰宋、曰元、曰明，乃至于我大清者”。② 在吕思勉的科举教育经历中，也读过《纲鉴易知录》。十岁时，更换了塾师的吕思勉放弃点读《纲鉴正史约》，改读《纲鉴易知录》，并将其点读完毕。③ 黄炎培的少年密友——上海川沙人士张志鹤在其回忆录中也叙及，他得以获取关于中国历史的梗概，是源于在十八岁那年对《纲鉴易知录》的阅读：

> 我初就学，日惟朗诵八股文，自以为用功也。顾师(名次英，光绪甲午副榜举人)止之曰：“勿尔，以读八股而作八股，毫无根底，必多看书，并先从识字入手。”为我订定课程，每日读《说文》若干字，看《尔雅》或《诗经》注疏，及《纲鉴》若干页，我自此才知有秦皇、汉武、唐宗、宋祖、明太等等历史，否则，在四书五经之唐虞三代以后，不知如何会到今之世也。④

从以上几位读书人在晚清科举教育中的经历也可以看到，虽然能凭借这些书籍获得“国史的概要”，然而，周作人记忆中“随意阅看，并不强迫”的阅读情景，以及张志鹤首次接触《纲鉴易知录》时业已偏大的年龄，都可以反映出历史类书籍在科举教育中居于边缘的地位。

鲍东里所撰的《史鉴节要便读》也是晚清较为流行的历史类书籍，此书以四言韵语的方式提供了清代以前的历史梗概。在出生于晚清时期的多位文人的回忆中，《史鉴节要便读》一书不时出现，所流行的区域分属中国的不同地区。清末出生的卢前忆及，“吾辈儿时所读四书五经皆李光明本”⑤。在他所著的小书《冶城话旧》中，卢前依然颇为怀旧地回忆起南京的李光明庄：

> 李光明庄者，状元境一书肆也，其作坊在秦状元巷。当晚清时，东南各省几无不知李氏者。所刻如四书五经、《三》《百》《千》《史鉴节要》《龙文鞭影》诸

---

① 周作人：《十堂笔谈·国史》，载周作人：《立春以前》，石家庄：河北教育出版社，2002年，第133页。
② 张元济：《〈中国历史教科书〉序》(1903)，载《张元济全集》第5卷，北京：商务印书馆，2008年，第341页。
③ 李永圻、张耕华编：《吕思勉先生年谱长编》上册，上海：上海古籍出版社，2012年，第31页。
④ 铁沙寒叟(张志鹤)：《我生七十年的自白》，1948年铅印本，第6页。
⑤ 卢前：《冶城话旧·状元境书肆》，《南京文献》1947年第4号，第6页。

书，皆当日家塾之课本，蒙童无不人手一编，故销行极广。[①]

少时生活于四川的萧公权在六岁时开蒙，在他的回忆中，其父辈特意嘱咐受聘的塾师不用《三字经》《百家姓》来教学，而用《史鉴节要》《地球韵语》和《声律启蒙》诸书。据萧公权回忆，他所使用的这一本《史鉴节要》是"由萧氏宗祠刊印的书"，并且是由其萧氏族曾祖所编。而若仔细比对其所回忆出来的《史鉴节要》的部分文字，此书当即鲍东里所撰《史鉴节要便读》。[②]

为数不多的历史类书籍，成为清代士子了解历史知识的主要来源。[③] 然而，在科举应试导向的影响下，这类书籍在士子的书籍清单中并不具有重要性与优先性。因为在一般的读书人家，藏书中并不会有多少历史类著作，更多的是一些与科举有关的"制艺试帖"之类的书籍。以鲁迅少时的家中藏书为例，据周作人回忆，虽说周家在当地"算是书香人家"，"可是书并不能说多，而且更其缺少特别的书，换句话说就是制艺试帖关系以外的名目很生的书籍"。[④] 清代科举教育中的历史类书籍，另一个值得关注的特点，是不涉及本朝史事。无论是经钦定的《御批历代通鉴辑览》，还是《纲鉴正史约》《纲鉴易知录》等书，都没有涉及清代本朝的历史。即便是较为晚出的《史鉴节要便读》，其内容则是"上自太古，下迄明末"。[⑤] 也正是由于《史鉴节要便读》遵循了清代官方为史学类书籍树立的书写方式、内容等标准，所以至清末兴办学堂时还被暂时充作教科书之用。[⑥] 1902 年湖南长沙办小学堂时，因无合适的历史教本，皮锡瑞为其出主意说"无《御批鉴》，即《易知录》《了凡鉴》《约编》亦可也"。[⑦] 这一个案既佐证了清代科举教育中历史类书籍的种类寥寥无几，也可见《御批历代通鉴辑览》在普通士子中的流行程度有限。一方面，科举考试的实践过程对历史知识的轻视与忽略势必会导致出版市场缺乏大量刊印此类书籍的动力；另一方面，史事所涉及的忌讳也会导致清代科举教育中历史类书籍流传较少。陈寅恪指出，"东北一隅之地，晚明清初数十年间之载

---

① 卢前：《冶城话旧·李光明庄》，《南京文献》1947 年第 4 号，第 6 页。

② 萧公权：《问学谏往录》，台北：传记文学出版社，1972 年，第 15 页。

③ Fan-sen Wang, "Preface", in Tze-ki Hon and Robert J. Culp (eds.), *The Politics of Historical Production in Late Imperial Qing and Republican China*. Leiden & Boston: Brill, 2007, pp. vii-xi；王汎森：《历史教科书与历史记忆》，《思想》，2008 年第 9 期，第 123-139 页。

④ 周作人：《鲁迅的故家》，石家庄：河北教育出版社，2002 年，第 109-110 页。

⑤ 郑献甫：《史鉴节要便读跋》，载鲍东里：《史鉴节要便读》第 2 册，同治六年(1867)福芸楼刊本，第 1 页。另可参见萧公权：《问学谏往录》，台北：传记文学出版社，1972 年，第 15 页。

⑥ 张之洞：《筹定学堂规模次第兴办折》(1902 年 10 月 31 日)，载赵德馨主编：《张之洞全集》第 4 册，武汉：武汉出版社，2008 年，第 92 页；《教科书之发刊概况(1868-1918)》，见张静庐辑注：《中国近代出版史料初编》，北京：中华书局，1957 年，第 229-231 页。

⑦ 皮锡瑞：《皮锡瑞日记》"1902 年 7 月 16 日"条，载吴仰湘编：《皮锡瑞全集》第 10 册，北京：中华书局，2015 年，第 1520 页。

记”是“清室所最忌讳者”。[①] 本朝史事容易语涉忌讳，由此，“内外士夫罔敢谈国故”在晚清时期是一种普遍的风气。[②] 在不同因素的相互叠加之下，本已在清代科举实践中处于边缘的历史知识，在士子群体的知识世界中还呈现出尤其缺乏本朝史事的特点。[③]

清代士人群体对于本朝史事的隔膜，也与清代科举的制度设计十分相关。按照清代科举的制度性规定，“对策内不许援引本朝臣子人品学问，违者不录”。[④] 士子在回答乡会试第三场考试的策问题时，“除钦定诸书外，向不准用国朝人所著书籍，更何论同时见存之人”。这已经在士人群体的心中化为一种自觉的经验。[⑤] 1897 年，给事中褚成博上奏：

> 《科场条例》第三场不得以本朝臣子学问人品策问士子，乃近来误会例意，竟将人名暨所著书史概禁引用。请嗣后各项考试策问凡本朝人名、书名悉听引用。[⑥]

在查阅历朝的《科场条例》之后，清廷同意了褚成博的奏请，并说明：

> 乡会试第三场策问不准涉及本朝臣子人品学问，原以防党同攻讦之风。惟溯我国家右文制治，代有名儒，所著各书，非无援古证今堪资博采者，若概禁引用，则士子临场避忌，转不足剀切敷陈。应如所奏，嗣后考试策问，但求学识淹博，即本朝臣子人名、书名，亦听引用，惟不准逞其臆见，妄肆褒讥，以符定制。[⑦]

然而，1898 年戊戌维新运动失败之后，在科举制度恢复旧制的同时，清廷重新规定：

> 近年言者必欲引用本朝人名、书名，岂钦定如许书籍犹不足供主司策问

① 陈寅恪：《陈垣元西域人华化考序》，载陈寅恪：《金明馆丛稿二编》，北京：生活·读书·新知三联书店，2001 年，第 269-271 页。

② 胡思敬：《国闻备乘·自序》，载胡思敬：《国闻备乘》，上海：上海书店出版社，1997 年，第 1 页。

③ 王汎森指出，“与明代后期相比，清代的私史与当代史极端衰弱”，参见王汎森：《权力的毛细管作用——清代文献中“自我压抑”的现象》，载王汎森：《权力的毛细管作用：清代的思想、学术与心态》（修订版），台北：联经出版公司，2014 年，第 471 页。

④ 《钦定科场条例》，收于沈云龙主编：《近代中国史料丛刊三编》第 48 辑，台北：文海出版社，1989 年，第 1220、1229 页。

⑤ 《论策问时务宜先厘定书籍以便诵习征引》，《申报》，1897 年 5 月 12 日。

⑥ 《续增科场条例》，收于沈云龙主编：《近代中国史料丛刊三编》第 49 辑，台北：文海出版社，1989 年，第 2131 页。

⑦ 《钦定科场条例》，收于沈云龙主编：《近代中国史料丛刊三编》第 48 辑，台北：文海出版社，1989 年，第 2134 页。

> 五道及士子就题敷陈乎？不过为逞其臆见、妄肆褒讥，且可于中任意作奸，漫无钤束耳。此祖制之必不可违者，益以见钦颁书籍之法范围莫外也。①

据此可知，从制度设计上而言，科举制度不会将有关本朝史事的知识内容列入考试，也就由此导致清朝史事成为读书人所忽视的对象。

由于清代科举对于本朝史事在制度上即予以屏蔽，故清代许多读书人对此懵然不知。“问以刑名钱谷而不知，叩以掌故朝纲而罔对”②的情形在读书人群体中随处可见。1902年江南乡试之时，上海开明书店的夏颂莱在南京卖书时便发现：“此次科场之例，兼考本朝掌故，而内地之士，有语以熙、雍、乾、嘉而不知为某朝者。”③1902年，上海的文明书局印行了主要内容关乎清代各朝掌故的《皇清政治学问答初编》一书，在言及编辑此书的缘起时，也是十分强调中国士夫懵然于本朝史事的现状：

> 泰东西士大夫来吾国者，研究我朝事实綦详，凡咨询所得，辄录小册，置夹袋中，还以叩之吾国士夫，大都皆箝口挢舌而不能答也。④

1901年科举改制以后，由于科举新章强调所谓“中国政治史事论”，故出版市场上问世了大量有关清代历史、“国朝掌故”之类的书籍。其中，清末出版市场上印行的《清朝史略》一书，其广告言：

> 我国国史，例禁传播。坊间所行《皇朝掌故》《熙朝政纪》等书，率多偏而不全，未能举二百数十年之人物治功，本本原原，搜罗赅备。⑤

这些事例呈现出清代官方对于本朝史事知识的控制十分严格，也解释了为何清代问世的涉及本朝史事的著述极少。待到上海的文明书局印行《皇清政治学问答二编》之时，编者亦明言：“是编所述，无书可证。由作者在邸舍数年咨询而得。”⑥从书籍流通与阅读的层面而言，关乎清代本朝史事的书籍堪称流通未广、读者颇少，这也更加使得本朝史事成为清代读书人群体一个显著的知识缺环。这也解释了清末科举改制之后，为何有大量以“皇朝掌故”为名的书籍以及众多的日本学者所撰的清代历史类书籍纷纷问世。

---

① 《钦定科场条例》，收于沈云龙主编：《近代中国史料丛刊三编》第48辑，台北：文海出版社，1989年，第2302页。

② 《讲求时务论》，《申报》，1897年4月2日。

③ 公奴(夏颂莱)：《金陵卖书记》，上海：开明书店，1902年铅印本，第2页。

④ 《皇清政治学问答初编·叙目》，载文明书局编辑所编：《皇清政治学问答初编》，上海：文明书局，1902年，第2页。

⑤ 《清朝史略》广告，《中外日报》，1902年8月26日。

⑥ 《皇清政治学问答二编》书前识语，见文明书局编辑所编：《皇清政治学问答二编》，上海：文明书局，1902年。

四、结论

清末，阅读了不少“新书”的湖南读书人皮锡瑞已经认识到，无论是科举还是学堂，都是旨在“靖一国之思想，同一国之风气”，“求人才”反而是次要的功能。[①] 作为一个试图在意识形态领域有所作为的王朝，从康熙朝后期开始，清代官方持续向各地学官颁赐各种御纂、钦定的书籍，并鼓励地方官员及各地坊贾刷印以广其传，继而还将乡会试中的“闱中书籍”标准化，来实现对读书人群体的阅读世界与知识世界的有效介入与操控。以科举的制度设计而言，除了四书题、五经题等考试内容意在引导士子储备四书、五经等儒家经典的知识内容之外，通过各省学政主持的观风题、经古场以及乡会试的第三场策题等考试内容的规划，科举制度在形式上还包含了多种其他门类的知识。御纂、钦定诸书以经史为主的特征，既在科举的制度条文中形成了诸如“经史，学之根柢也”[②]和“通习诸经，敦尚实学”[③]等官方论调，也有利于向广大士子传递“经、史为文章根柢”[④]“制艺本于经史”[⑤]的理念。

清廷的意图与努力显而易见，然而其实际收效却不见得尽如人意。早在乾隆八年(1743)，顺天学政赵大鲸称《御纂四经》“在东南各省，久已家有其书，而北方士子竟有未曾得见者”。[⑥] 这样的说法，揭示出明显的地区差异，虽然东南各省未必便是“家有其书”，但显然在该学政所辖的地区，《御纂四经》的流传很少。乾隆十四年(1749)，福建学政葛德润奏称，福建通省士子大多“于《御纂四经》实皆未经寓目”，虽然官方鼓励民间坊肆刷印以广流传，但是，书版“贮藩库，呈请刷印者绝少”。像漳州、泉州这样离省城较近的城市，也很难购买到这么大部头的御纂书籍，其他更加僻远的地方就更可想见。所以，葛德润说福建士子诵读《御纂四经》的堪称“百无一二”。[⑦] 晚清读书人王先谦更是指陈“钦定诸书颁赐有限，虽在士夫无由遍睹，至于闾巷，弥绝窥仰”[⑧]。尽管清廷将御纂、钦定诸书颁行各地，但是，这些著作卷帙浩繁，储藏场所也毕竟有限，故并

---

① 皮锡瑞：《皮锡瑞日记》“1903 年 6 月 26 日”条，载吴仰湘编：《皮锡瑞全集》，北京：中华书局，2015 年，第 11 册，第 1660-1661 页。

② 《钦定学政全书》，收于沈云龙主编：《近代中国史料丛刊》第 30 辑，台北：文海出版社，1968 年，第 115 页。按：此语出自乾隆十六年(1751)上谕。

③ 《钦定科场条例》，收于沈云龙主编：《近代中国史料丛刊三编》第 48 辑，台北：文海出版社，1989 年，第 1122 页。按：此语出自嘉庆十一年(1806)上谕。

④ 张之洞：《輶轩语》，载赵德馨主编：《张之洞全集》第 12 册，武汉：武汉出版社，2008 年，第 208 页。

⑤ 刘大鹏：《退想斋日记》“1896 年 12 月 9 日”条，太原：山西人民出版社，1990 年，第 64 页。

⑥ 赵大鲸：《敬奏陈拨银刷印御纂四经等书籍及惩治劣生等管见事》，朱批奏折，中国第一历史档案馆藏，档案号：4/1/38/181/18。

⑦ 葛德润：《奏为敬陈以御纂四经为课士基本教材等管见事》，朱批奏折，中国第一历史档案馆藏，档案号：4/1/38/182/11。

⑧ 王先谦：《东华续录跋》，载王先谦：《虚受堂文集》第 1 册，卷二，1900 年刻本，第 18 页。

不是大部分读书人都能读到的。由于御纂、钦定诸书供应不足，且此类书籍部头太大也势必导致书价高昂，故士子群体实际用于备考的书籍还是必须依靠出版市场上的各种坊本。另一方面，科举考试的实践也表明，士子科举生涯的实际成功并不需要遵循清廷对知识养成的官方指示，所以，清代士子在购阅备考书籍时从来就不是以御纂、钦定诸书为主。

夏曾佑说过，“从前士子之读书，不过为博科第起见”[①]，因而，“夫学术之归，视乎科举”[②]。清代官方提倡与鼓励的知识内容，以及科举考试的具体实践，构成了广大士子群体购阅书籍、储备知识的指引。御纂、钦定书籍在士子中间流通有限，显然不利于在科举考试中提倡清代官方所鼓励经史之学。然而，真正对士子群体的阅读世界与知识世界构成关键导向因素的是科举考试的实践环节。清代科举乡会试衡文取士的实践展现出重视首场乃至重视首场首艺的显著倾向，楷法的优劣也成为左右乡会试以外各项考试结果的关键因素，如此一来，科举考试的实践对官方的知识规划起到了“损之又损”、极度简化的作用。受此影响，虽说即便是在一些小地方也是“四书遍地可购”[③]，同时，制艺类的书籍风行天下，然而，“制艺而外，课蒙之书向无善本”[④]却也是晚清读书人阅读世界的寻常情形。士子群体的阅读世界与知识世界往往偏重坊本制艺试帖乃至闱墨、程文等文本，并多注意楷法的训练，从而与官方的期待渐行渐远。清代“历史知识”易涉忌讳的时代背景，外加考试实践对于史学知识的长期忽略，使得清代士子群体的“历史知识”尤其是关于本朝史事的知识极度匮乏，成为清代士子知识缺环的典型例证。张元济回忆自己少年所学时，也尤其感受到科举导向下史学知识的匮乏，“心界、眼界无一非三代以上景象，视世间事相去不知几千万里”。[⑤] 晚清时期，由于外国史知识的传入以及读书人精英的观念中本国史知识的重心向近世史游移的趋势逐渐增强，史学逐渐获得“有用之学”的地位，而受到许多精英读书人的重视与鼓吹。[⑥] 清末科举制度的改革也进一步确认了史学作为“有用之学”的地位，戊戌年、辛丑年两度推出的科举改制方案将“中国史事、国朝政治论”与“中国政治史事论”列入了科举考试的重要场次之内。[⑦] 然而，当科举新章正式付诸施行，士子群体马上面临窘境，“当令甲初更，史学、西学皆

① 夏曾佑：《保存国粹说》(1906 年 1 月 4 日)，载杨琥编：《夏曾佑集》上册，上海：上海古籍出版社，2011 年，第 399 页。

② 《道学外传》，《国闻报》，1898 年 6 月 5 日。

③ 王锡彤：《抑斋自述七种之一 · 浮生梦影》，载北京图书馆编：《北京图书馆藏珍本年谱丛刊》第 189 册，北京：北京图书馆出版社，1999 年，第 79 页。

④ 陆定：《史论启蒙序》，见周雪樵评选、稽铨注释：《评注史论启蒙》，杭州：浙江经世文社，1902 年，第 1 页。

⑤ 张元济：《〈中国历史教科书〉序》，载《张元济全集》第 5 卷，北京：商务印书馆，2008 年，第 341 页。

⑥ 曹南屏：《学问与世变：晚清中国实学观的衍变与知识取向的转折》，《河南大学学报》(社会科学版)，2015 年第 4 期，第 69-80 页。

⑦ 《清实录 · 德宗景皇帝实录(六)》第 57 册，北京：中华书局，1987 年，第 513 页；《清实录 · 德宗景皇帝实录(七)》第 58 册，北京：中华书局，1987 年，第 412 页。

生平所未梦见”。[1] 其中，西学固然属于科举考试中几乎前所未有的新内容，史学却并未超出科举的制度设计对知识的规划之外。造成这一局面的关键原因即在于科举实践对士子的知识养成所存在的“简化”作用。

清代官方所提倡的经史之学本已有意识地加入了政治考量，并且，官方所提倡与鼓励的知识又经过了科举考试实践的“过滤”与“稀释”。因此，在受此影响的广大士子群体所构筑的知识版图里，各类知识的等第排序与修习偏好早已和官方的提倡本旨与科举考试的制度设计偏离很远。清末人士甚至慨叹“学问与考试判然分为二事”，即科举考试已成为一种难以容纳“学问”的建制。[2] 不仅清代官方鼓励的“实学”在科举考试实践中大打折扣，甚至“学”是不是见容于科举考试，都已经成了问题。这一现状为晚清的改科举乃至废科举的议论与行动注入了强劲的动力，同时却也显示出科举考试在实际运行过程中对士子群体阅读世界、知识世界的“简化”趋势积重难返，而科举制度“表达”与“实践”之间的巨大落差，也显示出科举制度很难成为清末人士念兹在兹的“有用之学”的有效“容器”。科举考试的制度表达与考试实践的长期背离，既使得清代科举几乎彻底沦为“八股取士”，甚至也隐隐暗示了科举改制后士子教育与科举考试组成的体系在兴学育才上的有效性也值得怀疑。

---

① 夏曾佑：《论今年榜后将有大哄》（约 1902），载杨琥编：《夏曾佑集》上册，上海：上海古籍出版社，2011 年，第 47 页。

② 《书鄂学示谕后》，《申报》，1898 年 7 月 23 日。

晚清阅报组织与公共阅读的发展*

蒋建国
（暨南大学新闻与传播学院）

摘要：晚清时期的阅报组织是一个较为宽泛的概念，报馆、书院、官衙、学会等机构所设立的阅报场所，就具有公共阅读的属性，它对早期报刊文化的普及起着一定的推动作用。清末阅报社的发展是官绅与民间力量多方努力的结果，地方官员对创设阅报社的支持与鼓励，既有迎合新政、凸显政绩的需要，也有热心公益并推动报刊文化普及的心愿。社会各界人士热衷于创设阅报社，一方面受到地方官的鼓励与嘉奖，具有彰显个人价值和服务民众的双重意蕴，另一方面也开创了新式报刊免费进入民间社会的新途径，对开民智、树新风起到了直接的推动作用。尤其是县以下阅报社的设立，使其很快成为当地报刊文化传播中心，数种乃至数十种报刊的集中呈现，有利于读者进行选择性阅读。一些阅报社还兼具"讲学"功能，让读者读报后登台演讲并相互切磋，从而提高了他们的交往与思辨能力。从这个意义上看，尽管晚清阅报组织数量不多，分布不均，但它对促进社会启蒙和报刊文化的传播有着重要价值。

关键词：晚清；阅报组织；公共阅读；报刊文化；社会启蒙

阅报社作为清末社会兴起的重要公共文化组织，其根本目的是推动报刊阅读的大众化，达到广见闻、开民智、树新风的目的。阅报社的广泛开设，与庚子事变后清廷推行新政有关，也与地方社会各种势力的价值取向及文化话语权有关。从组织建设与组织传播的角度看，创设面向大众开放的阅报社，需要资金、人力、场地等基本条件，从而涉及权力控制、资本筹措、阅读空间等方面的问题，而现有的研究多着眼于阅报社的创办与社会影响，对阅报社自身的运作及其规律，以及阅报社与讲报活动的关系，则缺乏

* 本文原载于《社会科学战线》2016年第2期，有修改。

深入的探讨。本文拟从权力、资本与制度化阅读层面对阅报社进行研究。

一、地方官创办阅报社与权力资源的获取

维新时期的少数阅报社一般是在维新志士的支持下，利用学会与报馆的资源而附设，规模不大，影响有限。庚子事变后，随着清末新政的推行，阅报成为推行变法自强的重要前提，上至中枢大臣下至地方官绅，对于报纸的作用与价值都有着一致的认识。利用政治资源推广报刊阅读，成为官方创办阅报社的主要动力。清末的阅报社有官办和民办之分，在李斯颐统计的清末 220 家阅报社、讲报所中，官员（含政府机构）占 35.5%，士绅（含青年会、学生会、商会等民间社团）占 57.39%，市民占 7.1%。[①] 这些统计还不太完整，但是总体上反映出清末阅报社的性质。虽然从总数上看，官办的阅报社数量要少于民办，但是，官办的阅报社大多集中在县城以上的城市繁华地带，其规模与影响力往往较大。而民办的阅报社虽然源自民间力量的捐助，但其创办则需要通过官方的审批，且对具体营运有着一定的制度约束。如果没有官方的支持，民办阅报社难以持续发展。因此，阅报社作为公共阅读组织的存在，应该被看作清末新政在施行过程中的新现象。

尽管维新之后清廷加强了对报刊的管控，但是在“苏报案”之后，随着各类报刊的不断增多，尤其是留学生报刊和革命报刊的发展，清廷对报刊言论防不胜防，认为一些以革命反清言论而著称的报刊“致阅者惑于革命、自由之谬说”[②]。而报刊舆论所产生的巨大影响，也逐步为统治者所关注。如一向仇视报刊的慈禧太后，也开始关注报刊新闻，“命李大总管订购各报，并饬姚宝生于每日恭请平安，脉后即于驾前诵读各报”[③]。军机处也设立阅报处，“派军机章京四员，逐日轮流阅看各种报纸，凡有关本处事宜以及有关国计民生者，皆随时择出，呈堂阅看”[④]。北京工艺局“在局司事各员自行捐资，广购报纸，设立阅报处”[⑤]。最高统治者和中枢大臣注重阅报，地方大员自然不敢怠慢，对于各地创建阅报社，地方大员一方面具有批准监督之责，另一方面又可视为自身政绩的一大表现，只要新设的阅报社遵守官方的规定，地方官员不仅乐观其成，还利用各种机会加以推动。

值得注意的是，清末出现的大量官办阅报社，以县一级官员为主要创办力量。一般而言，当时的省会城市大多有出版的各类报纸，省一级城市的报刊发行量也相对较高，省一级官员尽管深知“劝民阅报”对于通晓时务的重要性，并从行政上加以推动，

---

① 李斯颐：《清季末叶的阅报讲报活动》，载《文史知识》，2002 年第 7 期。

② 《力遏奇邪》，《申报》，1903 年 3 月 19 日。

③ 《慈宫注意报纸》，《通学报》，1908 年第 98 期，“报界拾遗”。

④ 《军机阅报处》，《通学报》，1908 年第 98 期，“报界拾遗”。

⑤ 《工艺局设立阅报图书所》，《申报》，1905 年 7 月 10 日。

“直省各大宪札饬各府厅州县晓谕绅商士庶，观阅报章，其培植人才之意至切”[①]。但在整个全省事务中，读报纸毕竟不是最急于要解决的大事。且对于督抚大员而言，捐助设立阅报社尚需要考虑实效问题。但是，对于州县官员而言，他们在具体执政的过程中，就面临民众“见闻不广、智识不开”的问题。许多穷乡僻壤之人尚不知报纸为何物，“目无所见，耳无所闻，将何以鼓舞其精神，激发其志气”[②]？倡导读报活动，不仅有利于开发民智，改变民风，推广新政，也有助于提高政绩，树立亲民形象，获得政治资源。因此，在清末的各类报刊新闻中，对州县长官创办阅报社的活动都大加赞赏，视其为地方社会的重要举措。如河北霸州知府认为“欲通今者，莫若阅报”，遂与当地士绅商量，“于州署大堂左侧设立阅报处一所，拟定章程，购储各报，每日令人进处阅看”[③]。郑孝胥在任广西龙州边防督办期间，创办学社，并订阅《外交报》《大陆报》《国粹报》《东方杂志》《万国公报》《中外日报》等各种报刊，“每报到，用纸大书‘本社寄到某报第几号’，粘于门外以晓众，十日内不得借出学社”[④]。这个学社兼具阅报社的功能，且对报纸借阅有严格的时限规定，主要是考虑到报纸阅读的实效性和读者的阅读需求。但是，清末由府州长官所创办的阅报社数量不多，相比而言，在以知县为主体的官员主导下，清末县一级阅报社得到了快速发展，是官办阅报社的主流，其背后蕴含的政治逻辑耐人寻味。

知县创设阅报社，一般都以捐“养廉银”作为资金来源。如山东诸城县令在禀告设立阅报社时，就声称“房屋之租价，管理之人之薪工，以及购备各报之资……皆由卑职捐廉自备”[⑤]。河北元氏县令鉴于本县风气不开，“特于城内南街筹设阅报处一所，捐廉购备各种新闻报章，专供众览”[⑥]。河北井陉县令在拟办阅报社中承诺，“社内器具以及一切茶水夫役工食，皆由知县担认，筹款给发”[⑦]。山东高邑（今属河北）县令在县城毕公祠设立阅报处，各报由他“按期选购”[⑧]。河南新城县令租借“闲废官厅，略加修葺”，并捐养廉银，“设阅报社一处，将各种报章纵人观览，不取分文”[⑨]。浙江桐乡县令徐汉澄“采办各种报章，在学宫后创一阅报社”[⑩]。这些有关地方县令捐资创办阅报社的报道，成为当时官方新闻的一大亮点，不仅在舆论上为这些县令树立了良好的形象，也为地方阅报社建设创造了良好的氛围。

---

① 《大通厘金兼保甲总办许苓西太守劝商民阅报以益智慧录》，《湖南通俗演说报》，1903 年第 7 期。
② 《山东诸城县朱大令设阅报馆禀》，《东浙杂志》，1904 年第 1 期。
③ 《霸州详设阅报处并定期宣讲抄录章程请立案禀》，《教育杂志》，1905 年第 13 期。
④ 中国国家博物馆编：《郑孝胥日记》（二），劳祖德整理，北京：中华书局，1993 年，第 995 页。
⑤ 《山东诸城县朱大令设阅报馆禀》，《东浙杂志》，1904 年第 1 期。
⑥ 《元氏县创设阅报所并章程禀》，《教育杂志》，1905 年第 14 期。
⑦ 《井陉县禀设立阅报社情形酌拟规则呈请示遵文并批》，《北洋官报》第 2747 册，1911 年 4 月 2 日。
⑧ 《高邑县禀在毕公祠设立阅报处文》，《教育杂志》，1905 年第 19 期。
⑨ 《新城县禀捐廉创设阅报社宣讲所情形文并批》，《北洋官报》第 2722 册，1911 年 3 月 8 日。
⑩ 《各省报界汇志》，《东方杂志》，第 2 年第 11 期，1905 年 12 月 21 日。

各地知县纷纷设立阅报社，是地方社会的一件大事。由于有地方大员的鼎力支持，阅报社作为新的公共阅读场所，便很快吸引了读书人的关注。作为地方官员推动的文化工程，阅报社的意义不仅仅在于满足民众的阅读需要，它往往具有“文化坐标”价值，在辨别政风民风方面也有特殊的意义。1904—1907年，正值预备立宪与地方自治之际，地方官员将阅报社作为推行新政的舆论场所，也作为地方政绩工程向上级官员呈文汇报，以捐养廉银展现自身热衷于公共文化的形象，从而对上可以获得一定的政治加分，对下可以获得亲民的美誉，“使学者诚能大者识政，小者识艺，四民皆有振奋自强之心”①。而当时各类报刊尤其是官报对这些捐资设阅报社事迹的报道，进一步提高了这些官员的知名度，并在官场形成了一种从众效应。

从当时的县级官办阅报社的报道情况看，此类阅报社主要集中在北京、天津、山东、河北、河南、吉林等地，南方省份的报道较少。其原因较为复杂：从报刊阅读的角度看，由于“维新”之后的数年，南方报刊发展较快，尤其是两湖、广东与江浙地区的地方报刊数量较多，县一级的报刊发行市场已初步建立，一些乡镇邮局亦可订阅报刊；从彰显政绩的角度看，南方地方官员捐建阅报社的效果可能不太明显，而北方报刊发展整体水平较低。从北方各县阅报社所订报刊的种类看，京、津出版的各类官报占主导地位，尤其是《北洋官报》出版之后，各官办阅报社争相订阅，显然有大力推广的意图，而对南方地区出版的报刊则很少关注，尤其是《申报》《新闻报》这样的大报，在官立阅报社难得一见，至于当时在各类学堂流行的留学生报刊，如《浙江潮》《江苏》《湖北学生界》等等，官办阅报社更是不太可能触犯禁令而订阅。1905年之后的革命性报刊，则是官方严厉禁止订阅的读物，显然不可能在官办甚至民办阅报社出现。从这个角度看，北方各县县令倡建阅报社，具有明显的意识形态导向。一方面他们要忠实执行新政的具体措施，通过阅报社宣传政策导向，起到“上情下达”的作用，从而为地方社会管理创造良好的条件；另一方面，通过“选择性阅报”，使当时的“异端邪说”被排斥在官方话语体系之外，尤其是让普通民众减少接触进步报刊“革命排满”思想的机会，从而维持清政府的切身利益。如四川江安县教谕傅廷玺、合江县教谕傅崇榘在禀告总督岑春煊开设阅报公所时，特别表明“将奇邪淫诐之报，并不许阅，以免坏风俗而丧人心”②。其“正人心，避邪说”的目的十分明确。尤其在1905年前后，清政府发动“预备立宪”运动，地方官员积极响应，通过发动民众阅报，“使民间先具政治思想，然后及于自治，以为他日宪政成立之基础”③。之后的一些阅报社以“祛旧染而启新知，化成见而不致阻力于宪政前途”④为目的。显然，地方官员的政治导向非常明确，将劝民读报与推行新

① 《山东巡抚周劝选阅报章以扩见闻示谕》，《政艺通报》，1903年5月11日。

② 《力遏奇邪》，《申报》，1903年3月19日。

③ 《高邑县禀在毕公祠设立阅报处文》，《教育杂志》，1905年第19期。

④ 《吴桥县详设立阅报兼宣讲所并批文》，《北洋官报》第2965册，1911年11月5日。

政有机地结合起来。

二、民间力量、资本整合与民办阅报社的发展

由于创办阅报社需要官方的批准，所以民办阅报社事实上会受到官方的影响，尤其是县级以下的士绅群体，往往与基层政权有着密切的联系，地方官员捐资建阅报社的示范作用也较为明显。与官员注重政治影响有较大区别，地方士绅设立阅报社的文化服务意识要强烈得多，体现了“绅权”在基层社会的延伸。民间力量参与创办阅报社，与官方的导向不无关系，但是有志于此事业的人士对阅报社这一新组织有着较强的吸引力。士绅商民创办阅报社尽管大部分是自发的，但是如果没有地方官支持，就很难得到制度保障，尤其是要拿到省级提学司的批文，需要地方官专文上报。而民间阅报社的创办也与地方官的政绩有关，在推行新政的过程中，民间阅报社推广读报、开通风气与宣扬新法，进而为地方官施政提供了诸多便利条件。因此，各地地方官在上报阅报社时，都对民间创办阅报社大加赞赏，以期与士绅形成合力，共同维持地方社会的利益。如四川江北厅上报阅报社的禀文，就受到总督的褒扬，认为“筹划周详，实心任事，查阅训词，亦甚质朴中肯”，并要求当地官员“督饬绅董等认真办理，以期教育普及”。① 1906 年，直隶总督袁世凯对丰润县民间捐建阅报所予以奖励，并批文确认：“该县教员郑赞清嗣母刘氏捐制钱五百吊，应准给予‘名垂彤管’匾额一方，并给予其子郑赞清六品功牌一张。捐钱二百吊之刘伏生等二名，准给予六品功牌二张。”②官方对捐建阅报社的民间人士进行奖励，有着舆论导向的作用，尤其是督抚对辖区阅报社的态度，对民间人士创设阅报社有着直接的影响，并促使州县地方官员将之视为辖区的重要新政措施，从各方面加以扶持和引导，而民间人士也注重遵循官方的规定，在乐于建设这一公益事业的同时，也获得官方嘉勉所带来的无形资产，并提高他们在地方事务中的声望与影响力。

由于资金筹措困难，初期的阅报社也并非完全是免费的。如 1901 年初，浙江瑞安学计馆创设阅报公所，读者“赴馆阅报，须现付报资伍角，收条为凭。馆中计买十余报，任人分阅”③。四川江安县教谕傅廷玺等人设立的阅报公所，“每人每日取钱十文，以资津贴”④。此类需要读者付费的阅报社，其公益性很难得到保障，一些贫寒之士可能望而却步。

1903 年之后设立的民间阅报社，基本上都宣布“免费阅报”，以此吸引民众的关

---

① 《江北厅禀筹设阅报所一案》，《四川教育官报》，1909 年第 4 期。

② 《直隶提学司详郑赞清嗣母刘氏等捐建宣讲阅报所请予奖励文并批》，《四川学报》，1907 年第 5 期。

③ 张棡：《张棡日记》，俞雄选编，上海：上海社会科学院出版社，2003 年，第 72 页。

④ 《力遏奇邪》，《申报》，1903 年 3 月 19 日。

注。以北京为例，1906 年 6 月 27 日，《大公报》调查阅报社共有 26 处[①]，而到了 1907 年，各类阅报社的总数累计达到 45 所[②]，其中大多数为民办阅报社。以 1905 年设立的部分阅报社为例，克明阅报处由蒋君范五等结成团体合资设立，王君设一阅报处于土地祠，其余王子贞照相馆亦购报数份，听人观览；某茶馆旁之药铺亦购白话报在内宣讲；东单牌楼有某志士亦捐资设立中外阅报处；前门外大宛试馆内朱君仲孚昆玉出资设立阅报处[③]；马君与觉先和尚纠合同志十余人在宣武门内官厅对过路东设立阅报处一所[④]；等等。这些阅报处的设立者包括退休官员、商人、医生、教师等不同职业者，其他地区的民办阅报社，有一人独立出资者，有集合同志捐资者。如天津沈家庄的张文治联合本村佟春泉等五人，各捐资购办各种日报，并就张文治自有房屋腾空，安置桌椅，为阖村认明阅报之所。[⑤] 河南南阳士绅亦设阅报处六所。[⑥] 福建福州黄某捐资创一阅报社。湖北咸宁某君购就书报多种，设立阅报处一所。四川锦竹陈象山、彭温如诸君汇合同志，设立益闻阅报公所。[⑦] 山东曲阜近经东洋留学生陈宪镕氏函商在籍圣裔孔广修氏，创设阅报馆于该处。[⑧] 山东威海华商松江沈君、江宁朱君、登州柳君等创设阅报社一所，名曰威海阅报社。江西南昌汪仲潜、方仲藻诸君发起于樟树下地方，创设普爱阅报社。[⑨] 广东东莞"有志士多人组织一阅报社于石龙"。[⑩] 福州阅报社由于"社中志士实力讲求"，"诚足为开智之先声，广闻之要旨矣"。[⑪] 以上所举的这些阅报社分布于全国各地，清末数年，创办阅报社已成为民间社会的风气所向。

民间阅报社创设人员来源的广泛性，表明清末民间社会的各种力量对这一新兴组织较为重视，如地方士绅、学生、商人、报人、传教士乃至僧人等社会各界人士都参与其中。许多阅报社由"志士"创办，志士应该是没有士绅身份，而思想、作为先进的平民。[⑫] 这说明阅报社的作用与价值已得到人们较为广泛的认知。从总体上看，民间力量捐资创设阅报社是为了"开通风气，增进文明，使人增长知识，通晓时务"[⑬]，可以弥补学校教育之不足，"多一阅报人，即多一晓事人开通风气，断以此举为要着，且又简便

---

① 《京师阅报社调查表》，《大公报》，1906 年 6 月 27 日。

② 闵杰：《近代中国社会文化变迁录》第 2 卷，杭州：浙江人民出版社，1998 年，第 400-405 页。

③ 《各省报界汇志》，《东方杂志》，第 2 年第 9 期，1905 年 10 月 23 日。

④ 《设阅报处》，《大公报》，1906 年 2 月 4 日。

⑤ 《天津县详沈家庄职绅张文治等捐立阅报社文并批》，《北洋官报》第 2868 册，1911 年 7 月 31 日。

⑥ 《各省报界汇志》，《东方杂志》，第 2 年第 9 期，1905 年 10 月 23 日。

⑦ 《各省报界汇志》，《东方杂志》，第 3 年第 5 期，1906 年 6 月 16 日。

⑧ 《孔子故里设阅报馆》，《鹭江报》，1904 年 10 月 23 日。

⑨ 《各省报界汇志》，《东方杂志》，第 4 年第 9 期，1907 年 10 月 31 日。

⑩ 《阅报社成立之可喜》，《东莞旬报》，1908 年 7 月 3 日。

⑪ 《福州阅报社》，《鹭江报》，1904 年 9 月 14 日。

⑫ 李孝悌：《清末的下层社会启蒙运动(1901—1911)》，石家庄：河北教育出版社，2001 年，第 52 页。

⑬ 《深泽县阅报室简章》，《直隶教育杂志》，1907 年第 21 期。

易行，所以亟亟兴办”[①]。社会各界创设阅报社的热情，由于得到了官方的鼓励与回应，与清末十年废科举、改书院、办学堂、废旧俗、树新风等举措融为一体，成为趋新之士关注的重要公益领域。

应该看到，民办阅报社是通过官方审批才能举办的，虽然创设人员成分较为复杂，但在官方看来，必须以维护现有社会制度为底线，因此，报刊载体的选择势必受到控制。早期的一些阅报社注重启蒙，如北京西城阅报社主要订阅京、津出版的各类白话报和启蒙画报，对下层社会进行启蒙，这显然符合官方的要求。之后的一些阅报社主要订阅各类官报、学报、专业报刊、娱乐报刊，在种类上有较大变化。但是，检看当时阅报社的报刊名录，没有革命性报刊出现。如《北京阅报社规则》就指出：“应择忠君爱国、合群保种、知耻自强之报为主义。此外如怪诞不经、驳杂不纯诸报，一概不备。”[②]对于民间阅报社而言，如果创设者为归国留学生或思想激进的人物，其订阅的报刊更会受到官方的严密监控，对于地方官员而言，如果在公共阅报社内出现革命报刊，则意味着是严重的政治问题。因此，在阅报社这一公共空间，阅读的自由仍然受到意识形态的制约，官方对于民间资本的进入也有政治上的要求，那些“异端邪说”或“有伤风化”的报刊很难进入阅报社的阅读视野。

从民办阅报社的创办力量看，社会各界人士的参与，是其从京师向乡村发展的重要动力。由于阅报社与学校阅览室在服务对象与功能上的差异，阅报社的创办者面对的是一个区域的潜在受众，其辐射力和影响力一般大于学校阅览室。阅报社对地方文化与社会风尚的导向作用也日趋明显。如《中国白话报》有一篇对安徽庐州的调查认为，庐州一府四县一州，庐县的人要开通一些。究其原因，“听说一位姓庐的绅士，在他们县里很尽了点开通的义务，办那些开学堂、阅报社的事，所以，有这点文明的效验”[③]。在调查者看来，开学堂、办阅报社是社会开通的重要原因，社会贤达与地方文化的发展有着直接的关系。从整体上看，清末阅报社的数量并不多，且许多边远地区并没有创设，但它作为一种新型阅读组织所产生的社会影响力，却是值得关注的。

三、阅报社规章与公共阅读的制度化

尽管与维新时期创办的各种学会在性质上有很大区别，但是阅报社作为新型社会组织，在筹办、运作与管理的过程中，仍然涉及各种具体的问题。因此，制订阅报社规则或章程，是保障其正常运转和有序管理的基础。对于阅报社的创设者而言，他们从服务民众、开发民智、传播文明的角度出发，力求为社会做贡献。但他们深知，如果不

---

① 《北京日新阅报处创办章程》，《教育杂志》，1905年第8期。
② 《北京阅报社规则》，《大公报》，1906年2月10日。
③ 《庐州书市情形》，《中国白话报》，1904年第14期。

能在制度上进行管理与约束，良好的愿望就会化为泡影。阅报社为读者服务固然是中心任务，但是由于绝大部分阅报社是免费服务的，读者与阅报社之间并没有经济上的契约关系，创设者如何筹措资本、管理场所、维护秩序，都需要进行详细的筹划与规范。而在阅报社的整个运转过程中，这些规章起到了约束和保障作用。

阅报社租赁场所、添设器具、聘用员工后，核心任务是加强对报刊阅读过程的管理，以便更好地服务读者，提高报刊阅报效率。对于读者而言，了解阅报社的作息时间是十分必要的，许多阅报社都规定了开放时间，如北京西城阅报社的开放时限为“夏天秋天每日从早晨八点钟起到晚上五点钟止；春天冬天每日从早晨九点钟起到晚上四点钟止”①。河北万全县阅报所“夏秋早自十点钟起至晚三点钟止；春冬早自十一点钟起至晚二点止”②。四川泸州劝学所附设阅报所，要求阅报者必须先报名姓住址，注册后方可入内阅报，阅报时间为“午前十点钟起十二点钟止，摇铃为号”③。内蒙古的归化城（呼和浩特市旧称）阅报处阅报时限为“四月至八月，每日午前九钟至午后五钟；九月至三月，每日午前十钟止午后四钟”④。河北深泽县阅报室每日阅报时限“自八点钟至晚十点钟止。”⑤这些阅报社规定的阅报时间，大体上考虑到当地民众的作息习惯和季节因素，且大多每天开放，读者入室阅读较为方便。

读者进入阅报社，就意味着进入了公共阅读空间，这就需要读者在满足自我阅读需要时，不能损害公共利益。因此，阅读规则的制定是确保阅读秩序和阅读效果的重要基础。许多阅报社都从爱护公物、有序借阅、保持安静等方面对读者在阅报社的言行进行了具体规定。如 1902 年设立的成都开智阅报公社，在章程中就用数条规定特别强调了借阅制度：

> 第十三条，新到之报，每期所取，以一册为限，连旧报不得逾四册，日报未订成册之前，只许在社披阅，不得携出。
>
> 第十四条，本社报章概不能圈点批抹，如有所见，只可黏条达意。
>
> 第十五条，取报逾期不还者，由干事派人走取，脚力钱由本人自给（城内一角、外二角）。
>
> 第十六条，社友临时有要事，不能亲身到社取报章还报，务托妥人持票到社，如阻于风雨，自当格外通融，于晴明日开社交还，否则，照逾期办理。
>
> 第十七条，凡取报遗失者，照全部价赔偿，污损者，照价赔偿所污损之册，

---

① 《北京西城阅报处创办章程》，《直隶白话报》，1905 年第 10 期。

② 《万全县设立宣讲阅报所禀并批》，《教育杂志》，1906 年第 21 期。

③ 《泸州劝学所附设阅报所简章》，《广益丛报》，第 6 年第 13 期，1908 年 6 月 28 日。

④ 《阅报规章》，《四川官报》，1910 年第 10 期。

⑤ 《深泽县阅报室简章》，《直隶教育杂志》，1907 年第 21 期。

违者罚停取报。[1]

显然，成都这家较早设立的阅报社，具有对外借阅的功能。章程的重点是确保报纸得到有效保护并能尽量发挥流通作用。由于这家阅报社是集资创办，"入股者每年每股出洋二元，作为购报之费"[2]，只有入会的社员才有资格外借报刊。而清末大部分免费的阅报社，则不能提供外借服务，但对阅报室的规章颇为看重。如北京较早成立的西城阅报社要求读者看完报纸后，"一定要送回取报处放好"，并要求读者遵守如下规定：

(一)阅报时不能够随便叫唤，高声喧笑。(二)各种的报不能借出去看。(三)报内常常有精细的图画，阅报的人不能把他砍下拿去。(四)阅报的人虽然自己有什么见解，不能够在报纸上动笔批写。(五)除阅报外，不能够在这里闲坐闲谈。(六)屋里头有吐痰的器具，阅报的人不能够随便乱吐。[3]

这几条禁止性的规定，从现代阅读文明的角度，要求读者遵守公共秩序和社会道德，尤其是要求读者不高声喧哗和不随地吐痰的做法，对当时国人的不良习惯具有一定的约束力。在1905年的北京，民众在公共场所吐痰已习以为常，但是日新阅报社作为传播现代文明的新型组织，却在阅报社安放痰盂，要求读者讲究卫生，这在当时是十分难得的举措。此后许多的阅报社对读者都做出了类似的规定。一些阅报社针对读者的特点，增设了较为人性化的设施，如河北深泽县阅报室"另设一桌，以备饮茶吸烟之用"[4]，其目的是不影响其他读者认真读报，尽可能地营造安静舒适的阅读环境。

除了部分个人独资设立的阅报社外，一些合资设立的阅报社往往需要"协同管理"，尤其是一些采取"社员制"和"会员制"的阅报社，往往存在着出资与权益的问题。因此，此类阅报社往往在章程中强调社员的团结，如成都开智阅报社就要求社员做到以下几点：

一、当存自重之念，养成廉耻之心。二、当起亲爱之情，养成共同之趣。三、当兴辞让之风，养成静肃之气。四、当求卫生之要，养成清洁之习，除鄙吝

---

① 《成都开智阅报公社章程》，《大公报》，1902年10月17日，附张。

② 《成都开智阅报公社章程》，《大公报》，1902年10月17日，附张。

③ 《北京西城阅报处创办章程》，《直隶白话报》，1905年第10期。北京日新阅报处的规条也与西城阅报社相类似，只是以文言文表达而已，其规定是："一、阅报时不可信口吟哦、高声喧笑；二、各报不得借出外观；三、报内常有精细图画，阅者不得裁割携去；四、阅报纵有所见，不得在原报纸上动笔批写；五、除阅报外不得在此闲坐闲谈；六、室内安有痰盂，不得任意吐唾。"(《北京日新阅报处创办章程》，《教育杂志》，1905年第8期)

④ 《深泽县阅报室简章》，《直隶教育杂志》，1907年第21期。

之私。五、铲隔阂之弊；开意气之偏，涤龌龊之秽，开平等平权。务蹈大道，以收乐群之效。①

这几点要求，主要从道德层面对社员的行为进行约束，达到“克己”而“合群”的目的。作为立足于地方社会的公共组织，阅报社试图将服务民众与自身建设结合起来，提高其吸引力和影响力。因此，对自身的约束被认为是制订规章的重要前提。如北京地区的阅报社在联合推出规则时，首先就指出：“凡我同志，既以劝人为己任，各宜认明公理，脚踏实地做事，方与立阅报社、讲报社之宗旨相合。倘假托文明，沽名钓誉或借此别有取意，则恐一人累及同社，一社污点累及全体。先事预防，不可不慎。”以“同志”之称告诫参与者，既要表明志同道合之意，又要告诫参与者要洁身自好以维护组织的荣誉，善于“克己”，“既为阅报社之同人，自当以身作则，始可为社会之矜式”。在清末各种学会、社团、公会等团体纷纷设立的背景下，阅报社注重对组织者和管理者严格约束，旨在加强内部协调与沟通，以期获得更为广泛的认同和影响。而北京地区由于阅报社较多，各阅报社虽未成立联合组织，却订立了需公共遵守的规则，并规定了对外交涉和处理措施：“如有局外人故意寻隙无理取闹者，当执守文明，以和平之法过之，不可稍涉，操切激烈。如不能情恕理透者，则约集各阅报社公评，以定曲直。”②这表明阅报社同业之间有着较为密切的联系，对于较为复杂的事务有着协同处理的约定，以便提高阅报社的行业声望和管理水平。

清末的一些阅报社不仅对民众免费开放，还根据时局的需要展开学术研究与公共讨论，进而从思想层面上扩大其社会影响。1906年，18岁的王云伍在上海益智书室任教时，组织了一个振群学社，并任社长。他租了一幢一楼一底的房屋，楼上购藏书报，或由各人以自有图书储存，备他人公余阅读，并相聚论学。社员们“讨论一般社会问题，旁及国家大局；或谈天说地，放言无忌，或专题讨论，集思广益”③。又如成都开智阅报社对“讲学”非常重视，规定“每月上弦下弦取报之日为讲学之日期”。这里的“讲学”，不同于“讲报”，具有学术研究与交流的意图。其讲学的有关规定如下：

第十九条，社友学术虽浅深不同，皆当集思广益。兹拟以普通哲学为一类，中外时事为一类。或但求大略，专主一科，均听其便。此外学科或为社友所研究，亦可随意讲说。若社友中有欲讲说者，则置札记一册，将平时读书看报所得新理新论，随时登记，临期交社友传观。庶收彼此切磋之益。

第二十条，会时以整齐严肃为主，不得诙谐戏谑、蹈浮浅轻率之习。

① 《成都开智阅报公社章程》，《大公报》，1902年10月17日，附张。
② 《北京阅报社规则》，《大公报》，1906年2月10日。
③ 王云五：《岫庐八十自述》，南昌：江西教育出版社，2011年，第44页。

第二十一条，凡讲论者社友如欲辩驳，必使讲论已毕，始可申明己意，不得率尔争说。

第二十二条，凡社友讲论，一、当言者直捷明白之；二、有问者速答之，不得因言之难遂不敢言；四、不得因言之惑，受人驳诘而遂不敢言；五、言必以德义诚实，不背本社宗旨为断。

第二十三条，事理当各究其是，不可好同恶异，启攻排之端。凡有问答，务其量其学之浅深，不可故为之高论。

第二十四条，凡讲论及札记与否，均听其便，不相勉彊。①

上述几条有关讲学的规定，从主讲者和听众的角度，对讲学进行了较为全面的要求，它表明了开智阅报社是一个具有学会性质的组织，社友成为组织成员后，不仅要定期读报，更重要的是要经常参加讲学活动。此类讲学，类似古代书院的“会讲”，主讲者以某一主题发表见解，并与听讲者对答互动，相互切磋，达到增进学识、扩充见闻的目的。而讲学的内容以哲学和时事为重点，显然超出了报刊阅读的范围。主讲者的知识储备更多地来自书籍和平时的学术积累。虽然清末此类具有学术研究性质的阅报社数量不多，但它却延伸了学术团体的部分功能，使读者在阅报之余有了更为广阔的学术交流平台，这对促进读者之间的相互交流，提高读者的讲演水平和学术能力都有直接的帮助。

阅报社的制度建设，为其提高服务水平和管理能力奠定了基础，也为读者的“制度化阅读”提供了有利条件。由于阅报社创造了公共阅读的新形态，加之阅报社所订购的报刊往往数量较多，读者可以在公共空间“博览”群报。阅报社一般设立于城镇繁华地带，人群流动性较大，有利于其广纳读者，从而促进了报刊阅读的大众化。在清末社会，尽管随着邮政和传播技术的进步，县一级发行市场得到了一定发展，但是，下层社会民众购阅报刊的比例仍然有限，即便是北京这样的大都会，在彭翼仲创办《京话日报》之前，下层社会对报纸普遍茫然无知，也就是在1904年之后，随着北京各街道逐渐设立阅报社，读报风气才逐步形成。

由于缺乏具体的统计资料，我们无法知道有多少读者进入阅报社读报，一些阅报社往往以“阅报者颇不乏人”②来形容其发展状况，并没有提供读者的具体人数。但是阅报社在引领报刊阅读方面的作用却是值得关注的。对于阅报社的价值，陆费逵有着独特的认识。1898年，南昌已经开设阅报社，其时年仅13岁的陆费逵极为关注，并养成经常去阅读的习惯。他回忆道：

---

① 《成都开智阅报公社章程》，《大公报》，1902年10月17日，附张。

② 《光化创设阅报所》，《通问报》，1906年第12期。

> 我隔日去一次，午前九时去，午后五时回来，带一点大饼馒头作午餐，初时尚有阅者二三十人，后来常常只剩下我一人，管理员也熟了，他便常常将钥匙交给我，五大间的藏书，好像是我的了。这三年中，把当时新出的书籍杂志，差不多完全看过，旧书也看了许多。遇欢喜的，便摘抄于簿子上；遇不懂的，也记出来，以便查书或问人。[①]

陆费逵的回忆，为我们了解阅报社的公共文化价值提供了直接的证据，他通过在此的三年苦读，打下了较为扎实的文献基础，他认为自己"学问渐渐进步，文理渐渐通顺，常识渐渐丰富"[②]。由此可见，阅报社作为传播公共文化的场所，为读者创造了自主阅读与学习的新空间。尤其是对于无力购报的读者而言，报纸打开了一个新的世界，让他们领略到区别于书籍的另一种知识接受方式。阅报社为读者提供的想象空间和符号意义，甚至超越了阅读本身。它在一定区域内充当着信息中心与文化坐标的作用，在地方社会具有文化象征意义。对于读者而言，经常到阅报社读报以获得新闻与知识固然重要，但是阅报社的公共阅读体验也是不可忽视的。由"公共阅读"而产生的"场域"感，是私人空间里无法获得的。因此，阅报社所引领的阅读方式变革，不仅对清末民初图书馆的建设有着一定影响，对于读者阅报理念的培养，也起到潜移默化的作用。

四、阅报社与讲报活动：公共阅读的延展

宽泛意义上的讲报活动，是读者阅报的二次传播。在一定程度上，讲报者本身就是读者，且是具有很好的报刊阅读能力和表达能力的读者。因此，这里重点从读报与讲报的关系，尤其是阅报社、讲报所的功能方面来分析讲报活动。讲报活动兴起于何时难以考证。早在"维新"时期，一些学会讲学与讲演活动，已与讲演者的读报活动有关。但由于讲演者以某一主题发表议论，还涉及时政与书籍等方面的内容，所以，这些讲演内容不能被视为真正的讲报活动。

这里所讨论的讲报活动，主要是指一些阅报社附设讲报所并定期派员讲报，讲报与阅报一样被认为是阅报社的主要功能。讲报活动的兴起是由于受到阅报活动的影响，而阅报的人数比较有限，对于不识字的人而言，无论报刊如何普及都没有多大意义。正如一则评论所言："吾国民人素未受普通教育，故大半不能识字，不能识字，又乌能读报。故传播文明之利器，虽在报章，而传播报章以传播文明之利器，断在演说。"[③]

---

① 陆费逵：《陆费逵自述》，合肥：安徽文艺出版社，2013年，第15页。
② 陆费逵：《陆费逵自述》，合肥：安徽文艺出版社，2013年，第15页。
③ 《论直隶倩人宣讲报纸之善》，《通学报》，1906年第12期。

因为识字是读报的前提，从清末社会的实际出发，要从整体上改变“愚夫愚妇”的陈腐观念，设立讲报所并定期演讲便是很好的途径，通过讲报达到向下层社会启蒙的目的。有时评甚至认为：“演说报纸乃能使不识字者如识字，不入学者如入学堂，不立学堂者如立学堂。”[①]对于讲报的具体方法，有时论指出，要“延聘通儒，采择浅近、显明、有关内政外交之事，登坛演说”，并认为“各行省府县一体仿而行之，吾敢决中国已死之心可换，而不灵之脑可易”。[②] 在论者看来，通过“通儒”广阅各报，选择内容浅近、有关内政外交的大事面向下层民众宣讲，是促进变革、开启民智的重要途径。因此，选择合适的讲报者，是提高宣讲效果的前提。对此问题，社会各界在创办阅报社时已有较为深入的认识，许多阅报社本身就附带讲报的功能，一些阅报社与讲报所设于一处，阅报与讲报活动并重，并通过阅报活动选拔宣讲员，要求讲报员“于各报中择其宗旨纯正者”，并“先定了宗旨，辨明了邪正”[③]，在阅报社内公开演讲，或者定期到街头进行宣讲。阅报社派出的讲解员，则代表了组织的形象，需要遵守许多规则，以免与官方的要求相冲突。如北京地区的阅报社对讲报员提出了十条禁例：“一、不得说革命；二、不得讥刺朝政；三、不得排击宗教；四、不得囿于迷信；五、除去满汉界线；六、不得语近谣惑；七、不得谈论闺阃；八、勿以言语骄人；九、不得语言过激；十、不得语近攻讦。”[④]由此可见，阅报社对讲报员的要求极为严格，希图讲报员在开通风气、传播文化的过程中，不能因个人的言行对阅报社产生不利的影响。

由于阅报社多开设于繁华地带，有推行讲报活动的优势，一些阅报社在初创之际，就将讲报视为一项核心任务。如河北吴桥县阅报社兼宣讲所就规定：“每逢一、六集期，将各项新政要领并各报中法令、规章、政界杂说，明白宣布，详为讲解。”[⑤]河北新城县令在阅报社附设宣讲所，“每逢朔望集中，偕同城教佐士绅宣讲”[⑥]。河北大城县阅报社设立之际，“邀集同城官绅演说”，“来宾及观听人数日以千计”，并规定“每逢集期，诸色人等，均可入听，每遇星期，则专为学界演说”。[⑦] 河北深泽县阅报社则选择“明达者若干人，于二七集期，按二人轮班，宣讲新报及科学实业”[⑧]。山东高邑县令也要求阅报社在“三八集期”，由“宣讲员为之讲演”[⑨]。这些阅报社将讲报作为开展组织活动的重要内容，注重发挥阅报社在民众中的影响，利用城镇集市人群较为集中的机会，派出得力的宣讲员讲报。此类讲报活动，往往会吸纳较多的人群驻足听讲，容易引起民

---

① 《论直隶倩人宣讲报纸之善》，《通学报》，1906 年第 12 期。

② 《设讲报所》，《清末时事采新汇选》第 14 册，北京：北京图书馆出版社，2003 年影印本，第 7507 页。

③ 《敬告立阅报社的诸位君子》，《大公报》，1905 年 7 月 22 日。

④ 《北京阅报社规则》，《大公报》，1906 年 2 月 10 日。

⑤ 《吴桥县详设立阅报兼宣讲所并批文》，《北洋官报》第 2965 册，1911 年 11 月 5 日。

⑥ 《新城县禀捐廉创设阅报社宣讲所情形文并批》，《北洋官报》第 2722 号，1911 年 3 月 8 日。

⑦ 《大城县禀开办宣讲所阅报社情形并试办简章呈请查核文》，《教育杂志》，1905 年第 18 期。

⑧ 《深泽县阅报室简章》，《直隶教育杂志》，1907 年第 21 期。

⑨ 《高邑县禀在毕公祠设立阅报处文》，《教育杂志》，1905 年第 19 期。

众的关注和讨论，从而有利于报刊内容的二次传播。

讲报活动是有识之士进行社会启蒙的重要举措，其参与的人员、方式和活动范围较为广泛。从繁华都会到偏远乡村，从阅报社到酒楼茶馆，讲报活动已深入下层社会。尤其是茶馆为四民聚集之所，中国历来有通过“讲茶”而处理民间纠纷的习惯，民众也乐意在茶馆传播“公开的闲话”。因此，阅报社派员到茶馆讲报，具有传播新闻的天然优势。1908 年，《星期报》的一则评论认为：“乡里以内，必有学子，一店之中，必有稍通文墨之人，倘值工夫，余暇移其讲《水浒》《西游》、嫖经博情之闲话，将是日之报纸，宜宣读讲解，以开导乡里同伴之不识字者，彼未有不大快。”[①]这是从文化普及的角度谈讲报的社会意义。然而，民间自发的讲报活动具有偶然性，热心公益的读书人要经常坚持为下层民众讲报，甚不容易。而阅报社作为公益组织的讲报活动，具有很好的政治、文化资源和制度保障。由于阅报社将讲报活动视为报刊二次传播的前提和基础，对于读报者的吸引和培养，是开民化俗的第一步，而派出得力的宣讲员向民众宣讲，则是主持者或地方官员保持对地方政治、文化影响力的重要举措。清末许多州县官员率先在阅报社讲报，就是要展现其影响力。如河北霸州知府在禀设阅报社时，就提出“每月三、八日，在大堂前宣讲报章，均有卑职首先演说，其余劝学员轮班宣讲，以期普通智识”[②]。地方官以身作则，自然起到上规下随的作用，而讲报者由于对报刊“宗旨纯正”的把握，其宣讲的内容就以介绍时政、推行新法、鼓吹立宪、满汉团结等论调为主。如果有宣讲员敢于冒犯官方，就会很快受到地方官员的制裁。但是，宣讲员对报刊时政、科学、实业知识的介绍，却使听讲者对现实社会产生质疑，尤其是对一些所谓的新政措施，听讲者未必赞同，官员的政治意图往往难以达到预想的效果。

但是，阅报社组织的讲报活动，却在下层社会唤起了对报刊的认知与认同。清末的讲报活动开启了新闻传播的新样态。对于许多孤陋寡闻的“愚夫愚妇”而言，在集市或公共场所听讲报刊新闻，自然是闻所未闻，大开眼界。尤其是一些通俗性时政和科学常识的介绍，对他们的“生活世界”或多或少地产生一些冲击，使他们对一些传统的观念和习俗产生一些怀疑甚至动摇。尽管讲报未必能够达到启蒙的预想效果，但作为阅报社的文化延伸，却可能成为一种社会风气，让那些偶尔有机会听讲的听众，在集镇的公共活动中获得一种新的文化体验。这种体验，尽管与庙会、赶集等公共活动有关，但内容却取自现代报刊，这便使报刊通过宣讲的方式，在传统的公共场所得到了较为广泛的传播。对于一些稍识文字的听众而言，报刊也许激发了他们阅读的欲望，偶尔的听讲可能会促使他们进入阅报社，进一步阅读他们感兴趣的内容，这种听报与阅报的互动，便在更为广阔的社会文化层面展开。因此，从这个角度看，清末许多阅报社、讲报所的职能兼容，也是主办者期待通过民众的广泛参与而推动报刊的广泛传播，使

① 《说中流以下阅报之简捷法》，《半星期报》，1908 年第 2 期。

② 《霸州详设阅报处并定期宣讲抄录章程请立案禀》，《教育杂志》，1905 年第 13 期。

读报、讲报活动能够对民众起着知识、观念与文化上的推动作用。进而言之,阅报社不仅是提供“阅读”的场所,更是具有明显的公共性的社会组织。

五、结语

让民众有机会接触报刊,是推动报刊大众化的重要前提。从本质上看,阅读是一种典型的私人活动,但是,报刊自身的公共性特征,使读者有机会在公共场所阅读,从而引发他们的阅读热情。早期的报刊公共性主要通过报馆的公共阅读得以体现,许多报人通过博览报刊而进行二次加工,为报刊提供了丰富的新闻内容。但是,报馆所订购的报刊并不面向公众开放,其阅读面较为狭窄,即便是“维新”之后各级官府、书院与学校订购的报刊,也仅在内部流通与阅读。因此,真正意义上的公共阅读应该是面向民众开放的。阅报社就是为了解决个人阅读报刊的困难而设的。早在1875年,博闻书院创设的阅报社就面向厦门士绅开放,这说明传教士已经注意到公共读物的利用,而维新时期一些学会创设的阅报社,却很难对普通民众开放。真正具有“任人阅览”功能的阅报社,是在庚子事变后清廷推行新政的过程中才逐步发展起来的,地方官员对创设阅报社的支持与鼓励,既有迎合新政、凸显政绩、获取权力资本的需要,也有热心公益、推动文化普及的心愿。尽管官办阅报社的比例不高,但它却起着舆论导向与价值引领的作用,尤其是对政治动向与报刊宗旨的规定,使阅报社必须在官方的监控下运行。社会各界人士热衷于创设阅报社,一方面受到地方官的鼓励与嘉奖,具有彰显个人价值和服务民众的双重意蕴;另一方面也开创了新式报刊免费进入民间社会的新途径,对开民智、树新风起到了直接的推动作用。因此,阅报社体现了权力、资本与文化的融合,在官方与民间力量的合力推动下获得了较快的发展。

尽管当时县一级报刊发行市场已普遍建立,但是私人订报在县以下的城乡社会仍然推行不广。县一级阅报社的设立,使其很快成为当地报刊文化传播中心,数种乃至数十种报刊的集中呈现,有利于读者进行选择和集中阅读,尤其是一些阅报社还兼具“讲学”功能,让读者读报后登台演讲并相互切磋,极大地提高了读者的交往与思辨能力。而许多阅报社附设讲报所,利用城镇定期集市进行公开讲报,面向没有机会读报的下层民众进行报刊内容的二次传播,此类讲报活动也是进行社会启蒙的重要方式。通过地方官员和士绅的现身说法,将报刊内容进行选择性输出,为民众讲解时政、传播新知、普及科学,达到广见闻、开民智、树新风的目的。但是,阅报社讲报以“宗旨纯正”作为报刊传播的前提,在一定程度上排斥了革命性报刊在公共空间的传播,地方势力对官方禁令的遵守,表明了传统的力量仍然较为强大,他们尽管倡导新学与新政,却对革命思想和民主潮流设法加以阻隔。由此也可以看出,革命性报刊易于在学生和开明知识分子中传播,而在下层社会中的影响却较为有限。这显然与权力精英对下层社会的阅读导向和舆论控制有着直接的关系。

清末各地设立的白话报刊试图掀起阅读革命和进行文化启蒙，但是，从整体上看下层社会的识字率偏低这一现状很难改变，白话报刊尽管通俗易懂，却面临着不识字者不能和不愿阅读的困境，从实际效果看，白话报刊在下层社会的普遍性认同仍然有限。而官方与民间力量所推行的公共阅读方式，通过阅报社、讲报所的设立而在一定程度上促进了“报刊文化”的下移，尤其是县一级阅报社、讲报所在承接下层社会阅读方面起到了较为明显的作用。然而，在乡村社会，阅报社、讲报所的数量十分有限，“公共阅读”在许多偏远地区仍然难得一见，“劝民读报”活动在实际运作中遇到了重重困难，教育不广，智识难开。尽管有识之士已经意识到报刊大众化的价值与意义，但是读者总量偏低从根本上制约了报刊阅读的发展。从这个角度看，清末的报刊大众化与启蒙运动，也仅仅是一个开端，其实际效果仍然较为有限。

民国时期中小知识青年的聚集与左翼化*

——以20世纪二三十年代的上海为中心

唐小兵

（华东师范大学人文社会科学学院）

摘要:20世纪二三十年代是左翼文化在上海兴盛并广泛传播的关键时期,吸引了来自全国各地的中小知识青年介入其中。本文解释了这些青年群体是通过怎样的渠道、网络和资源被吸纳到左翼文化的历史潮流,而其在上海的公共生活网络和私人生活世界是如何构建的,阶层、地缘、书店、学校、报刊等各种媒介等如何影响了这个群体的聚集与分化,最终试图阐释中国共产主义革命对城市中小知识青年的动员机制。

关键词:中小知识青年;左翼;革命;空间;中间地带

中小知识青年是民国时期比较活跃的一个知识社群。按照中共的阶级划分,中小知识青年属于小资产阶级。广大中小知识青年的作用介于中共上层精英和底层民众之间,充当二者沟通的桥梁和革命的媒介。中共精英先向广大中小知识青年灌输革命理论,然后再通过他们去动员和唤起民众。共产国际鉴于中共的相当一部分党员和工农群众都是文盲,曾要求中共广泛利用学生党员建立一支为工农服务的干部队伍,给工农群众读报讲报,宣读和讲解党的号召书和小册子。有学者指出,在知识分子群体中,中小知识分子人数最多而境遇最差。据1923年到1924年前后的统计,中学毕业生能继续升学的只占19%～20%。也就是说,80%以上的中学毕业生由于家庭经济条件或因自身学力等因素而不能升入大学或出国留学,自然也就失去了跻身上层知识精英行列的机会,但他们对社会承认的期待和往上爬升的愿望非常强烈。他们因受过初等或中等教育而不愿认同普通民众和甘居社会下流,但他们的学识、学力和能力又让他们无法在竞争激烈的社会中谋得理想职位。他们既因自身前途渺茫和社会地位不稳定而产生莫大的心理失落,又因目睹整个国家与社会的败落和衰颓而心怀不满。

* 本文原载于《中共党史研究》2017年第11期,有改动。

革命乃至反叛的意识，自然也最易在这一处于游离状态的知识青年群体中孕育而生。①

这个中小知识青年群体是游离在中国社会边缘而急于寻找政治和社会文化参与空间的政治性群体，国共两党对这个群体都加以积极争取。从20世纪20年代初期到30年代中期，存在着一个国共两党在中小知识青年群体中的影响力的“权势转移”，受中共及其政治文化、价值理念、社会想象等影响的知识青年的规模越来越大。这个群体虽然在绝对数量上不占据比较优势，却是一个掌握着社会文化资源且极具意识形态建构能力也因此在中国社会公共领域里比较具有影响力的群体。北伐前后，中小知识青年群体出现急剧分化，其中一部分沉潜到中国社会的基层甚至底层，在乡村建构起一套权力的文化网络，成为对中国共产主义革命具有极大推动作用的乡村教师，在某种意义上成为党在乡村的文化工作者②；另一部分人为躲避大革命失败后的恐怖局势，怀揣文化的梦想，会聚到城市尤其是上海这座提供了最大的政治庇护的口岸城市，并在不久之后促进了左翼文化思潮的兴盛。无论是中共在上海的建立，还是左翼文化在上海的繁荣和传播，都证明着上海所隐含的巨大可能性与微妙的多元性。在革命的年代，左翼就意味着一种批判性的视野，意味着一种与现实中国所有霸权性力量切割的政治勇气，意味着对体制和权力永恒的批判，甚至意味着对自己内心的无情解剖和忏悔。本文即试图描述这一中小知识青年群体是如何从各地会聚到上海，以及在来到上海之前，他们经历了怎样的政治、思想、情感与生活，导致他们来到这座中国最大城市后与左翼群体相对容易发生亲和关系。换言之，是怎样的一种启蒙乃至激进的文化底色，孕育了他们“革命乃至反叛的意识”；而到了上海以后，是怎样的一些分布在这座城市的文化网络及悬浮其上的文化节点，吸纳了一个个游离在都市边缘的中小知识青年，让他们的日常生活世界有了安顿的可能，让他们的精神世界有了向上提升的可能；他们在积极融入这座城市之心腹的同时，又是如何通过能动的努力，改变着上海左翼文化的面貌与地图，文化与政治之间形成一种怎样的互动或互伤机制；在这一过程中，哪些文化资源的运用具有根本性的作用，哪些文化空间具

---

① 王奇生：《国共合作与国民革命（1924—1927）》，《中国近代通史》第7卷，南京：江苏人民出版社，2006年，第417页。

② 有学者曾分析指出：“乡村教师在20世纪二三十年代所起的革命作用是现代中国历史上一个十分独特的现象，在中国共产主义革命中没有任何其他社会群体起过这样的作用。另一方面，在现代中国历史上没有任何一个时期，乡村教师像在那个时期那样，在全国的政治舞台上扮演这样重要的角色。在一定程度上，这可能和中国共产党早期的构成特点有关，这个特点在很大程度上决定了党在早期的影响范围和社交圈子。中共早期的党员都是受过教育的知识青年、知识分子，对他们来说在自己所熟悉的社会圈子和交往关系中，如师生关系、同学圈子来发展组织是再自然不过的事。20世纪初现代教育在乡村的发展，把他们的社会交往关系迅速广泛地扩展到中国乡村，更何况他们中不少人本身就来自乡村。通过曾是他们的学生或同学的乡村教师来进入乡村现场，发展乡村的党组织，开展乡村的革命活动，显然是最为便捷和可行的途径。”见刘昶：《革命的普罗米修斯：民国时期的乡村教师》，黄宗智主编：《中国乡村研究》第6辑，福州：福建教育出版社，2008年，第46页。

有导向性的作用，中小知识青年在这座城市的聚散离合又是遵循着一种怎样的社会逻辑和情感逻辑。

一、到革命之路：出身、阶层与惯习

从长时段的历史视野来看，五四新文化运动是20世纪中国历史长河中短暂而绚烂的波澜，主要是上层知识精英在城市、大学和媒体推动的唤醒国民、监督政府的启蒙运动。后“五四”时期从启蒙的文化意识到革命的政治意识的转折，从个性解放的自觉到集团主义的诉求，内在地改变了中国知识分子的价值理念与社会取向。从某种意义上来说，新文化运动孕育乃至催生了20世纪20年代的政党政治及其意识形态，从新文化到国民革命之间存在一条隐秘的逻辑通道。孙中山的下述言论透露了此中消息：“自北京大学发生五四运动以来，一般爱国青年无不以新思想为将来革新事业之预备，于是蓬蓬勃勃，发抒言论。国内各界舆论一致同倡。各种新出版物为热心青年所举办者，纷纷应时而出，扬葩吐艳，各极其致。社会遂蒙绝大之影响。虽以顽劣之伪政府，犹且不敢撄其锋。此种新文化运动在我国今日诚思想界空前之大变动。推原其始，不过由于出版界之一二觉悟者从事提倡。遂至舆论大放异彩，学潮弥漫全国，人皆激发天良，誓死为爱国之运动。倘能继长增高，其将来收效之伟大且久远者，可无疑也。吾党欲收革命之成功，必有赖于思想之变化。兵法攻心，语曰革心，皆此之故。故此种新文化运动实为最有价值之事。”①但若从空间的视角来观察，当我们将新文化运动放置到地方社会的空间来审视时，就会发现这场被成功动员起来的新文化运动是投放到地方社会的一颗颗石子，其引发的涟漪一圈圈往外推展，往下沉潜，刺激了各地中小知识青年的文化意识和政治意识的形成。无论是从城市中心散落到地方社会的知识分子，还是从出版中心发散到地方空间的新文化读物，甚至包括从20世纪20年代革命中“退出”的知识人，都构成了一种可以称之为“地方的近代”②的文化现象。有学者曾谈到历史变动中“时势”如风一样的作用：“我们可以确定的是思想的主旋律一旦形成，就会像‘万形而无形’的风吹向各地，这时候史学工作者不能拘限于单线的因果关系来考虑思想的授受。譬如五四新文化运动，它是一股吹向四面八方的大风，它不只吹向青年，连在佛寺中读经修行的僧侣都受其歆动；譬如太虚法师便在这股大风中，既吸收又反击，努力摸索新方向。因为新文化运动批评佛、道与现实人生不发生关系，太虚乃提出

---

① 转引自胡适：《新文化运动与国民党》，《新月》月刊，1929年9月第2卷第6、7号合刊。

② “地方的近代”构成了一种与从传统到现代的线性史观不一样的历史叙事，这种叙事更注重“近代”在地方这种多元而异质的空间里的呈现。参见罗志田等主编：《地方的近代史：州县士庶的思想与生活》，北京：社会科学文献出版社，2015年。

‘人生佛教’。此外，他抓到几个新观念，在实际生活中胡乱应用，如在金山寺的斗争中，批评原来的方丈‘专制’，而欲‘革命’之，即是一例。有时候‘风’是以‘泰山崩而洛钟应’的方式发生作用，有时候‘风’只是开启了一个‘机’，从这个‘机’出发乃生出无限的新境。”[①]我们可以从下述这些中小知识青年的生活世界和文化经验，来管窥“启蒙”与“革命”之间的互动是如何推动着这群人从不同空间聚集到上海这座真正意义上的左翼文化之城。

徐懋庸是左翼文化运动中一个引人瞩目的人士，作为一个出生于浙江上虞铁匠家庭的地方文化人，其转向左翼之路具有相当的代表性。细究其青少年时代的成长经历，就会发现刘昶所言的小学教师对其影响至深且远。他在回忆录中自述道：“小学时期的老师，有两个对我的影响最大。一个是徐用宾，他本是方山小学的校长……在下管知识分子中间，他是政治上最求进步的人，不断地接受新思潮，在五四运动中是积极分子，后来信仰孙中山的三民主义，一九二六年，参加共产党领导的大革命。但大革命失败后，他脱离了革命，一直在浙江公路建设系统中当技术人员，全国解放两年后才病故。他当小学教师，不只是为了谋生，主要是认为教育可以救国，所以办学很认真，成绩好，在下管和上虞很有威信……徐叔侃是当时仅存的一个‘举人老爷’的儿子，他从父亲那里接受了家学，在中国旧文学的知识和诗文创作方面，在下管数第一。又受了他的表兄胡愈之的影响，对中外新文艺也有相当的研究。五四运动中，他也是一个知识分子，但不久以后，就不问政治了。成为颓废派的文人，饮酒赋诗，以‘才子’自命，但因家里穷，生活是困苦的。这两个老师，同我的关系，都从我当学生时期起直到一九二七年，十分密切，而且影响都很深。”[②]从这段自述可见，影响徐懋庸的两个小学教师都与五四新文化运动存在密切关系，其中一人还参加了中共主导的大革命，但这两人后来都从政治运动中淡出，转身投入地方的文化事业建设。从履历来看，像这样的乡村小学教师大都出身于举人、秀才等地方文化精英和士绅家庭，因此自然会极为注重文化在历史进程中的价值与意义。从政治到文化的“退出”，之后通过像徐懋庸这样的学生再进行文化到政治的转换，这无疑是一种值得重视的社会文化和政治现象。

此外，家庭往往也在中小知识青年投身左翼文化乃至革命运动的过程中扮演着相当重要的角色。此前的主流历史叙述认为，哪里有压迫哪里就有反抗，甚至认为越贫穷越闹革命，但细查历史就会发现，当压迫到了至深且重的程度，当贫困到了一无所有的地步，革命动力往往消失了，革命意识更无从萌生。有学者通过细致的历史研究发现，家庭苦出身并非革命意识和革命参与的唯一因素，甚至不是最主要的因素，出身良

① 王汎森：《权力的毛细管作用：清代的思想、学术与心态》，台北：联经出版公司，2013 年，“序论”。

② 徐懋庸：《徐懋庸选集》第 3 卷，成都：四川人民出版社，1984 年，第 234-235 页。

好家庭的青年投身中共革命者更比比皆是[①]，比如范元甄、韦君宜、王元化等人。从早期投身共产主义革命的人士的家庭出身来看，出身于没落士绅家庭的最为常见，因家道中落而往往敏感于时代和世界变迁，社会溃败和世态炎凉往往会孕育他们的疏离感与反叛意识[②]。如瞿秋白就曾在《多余的话》中自陈："我二十一岁，正当所谓人生观形成的时期，理智方面是从托尔斯泰式的无政府主义很快就转到了马克思主义。人生观或是主义，这是一种思想方法——所谓思路；既然走上了这条思路，却不是轻易就能改换的。而马克思主义是什么？是无产阶级的宇宙观和人生观。这同我潜伏的绅士意识，中国式的士大夫意识，以及后来蜕变出来的小资产阶级或者市侩式的意识，完全处于敌对的地位；没落的中国绅士阶级意识之中，有些这样的成分：例如假惺惺的仁慈礼让，避免斗争……以至寄生虫式的隐士思想。完全破产的绅士往往变成城市的波西美亚——高等游民，颓废的，脆弱的，浪漫的，甚至狂妄的人物，说得实在些，是废物。"[③]

徐懋庸在自述中也提及家庭对其从事革命的影响。他曾经与叔父就中国共产主义革命的实际后果究竟是促进社会平等和共同富裕还是导致一种平均分配体制下的集体怠工进而影响劳动生产率的提高这一议题进行辩论，同时对革命的主要参加者究竟是乡村社会里正派的好人还是流氓无产者群体，徐懋庸也结合自身经历进行了细致解释，最终说服叔父在道义和经济上支持他投身革命。[④] 此前的革命史论述过度关注革命者从所谓的"封建地主家庭"或者乡绅社会的出走。革命者首先是一个传统家庭与宗族关系的叛逆者，这固然有理，但也应注意到像徐懋庸这一个案所展现的情景，即家庭未必一定是投身革命的阻力，而争取到家庭核心成员的支持，往往是通向革命之路的重要资源。

除了家庭出身和小学教师言传身教的影响，"阅读"对于中小知识青年投身左翼文化事业乃至共产主义革命也发挥了至关重要的作用。在心智刚刚打开的生命世界，最初能够接触到的读物往往会对其人格养成和性情产生重要的导向作用。受新文化运动在地方上传播的影响，很多中小学的图书室开始引入新潮的文化启蒙图书和刊物。这些图书和报刊为学生群体提供了一定的知识资源和价值观念，形塑了中

---

① "一个作家观察到在20世纪30年代的中国年轻人中，'五四运动'倡导的'对个人发展的呐喊'，'转变为了一个集体斗争'。这个说法的确适用于年轻的叶家兄弟。抗日战争爆发前夕，叶笃庄、叶方和方实都或参加了共产党，或与其外围组织联系紧密。甚至勤奋好学的理学院学生叶笃正，在坚持科学学业的同时，也积极参加学生游行，甚至被卷入更激烈的政治活动中。"见周锡瑞：《叶：百年动荡中的一个中国家庭》，太原：山西人民出版社，2014年，第246页。

② 丁玲就是一个典型。参见许纪霖：《文人与信徒的双重灵魂：再解丁玲之谜》，《二十一世纪》，2016年12月号。

③ 瞿秋白：《多余的话》，南昌：江西教育出版社，2009年，第11页。

④ 徐懋庸：《徐懋庸选集》第3卷，成都：四川人民出版社，1984年，第228页。

小知识青年认知中国社会、想象未来世界的概念工具。如夏衍在回忆录中便提及："学校（1915 年 9 月，夏衍入浙江公立甲种工业学校）图书室里，除了《之江日报》《浙江民报》之外，只有一份上海《申报》，可是集体宿舍里，我们却常常可以看到上海的《时事新报》和《民国日报》，因为这两张报上都有一种副刊，不断介绍各种新思潮——乃至报道俄国革命真相的文章。尽管那些文章很难懂，对各种新思潮（如无政府主义、共产主义、工团主义等等）的看法也不一致，但是我们还是生吞活剥地阅读，似懂非懂地议论。"[①]上海成为一个新文化和新思潮的集散地，以上海为中心，辐射到江南乃至全国各地，这种以上海为中心影响江南乃至内地的文化传播格局是从清末就逐渐形成的。[②] 夏衍提及的"那些文章很难懂"，并自述他们"生吞活剥地阅读，似懂非懂地议论"，这是新文化运动之后上海和内地城市一个相当常见的文化出版现象，甚至成为一种流行于新潮青年群体之中的"阅读时尚"[③]。据记载，在 20 世纪 30 年代的中小学里，如果教师的书桌上没有几本类似于艾思奇《大众哲学》、柯柏年《社会问题大纲》等这样的唯物辩证法著作，是会被学生认为落伍于时代的。展示激进意识与展现知识博学，是一种对中小知识青年群体充满了致命诱惑的内在动力。[④] 有学者曾指出："对中小知识青年而言，马克思的资本论、剩余价值学说、辩证法、唯物史观等不免过于深奥，但这个时期这些马恩经典原著尚未译为中文，他们不可能也无须去读。他们所接触到的至多不过是陈望道翻译的《共产党宣言》。参与中共创党的陈公博谈到，陈望道翻译的《共产党宣言》以通俗晓畅的语言文字对阶级斗争学说所作的简单明了的解释，正迎合了中小学文化程度的知识青年们的脾胃。"[⑤]一个是阅读的先锋体验与时尚，一个是阅读的转向，这中间所隐喻的正是新旧之际文化的更替。[⑥] 出身于累世书香而趋于没落的福建旧式地主家庭的郑超麟，在晚年回忆中就谈到其从

---

① 夏衍：《懒寻旧梦录》，北京：生活·读书·新知三联书店，2000 年，第 22 页。

② 参见李仁渊：《晚清新式传播媒介与知识分子：以报刊出版为中心的讨论》，台北：稻香出版社，2005 年。

③ 就连时为南京金陵大学中文系学生、醉心于古典文学研究的程千帆都被这股潮流所波及："我在进金大之前，几乎没有接触什么白话文。这时我开始大量阅读白话文，很多时间在图书馆里看杂志，看整本的白话书倒不多，但杂志看得较多，差不多每一期的《清华学报》《燕京学报》都看。另外，凡是遇到论战我都很注意，比如中国社会史的论战，到现在为止，托洛茨基的那些理论我还是不懂。不懂归不懂，当时吃下去再说，拿卡片记下来。"见程千帆述，张伯伟编：《桑榆忆往》，北京：北京大学出版社，2015 年，第 13-14 页。

④ 胡秋原在评价一份 1929 年出版的社会科学译著书单时说："是年社会科学译书一百四十种左右……其中十分之九是马克思主义、社会主义、共产主义……如果每本以三千本计，这是四十五万册的左书。这对于一代青年影响之大，自不待说。"陶希圣在 1931 年发表了一段颇有意思的评论："青年思想之左倾，是无可讳言的。青年思想之左倾反映为出版界之左倾。出版界近来的书册最大多数是社会主义的书册，也是无可讳言的……青年思想左倾，则社会主义书籍涌出，并不是社会主义书籍涌出而青年才左倾的。"转引自夏济安：《黑暗的闸门——中国左翼文学运动史》，香港：香港中文大学出版社，2015 年，第 303 页。

⑤ 王奇生：《国共合作与国民革命（1924—1927）》，《中国近代通史》第 7 卷，南京：江苏人民出版社，2006 年，第 419-420 页。

⑥ 罗志田：《权势转移：近代中国的思想与社会》，北京：北京师范大学出版社，2014 年，第 37-52 页。

阅读桐城派古文转向阅读新文化运动时期领袖人物的著作的经历:“幸而五四运动救了我。我说的不是打章宗祥的,罢课游行的,抵制日货的,爱国的五四运动。我说的是请赛先生和德先生打倒孔家店的五四运动。同梦魇似地压在我身上的孔子道统被我踢开了,连带着做这道统补充品的老庄哲学也被我抛弃了。从此我只过着一种生活,我所行的只是我所思想的。而这是经过严肃思考和内心斗争而达到的,并非为了趋时和从众。这个斗争过程并非一日二日的事情。从写日记骂陈独秀起到完全接受陈独秀的见解,中间经过了几个月,直至读过胡适的《哲学史大纲》后,一切怀疑才消失了。”①

这种先锋和激进意识的自我正当化,都是依托清末传入中国的进化论衍生出来的进步意识,而当地方上的小知识分子或知名知识分子的思想言说得到京沪等地大刊物编辑的认可乃至激赏时,就更会引发涟漪效应。② 四川的吴虞如此,浙江的夏衍亦如此。值得注意的是在20世纪二三十年代的中国,通过发表、阅读和通信所形成的是一个全国中小知识青年纵横交错的交往网络。就纵向而言,所构成的是中心与边缘的关系,上海、北京作为新文化、新思潮的集散地,将各种思想文化信息传播到武汉、长沙、杭州、南昌、成都等二线城市,而身处二线城市的地方文人对这些新思潮进行再阐释与呼应。京沪大知识分子对地方文人的文章或者通信的认同与肯定,往往会强化二线文人在地方社会文化空间里的象征资本,反过来,京沪大知识分子也需要地方文人群体的回响。就横向传播网络而言,各种地方城市的中小知识青年,通过书信往来、报刊传递、旅行访问、学生运动声援等多样化形式,构成了一个基于共通的观念、立场和媒介网络而形成的“想象的共同体”,这也折射出这一代青年改天换地、同气相求的家国情怀与青春意识。比如当时一些地方学校主办的校园刊物,居然有一个面向全国的发行网络,因此构成了更为广大的中小知识青年群体互通声气、守望相助的纽带。夏衍记述:“这份才出了四期(包括《双十》)的小刊物,在全国已经有了一个相当广泛的发行网。这份报纸中缝登有一条‘本刊代派处’名单,从上海五马路亚东图书馆、四马路启新图书局、四马路中华书局内姚漱梅君起,一直到武昌中华大学校中学部新声社,一共有三十多处‘代派处’,地区范围很广,远及日本、黑龙江、北京、湖南、湖北……其中特别值得注意的是:‘长沙马王堆街修业学校毛泽东君、南京高等师范学校杨贤江君’,都在其列。”③

从小学生转型为小学教师的徐懋庸,在回忆录中细致地记载了其接受并进而传播

① 郑超麟:《郑超麟回忆录》(上),北京:东方出版社,2004年,第168页。

② 杨国强:《衰世与西法:晚清中国的旧邦新命和社会脱榫》,北京:中华书局,2014年,第337-364页。

③ 夏衍:《懒寻旧梦录》,北京:生活·读书·新知三联书店,2000年,第30页。

左翼文化的过程。[1] 从中可见，在上海与江南小城之间，存在着一个以地缘和趣缘（基于共同的兴趣、爱好等）为纽带的衔接网络，此等乡谊和文字结缘也为地方上的中小知识青年进入大上海以后的基本立足和人生拓展提供了基础。作为上虞民强小学教师的徐懋庸对于追踪阅读左翼书刊并传播给学生也极为主动，他一个人的阅读史也许折射了这个时代中小知识青年转向左翼具有共通性的心路历程："我自己，在那两个月中，除了编《南针报》和搞其他一些活动外，读了不少的书，如《共产党宣言》《左派幼稚病》，还有陈独秀著的《共产主义 ABC》，布哈林著的《唯物史观》。有一套长江书店出版的《社会科学讲义》（原来是中共党校上海大学的课本），有蔡和森、恽代英、瞿秋白等的著作，印得很讲究。此外，还经常看中共的刊物《向导》和《中国青年》，我对萧楚女批判国家主义派的文章《照妖镜下的醒狮派》（即国家主义派），特别爱读，觉得他文笔犀利、生动，与鲁迅的杂文有异曲同工之感。孙中山的《三民主义》和《建国大纲》，当然也是读了的。读了这些书，我觉得大开眼界，虽然理解得很少，却也根据所读的心得，到知识分子训练班去讲课。"[2]从上述书刊目录可见，其时青年人的阅读趣味有一种趋新的潮流，清末民初所形成的喜新厌旧社会风潮到了 20 世纪 20 年代的中国，随着新革命话语的兴起以及相当一部分中国社会青年群体被吸纳到各种革命网络之中而愈演愈烈。就某种意义而言，阅读趣味所折射的新革命文化有点类似流行文化，时尚、先锋而又在一种同质化的竞争中越来越高度相似。

最初投身左翼文化运动的中小知识青年大都是文艺青年，有着对文学创作强烈而持久的内在兴趣，因此大都希望借助"作家梦"来实现在城市里安身立命。正因如此，这些地方青年在进入上海之前，因为阅读生活和雄心勃勃的抱负，对于上海有着一种极为强烈的期待和想象。上海成为梦想的应许之地，上海成为人生的重要驿站，上海是对内地黑暗、腐朽和缓慢生活的终结，上海也成为流亡者的家园。革命与人生之间构成一种彼此支撑的关系，人生的安定和拓展依托于革命的想象与生活，而参加革命也确实为一些左翼人士解决了一些实际的生活问题，"吃革命饭"就成为一些革命青年

---

① "一九二五年春，上虞的一批小学教师，组织了一个叫做'青年协进社'的团体，主要宗旨是改良教育，促进社会。徐用宾又是其中的领导成员。徐叔侃却没有参加。'青年协进会'的活动，除了开讨论会，演话剧等等，主要是办了一个不定期的铅印报纸，叫做《上虞声》。这个报纸的编辑和印刷工作，都是由在上海商务印书馆编辑《东方杂志》的胡愈之负责的。我也在这个报纸上发表过好几篇文章。这事对我后来的发展关系很大。由于参加'青年协进社'的活动，我的政治倾向明确起来，虽然那时还不过是反帝反封建的民主主义性质，却为后来接受共产主义打下基础。同时，由此我的名字为胡愈之所知，所以在一九二七年和一九三三年两个关键时刻，胡愈之都对我有决定性的帮助，这且等下文再说。就在那时，我树立了做一个进步作家的决心，胡愈之是我的模范，而最高的目标是鲁迅。那时我已对鲁迅十分崇拜，读了许多他著译的书，还订了一份《语丝》。我不大喜欢创造社，而倾向于文学研究会，这也是受鲁迅影响之故。"见徐懋庸：《徐懋庸选集》第 3 卷，成都：四川人民出版社，1984 年，第 242 页。

② 徐懋庸：《徐懋庸选集》第 3 卷，成都：四川人民出版社，1984 年，第 250-251 页。

的自觉或被迫选择[1]。胡汉民在《青年的烦闷与出路》中指出:“在中国现状之下,青年要读书,便要遇着种种困难,种种障碍。大多数青年,困于穷乏,不能求学和不能升学的,固是很普遍的现象,就是少数不受经济压迫得升学的青年,又扰于社会的不安,和政治的纷乱,不能安心求学。只看几年来全国的大中小学,不是因为无钱停闭,便是因为欠薪罢课,不然就是因外交上的惨案罢课,再不然就因内战陡起,交通阻隔,学生困在家园不能返校,或是学校受战事影响不能开课。在这种情形之下,教热心求学的青年如何能不烦闷呢?”[2]安徽无为的王淑明则认为自己到上海既是为了谋生,也是为了认识更多的志趣相投的偏向左翼文化的朋友:“我是一九三四年到上海的。这以前,我的文章都是从家乡寄出去,在上海的刊物上发表的。因为我是私塾出身,在家乡很不容易找到职业,就想在写作上找个出路来维持生活。又因为自视自己文章的内容,思想上比较进步和接近左倾,于是就很想能参加一些文艺上的进步团体,来提高自己的文艺水平和接触一些革命活动。那时我是多么想参加一些实际上的革命活动呀!写作的门既已打开,文章有了出路,我就决心到上海,以写作为职业,并设法与进步文艺团体取得联系。这样,我于一九三四年秋到了上海。”[3]女作家草明则是因为广州政治空气的骤变和书报审查的干扰而逃亡到上海,她回忆道:“一九三三年八月末的一个炎热的夏天,广州市的一个郁闷的下午,我随《广州文艺》的创办人欧阳山悄悄钻进一艘开往上海的运生猪的货轮里……乘这样的货轮,不仅票价(其实没有票)便宜,最重要的是安全。因为我们办的《广州文艺》被列为危险的刊物,被查封了。欧阳山已被陈济棠列入要缉捕的黑名单。我和我校的教员何干之也被列上被通缉的黑名单。因此,欧阳山和我被迫秘密离开广州,逃亡上海。”[4]

湖北籍作家荒煤在回忆中谈及当年这一段心路历程时,特别提到了“革命”与“爱情”在不满现状、充满激情(既包括社会也包括个人)的青年人心里所引发的反应:“因为一个偶然的原因,认识了一位同学的哥哥。他在邮局工作,经常把邮局扣押下来的一些上海出版的杂志和书籍悄悄带回家来。主要是创造社的杂志和蒋光慈、郭沫若、郁达夫的一些作品。我就从他那里借了一些,整天埋头读了起来。这时,我才开始发现了一个文学的新大陆。说实话,对那些革命文学所宣传的所谓无产阶级的革命,我

---

① 有学者指出:“1927年4月国民党清党以后,工人因为对革命失望而脱离中共的情形非常严重。相形之下,学生与知识分子却是无论如何也不愿脱党,千方百计要中共安排工作。这虽然与学生和知识分子的理想主义性格有关,但是他们在清党以后找不到适当的工作,又不愿俯身屈就,应该也是值得注意的重要因素。共产革命可以发泄学生和知识分子对现实的不满,又可以满足他们高远的理想,更可以为学生和知识分子解决生计问题,一举而数得。”见陈永发:《中国共产革命七十年》(上),台北:联经出版公司,2010年,第160页。

② 胡汉民:《青年的烦闷与出路》,郎醒石编:《革命与反革命》,上海:民智书局,1928年,第172页。

③ 王淑明:《我与“左联”二三事》,中国社会科学院文学研究所总纂:《左联回忆录》,北京:知识产权出版社,2010年,第347页。

④ 草明:《“左联”回忆片段》,中国社会科学院文学研究所总纂:《左联回忆录》,北京:知识产权出版社,2010年,第284页。

并不懂。但是又朦朦胧胧似乎懂得了四个字,那就是'革命'和'爱情'。"[①]通过邮局扣押的左翼书刊来接触左翼文化,并主要通过左翼文学进入左翼文化运动,这是一种奇特的经历。左翼文化的传播之所以在很多失意的或者边缘的中小知识青年中间引发巨大回响,荒煤的这段回忆透露了其中的某些奥秘。但其时已经漂移到上海并目睹政治暴力对左翼青年的压制以及作家群体分化的青年作家柔石,对于上海的革命青年又有另一番感受与认知:"我观察我们朋友,我得到教训了。他们知道新时代要来,所以拼命去迎新时代。他们也并不怎样深信新时代,不过因新时代终究要到的,我们去罢;似说革命一定胜利的,我们革命去罢一样!于文学,只说卖钱。一边他们信他们自己是天才,一边又不肯去坚毅地做。"[②]

同样从那个时代一路走来,曾经接触左翼文化而最终没有成为革命者的作家王鼎钧,也特别强调了左翼文学和读书会对于吸纳中小知识青年投身革命运动的功能:"我爱好文学,但是没参加过他们(指中共或亲中共人士——引者注)的'读书会',所以无从领会那些作品的价值(指巴金、茅盾、郭沫若等左翼作家的作品——引者注)。那时读书会是个很普遍的组织,左翼作品的内涵外延,靠它解说引申;左翼作品的正确伟大,靠它肯定建立;左翼作品的前瞻方向,靠它指点导引。假如巴金的《家》是马太福音,读书会就是各地的教堂,没有教堂,马太福音只是一本小册子,有了教堂,马太福音就是《圣经》。有一位学者说,左翼文学并未发生多大影响,他举当年那些作品的销售数字为证,他忽略了:第一,当年一本书全家看、全校看,第二,读书会的组织和教化。"[③]

二、初入大上海:同乡网络、文化资本与立身之道

清末民初的新式学堂和学校取代了传统科举制度,成为知识分子阶层的再生产空间,但数量急剧膨胀的新学生群体,却无法像传统士人那样按照修齐治平的方式获得一种稳定而可靠的政治资源和象征资本,绝大多数的人员都面临剧烈竞争的生存压力。在20世纪20年代初期,相当一部分知识青年甚至不得不去投奔北伐和黄埔军校来谋取生路。1926年11月,新记《大公报》社社长吴鼎昌在该报附属的《国闻周报》上撰文,分析当时革命青年剧增和革命文化兴盛的社会因素:"民国以来,国内外大学专门毕业学生岁以数千计,各省中学毕业学生岁以数万计。大学专门之毕业学生,一部分欲进为学者之生活,作高深之研究,希于世界学艺界中占一地位,以谋国家社会精神

---

① 荒煤:《伟大的历程和片段的回忆——纪念"左联"成立五十周年》,中国社会科学院文学研究所总纂:《左联回忆录》,北京:知识产权出版社,2010年,第357页。

② 赵帝江、姚锡佩编:《柔石日记》,太原:山西教育出版社,1997年,第107页。

③ 王鼎钧:《关山夺路》,北京:生活·读书·新知三联书店,2013年,第117页。

上物质上两方之进步发明，则国家无最高学府以养成之，社会无学艺机关以奖进之，甚至以教员终身，亦复为饥寒交迫。其大部分欲投身社会者，则政府机关肥美重要之差缺，大小人员，概都与军政要人有连，绝无容纳学校出身人才之余地……私人机关本属寥寥，而当事人物，大都脑筋陈旧，厌恶学生……故每年国内外大学专门毕业学生，除有父兄及其他特别关系者外，欲循正当轨道以求容纳于社会者，百不得一。若夫中学毕业学生，除一部分进入专门大学者外，更无消纳之处。试问此每年递增数万以上之毕业学生，欲求学不可得，欲做事不可能，生机断绝，路路不通。予以相当之知识，迫以及身之饥寒，当年富力强之时，正心粗气浮之际，其心理若何？其愤慨若何？故在今日学校出身之失业青年，对于现在社会上政治经济之组织，咸怀极端不满之意。苟有可乘，便思破坏者，与其谓为思想所激，毋宁谓为生计所迫。近年南北学生，纷纷投效革军，冒白刃而不辞者，为数日多。吾人一考其动机，实不胜同情之感，而深为国家社会惜者也。”①

而对于那些不愿意投笔从戎而仍旧怀抱文人梦的知识青年来说，上海就成为与广州并行不悖的另一个选项。晚清就流传“大上海，居不易”，上海是淘金之地，是冒险家的乐园，可也是贫困者的地狱，是罪恶的渊薮。对于特别敏感的中小知识青年群体来说，他们进入上海以及在上海安身立命，进而寻找自身的人生梦想的过程，就显得特别意味深长。人不可能过着自己的生活而不表达自己的生活，有志于从事文艺创作的中小知识青年在这座城市挣扎着寻求谋生甚至理想的可能，同时用文学创作、日记、书信、戏剧、电影等各种形式记录着他们在这座城市的生活体验和人生感悟。格尔茨说，人是悬挂在意义之网中的动物。② 对于这些中小知识青年来说，这个意义的网络就是他们在上海安身立命的社会网络的延伸，纵横交错的网络经纬上的节点就是分布在这座城市大小角落里的书店、报馆、杂志社、学校、补习班、出版社等各类文化机构。能够成功并迅速与这些文化节点结盟的外省青年，往往就可以较快地在这座大都市找到立足之地，而那些缺乏相应文化资本介入这些文化空间的中小知识青年，则需要经过相对漫长的奋斗，才能够在这座城市生存下去。

前文所述的徐懋庸、夏衍与艾芜的上海故事恰成对照，可以说明既有的社会网络资源在新空间的社会脉络之构建进程中所发挥的重要作用。这种网络资源遵循着地缘、血缘、学缘等相对自然而具体的原则，文化趣味、文学品味、价值理念、精神气质等相对抽象的原则也同时在这些小共同体的凝聚过程中发挥着隐秘的作用。班德在讨论 19 世纪纽约知识分子的公共生活时曾指出：“理念人总是在特定的社会环境中工作，而社会环境正构成了他们的受众或谓公众。他们在这样的环境中寻求正当性，并从中获得型塑其工作的共同概念、表达意图的关键术语及主要问题。这些话语共同

① 吴鼎昌：《智识阶级与革命》，《国闻周报》，1926 年 11 月。

② [美]克利福德·格尔茨：《文化的解释》，韩莉译，南京：译林出版社，1999 年，第 5 页。

体——我在这里称之为'智识生活的文化'——是历史形成的，并且因都致力于一组共享的意义和智识意图而凝聚起来。它们使精神生活社会化，并为指引创造性智识活动的种种范式提供建制化的动力。"①显然，20 世纪二三十年代的上海也存在相似的逻辑与文化。

徐懋庸虽然是从浙江流亡到了上海，但因为浙江籍在上海的庞大而有力的同乡文化网络，加之自身勤奋好学，且具有一定的日文和法文基础，所以较快地通过翻译在上海立足。翻译的稿费收入成为其在上海养家糊口的主要收入来源，而他翻译的书籍主要是一些左翼的理论著作和文学作品，这些又推动了左翼文化在上海的传播。可见，生活史与文化史是内在融合的。从徐懋庸的自述来看，他通过浙江同乡胡愈之的关系开始从事翻译。最初翻译的《社会主义讲话》和一本讨论唯物史观的书都是有关马克思主义的书籍，且所获稿费颇为可观。第一本书仅 12 万字便得稿费 360 元(按照每千字 3 元的标准)，而当时最著名的左翼作家鲁迅在《申报》副刊《自由谈》撰写的杂文每篇稿费也就是 3 元到 5 元，关键是徐懋庸通过翻译自然地进入了邹韬奋、黄炎培、胡愈之等主导的进步文化人网络。② 正是借助翻译，徐懋庸在上海左翼文化圈站稳了脚跟，打开了局面，甚至可以在经济上资助更为困难的中小知识青年，在上海的日常生活达到了中上等水准。夏衍在其回忆录中同样提及从日本留学回到上海寄居朋友家中，翻译对其立足上海的重要意义。③ 由此可见，翻译书籍的来源(大部分来自内山书店等)、译者的选择、出版(主要是生活书店等)、发行构成一种知识的引入与流通机制，一些出版机构和出版人也是从中间立场逐渐转向左翼的亲中共立场，这在当时上海最大的报纸《申报》上也有体现。④ 当时一些进步书店通过各种形式对处于危险境地的左翼人士实施翻译补贴，并用不同笔名对其加以保护，在相当程度上激发了中小知识青年对于组织的认同感。曾在上海世界书局等出版机构任职的朱联保指出："1927 年蒋介石发动'四一二'反革命政变后，当时在商务印书馆编辑所的杨贤江、沈雁冰等，不能在上海立足，东渡日本，依靠著译维持生活。当时世界书局由徐蔚南经手，接受杨贤江(笔名李浩吾)译著的《青年期的心理和教育》《教育史 ABC》两稿，接受沈雁冰所著西洋文学、神话等稿 10 种(笔名玄珠、方璧等，书名为《现代文艺杂论》《近代文学面面观》《西洋文学》《六个欧洲文学家》《希腊文学 ABC》等)，均用笔名出版，对他们的稿费，是我经手汇往日本的。"⑤

---

① [美]托马斯·班德：《智识生活的文化：城市与专业》，张洪彬、毛高威译，许纪霖等主编：《何谓现代，谁之中国：现代中国的再阐释》，上海：上海人民出版社，2014 年，第 289 页。

② 徐懋庸：《徐懋庸选集》第 3 卷，成都：四川人民出版社，1984 年，第 269-270 页。

③ 夏衍：《懒寻旧梦录》，北京：生活·读书·新知三联书店，2000 年，第 87-88 页。

④ 唐小兵：《现代中国的公共舆论：以〈大公报〉"星期论文"和〈申报〉"自由谈"为例》，北京：社会科学文献出版社，2012 年，第 123-126 页。

⑤ 朱联保：《我所知道的世界书局》，陆坚心、完颜绍元：《20 世纪上海文史资料文库》(6)，上海：上海书店出版社，1999 年，第 234 页。

从这些中小知识青年在上海的日常生活展开来看，掌握一定的日文、法文、英文或俄文基础，相对于那些没有语言优势而只能靠创作谋生的人，更容易在上海安身立命。20世纪二三十年代的上海既有一个庞大的文化出版网络[①]，也存在一个庞大的消费翻译读物的中小知识青年群体。无论是从西方知识的引入与传播还是从中国青年对这些知识的接受与消化来看，翻译都成为一个无法跨越而存在巨大创收空间的职业。教师、学生、报馆文人、出版家甚至各种地方精英都在介入翻译事业。有研究者曾指出："在出版业兴盛的大环境下，译书亦呈现欣欣向荣的景象。1934和1935年均有'翻译年'之称。虽然鲁迅认为'翻译年'也未见'有什么了不起的翻译'，但随着东西洋留学群体的扩大，留学教育、国内教育程度的提高，译书人才无论质、量均有显著提升。相对于清末民初，战前中国的译书质量有较大进步当是无疑的。《民国时期总书目》的统计显示，在战前十年汉译日书的学科门类中，最多的是社会科学，其次是人文科学，自然科学和应用科学较少，其比例分别为：64.4%、32.8%、11.4%、9.5%。"[②]从1915年前后的新文化运动到20世纪二三十年代的左翼文化运动，对于汲取新知、追求进步的知识青年来说，思想文化资源的整体性置换是一种触目的现象，若说此前更多的是关注现代个体自觉后的理性与普遍人性之善的启蒙运动，而到了此时此刻，人性的阶级论以及与此相关的激进社会革命理想，便自然成为一种全新的人民图景与社会想象，启蒙由此走向了革命。

与此形成对照的就是没有翻译能力的纯文人的生活处境，那只能是捉襟见肘、内外交困的生活。相对于前述夏衍、徐懋庸对上海文化出版业的感激之情，作家艾芜对上海的报纸杂志充满着一种怨愤的情绪。他觉得自身的写作才华无法施展，而其创作的作品的价值也没有在稿酬上得到充分体现。一种类似于"承认的政治"也成为上海文化出版空间里的"身份认同政治"之一。他在回忆左联时期的生活时写道："到了上海，去各个书店看看，自然更要看看光华书局。很使我高兴，文章登出来了。可是，我写信去要本刊物和稿费，却象石沉大海，得不到回音……我向《时事新报》的《青光》副刊，投些散文去，以《缅甸漫画》为总的题名，描写异国的特殊风俗习惯……文章登出了，可是去要稿费的时候，却象打发叫花子似的，丢给我一块钱。我当场撕了那张纸票，再也不向《时事新报》投稿了。现代书局出的《现代文学评论》征文要短篇小说，我投了一篇去。他们公布了应征的前三名的作者，第一名王家棫，第二名徐转蓬，第三名就是我……我写信去要稿酬和一本登载我的文章的小册子，都完全不理。上海的出版商人，就是这样对待一个初学写作者的。"[③]上海的文化出版业对待像艾芜这样没有多

---

① 参见芮哲非：《谷腾堡在上海：中国印刷资本业的发展(1876—1937)》，北京：商务印书馆，2014年，第232-238页。

② 王奇生：《民国时期的日书汉译》，《近代史研究》，2008年第6期。

③ 艾芜：《三十年代的一幅剪影——我参加左联前前后后的情形》，中国社会科学院文学研究所总纂：《左联回忆录》，北京：知识产权出版社，2010年，第177-179页。

大名气的中小知识青年，自然展现的是一种世俗的冷漠和刺骨的势利，一无所靠而又默默无闻的地方文人在这个文化出版业已经高度资本化和商业化的城市就会感觉茕茕孑立、备受冷遇，而与此相对应的是左联、社联、剧联等左翼的文化机构向他们伸出的热情之手。两相对比，自然会促使相当一部分知识青年形成态度和情感的偏向。

三、革命人的炼成：空间聚合与组织吸纳

20世纪二三十年代的上海之所以对中小知识青年构成巨大的吸引力，除了因为它是当时中国最大的都市、有较多就业机会之外，还因为这座城市存在着各级各类的大量学校、书店、出版机构和报馆，也分布着价格低廉的可让一文不名而又雄心勃勃的文艺青年栖身的亭子间。这是一个各种力量重组的时代，也是遍布着权力缝隙的时代。上海是近代中国地方精英和实业界最活跃的城市，也是媒介资本最发达的城市，它永远向那些怀着革命理想的青年传递着人生的各种可能性。早在20年代初期，上海这座现代中国文化出版业的中心，就酝酿着一种引入新思潮、批判旧体制的激进氛围，通过学校、社团、报刊、读书会、社会运动等各种建制化空间和大众传播方式，传递着一种倾向于苏俄革命与社会主义文化的信息，这对于一部分追求进步的知识青年构成巨大吸引力。当时一位中共代表刘前在1920年10月5日向俄共阿穆尔州委员会提交的一份关于其上海旅行成果的报告中指出："上海是中国社会主义者可以公开进行宣传的核心基地。那里有许多社会主义性质的组织，出版300多种各类刊物，这些刊物全都具有社会主义倾向。有时候还举行群众聚会。人们争先恐后地购买附有苏联活动家，特别是列宁、托洛茨基的肖像的文学读物、报纸、杂志。"①1922年5月，丁玲与几个同学跟着王剑虹来到上海，进入中共创办的平民女校，学校的主课是妇女运动。丁玲早已从向警予和母亲余曼贞那里接受过男女平等思想。她积极参加学校组织的社会活动，跟着共产党员张秋人去浦东纱厂讲演，背着竹筒为罢工的女工沿街募捐，聆听李汉俊在马克思诞辰纪念会上的讲演，参加无政府主义者举行的会议。② 丁玲后来回忆说："我们什么都接触，什么都吸收，只要是新的东西，我们脑子里并不懂得什么是马克思主义，什么是无政府主义，蔡和森也跟我们谈过，要我们去参加共产主义青年团。"③

与丁玲、徐懋庸等知识青年广泛接触到左翼文化相对应的，就是中共积极利用一切平台尤其是可以掌控的报刊宣传其政治主张。1926年6月21日，中共上海区委专

① 转引自[俄]乌索夫：《苏联情报机关在中国：20世纪20年代》，赖铭传译，北京：解放军出版社，2007年，第139页。

② 丁玲：《早年生活二三事》，《丁玲全集》第10卷，石家庄：河北人民出版社，2001年，第302-309页。

③ 李向东、王增如：《丁玲传》（上），北京：中国大百科全书出版社，2015年，第22页。

门下达一份关于推销党刊的通告，其中指出："我们要希望我们的党，日渐扩大而群众化，惟一的方法，在把我们的主义与思想影响深入到群众里面去，惟有尽量做我们宣传的工作。推销党的出版物，乃是宣传工作中最重要的一部分，是每个党员最低限度的应负的责任，是每个党员经常不息的工作。尤其是我们的导报（指《向导》周刊——引者注），是有系统的很具体的指导民众的惟一政治刊物，同时也就是介绍我们的主义思想给一般民众的最有力量的利器。他在中国出版界已占着很高的地位，已获得青年学生及一般学校教师、较有政治常识的小商人、工人们的信仰。虽然军警当局如何严厉的加以禁阻，但他的销数终是日益扩大；我们可以说，凡导报所到之处，很容易发展我们的党的组织，换句话说，我们要在学生界及各种小资产阶级的社会中去发展党的组织，就该把导报做入手的媒介物，这是何等重要的一回事！"[①]从这份史料可见，中共早期"群众化"的最主要目标对象就是青年学生，亦即所谓"学生界"和"小资产阶级"。正因如此，学校里的中小知识青年就成为中共进行文化动员最重要的对象，进而成为重要的依靠力量。

学校既是这些中小知识青年在上海接受教育乃至左翼文化启蒙的空间，也是他们长大成人后谋生乃至传播左翼文化理念的空间。很多学校介于制度化的正规学校与各类补习班之间，往往收费便宜甚至提供免费住宿，因此成为吸纳漂浮到上海的中小知识青年的文化空间。[②] 徐懋庸在晚年回忆中谈到他进入上海的国立劳动大学之后受到的各种思潮的影响："在学校附近，有一个叫做'革命书店'的书店，也是无政府主义者办的，出版了许多克鲁泡特金的著作，并办了一个《革命周报》。在一九二七年下半年至一九二八年上半年期间，无政府主义的宣传，对'劳大'学生发生过影响"，"因为这个学校对学生是免费的，又要学生做工，所以投考的学生，地主资产阶级出身的很少，绝大部分是小资产阶级分子，像我这样参加过大革命而失败后穷无所归，到此混饭吃的人也不少。因此，许多学生先是受了无政府主义的影响，而在一九二八年共产党领导的社会科学方面和文艺方面的马克思主义宣传运动开展后就转向马克思主义"。[③] 从这段记述可见，当时到劳动大学、中华艺术大学等各种私立大学读书的，大都是出身小资产阶级家庭，且有一部分是受大革命失败之政治压迫而流亡到上海。这些中小知识青年进入马克思主义的路径往往是以最初接纳无政府主义为桥梁。社会

---

① 中央档案馆、上海档案馆：《上海革命历史文件汇集》（甲 3），1986 年，第 246-247 页。

② 有学者在讨论上海大学的历史时指出："1924 年，当上海大学增开了两个附属部门后，学生总数大大增加了，学生的社会构成（或至少在概念意义上的构成）也极大地改变了。上海大学平民学校和上海大学附设英文夜校都吸引了大量熟练工人、商店职员、商号学徒、书店和印刷厂的雇工、报纸校对员、小学教师、下层党务工作者等。来自上海大学的学生志愿者教授他们英语，向他们灌输'革命思想以及阶级意识'。这些附属学校不收费，并免费提供书籍、钢笔和铅笔。这两所学校的入学人数很快就超过了 600 名，而上海大学的常规学生人数仍然固定在 400 名。"见叶文心：《民国时期大学校园文化》，北京：中国人民大学出版社，2012 年，第 99 页。

③ 徐懋庸：《徐懋庸选集》第 3 卷，成都：四川人民出版社，1984 年，第 258 页。

科学的翻译热以及中共在城市主导的新启蒙运动对他们的理论转向产生了巨大影响。尤其重要的是，这群人中的大多数虽然从无政府主义转向马克思主义，但在相当程度上保留了无政府主义思潮对其心灵的形塑和影响，可以说形成了马克思主义武装头脑而无政府主义塑造心灵的两重人格。这两种思潮自然会造成革命者内心世界的持久张力。尤其值得指出的是，当时这样的学校往往对穷苦学生免费，并且提供工读机会，因此对中小知识青年就更具诱惑力。

左联和社联成立后，更是积极利用学校空间，来传播马克思主义、社会主义等各种政治思潮，并培养年青一代的革命者和革命文人。王学文在回忆中详细描述了中共主导下的左翼文化传播空间的拓展过程："由于大革命失败，许多知识分子和青年没有出路，集中到了上海，文化工作便活跃起来了。以后，各个文化团体陆续成立。'左联'和'社联'派人在上海的一些学校教课，并出了一批杂志书籍……'社联'和'左联'合办了华南大学，由潘梓年主持，设在上海公共租界爱文义路。学生有进步青年，有党员，也有相当一部分脱党又重新入党的。这个学校没有过五十天就被封了。我参加过教课。还有中华艺大，也是'左联'和'社联'的成员去教课。中华艺大被封后，学校有一笔款子交给了组织。党利用中华艺大这批款子和几个教务工作人员，先在法租界环龙路办了一个'文艺暑期补习班'。这个名称是接受洪深的意见，他说：'你们叫学校，国民党就要登记、捣乱，不如避免麻烦，叫补习班。'负责人是上级指定的，社会科学方面是我，文艺方面是冯雪峰。学校设有这两方面的课程，学生分为两班，由'社联''左联'的成员来上课……后来又办了个'浦江中学'，校董有沈钧儒等，地点是公共租界赫德路。教的课程仍是社会科学和文艺，我也和上述两个学校一样去教过政治经济学，行政我没有管。大约五十天左右，也被封闭了……我们这些能够教课的人，在中华艺大、上海艺大、群治大学、法政学院、中国公学、法学院等学校都去教过课。"[①]从这段叙述可以看出，大革命失败之后，左翼文化在上海的繁盛与传播有一个关键的原因，就是很多中小知识青年在地方上没有出路，甚至面临着被通缉的危险，而有租界和权力缝隙且有着庞大文化出版工业的上海就成为逃难者的首选之地。中共在革命失败后被迫转入地下，一部分在乡村开辟根据地，而另一部分就在城市以文化的形式进行政治理念的传播，左联和社联等就是文化政治的主体。从这些学校的形式来看，为了应对当局的政治压制，办学形式非常灵活，补习班就成为都市中间流动的政治教育学校，各种社会科学、马列主义、政治经济学的教材、小册子、翻译著作就成为补习班和各种学校的学生与教师广泛使用的知识资源。

报馆、出版社和书店也成为初到上海的中小知识青年寻找同道、汲取思想资源并

---

① 王学文：《左联和社联的一些关系》，中国社会科学院文学研究所总纂：《左联回忆录》，北京：知识产权出版社，2010年，第113-115页。

建立社会网络的重要空间[①]，前引徐懋庸就谈到了国立劳动大学边上的革命书店对其转向左翼的影响。对于中共来说，之所以选择在上海建立最初的党组织，也跟这座城市能够提供的信息网络和人才资源有关，甚至更与这座城市面向国内乃至海外的文化辐射力有关系。有学者认为，上海早在清末民初就已集中全国最多最重要的书局和报刊，并建立了覆盖全国乃至整个东亚的知识传播网络和连接世界各地的通信网络，那时上海几乎稍具实力的报馆、书局都建有自己的网络，借助这个庞大的网络，上海成为当时中国的信息集散之地和新学枢纽之所，这才是中国共产党早期以上海为主要活动场域最重要的原因之一[②]。据陆诒记述，从1932年7月至1933年底，《申报》创办了各项社会文化事业。1932年7月15日，《申报月刊》创刊，这是一份综合性刊物，由俞颂华主编，经常发表分析国内外政治经济动态及其发展趋势的文章，深受读者欢迎。同年12月，申报流通图书馆开始对外借书，图书馆内还设立读书指导部，解答读者所提出的疑难问题，后来又在《申报》上辟出"读者问答"专栏，引导读者阅读进步报刊。馆长是李公朴，协助做大量工作的有艾思奇、柳湜和夏征农等人。李公朴同时主持创办了申报业余补习学校和申报妇女补习学校。[③] 这也充分说明中国共产主义革命从起源开始，就极为注重在都市知识阶层和自由职业者阶层中的文化传播与文化动员，最初的革命者也的确敏锐地洞察到上海这座城市在生产与传播新思潮方面所蕴含的巨大可能性。即此而言，中国共产主义革命诚然后来变成以农民为主体的一场武装革命，但最初确实是一场以知识者为主体的思想和文化革命。

夏衍在回忆中重点谈及了内山书店对认识新朋友的重要意义："自从翻译成了我的职业之后，我就经常到北四川路底的内山书店去买书，一是我能讲日本话，二是经常买的是一些左翼报刊和进步书籍，于是很快就认识了书店的老板内山完造。内山是一个非常好客的人，当时，不仅刚从日本回来的文化人，如冯乃超、李初梨、彭康都是这家书店的常客，鲁迅、陈望道、夏丏尊、郁达夫、田汉也都是内山完造的朋友；那时虽是日本左翼运动的全盛时期，在上海也只有内山书店才能买到左翼书店出版的书报、杂志。"[④]以内山书店为媒介，中日之间的左翼知识人形成了一个跨国流动的知识网络和知识共同体。内山书店成为一个介乎公共性与私人性之间的文化空间，既可以在此延展社会网络，也可以在此阅读和写作甚至休闲，同时可以借此了解国外思想动态。从

① 有研究者曾指出："对于缺乏体制内交往空间的鲁迅来说，内山书店成为他跟外界交流的重要渠道。不管许广平还是内山完造或店员王宝良，都特别提到内山书店的一个细节，即专门辟有茶座，七八张沙发和椅子围着一张小桌子，供客人联络感情、交接朋友之用。内山书店成为具有一定开放性的空间，一方面通过内山完造的介绍鲁迅认识了大量日本人士；另一方面鲁迅可以在此约见朋友，文学青年也慕名前来结识、拜访。"见王晓渔：《知识分子的"内战"：现代上海的文化场域（1927—1930）》，上海：上海人民出版社，2007年，第141页。

② 周武：《商务印书馆与共产主义思潮的早期传播》，《档案春秋》，2016年第8、9期。

③ 陆诒：《史量才与〈申报〉》，《20世纪上海文史资料文库》第6辑，上海：上海书店出版社，1999年，第7-8页。

④ 夏衍：《懒寻旧梦录》，北京：生活·读书·新知三联书店，2000年，第91页。

这段记述可见，内山是一个极为重要的构建中日之间左翼知识人共同体的人物，而上海与东京的相似性，更是让很多从日本归来的左翼知识人比较容易产生对这座城市的认同感和归属感。

中共主导的左联、社联及各种文化团体，更成为吸纳流亡或漂浮到上海的中小知识青年最重要的机构。一种更为宽泛的革命政治以比较具有模糊性和弹性的文化形态呈现出来，就容易吸引青年人的聚集，也似乎更能给青年人提供一种心灵上的安全感。从这个意义上来说，左翼文化是一种文化—政治的形式，而非政治—文化的形态[①]。中共主导的左联、社联、剧联等机构有意识地吸纳各类进步青年，运用高度组织化和合法化的形式，动员流亡或漂浮到上海的中小知识青年根据各自特质，加入各类组织。因此，左翼文化是很宽泛和包容的文化理念，而其背后的政治力量却是高度组织化的，所以左翼文化是一体两翼，“体”是作为政党的中共，“翼”是指作为组织化的文化机构和更为宽泛的文化观念及文化传播形式。文化让中小知识青年觉得有精神魅力，政治让他们觉得有安全感和归属感。寻找组织是“五四”尤其是20年代政党政治崛起之后中国青年的一种集体性的社会心态与现实渴求。[②]

当时左联成员分布相当广泛，社会来源比较多元，左联的活动形式也多种多样，可以说是以文化实践的方式来传播政治的观念与价值，这种方式就容易吸纳那些内心处于流亡状态的中小知识青年。反之，政治也以吸纳文化的方式，将这群知识青年中的优秀分子转变成中共党员，形成了一种优胜劣汰、各安其位的人员筛选机制。值得注意的是上海与东京等日本城市的左翼人士的互动，当一些左翼青年在日本遭受政治的压迫时，就返回上海的左翼文化人聚居的多伦路、北四川路等一带投身中国的左翼运动。这不仅为这些失意甚至处于恐惧状态的青年提供了生命的意义来源，也提供了日常生活的来源。政治不但试图改变生活，政治也提供了生活。王学文就是通过参加革命文学团体的方式进入左翼文化机构。“大革命失败后，彭康、朱镜我等由日本回国，到上海参加了创造社，办了一个社会科学和文学的综合性杂志《文化批判》，宣传介绍马列主义。很多进步青年受到国民党的迫害，看到这一杂志很高兴，当时影响很大。这杂志也引起我党的注意，党就派郑超麟（当时是中央宣传部的，此人后来成为托派）去领导创造社。我从日本回国，也参加了创造社，比他们又晚一些。《文化批判》后分成两个杂志。文学方面的名字已不记得了。社会科学的杂志由朱镜我主编，因遭到国民党的禁止，不得不几改刊名。先叫《思

① 裴宜理在《安源：发掘中国革命之传统》（阎小骏译，香港大学出版社，2014年）一书中以“文化置位”和“文化操控”为核心概念，对中共在安源罢工中的文化动员，以及在共和国早期岁月中对安源历史记忆的文化运用等进行了精彩而深入的分析。

② 参见邓军：《从“良心”到“主义”：恽代英与五四时期知识分子的社团组织困境》，《中共党史研究》，2016年第4期。

想》,后改《新思潮》,后又改为《新兴科学》。我们不仅宣传介绍马列主义,而且同托派就中国社会性质论战,以后还在中央发行部主办的刊物《书报评论》(由柯柏年主编)上发表文章,介绍马列主义,批判错误思想,也是有影响的。出了几期也被国民党禁止了。因白色恐怖严重,杂志不能出。宣传马列主义及与托派斗争,主要通过几个学校,如大夏大学、法学院(当时沈钧儒在那里)的校刊和研究会的组织。"[①]从这段回忆可见,中共与左翼文化之间并非一种单向的领导与被领导关系,也存在左翼知识青年创办的刊物引起党的注意然后被吸纳,两者呈现一种良性的互动关系,而就其时传播马列主义等新思潮而论,上海各高校主要是一些私立大学的校刊、学生会和研究会发挥了相当重要的作用。

此外,地缘、学缘也成为左翼文化机构吸纳中小知识青年极为有效的媒介。很多知识分子正是通过一些同乡、同学的介绍而成为左翼一员。共同的地域社会和学校出身,会提供一些共通的趣味、价值观甚至共享的记忆,更关键的是,相对于当时中国还远未成熟的契约社会而言,熟人社会所提供的信任感往往是最重要的安全感来源之一。安全感的另一来源就是找到党组织。在左翼文化运动中,基于地缘、血缘、学缘的共同体之间的社会信任与党员(及外围成员)对党组织的政治信任发生了高度重合,这两者彼此加持、相互强化,对边缘化的中小知识青年产生了巨大的吸引力。如四川南充人任白戈从山东逃亡到上海后,与同乡老友沙汀结识左联的负责人周扬,并成为后者编辑的《文学月报》的固定读者,又通过沙汀的居间联系,认识了另一位出身四川的作家艾芜,进而逐渐地介入左翼文化运动。[②] 魏猛克的经历也如出一辙,他通过湖南同乡青年作家叶紫的介绍认识了周扬,参加了左联,而叶紫曾与他同在长沙的华中美术学校读书,后来分散各地,在上海的一家书店重逢。[③]

在这个各地中小知识青年进入上海的过程中,当然也存在鱼目混珠甚至欺诈资助的情况。这种情形也引起了中共上海区委的警惕和重视,为此还特别发布了一个关于"江浙区同学"(大革命时期"党员"和"团员"的代称)的调遣及失业同学的救济办法:"近来本校内部,反发生一个很不好的现象:就是许多同学,非依上级机关的调遣,甚至于也不得当地组织的同意,任意到其他各地方去,要求所到地方的组织介绍工作,到了经济困穷时,就要求发给川资或生活的津贴,这种现象发生在本校无产政党的组织中,是何等严重的事情!由此事的发生,可以看出本校组织的松懈,纪律的废弛,同学分子小资产阶级的自利心和浪漫色彩的浓厚。枢蔚(区委的代称——引者注)在所属各外

---

① 王学文:《左联和社联的一些关系》,中国社会科学院文学研究所总纂:《左联回忆录》,北京:知识产权出版社,2010年,第112页。

② 任白戈:《我在"左联"工作的时候》,中国社会科学院文学研究所总纂:《左联回忆录》,北京:知识产权出版社,2010年,第292页。

③ 魏猛克:《回忆左联》,中国社会科学院文学研究所总纂:《左联回忆录》,北京:知识产权出版社,2010年,第304页。

埠党部负责同学中，还发现随便介绍当地失业同学来沪要求枢蔚给予工作，或擅自收留别地前往的失业同学，予以膳宿，最后向枢蔚要求发给此项膳宿费。甚有对某种运动发生时，往往以‘你们如因此次风潮而失业，我们可介绍你们到上海区委，给予工作，或派到广东及莫斯科去’等语，对风潮中活动分子(工人或学生)为鼓动方术者。结果，徒令该失业同学，抱了很大的希望，来到上海，川资旅费耗用许多。最后枢蔚并不能使来者个个如愿以偿，不但使枢蔚感受不少的麻烦，且易引起同志对团体发生错误的怨望，这是何等的于党不利！”①从这段文字可见，大革命时期的很多青年投身革命可能并不一定与主义相契合，而是在那个动荡时代寻求一份暂时栖身的职业甚至饭碗而已。这些受新思潮影响的青年人有着各种不同的背景、底色与个性，甚至不乏自由散漫或者浪漫主义者。他们或许有一种朦朦胧胧的不满意识或革命冲动，但并无严格的组织纪律性和团体一员观念。如何将这群散漫青年锻造成革命青年，就是摆在当时的党组织面前的一项紧迫的工作。

四、合法化抗争：左翼文化传播的策略

“左翼”很容易给人造成一种批判性、团体性与自我封闭的刻板印象，但回到民国时期上海的左翼文化圈，却会发现这个左翼文化圈一度保持了相当灵活和宽泛的文化实践形式，它新锐、批判、有战斗力、高度活跃、触角广泛。这种多元和有弹性的左翼文化实践，与当时中共在上海日益构成的激进政治(比如武装暴动、飞行集会、扔传单、炸电车等)构成一种强烈的对比。

回到当时的左翼文化场域，会发现在具体的抗议政治与实际的左翼文化实践之间有着微妙的不对称性。或许是后来政党政治的压力越来越大，日益宰制了左翼文化实践的自主性与灵活性。不过，从一些当事人具体而微的追忆来看，他们在上海这座多种力量密布的城市，是具有充分利用一切可资利用的资源与平台来传播左翼理念的文化自觉的。退而言之，若他们一直是狭隘和封闭地面对各种社会文化力量，后人就无法充分地解释何以在大革命失败后，那么多来自各地的中小知识青年会聚集到上海并形成波澜壮阔的左翼文化运动。而从当时上海文化出版业的现状来看，左翼文化人也不可能与盘根错节的文化网络完全切割。他们要维持自己的生计，并在上海这个文化场域里脱颖而出、纵横四海，也必须依托于各种文化出版机构，更何况他们还想方设法试图传播左翼的文化与价值。极而言之，这个时期的左翼文化与后来延安形成的新革命文化并不相同：前者更为开放与批判，后者更强调等级与服从；前者是在一个全球性

① 《上海区委组织部通告枢字第七十一号——关于江浙区同学的调遣及失业同学的救济办法》(1926年8月8日)，《上海革命历史文件汇集》(甲1)，1986年，第316-317页。

的文化网络空间里产生与传播的[1]，这种国际性的特质决定了它不可能完全自我封闭，也没办法自我封闭，后者则是在一个相对封闭的空间里进行的排他性文化运动。王淑明的记述便很真切地描述了作者、编者与发行者在 20 世纪 30 年代的上海文化出版业中是如何构成一个彼此依存的关系网络的。正如"启蒙的生意"一样，革命或者说左翼文化对于一些书商来说也是一种生意的契机，而对于漂浮在上海的中小知识青年来说，则是谋取基本生存资源最有效的方式。她如此描述："三十年代的左翼文人大都出身贫寒，专靠卖文为生。但国民党设立了检查机关，严厉箝制舆论，发表文章很不容易，要通过许多关口。左翼作家们既然不愿也不屑向国民党的御用刊物投稿，以出卖自己的灵魂，就要多方设法找到可以发表作品的地方。另一方面，一些小型书店和杂牌刊物，要想维持营业和争取读者，也不得不冒着风险，采取稍微灵活的态度，和左翼作者接触，创办中间性或比较进步的刊物。"[2]

资本、政治与左翼，三种力量形成你中有我、我中有你的错综复杂的关系。资本试图利用左翼来跑马圈地，而左翼想借用资本力量来传播理想，统治者也试图利用资本来吸纳左翼力量，而左翼在反抗政治的同时又在形成一种新的政治形态。正是在这种难解难分的张力之中，形成了 20 世纪 30 年代左翼文化的复杂光谱。任白戈说得很透彻："'左联'的实力一天一天大起来，使得所有国民党统治下的报纸副刊和文艺杂志都要左翼作家撰稿，否则就没有销路。资本家为了要赚钱，报刊杂志的编辑为了要吸引广大的读者，都设法对付国民党反动派的检查，而想尽一切办法发表左翼作家的文章。因为左翼作家所宣扬的革命思想，正是广大革命青年所需要的思想，这种宣扬革命思想的作品越多，受到教育感染的青年也就日益革命化。"[3]徐懋庸则分析了大革命后上海愿意出版左翼书刊的三种类型的出版社："一九二七年'四·一二'反革命政变后，国民党反动派虽然夺取了政权，对共产党进行了残酷的镇压，并对江西中央苏区进行了多次军事'围剿'，但是全国广大人民群众，是拥共反蒋的，尤其在青年知识分子中间，大部分倾向于马克思主义，国民党反动派办了许多宣传'三民主义'的书刊，却很少人予以理会，而只要带点'赤色'的书刊，却大

---

① 在马克思主义刚传入上海的时候，就具有明显的国际化特征。石川祯浩曾指出："与戴季陶等国民党人共同活跃于上海论坛、从事马克思主义研究的，是曾经留学日本的知识分子，或者留日学生。以数次到过日本的陈独秀为主，上述李汉俊、陈望道、施存统、周佛海和李达等都属于这一群体。他们所写的有关社会主义的文章，被国民党系的刊物频繁转载；还有些人，如李汉俊等与国民党人缘分极深，很难将他们与国民党系明确区分开来，但是他们基本属于辛亥革命后接受教育的比较年轻的一代。共产党的前身即上海的共产主义小组的大部分成员都曾留学日本。由此也可以看出，他们的言论活动与日本的社会主义研究有着密切的关系。"见[日]石川祯浩：《中国共产党成立史》，袁广泉译，北京：中国社会科学出版社，2006 年，第 35 页。

② 王淑明：《我与"左联"二三事》，中国社会科学院文学研究所总纂：《左联回忆录》，北京：知识产权出版社，2010 年，第 350-351 页。

③ 任白戈：《我在"左联"工作的时候》，中国社会科学院文学研究所总纂：《左联回忆录》，北京：知识产权出版社，2010 年，第 293 页。

受欢迎。因此，上海的出版机构，有以下三种情况：第一，是真正同情共产党，而出版进步书刊的，如生活书店、读书生活出版社、新知书店等。第二，是商人为了投机牟利，而出版进步书刊的，如光华书店、光明书店之类。第三，国民党反动派，企图以伪装进步，先把读者争取过去，然后施以反动影响的，这是走曲线的道路。新生命书店即属此类。"[①]由此可见，左翼书刊的传播是合力作用的结果，而这合力却未必有着共同的政治目标（实际上是各有心思和打算），却可能在现实中构成一种积极合围的能量。

夏衍极为肯定这种利用体制内空间，从中间地带传播左翼文化的合法化斗争方式，甚至认为这种合法化斗争有助于当时在激进主义政治路线控制下的中共摆脱宗派主义、关门主义的惯性："当时在上海，除了地下发行的党刊之外，没有一家我们自己的报纸（《文艺新闻》前后发行了六十期，终于在 1932 年 6 月 20 日停刊）。因此，要发表影评，非在公开合法的大报上争取版面不可，我们通过各种渠道（如剧评家和各报副刊编辑的私人关系，及各电影公司广告部和各报经理部关系等），先后把上海各主要大报的副刊争取过来，在副刊上开辟了影评园地……《申报》的'电影特刊'、《时事新报》的'电影时报'、《晨报》的'每日电影'、《中华日报》的'电影新地'、《民报》的'电影与戏剧'，几乎全部为这个小组所掌握，主要的影评工作者有王尘无、石凌鹤、鲁思、毛羽、舒湮、李之华等，我和郑伯奇、陈鲤庭、沈西苓、施谊（孙师毅）、于伶（尤兢）、宋之的、聂耳也写了不少影评。"[②]

五、结语

民国时期的中小知识青年是现代中国一个极为特殊的群体，他们一身兼二任，既具有强烈的社会特征，与社会各个层面有着比较紧密的联系，又具有鲜明的政治性格，往往是未能被体制充分吸纳的边缘青年，因此具有强烈的政治批判意识甚至理想主义气质。这个群体不同于被吸纳到高等学府体制的相对专业化的知识青年，后者往往在学科分布方面更具有多元化特征，在社会政治性格上也更加多样化，而凝聚在中国社会边缘的数量庞大的中小知识青年群体，绝大部分并不具有充分的专业化特征，而基本上集中在文艺领域。在一个崇拜组织和政党政治的主义时代，这个群体很容易被吸收到政党及其衍生出的各级各类组织里去。在这个历史过程中，中共后来居上，以富有道德魅力的意识形态和四面出击的组织体制，大量地吸引并改造中小知识青年。一种更为激进的整体改造的思路逐渐取代了新文化运动时期

① 徐懋庸：《徐懋庸选集》第 3 卷，成都：四川人民出版社，1984 年，第 273-274 页。

② 夏衍：《懒寻旧梦录》，北京：生活·读书·新知三联书店，2000 年，第 158 页。

的渐进思路[1]，吸引了那个时代中小知识青年的注意力，由此而在上海这座现代中国的文化与出版中心城市形成了震烁一时、耸动天下的左翼文化。就其时历史实况而言，左翼绝不仅仅是一种政治理念，也不仅仅是一种社会批判态度，它更是一种日常生活的方式和精神气质，同时遵循着布迪厄所言的文化资本与社会资本的逻辑，在主动而积极地建构着一种新型的社会网络。从本文所叙述的中小知识青年进入上海、在上海安身立命乃至进行政治和文化实践的过程来看，左翼青年在上海既依赖于文化网络，同时也在积极地构建文化空间，书店、学校、报馆、咖啡馆、电影院、左联、社联、剧联等各类文化空间都成为他们在这座陌生的大都市栖身的空间，同时以此为据点向外辐射左翼的文化观念。从一些左翼核心人士的叙述可见，左翼曾经是一种既有批判性又有弹性的社会组织，或许正因如此，他们才能在多种政治力量管控下的上海形成自身的影响力。

从新文化运动到左翼文化运动，这既是一种合乎历史逻辑的自然展现，也是一种巨大的历史转折。就其转折意义而言，新文化运动诉诸更多的是近代欧洲意义上的启蒙理性和价值观念，它所预设的是普遍主义的人性论，所期待的是具有现代理性意识的公众，而到了所谓"新启蒙运动"的左翼文化运动之际，阶级意识取代普遍人性，人民概念替代公民概念，革命话语排斥启蒙话语。对于当时中国的理解和对于未来中国的想象，从 20 世纪 20 年代初期开始因为左翼文化资源的引入、左翼文化运动的开展等逐渐发生巨大的变迁。从整个二三十年代的左翼文化运动与中共革命的关系来看，中国的左翼文化运动具有几个明显的特征。

首先，从对于城市里中小知识青年的动员来看，左翼文化运动具有文学入门、理论引导的特点。最初参加左翼文化运动的大都是对中国政治、社会和文化心怀不满的文艺青年，他们通过阅读革命文学、左翼文学等各种文艺作品，激荡起更为强烈和持久的改造社会与人性的乌托邦激情，但随后相当一部分文艺青年在左翼文化机构与人物的引导下开始阅读各种理论读物，包括唯物辩证法、社会主义以及各种通俗版的社会科学著作。在这方面，艾思奇、柳湜、李公朴、夏征农、邹韬奋等发挥了巨大作用。艾思奇的《大众哲学》和柳湜的《街头讲话》成为马列主义理论通俗化的典范，这些或翻译或撰写或编写的理论读物在引导中小知识青年从一个更为纵深和广阔的视角来理解、研究

① 有学者指出："当时青年们也逐渐倾向于认为，改变社会必须彻底改变经济组织，人们遂放弃新文化以来的几种信念：一、点滴式的改革。二、个人主义式的，每个分子力求健全自己，最后达到整个社会的进步。三、由思想、文艺入手的努力。尤其是经过问题与主义论战的洗礼，许多原先倾向'问题'的人，后来发现'问题'多到解决不完，'问题'之间又有千丝万缕的联系，不能像胡适等人所宣称的先解放个人再解放社会，而是必须对社会进行彻底改造。唯有先改造社会，才能回过头来解救个人；要先毁灭旧社会、建立新社会，所有个别的问题才能获得全盘解决。"见王汎森：《"主义时代"的来临：中国近代思想史的一个关键发展》，《东亚观念史集刊》，2014 年第 4 期，第 40 页。

和改造中国社会发挥了巨大的指导作用[①]。

其次，从对于中小知识青年的筛选来看，中国的左翼文化运动具有外围吸纳、组织摄取的特征。中国的左翼文化运动是一种“非政治的政治”，它通过左联、剧联、社联以及各种类型的外围组织动员，来吸纳游荡在中国社会边缘的知识青年。最初是以一种相对比较具有安全感的去政治的文化形态来安顿中小知识青年，并且积极利用当时上海社会所具有的各种模糊甚至灰色的文艺空间来进行左翼文化的宣传与普及。这显示了中国左翼文化运动一度比较具有灵活性和弹性，但在引入之后，党组织并未就此止步，而是全方位地锻炼和培训各种类型的文化工作者和文化干部，从数量巨大的形形色色的中小知识青年中间摄取具有更为坚定的意志、更自觉的革命意识和更强大的行动能力的个体，并将其发展为更为核心的成员。这样一种去粗取精、精心提炼的机制也是当时的国民党和三民主义青年团在组织发展中所不能望其项背的。[②]

最后，从整体面向来看，中国的左翼文化运动具有文化其表、政治其实的特征。正如裴宜理所洞见的那样，中国革命不同于俄国革命等主要诉诸暴力的革命，它从一开始就具有强烈的文化置位和文化操控的特征。这种文化既包括传统文化和地方性的文化，更包括新文化和革命文化。文化特质给中国革命的城市动员带来了一种强烈的审美乃至神圣感，文化也暗合了知识青年以文化创造和传播为使命的自我认知。[③] 但很显然，文化并非左翼文化运动的归宿，而是一个新的起点。左翼文化运动的最终目标是政治革命和社会革命，是从根本上改造中国社会乃至中国人的方方面面。因此可以说，中国革命是一种以文化为先导的政治，文化为政治提供理论的指引和意识形态上的合法性，而政治又反过来影响并操控文化，最终形成文化与政治的深度合流。即此而言，虽然从中国革命的意识形态论述来看，中小知识青年属于需要被改造的小资产阶级，但又同时成为中共革命不得不依靠的文化阶层。这种特殊的关系模式也为我们理解左翼文化运动的文化—政治之关系提供了重要的视角。

左翼文化倡导一种高调的社会平等理想和自由理念，但其内部又形成盘根错节的等级化体制。理想与事实之间毕竟存在着一定距离。左翼文化本来倡导一种社会团结与对民间社会的广泛渗透，但事实上，上海的左翼却日益圈子化和都市化，成为悬浮

---

① 笔者曾经对民国时期出版的“社会问题”系列图书做过考察，从一个独特的视角揭示了这些理论与实践（社会）相结合的各种类型著作对于中小知识青年理解自身及其时代的导向作用。参见唐小兵：《形塑社会想象的思想资源与概念工具——以二十世纪二三十年代“社会问题”系列图书为中心的考察》，《中共党史研究》，2016年第5期。

② 参见王奇生：《党员、党权与党争：1924—1949年中国国民党的组织形态》，上海：上海书店出版社，2003年，第45-47页。

③ [美]裴宜理：《安源：发掘中国革命之传统》，阎小骏译，香港：香港大学出版社，2014年，第4-12页。

在中国社会的一种波希米亚文化圈,形成了一种反精英主义的精英文化。或许正是理想与现实之间的强烈反差,以及左翼理念影响下的部分人士的直率真诚的个性及其人生的苦难,才会让我们在回首 20 世纪中国左翼文化的这一页时,有一种悲怆于心而不忍他顾的痛感。

近代上海的名人医药广告*

——以文人谀药为中心

张仲民

（复旦大学历史系）

摘要：近代上海报刊上的医药广告，经常会出现一些由著名文人具名的颂扬文字，其内容多是采取现身说法、大演双簧的形式，歌颂药品的疗效如何或医生医术的高明情况。除了极个别的例外，这些歌颂文字其实皆是变相的广告软文，为药商或医生作伪或通过各种关系请托得来，其实质则是文人借声名卖文谋利，蓄意造假骗人。然而，无论喜欢与否，大量专业文人投身于医药广告的制作和代言活动中，对药商及医生生意的促进与广告影响的扩大，意义匪浅。

关键词：医药广告；谀药；谀医

武人弄枪，文人弄墨，自古皆然。然而，不论古代、近代与当代，总会有层出不穷的文人写“谀文”，犹如总会有某些武人甘作帮凶和独夫一样。在古代，最常见的“谀文”大概要属“谀墓”文和“谀寿”文了；而到了近现代，最常见的“谀文”除了古已有之的“谀墓”文和“谀寿”文、御用文人的献策文外，比较常见却又不太为人注意的“谀文”，或者当属名人的“谀药”文、“谀医”文了，尤其是这样的“软文”多在报刊的“广告”栏出现，并不易为一般研究者重视，且多未收进这些人物的全集中。以下笔者就以近代上海报刊广告中刊登的诸多此类说辞为例，试着对此现象做一番叙述和钩沉。

就近代上海的医药市场而言，不管是中国药商还是外国在华药商，他们推销药品的最重要方法就是广告宣传。为获得更好的效果，上海药商还需炮制各种各样的谀药文字，尤其是由著名文人具名的保证书，在报刊上作为广告连篇累牍刊登，借此向读者展示药品（医术）及其广告已有的真实效果、社会影响和受到的赞美，从而达到吸引顾客、推销药品、招徕生意的目的。

---

* 本文原载于《学术月刊》2015 年第 7 期，有修改。

晚清有几个著名文人尤其善于谀药，他们在报刊广告中公开发表的谀药文字，不但文情并茂，还高自标置，是同药商相互勾结谋利欺骗读者与消费者的典型案例。其内容多是采取现身说法、大演双簧的形式，歌颂药品的疗效或医生医术的高明。除了极个别的例外，这些文字皆是变相的广告软文，其实质则是借声名卖文谋利，蓄意造假骗人。在这些谀文中，文人曾经出版的小说或著述、文人个人的办报经历和声望、其本人同外国人的联系、文人自身的见识与喜好等，都成为可以转化的“符号资本”(symbolic capital)，在经由药商或医生的收买后，迅即转化为“经济资本”(economic capital)。

近代上海较早为药商撰写谀药广告的著名文人是沈毓桂。作为晚清上海的资深报人，沈毓桂翻译了大量西学著述，也撰写了大量报刊时论，影响时人匪浅，在上海文人圈富有声望。当然，此人最辉煌的经历是帮助林乐知编辑《万国公报》，并一度担任该报的华文主笔长达十余年，为该报撰写大量鼓吹维新改革的论说。所以当华兴公司的燕窝糖精推出不久，善做广告的华兴公司老板孙镜湖马上找到沈毓桂，请其为文揄扬。年近九十高龄的沈毓桂也不负所托，发挥文人的丰富想象力，从个人的历史谈起，现身说法，将平生功业同燕窝糖精建立密切联系，由此凸显燕窝糖精对于其个人健康之价值，进而暗示读者都应该购买燕窝糖精滋补身体：

> 仆年垂九旬，颓然尚在，屡辞笔政，独养天和，每值午榻，留云丁帘，对月与二三知已酌酒谭诗，兴复不浅。虽素借读书养气之功，亦未始非服饵滋生之力。畴昔西友每馈燕窝糖精，服之精神为之一振，惜重洋数万里，欲购维艰。客岁南洋华兴公司精制燕窝糖精，分局海上，得以就近购服。考其制法，取地道燕窝，以机器去其毛疵，以化学撷其精华，调以真味，制成糖精，功效非常，能开胃健脾，填精补髓，生津液、美容颜，随时酌服，立见应验。尝之有味，服之有益，实非寻常药饵所可及其万一也！岂不欲人人跻于仁寿之域哉？忆昔美国进士林君乐知，创著《万国公报》，仆实掌华文迨二十载。又立中西书院于沪上，亦已十有四年，聘仆入院，尊为掌教，必孜孜焉栽培后进，夙夜匪懈，不惮劳瘁，然一生心血，日渐耗散，故饮食起居，慎之又慎。幸承华兴公司惠我糖精，助我精力，尚不致疲乏，皆得力于此。拙著《匏阴庐诗文合稿》《云蕡吟馆尺牍》，以及《养正编》，已梓行于世矣，尚有数种因乏刊资，未能即付手民。噫！仆壮不如人，自惭烛武老犹作客，敢比冯唐，每以鬻文卖字为活，寒暑无间，著作日富，精神日惫，然犹目目聪明，手足便捷，实由日服糖精之效。总之，药补不如食补，此正药饵中可作饮食，饮食中可作药饵者！况得其精华，制法美备，无懈可击，人人共晓，不待鄙人赞词而已，可流行于海内矣！惟是屡承嘉惠，实感盛情，爰书数语以志之。光绪二十三年，岁在丁酉秋九月，

南溪赘叟沈毓桂寿康甫识于沪城寓斋，时年九十。①

有意思的是，华兴公司的燕窝糖精才刚刚问世，可沈毓桂在赞词中却有意暗示燕窝糖精早就被推出，且华兴公司早已赠送于他。沈毓桂如此罔顾事实，不惜编制大量谎言为燕窝糖精背书，其间存在一定的利益交换自然在所难免。

当时的学界领袖俞樾亦曾被孙镜湖利用。他之前就曾为孙镜湖开设的京都同德堂药店赠送过牌匾“存心救世”（图 1）②，到之后燕窝糖精发卖时，俞樾又现身说法，不但题诗相赠，而且还撰写信件形式的谀文，替孙镜湖的燕窝糖精背书，其叙述手法同沈毓桂的谀文颇有相似之处，都讲自身服药体会，但俞樾这里对燕窝糖精本身的历史并没有过多叙述，也没有表扬自己的光荣历史，这同沈毓桂存心欺瞒读者、巧舌如簧有根本不同。由此推测，俞樾这里的来信更可能是因为无知上当，而非刻意欺骗读者。

镜湖仁兄先生足下，久仰清誉，驰思良深，恒以山水阻长，末由快聆尘教，怅何如之！忆戊戌岁，徐君蔚卿见赠燕窝糖精一匣，装璜精致，知系药物珍品，服之果获奇效，自此屡承诸友惠赐，每当茶余酒后，调服一盏，胜饮百剂参苓。自幸年逾八旬，犹能灯下作细字，殊可感也。语见拙作小序中，去腊戏题小诗两绝，讵意初稿流传，渥蒙青睐，刊之枣梨，且感且愧。窃思沪上为人文渊薮，必有燕许之手笔、徐庾之文章，私衷惓惓，窃欲一窥全豹，倘蒙不弃，赐阅一过，感谢多多矣！并有敝友徐蔚卿回文体词两阕，系补取第十。门下绿琴女史七律六章，系特等第十四，务希推爱，各赐一编为幸。只颂升祺，伏维荃照，曲园老人俞樾顿首。③

图 1

资料来源：《申报》1895 年 5 月 22 日

① 《燕窝糖精赞》，《申报》1897 年 10 月 21 日。

② 《上海五福街口京都同德堂药房》，《申报》，1895 年 5 月 22 日。

③ 《惠函照登》，《申报》，1901 年 2 月 27 日。

近代著名文人孙玉声(家振,1864—1940)则经常和孙镜湖、黄楚九等滑头药商合作,为之撰写谀药文字。如他曾为孙镜湖开办的富强戒烟善会撰写颇为煽情的广告,高调赞美孙开办富强戒烟善会的意义:

> 光绪辛丑孟夏,海上创设富强戒烟善会成,主其事者孙镜湖司马也。夫鸦片之流毒中国也,深矣!消磨人志气,委顿人精神,废弃人事业,上自公卿,下迄士庶,习俗所趋,靡然一轨,几乎驱当世四万万人尽隶黑籍,日就贫弱,无所作为。其所以幸未尽隶黑籍者,赖有一二有志之士,苦口劝戒,与夫戒烟之良法在耳!然而志士不多得,良法不多有。彼悬鹄于市自以为秘术鸣世者,牟利耳!卖药于途,自谓异方独得者,吗啡耳!土皮耳!以牟利之人,吗啡、土皮之药,欲冀烟害渐消,嗜者日少,是犹拔根而不竭其力,锄莠而不利其器,鲜有能济者也。鲜有能济,则烟之为害,举世滔滔,伊于胡底!方今我欧洲(原文如此——引者注)当新机渐辟,力图自强之秋,安可使此消磨人志气、委顿人精神、废弃人事业之物,为害于世,无人焉为之大声疾呼,驱除尽绝,此富强戒烟善会之所以急为创办欤?善会创而烟害除。而向之志气消磨者,今而后志气奋向之;精神委顿者,今而后精神锐向之;事业废弃者,今而后事业振,而富强之基即肇于是,何待智者始知?是故,此善会之成,微特能为斯世除烟害,直可辅斯世维新基也。因乐为之序,其大略如此,盖以彰当局者之用心,并拭目而观成效焉!海上漱石生孙家振拜稿。[①]

实际上,富强戒烟善会发行的声称能快速戒烟的富强戒烟丸,不过是由吗啡构成的假戒烟药,被揭发后即遭上海道袁树勋查封。[②] 孙镜湖从此一蹶不振,白白浪费了海上著名文人费心谀药的良苦之情。

稍后,孙玉声还现身说法,以自己的经验为黄楚九的艾罗补脑汁做代言广告:

> 艾罗医生与余缔交垂二十年矣!知余素患头风,发时疼痕难禁,百药妄效。谓此乃终生从事笔墨伤损脑筋所致,服补脑汁则痼疾自除,因出所制艾罗补脑汁以赠。时适笔政之暇,戏著《海上繁华梦》一书,焦思劳神,倍于往昔,而服药后旧疾竟未一发,乃知病已若失,深佩药力奇效。为赋二绝以告世

---

① 孙家振(玉声):《富强戒烟善会序》,《同文沪报》,1901 年 9 月 5 日等。

② 有关情况可参看:《禁售恶药》,《申报》,1903 年 12 月 3 日;《严禁毒药》,《申报》,1904 年 3 月 3 日;《富强戒烟分会之禁止》,《警钟日报》,1904 年 3 月 3 日。还可参看李宝嘉:《官场现形记》上册,北京:人民文学出版社,1963 年,第 328-329、346-349 页。

> 之同病者，并谢艾罗医生：服君良药愈头风，灌顶醍醐大有功。四十一年鏖宿疾（时余年四十一），感恩深入脑筋中。补身昔有铁磷糖，补脑而今别有方。脑补自然诸体补，糖浆一满比琼浆。海上漱石生稿。[1]

上文中一个明显谎言是：所谓美国的艾罗医生本无其人，全系黄楚九杜撰，孙玉声谈何同其有"二十年"的交往？转言之，既然两人有二十年友情，又了解病根，为何艾罗那么晚才赠药给孙？但根据孙后来的自述，他的确患有"头风"，"中年时患偏头风，发时头之右半部作痛甚剧，且必牵及齿部，须三四日方能平服，深以为苦"，"乞医疗治，不获奏效"，只是孙玉声此病并非用脑过度引起，而是"蛀牙"作怪，拔牙之后才不复发作。[2]艾罗补脑汁根本没能治好其病。由此不难看出，孙玉声替艾罗补脑汁背书的广告，其实是别有意图的花言巧语，存心欺骗消费者，完全是出于为老友黄楚九宣传的考虑。

晚清著名小说家吴趼人（1866—1910）为黄楚九艾罗补脑汁撰写的代言文《还我魂灵记》，则是另外一个药商同文士串通、合演双簧的好个案。在 1910 年 6 月下旬的《时报》《申报》《新闻报》《舆论时事报》《天铎报》及 7 月下旬的《汉口中西报》等报刊上，中法药房开始连续刊载《大文豪家南海吴趼人君肖影并墨宝》广告（图 2）[3]。该广告为吴趼人亲自撰写的《还我魂灵记》，以吴半身照片插入其间，旨在鼓吹精神困顿、文思苦涩的吴趼人服用"老友"黄楚九赠送的六瓶"艾罗补脑汁"后的神奇效果。文末附以吴致黄楚九的说明信件，特意矫情地自陈《还我魂灵记》一文仅为"自娱，录以呈政"，"不必以之发表登报。盖吾辈交游有日，发表之，人转疑为标榜耳！"最后广告中所附中法药房的按语也颇有意味，实际上道出了吴趼人和黄楚九一起合演双簧的情况，同时说明吴趼人在这个过程中并非被动，而是主动参与：

> 吴趼人君为粤东名士，作海上寓公，频年在虹口办理广志学堂，与敝药房经理黄君朝夕把晤。近患精神衰弱之病，因以艾罗补脑汁为赠，果幸克奏奇效。吴君贻书并以所著《还我魂灵记》，及近日所摄肖影致谢，嘱勿登报以避标榜。惟念吴君文章经济，卓绝一时，斯世仰望风采，及钦慕其著述之人，不知凡几，何敢深秘？因重违其意，录付各报，俾读其文且如见其人，未始非艺林佳话也。标榜云乎哉？爰附志数语如右。

---

① 《笑林报馆孙君玉声之谢诗》，收入《艾罗补脑汁——请看真正实验之保证书》，《时报》1904 年 11 月 14 日；《艾罗补脑汁保证书第十三页》，《中外日报》1905 年 3 月 11 日、《时报》1905 年 3 月 25 日等。

② 孙玉声：《退醒庐笔记》，载沈云龙主编：《近代中国史料丛刊》第 80 辑，台北：文海出版社，1972 年，第 177-178 页。

③ 《时报》，1910 年 6 月 20 日；《天铎报》，1910 年 6 月 20 日；《申报》，1910 年 6 月 20 日；《新闻报》，1910 年 6 月 21 日；《舆论时事报》，1910 年 6 月 21 日；《汉口中西报》，1910 年 7 月 18 日；等等。

大文豪家南海吴趼人君肖影并墨寶

图 2

资料来源:《时报》1910 年 6 月 20 日

只是这出拙劣的谀药双簧戏,虽使吴获润笔三百元,却让时人讥其晚节不保。[①]

事实上,这并非吴趼人第一次试水,之前他"所作酬应文字,类此者不知凡几"[②]。早在十几年前(即丁酉仲冬,约 1897 年底、1898 年初),他即曾为孙镜湖的燕窝糖精撰写谀药文——《食品小识》[③],该文亦是借吴本人的所谓服药体会来宣扬燕窝糖精的所谓神奇功效:

> 余生平于服食之品,素不讲求;于药饵则尤不加意,盖体气素强,无需此品也。即从前征逐时,日御珍馐,而不知其腴;后来闭门株守,日食青韭黄齑,亦不觉其淡。惟于甜品,则不甚喜之。据医者云:此亦脾胃无恙,方克臻此也。入今年来,时觉困倦,饮食锐减。自念壮已如是,老更可知,乃思所以调补之。质诸医者,或劝御六味丸,或言服两仪膏。试从之,三日无效,辄弃去。

① 周桂笙:《新庵随笔》上卷,上海:古今图书局,1914 年,第 35 页。

② 周桂笙:《新庵随笔》上卷,上海:古今图书局,1914 年,第 36 页。

③ 该广告文原见《消闲报》,转见 1899 年 10 月 22 日《中外日报》;又见陈无我:《老上海卅年见闻录》,上海:大东书局,1928 年,第 214-216 页;魏绍昌:《吴趼人的两篇佚文》,收入《吴趼人全集》第 10 册,哈尔滨:北方文艺出版社,1998 年,第 319-320 页。

盖余性急躁，每服膏、丸等，必须以盐汤为引，或须沸汤调冲，沸汤不可遽得，必坐俟良久，始克进服，殊不耐也，家人辈乃劝服汤药，余益不耐。今秋薄游吴门，中秋之夕，适在旅舍，对月闷坐。夜将半，觉馁甚，检点行箧，得华兴公司燕窝糖精一匣，姑试尝之，觉甜沁心脾，食片许，借以点茶而已。食后觉虽未饱，而殊不饥，犹未为异也。晨起食骤进，午后姑再进之，习以为常。数日后，随友人游虎丘，往返步行，几三十里，殊不觉倦，于是始知此糖之益，决意常服。友人有知之者，咸来索取，惜携带无多，不能遍赠耳。盖其以药品而能代饼饵，且取携甚便，无药引调冲之烦琐，故人皆乐用之也。所尤奇者，余性不喜甜，服此糖则脾胃皆纳，试食他甜品仍不受也。是岂燕窝之功欤，抑别有法以制之欤？还请质之公司主人。丁酉仲冬，南海吴趼人识。

其实，吴趼人自己很清楚，类似的药商广告并不靠谱："药房多捏造伪信，以作保证书。"[①]他在小说《二十年目睹之怪现状》第二十八、二十九回中，也曾描写与揭露沈经武（影射孙镜湖）同富人家的侍女私奔到上海，假冒北京同仁堂之名卖药被查一事。[②]可以说，为燕窝糖精及艾罗补脑汁撰写现身说法的保证广告，吴趼人实是因利所诱而言不由衷。

较之沈毓桂、俞樾、孙玉声、吴趼人等人利用自己真伪参半的生活经验为燕窝糖精或艾罗补脑汁等药所唱的赞歌，《同文沪报》主笔周病鸳为燕窝糖精所作的谀文《华兴燕窝糖精辨》亦不逊色：

……华兴燕窝，鄙人躬受其惠，目睹其妙，非闽粤所造之伪物可比。凡他家所有礼燕、扇燕、札燕、丝燕、囊燕、熏燕，名目一概不备，独入南洋暹罗等处，选其上等，剔其精品，此推尊之所由来也。客曰：君既知其来历矣，然燕窝而必制成糖精又何故？予曰：凡补物之味适口者稀，而燕窝味甚平淡，毛疵满布，购者每以未便而止。华兴公司悟其新法，始以机器去毛疵，继以化学撷精华，调以真味，制成糖精，无论有病与无病，尽人可服，且随时可用。客乃喟然叹曰：异矣哉！天下竟有若之奇货哉！夫以货物之真，如是制法之妙，又如是而定价，不图厚利，真所谓价廉物美者，有裨益养生家，造福不浅。今而后，此中工用，吾尽知之矣！幸谢……[③]

周病鸳上述文字，用对答形式展开，文中叙述近乎肉麻，虚构事实，生造功效，不仅大肆

① 吴趼人：《沪上百多谈》，载《吴趼人全集》第8册，哈尔滨：北方文艺出版社，1998年，第242页。

② 吴趼人：《二十年目睹之怪现状》，宋世嘉校点，上海：上海古籍出版社，1997年，第143-147页。

③ 《华兴燕窝糖精辨》，《申报》1897年11月5日、《采风报》1898年8月20日等。

赞扬滑头药品燕窝糖精，而且还刻意贬低孙镜湖的竞争对手，可算是一篇不太高明的文人谀药之作。同样，周之后亦曾为黄楚九的艾罗补脑汁写过同样肉麻的谀药文字，且侧重于从种族与国家角度来讲消费艾罗补脑汁的意义：

……华人不能护脑，通国皆成病夫，堂堂大国，降而致于孱弱。言念及此，良用怃然。敝人幼岁患痘，本原已经斫丧，少年后日从事于记述，思虑过甚，神气久废。友人以艾罗医生所制补脑汁见馈，劝试服之。浃旬以后，迥异曩昔，因思国人之委靡不振者，俱使得此，何患不能自强，是则此汁之功用，直堪医国，岂仅一人之身已哉！书此存之，以讽妙药。[①]

相较之下，李伯元为艾罗补脑汁所作的谀文还不算太离谱，但亦说了不少谎话：

《说文》曰："脑，头髓也。"头为一身主宰，五官百骸，皆受命焉。是故脑盛则诸体皆盛，脑衰则诸体皆衰。消长之理，隐隐相通，盖非可忽视也。近来新学家谓人之思想，皆属于脑气筋，其说甚精确，然则补脑之法，诚不可不亟请求矣。艾罗医生为美洲著名岐黄家，操活人术者五十载，兹出其心得秘法，制为补脑汁，经国家试验有效，准其出以问世，运至沪上，归中法药房一家经理代售。吾知此汁一出，其有裨于养生家者，决非浅鲜，故乐得而书之。甲辰十月南亭亭长谨识。[②]

其实，周病鸳、李伯元等海上文人在广告中大肆颂扬的所谓燕窝糖精和艾罗补脑汁乃至亚支奶、人造自来血等形形色色的药品，不过是上海药商精心制造包装出来的假药，这些药何尝有实际的物理效果？只是在被文人大肆吹捧后，其声价自然也就非同一般了，其效用自然会被不少人认为是神乎其神。

一些文人不仅投身于医药广告的制作与代言，他们有时甚至会高调地在报刊最重要的"论说"栏目内故意制作软文，公然替某些与报刊主事者或本人有利益输送关系的药商鼓吹(图 3)。文人这样全心投入，除了因个别的情谊难却或上当受骗之外，几乎皆为利来，尤其是那些为药商具名做广告的报刊主笔，恰如周桂笙指出的："日报主笔如病鸳、云水、玉声诸君，且受庸药肆、剧场，专事歌颂。"[③]像《游戏报》馆主李伯元即曾在《游戏报》"论说"栏发表过一篇《惠济大药房摄生金鉴跋》，歌颂该药房主人洪锡九的

① 《艾罗补脑汁保证书第十四页》，《中外日报》1905 年 3 月 12 日、《时报》1905 年 3 月 25 日。
② 《学堂要品!!! 请看真正实验之保证书——艾罗补脑汁》，《时报》，1904 年 11 月 28 日。
③ 周桂笙：《新庵随笔》上卷，上海：古今图书局，1914 年，第 36 页。

自來血保證書

○漢口中西日報主筆王君掬梧
治疼痔患漏血之保証書

強體壯身

○天津中國報社大經理兼編輯
石聘之君之保証書
五洲大藥房主人鑒敬啓者鄙人
前肄業北洋大學翻譯報業
筆底生涯因刻苦用心致獲失血
重症前託友在○○貴藥房購
自來血一打服未及半精神覺
洞爽身體轉為健壯刻下競業
已全愈實賴自來血之功果也因
受恩深重用特專函鳴謝即請○
貴主人大安○○正月念二日
○○天津中國報社經理兼編輯
石聘之謹啟

○安徽全椒榮巷第薛幼飴君治
愈便血之保証書
五洲大藥房諸位先生惠鑒鄙人
三四年前得一便血之症每月必
發四五次前閱報章得知○貴藥
房有自來血一藥鄙人思此病之
起緣皆由血氣不足而得去年五
月間適友人至申託其購○貴藥
房自來血半打如法食之至九月
不過總發七八次十月又有人至
申又託其購一打至今年已數月
未發一次足見此藥之功效如神
◉貴藥房主人熱心濟世著救同
胞將來必為全球醫界中之偉人
可敬可賀即此敬候◉財安并賀
大喜正月十七全椒薛幼飴頓首

消除百病

二十世紀大著作名家萬國商業
月報主筆童君愛樓之保證書

图 3

资料来源:《神州日报》1910 年 8 月 18 日

医术及其所著书籍。[①] 当时上海商界最有影响力的报纸《新闻报》,则经常在最重要的"论说"栏发表广告软文称赞药商及其广告。如曾刊发《论药局告白之有益》一文[②],公然赞美登在各报尤其是该报上的各大药商广告诚信可靠,并颂扬广告药品的功效;后则又发表《书方药奇验事》的"论说"[③],专门为一些药商的药品广告吹法螺;进而又刊登《寿世药言》的"论说"[④],稍后又登载《医国药言》[⑤],专门发布两篇专论替大隆公司发卖的燕窝糖精吹嘘。两篇"论说"发布之后,大概取得的广告效果良好,大隆公司遂马上趁机涨价。[⑥] 之后,《新闻报》又发表《论枢垣诸公当有幕僚赞助》的"论说",借喻高官之位置犹如国家之脑,巧妙为艾罗补脑汁背书。[⑦] 而《世界报》上刊载的一篇《论脑》

① 《游戏报》,1897 年 11 月 17 日。

② 《新闻报》,1896 年 1 月 26 日。

③ 《新闻报》,1896 年 6 月 17 日。

④ 《新闻报》,1899 年 3 月 28 日。

⑤ 《新闻报》,1899 年 4 月 20 日。

⑥ 《暹罗大隆燕窝公司燕窝糖精、糖汁涨价》,《新闻报》,1899 年 4 月 28 日等。

⑦ 《论枢垣诸公当有幕僚赞助》,《新闻报》,1904 年 11 月 25 日。该文又见《艾罗补脑汁保证书第十一页》,《中外日报》1905 年 3 月 8 日、《时报》1905 年 3 月 23 日等。

论说，也曾公然宣传艾罗补脑汁之于国家的重要意义。[①]《中国商务报》则曾发表过一篇《艾罗补脑汁能保寿险之奇特》的白话论说，专门吹捧艾罗补脑汁的所谓保寿功效。[②] 在丁未正月十二日(1907年2月24日)的《世界报》上，则发表有《论服亚支奶者不可不一辨》的论说，公然为假戒烟药亚支奶大唱赞歌。[③] 稍后的八月十二日(1907年9月19日)，《同文沪报》也同样发表了肉麻的谀药文《论戒烟药注意尔藤亚支奶》。[④]

文人在报刊中谀药的稍微低调形式，则是在报刊中发表一些类似报道一样的短篇文字。《申报》上的此类文字就非常之多，如仅在1890年2月，它就两次发表署名为"高昌寒食生"的《赠药鸣谢》和《戒烟糖引言》，为孙镜湖假冒北京同仁堂的药铺"京都同仁堂"发售的几种药品进行鼓吹介绍。[⑤]《中外日报》也曾刊载过如《赠药鸣谢》之类的变相医药广告软文，文中以记者身份详述赠品——"育善堂""胡庆余堂"所制各药及"祥记号"所出售之急救吞烟药的功效。[⑥] 这些信息亦等于替某些药商及药品鼓吹的巧妙广告。

不仅谀药，很多文人还谀医，其间存在一定的利益关系自属无疑。像《游戏报》馆主(李伯元)曾为住在该馆的常州某医生代登广告《治毒妙手》，进行表扬和推荐。[⑦] 著名报人汪康年除了同严信厚、刘学洵、赵凤昌等人一起连续发布过《名医来沪》广告[⑧]，亦和徐庆沅一起发布过《壶中隐名医》广告[⑨]，还曾单独具名发布过《名医正宗》[⑩]，替一些医生弘扬医名和介绍病人。吴趼人也曾伙同他人一起在《采风报》上发布《世医回沪》的广告，替一个叫吴菊舫的医生鼓吹，称赞其医术高明，秘制药品灵验。[⑪] 周病鸳也曾以自身患病及治愈经历，替一个来沪的浙西医生张敬和吹嘘，手法同之前其吹嘘燕窝糖精与之后吹嘘艾罗补脑汁一模一样。[⑫] 其他如严复、李平书、李孟符、沈仲礼等海上名人，则都曾亲自具名在报上刊登广告，介绍与推荐某些和自己有同乡或戚友关系的医生。[⑬]

---

① 《论脑》，原见《世界报》甲辰十一月初十日(1904年12月16日)；转见《艾罗补脑汁保证书第十页》，《中外日报》1905年3月7日、《时报》1905年3月22日等。但该文原文笔者没有看到。

② 转见《新闻报》1911年4月4日等。

③ 该文转见《时报》1907年3月7日。《世界报》原文笔者没有看到。

④ 该文转见《南方报》1907年9月22日、《神州日报》1907年9月30日等。因为上海图书馆保留下来的《同文沪报》不多，刊载此文的该期《同文沪报》刚好没有，所以笔者没有看到。

⑤ 两文分别见《申报》1890年2月4日、23日。

⑥ 《赠药鸣谢》，《中外日报》，1899年7月7日。

⑦ 《游戏报》，1898年9月21日。

⑧ 《中外日报》1902年7月12日等。

⑨ 《中外日报》1902年10月2日等。

⑩ 《中外日报》1903年8月5日等。

⑪ 《采风报》，1900年5月25日。

⑫ 《屈留吏隐》，《同文消闲录》，1900年10月24日。

⑬ 分别参看：《紧要广告》，《中外日报》，1906年3月31日；《敬告病家》，《中外日报》，1904年3月4日；《绍介良医》，《时报》，1906年8月10日；《沈仲礼介绍西医眼科专家》，《神州日报》，1909年2月20日；等等。

雇用专业文人谀药、谀医，最善此道的晚清上海药商就是孙镜湖与黄楚九，始作俑者是孙镜湖，后来居上者为黄楚九。他们的这种广告手法影响很大，不只影响了上海华人药商的经营方式，甚至也影响了包括韦廉士、兜安氏、东亚公司书药局等在沪的外商药房①，各中外药商乃至医生纷纷开始采取类似的广告策略，遂造就了一批又一批职业的谀药、谀医文人。难怪熟悉内幕的包天笑会在时论中对此状况进行讽刺："近日文人又多一种新行业，则专为各药房做伪告白也，以言告白学则诚进步。"②

到民国后，这类文人暨名人谀药、谀医的流行程度丝毫不弱于晚清，且有过之，我们暂举几例说明之。

民国肇建，临时政府中诸多官员都曾借助个人职位所带来的影响力具名在报刊上推荐医生与颂扬药品。如教育总长蔡元培即曾在报上署名推荐一个叫杜同甲的医生：

> 杜君同甲，研究医学，垂二十年，苦心孤诣，实事求是，其所治愈，鄙人尝亲见而深知之，谨为病家介绍。杜君现寓上海武昌路太平里口绍兴杜寓内，门诊五角，出诊二元。③

其他高官如黎元洪、伍廷芳、王芝祥、王人文、温宗尧、陈其美、汤寿潜、张謇、王正廷等都曾刊出类似的荐医尤其是荐药广告，他们主要推荐的药品有东亚公司书药局的仁丹、中法药房的精神丸、席裕麒的亚支奶戒烟丸、罗伟药房的药品等。④ 其中黎元洪、陈其美更是曾为多个药品背书（图 4）。甚至连刚卸任临时大总统的孙中山也未能免俗，亦曾几次具名在报刊广告上荐医：

> 章君来峰，浙之东瓯人，精岐黄术，已易二十寒暑，济人无算。文在海外，久闻其名，中医学识如章君，诚不易得。兹遇来沪，文因挽留悬壶，以便同胞之顾问，患疾者幸勿交臂失之也。住处现寓英租界昼锦里维新旅馆。医例：上午门诊洋一元，过午不候；下午出诊，洋三元；远邀另议。挂号一角，贫病不计，友谊同乡均不在例。⑤

---

① 这些跨国药商在近代中国的部分广告可能就是由其在母国的广告直接挪用或略微改造而来，但也极大采用了当时上海华商药房普遍采用的"文人谀药"的广告方式。

② 笑（包天笑）：《寸铁》，《时报》，1909 年 11 月 19 日。

③ 《蔡元培谨为儒医杜同甲君介绍》，《大共和日报》1912 年 4 月 1 日、《民立报》1912 年 4 月 1 日、《申报》1912 年 4 月 1 日。

④ 《中华民国与常备神药仁丹》，《申报》，1912 年 3 月 5 日；《沪军都督陈示》，《申报》，1912 年 7 月 13 日；《中华民国军政府沪军都督陈示》，《大共和日报》，1912 年 7 月 19 日；《黎副总统》，《大共和日报》，1912 年 8 月 2 日；《介绍良医黄莘侯》，《申报》，1912 年 12 月 27 日；《上海新药戒烟社》，《大共和日报》，1913 年 4 月 2 日；《徐景明先生无愧新世界之牙科第一》，《大共和日报》，1912 年 8 月 19 日。

⑤ 《孙文介绍名医》，《申报》，1912 年 3 月 30 日。

图 4

资料来源:《大共和日报》1912 年 8 月 2 日

有意思的是,孙中山自己是西医出身,且不信中医,这里居然肯公开赞美一个中医,实在无法轻易将其从“谀医”队伍中排除！稍后,孙中山还为一个日本安住大药房题匾“博爱”(黎元洪则以副总统身份赠送该药房自身照片一张,让其登报以示表彰),表扬其药品(图 5)。孙中山之所以如此做,原因在于 1913 年初孙中山在日本时曾经受到该药房的接待,所谓“敝药房主人东驰西聘,欢迎尤力”。[①] 十年之后,孙中山又发布过一个类似的荐医广告,以自身治疗情况作为经验,现身说法,介绍一个所谓日本名医的医术、疗养法及疗养院(图 6)。[②]

图 5

资料来源:《申报》1913 年 7 月 1 日

图 6

资料来源:《申报》1922 年 12 月 26 日

① 《恭祝中华民国成立》,《申报》,1913 年 7 月 1 日。

② 《孙文介绍名医医界革命之巨子抵抗疗法之元祖高野太吉翁来沪》,《民国日报》1922 年 12 月 24 日、《申报》1922 年 12 月 25 日。

不独从政者谀医、谀药，近代经史大家、民初的国史馆馆长王闿运就曾经为五洲大药房的药品广告册子《卫生指南》撰写过序言，吹捧该药房发行的人造自来血的疗效：

……近世医学久废，而泰西各国发明方技，考证经络，立为专科，撷百草之精英，成诸病之主治，于是西医西药编天下，病者亦乐其简易，喜购服之，致每岁入口又巨万万。五洲大药房有鉴于此，聘我国之通西医者，制为自来血，以挽救之。盖人生之要，不外气血。顾气可以吐故纳新，而血必资乎补养，又其药之原质几经化验，俱有依据，非若诡诈之人托名秘方以欺世惑众者，使他日扩而充之中华医院，行且见夫泰西，岂非学者之至愿乎？余故乐为志，其缘起如此。乙卯六月甲辰朔王闿运题。①

在王闿运这篇序言之后，还加有五洲大药房经理项松茂（即项世澄）的按语——“谨按：现任国史馆长王湘绮先生，实为吾国经史大家，已轰传朝野。当前清同光宣之际，即有南王北孙之称……著述等身，名播中外，凡事一经品题，莫不声价十倍，兹幸《卫生指南》一书得荷九鼎之言，弁诸卷首，则是编将随先生不朽矣！五洲药房主任项世澄谨志。”短短几句话，可以看出五洲大药房对王闿运肯为之鼓吹的兴奋与希望。

与王闿运相比，学术大师章太炎也不逊色。晚年章太炎至少曾两次公开在报刊上发布推荐医生的广告，这两次的广告文字都未被章太炎的研究者所注意，故而也未被收入其文集。第一次的广告文字为：

国医陈苏生为名幼科沈仲芳之入室弟子，复为医隐钟府卿之高足，大小方脉均有根底。悬壶以来，所遇疑难痼疾，均能应手奏效，或经登报鸣谢，或书额以志感念，声誉遂因之益振。值兹炎夏，百病丛生，因劝其送诊，以利病家。现定自八月一日起，每日午前八时至十时送诊，不收诊金，逾时仍照旧例……②

第二次广告则附有章太炎亲笔撰写的推荐文字的影印，以增加推荐广告的真实性和对于读者的影响力（图 7）：

昆山王君慰伯，三世行医，熟精方脉，而于伤寒一类，研究尤深。前岁以著述见投，余劝其在沪悬壶，借彰实效。今秋王君采用余说，辟门应诊，恐海上人士未知其术之浅深，用特广为宣告，兹代订诊例如右。民国二十三年八

---

① 《卫生指南》，五洲大药房，1915 年印，上海图书馆藏，“序”。

② 《章太炎为国医陈苏生送诊启事》，《申报》，1933 年 7 月 29 日。

月章炳麟……[1]

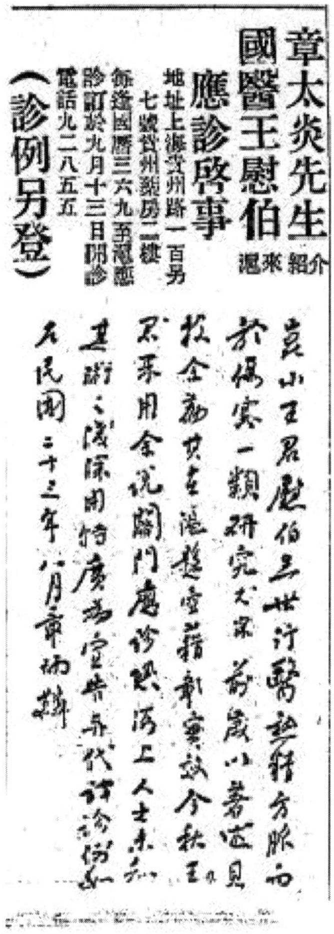
章太炎先生介紹國醫王慰伯來滬應診啓事

地址上海貴州路一百另七號貴州藥房二樓

每逢國曆三六九至滬應診訂於九月十三日開診

電話九二八五五

（診例另登）

崑山王君慰伯三世行醫熟精方脈而於傷寒一類研究尤深前歲以善治見救余病其在滬懸壺藉事實故今秋王君不來用余說闢門應診然滬上人士未知其術之淺深因特廣為宣告亦代訂診例如右民國二十三年八月章炳麟

图 7

资料来源:《申报》1934 年 9 月 11 日

两次具名推荐的医生都系“国医”,显示出章太炎对中医一以贯之的支持态度,但却显示不出章太炎与这两个医生之间是否有利益交换。

与别的名人类似的文字相比,章太炎的上述推荐尚不算太过离谱,尤其是考虑到 1930 年代上海医药广告作假的严重程度来说,章太炎如此叙述并不算过分。因为这时候,药商与医生买通报馆和文人为之鼓吹的现象非常严重,双方合演双簧,罔顾事实,欺骗读者,危害很大。最甚者,连一些报刊中的“医学特刊”,实际都是变相的药品或医生广告。其中,影响和发行量最大的《申报》《新闻报》所开设的“医药周刊”栏目即是明显例证。此栏目被评论者认为是“最贻害一般社会的广告”,属于报纸不顾自己社

① 《章太炎先生介绍国医王慰伯来沪应诊启事》,《申报》,1934 年 9 月 11 日。

会责任，“以学术刊物的名义”存心欺骗，“明明是医生自己宣传的广告，却当作讨论学术的刊物，这是误人者一。并且其中所述者，满纸淋病、梅毒、生殖灵之类，此则关系社会善良风俗，为害尤不可胜言！”[①]对此，邹韬奋也批评某些大报已经沦为“广告报”，报格低下，为了获取广告费，昧着良心为某些药品或医生大吹法螺：

> 我国的大报过于营业化，却是一件无可为讳的事实，简直是广告报！报价并不因广告之多而特别减低，国民的购买力既每况愈下，费了许多钱买着一大堆广告报，反而不及费较低的价钱买一份小型报纸看看。尤其可怪的是竟将特刊的地位当广告卖，大发行其“淋病专号”，满纸“包茎之害”“淋病自疗速愈法”，替“包茎专家”大做广告，替“花柳病专家”大吹牛，“一经着手，无不病根悉除”，“方法之新颖，手段之老到，可谓无出其右”，于每篇文字下面还要用“编者按”的字样，大为江湖医生推广营业，好像报馆所要的就只是钱，别的都可不负责任。在这方面真打破了各国报纸的新纪录！为全世界著名报纸所不及！关于评论和新闻方面，也许还有一部分可推在环境的压迫上面，但是大出其“淋病专号”的盛举，却不能说是受着那一方面的压迫了。[②]

这里的批评对象很难不让人想起是在针对《新闻报》和《申报》，它们因为广告系利源所在，为不影响惯常的广告客户，根本不愿改革，“他们以为改革以后，读者将不欢迎，而且对于广告有窒碍”[③]。而且两报对于医药广告基本是采取来者不拒的态度，哪怕是涉嫌违禁的春药广告，亦照登不误，根本不怕会受到处罚。无他，此类药品的广告费对于报刊不可或缺，报刊主事者不能以其广告的虚假夸大而拒绝之。故此，范守渊痛批道：“可痛心的，是中国的新闻界，大都昧着良心，替伪医伪药做宣传，国民经济的牺牲，民众健康的损失，当然不在他们的心中了。”[④]钟惠兰也批评道：“夫报章杂志，乃言论机关，一言片语，都关重要，岂可自贬声价，为药商宣传秘制药与专卖药，以博得些微之利？”[⑤]

尽管招致各种各样的口诛笔伐，这种雇用著名文人做报刊广告的手段仍旧广为各药商和医生采用，医生尤其喜欢使用。这正如一个上海开业医生所言：“此以名人之介绍，博社会之信仰，为现今流行之最佳之广告法，其效果颇显著”，“夫病家选医之动机，

---

① 文夫：《报纸的广告》，《文化建设月刊》第2卷第5期（1936年2月10日），第3页。

② 邹韬奋：《大报和小报》，原见1935年11月16日《大众生活》创刊号，转见邹嘉骊主编、中国韬奋基金会韬奋著作编辑部编：《韬奋新闻出版文选》，上海：学林出版社，2000年，第32页。

③ 包天笑：《钏影楼回忆录》，太原：山西教育出版社、山西古籍出版社，1999年，上册，第544页。

④ 范守渊：《报纸与虚伪广告》，收入《范氏医论集》，上海九九医学社印行，1947年7月，第193页。

⑤ 钟惠兰：《秘制药与专卖药》，载丙寅医学社编：《医学周刊集》，1930年4月第3卷，第191页。参看陆梅僧：《广告》，上海：商务印书馆，1947年，第5-6、194-195页。

大都闻他人患重症危病，经某医所治愈，因之起信仰心而求治于该医，盖欲收同样之效果也。一般医士深悉病家此种心理，乃有鸣谢之广告法以吸收患者，甚见效。鸣谢广告由病者出面启事，刊于流行之新闻日报中。”[①]何以如此？按照西医范守渊的分析，这是因为民众总是很盲目，“以为某某名人介绍过推荐过的医生，总是大医生，不会多差的，看他说得诊务这样纷忙，总是红医生，某某大人物，给他治好了，向他登报道谢，总是了不得的好医生了……”[②]但就像余岩所指出的，现实中名人向医生致谢这类事情多是“运动”得来，“联合都市缙绅以介绍之者，昔或有之，今皆以运动得之矣；使治愈者登报鸣谢，昔或有之，今皆以运动捏造为之矣！”[③]故此，这样的广告作伪手法让人司空见惯后，其欺骗效果不但大打折扣——“至今已稍失却其效力矣”，还臭名昭著，引起有识者对医生广告整体的批评：“社会人士每以医士之广告为不道德之行为，非难排斥，不遗余力。”[④]

可以说，在近代中国商业最为发达的上海，商家尤其是药商和医生的广告术也花样最多，最能欺骗消费者，而以《申报》《新闻报》为首的商业报刊就是这类医药广告得以长盛不衰的重要载体与推手。至于那些自甘堕落或不那么堕落的文人、名流、医生或官员所写的阿谀文字，则是这类医药广告能够不断获得读者青睐的助纣为虐者。然而，无论喜欢与否，大量专业文人投身于医药广告的制作和代言活动，对药商及医生生意的促进与广告影响的扩大，意义匪浅，当然，导致的危害也罄竹难书。遗憾的是，后世很多研究医药广告或类似问题的学者，居然相信近现代报刊上这些名人广告的宣传，居然不加批判就贸然采信照单全收，这实在有些偏听偏信。[⑤]

---

① 胡安邦：《国医开业术》，上海胡氏著医室，1933 年，第 54 页。美国 19 世纪的医疗广告中也刊登有一些病人的保证书和推荐函，这样做是药商或医生希望读者看到这些成功的个案后来购药或寻医。“东海西海，心理攸同”，这为我们理解清末民初的相似情况也提供了一定的参照和启发。参见 James Harvey Young, *The Toadstool Millionaires: A Social History of Patent Medicines in America Before Federal Regulation*, Princeton: Princeton University Press, 1961, Chapter11. 笔者看到的是该书网络 text 版，所以无法标注页码。

② 范守渊：《名誉与良医》，《范氏医论集》，九九医学社印行，1947 年，第 384-385 页。

③ 余岩（云岫）：《贬新医 · 广告》，载《余云岫中医研究与批判》，合肥：安徽大学出版社，2006 年，第 372 页。

④ 胡安邦：《国医开业术》，上海胡氏著医室，1933 年，第 50 页。

⑤ 关于近代上海的医药广告的生产情况、如何造假、如何蒙骗消费者，笔者曾有专文研究，此处不赘述。有关的讨论可参看拙文《晚清上海药商的广告造假现象探析》，《“中央研究院”近代史研究所集刊》，2014 年 9 月号，第 189-247 页。

言语文化兴起与清末社会之变*

——以口语传播为中心的思考

程丽红
（辽宁大学新闻与传播学院）

摘要：清末言语文化之兴不仅以其崭新的内容传达了社会思想文化领域的变迁音讯，还以其自身形式之衍化，透露了社会根本变革的信息。民众接受的自主、传受主体之间良好互动的形成，昭示着平等意识的萌生。新式讲演对圣谕宣讲旧有仪规的摒弃，口语传播主体讲员身份的"下移"，尤其是职业化趋势，预示着传统社会结构的解体。茶馆、戏院、公园作为公共场域具有公开性、开放性与参与性，突破了传统因人群而受教的局限，实现了市民社会的整合。面对面直接交流所隐含的传播主体与受众交往关系的密切，意味着以公共场域为纽带的相较平等社会关系的建立成为可能。清末新式讲演不仅通过民主、自由、爱国等观念的传输，而且以其富有象征意义的媒介形式打破封建伦理的桎梏，引导人们走出专制的囚锁，实现现代性的转变。

关键词：媒介形式；社会变迁；言语；清末；口语传播；宣讲；演说

梁启超曾直言"言语媒介"最显在的价值特征是："大抵国民识字多者，当利用报纸；国民识字少者，当利用演说。"[①]这一判断表达了同时代启蒙者的普遍心绪。事实上，清末言语文化之兴乃顺应"下层社会启蒙"之时代思潮的观念，业已成为学界的基本共识。堪称相关研究集大成之作的《清末的下层社会启蒙运动：1901—1911》[②]，便为此提供了极富说服力的论证和思考框架。学者李斯颐也提出，以清末十年变法改革为契机，一场遍及全国多数地区的阅报讲报活动勃然兴起。"这项活动的实质，是以官吏和士绅阶层为主体，以城乡普通群众为对象，通过免费阅读或讲解报章，传播朝廷新制政要、国内外大势、科学知识和社会改良措施，达到启迪民智、开通风气、提高国民素

---

* 本文原载于《学术月刊》2017年第8期，有修改。

① 梁启超：《文明普及之法》，《清议报全编》卷六，台北：文海出版社，1987年，第5页。

② 李孝悌：《清末的下层社会启蒙运动：1901—1911》，石家庄：河北教育出版社，2001年。

质的目的。其间,虽曾为配合一些具体活动,如筹募国民捐和宣讲地方自治,侧重点有所不同,但开启民智这一主旨,始终贯穿如一。"[①]显然,他们对"启蒙"的价值认同相当一致。考虑到接受对象中尚涵盖阅报者,故"普通群众"的范畴界定虽稍显宽泛,却能够理解。

在文字载体主导传播领域悠长岁月之后,清末宣讲、演说等言语媒介异军突起,与"新媒体"近代报刊并驾齐驱,固然可以从时代思潮中追寻缘由,但这种传播"异象"是否另有深意?在智识阶层主观的、刻意的"启蒙"运思表象之下,是否蕴藏着难以轻易觉察的重要社会讯息?当我们打破固有的思维方式,将探究的目光由传播内容转向媒介本身,才猛然发觉,其实别有洞天。清末言语传播之繁荣作为一种特殊的媒介文化现象,绝非偶然。即便单从口语易于接受的传播特性考虑,各派政治势力竞相援用,就足以说明下层社会已成为无法忽视,甚至需要降低身段笼络的存在,宣示着"民可使由,不可使知"时代的结束;更遑论作为各阶层普遍参与、历时经久的社会运动,言语传播之所以声势辽远壮阔,一定离不开诸多社会条件的成熟。民众观念的解放,公共参与意识、国族意识的形成,特别是由城市上层、平民以及底层共同构筑的市民群体的壮大等,为其提供了基本的社会支撑。而这一切都意味着社会结构、社会秩序、社会关系的重建,即从传统自然经济社会向近代工业文明社会的转变。因而,清末言语文化之兴不仅以其崭新的内容传达了社会思想文化领域的变迁音讯,还以其自身形式之衍化,透露了社会根本变革的信息。

一、规程之变:封建政治符号意义的消解

清廷的口语宣教体制特别发达,早在雍正年间,被称为"清代的道德总目"[②]的《圣谕广训》,便通过民间乡约、官府、学校定期宣讲,以及宗族宣传[③]等多渠道,全民覆盖,广为推展。官方以政权手段强制推行圣谕宣讲,正是集权专制政治的集中体现。清末,随着传播生态的纷繁迁衍,新式讲演活动呈现全然不同的面貌。由于政府威权渐丧,故即便是官方宣讲机构也无法强令授受,若非刻意经营,很容易造成无人光顾的窘况。满洲里的一处宣讲所就因不得要领,起初还有一些"下等社会中人"来听,但没过多久便"讲者自讲,而听者不过借此为歇足之地",最后连歇脚的人都没有了,"每逢开讲,竟至无人问津"。[④] 为了招揽听众,宣讲所各显其能,在内容改良、体裁创新上下功夫,是最基本的做法。天津河东教员杜学义的讲报处开办之初,由于所讲问题脱离实

---

① 李斯颐:《清末10年阅报讲报活动评析》,《新闻研究资料》,1990年第2期。

② 陈学恂主编,周德昌、王建军分卷主编:《中国教育史研究》(明清分卷),上海:华东师范大学出版社,2009年,第31页。

③ 常建华:《论〈圣谕广训〉与清代孝治》,《南开史学》,1988年第1期。

④ 《论开通下等社会的好法子(上)》,《盛京时报》,1907年5月3日。

际，下层社会不关心，听众较少，后来改讲英敛之针对下层社会选编的《敝帚千金》。听众逐渐增加，不到十天，就增加到四五十个，还有远道而来的。[①] 吉林巡抚别出心裁，下令省城的各宣讲所"将密切吉省近日事实情势分段编辑，参以说部体裁，逐日次第讲演。务使听讲之人乐而忘疲，以动其公耻之心，并作其爱国之气"。[②] 启文阅报社"自开办后，往阅者甚多"，盖因其所标榜的"与寻常演说不同"，"每日开讲先解字义次讲报文"，即在讲报前挑出比较特别、难懂的字加以讲解，然后"择其有益民智者讲解一二段，一切浮文泛论概置不取"。[③] 以赏心悦目的手段调动听众的兴趣，在当时亦不足为奇。北京"进化阅报社近于每晚宣讲报章之时，特备电影一具，其所用画篇，均由自造，悉绘以印度以及高丽等国灭亡之情形。各讲员按图宣讲，借以激起个人自强之机"。由此前往听讲的人"数以千百计"。[④] 无独有偶，保定大慈阁宣讲所为协助讲解农务，曾于某晚演试有关农务的电影。由于往观者过多，拥挤不堪，以致挤坏桌椅多件，被迫停止。[⑤] 天津东门外天齐庙宣讲所每周一、周三晚宣讲休息间歇，都配有督府乐队演奏；每周六晚上，则添演幻灯。这种非同寻常的宣讲手段，致"每晚往听者约千余人"。[⑥] 与此同时，有关演讲方式、技巧等话题开始进入广泛的社会论域。林伯渠《整顿伊通州学务条件十则》的第七条即提出："宣讲员须精神活泼、声音高朗，方足以动听闻而引人入胜。坐讲及俯首照念书报均非所宜。该所讲员坐(座)椅应令撤去，并须先行预备宣讲材料，不得临时俯读书报。"[⑦]《京话日报》创办人彭翼仲一再强调，讲报员"既要讲报，千万不可节外生枝，自己以为口才好，说了许多闲篇儿，一个不留神，还许要得罪人呢。果能照着报上念，念得一字一板，到了筋节儿上头，加上点儿精神，必然能够动人"[⑧]。该报亦屡屡刊文研讨讲报之事，如《讲报也不是容易事》[⑨]《奉劝诸位讲报的先生》[⑩]等，诸如此类，不胜枚举。无论是因由威权失落的无奈，还是出于自觉，清末新式讲演竭力取悦受众的价值导向，无疑透露了对人自由意志、接受权利的尊重。

如果说民众接受的自主仅仅反映出专制威权之跌落，封建王廷颐指气使发号施令时代的终结，尚不能充分印证传统伦理秩序之沦陷的话，那么传受主体良好互动关系的形成，起码可以说明平等意识的萌生。丰润县令马为缓设立的宣讲所，在用白话逐日向乡人讲说植棉方法时，设有长条木凳，"任农夫野老坐而观听"，遇有不明之事，准

---

① 《大公报》，1905年7月13日。
② 《批饬改良宣讲》，《大公报》，1908年12月20日。
③ 《纪启文阅报社》，《大公报》，1905年7月23日。
④ 《大公报》，1905年5月4日。
⑤ 《宣讲所演试电影》，《大公报》，1907年6月27日。
⑥ 《纪宣讲所》，《大公报》，1905年7月26日。
⑦ 吉林省档案馆：《清末林伯渠吉林视学史料》，《历史档案》，2001年第4期，第68页。
⑧ 《劝立讲报处》，《京话日报》，1905年6月2日。
⑨ 《讲报也不是容易事》，《京话日报》，1905年10月14日。
⑩ 高子江：《奉劝诸位讲报的先生》，《京话日报》，1905年12月30日。

其随时诘问。[①] 宣化县令称，他在半日学堂的演说中，允许“质疑问难”，甚至可“厉声”发问，但他自己“总以和容悦色答之”[②]。而从相较宏观的角度看，清末言语媒介由专司伦理教化向政务公开等现代职能的进化，实蕴藉了构建平等社会关系之机制的胚芽。民众不再是被随意拨弄的统治对象，而是需要争取的政治同盟。尽管清末许多讲演机构仍保留《圣谕广训》等传统道德文本，但配合各级政府政务宣传与解读的内容，却占据着更为显要的比重。举凡清廷重大政治举措，有如新政、立宪、自治等都离不开口语传播的策动。民政部即通电各省督抚，凡地方举办各种新政及关于筹款之事件，应先由自治局或官立宣讲所选派公正绅董将办理新政的理由事先声明，以免误会。[③] 政府王大臣会议“以新疆地介极边，回汉杂处，人民程度太低，现当预备立宪，不可不及时开发”，因而应“广设宣讲所，派员演说”。[④] 1908 年，苏省地方自治调查研究会开办的宣讲所“宗旨专在解说各项部颁及本省官定章程，去人民之疑”[⑤]。宣统年间，配合民政部开展的全国性户口调查，宣讲所更是责无旁贷。民政部“申告各督抚转饬所属，将清查户口宗旨编成白话告示，于城乡市镇广为张贴。并饬宣讲所详细演说，俾得家喻户晓，免致再生扞格”[⑥]。为推广教育，学部学宪“札饬各属先将户口切实调查。每村百户筹设小学堂一区、宣讲所一处，并严定视学章程，勉力实行，以期教育普及”[⑦]。可见，有些宣讲机构就是为配合新政而设。事实上，不唯重大的政治举措，即便是平常的政务管理，亦需仰仗口语传播释疑解惑。为使下层民众对警察制度有所认识，1906 年民政部咨行学部转饬督学局，要求外城宣讲所“每晚务以一小时”演说警章，以正人心而维风化。[⑧] 甚或“政府创立的宣讲所最初多半与警务有关，但很快就由劝学局、督学局等与学务有关的机构负责其事，并试图将之制度化”[⑨]。凡此种种，口语传播服务于政务宣传的事例数不胜数。所以有学者敏锐地注意到，“政治的公开化带来的一些新兴政治行为也推动了近人好尚言语的倾向”[⑩]。且不论清末言语文化之兴是否由政治的公开化所引发，毕竟，政务的公开与“政治的公开化”尚存距离，不过，试图通过公开政务，向民众解说施政根由获取支持本身，与专制统治下民众政治知情权被彻底剥夺已有天壤之别。

---

① 《丰润县马令为瑗详覆种棉情形暨送棉花奖单文并批》，甘厚慈辑：《北洋公牍类纂续编》卷二十三“农务”，第 21 页，《近代中国史料丛刊三编》第八十六辑，台北：文海出版社，1999 年，第 1796 页。

② 《宣化县呈送阅报研究所暨附设半日学堂章程折》，《教育杂志》，1904 年第 2 期，第 12-14 页。

③ 《预防新政扰民之办法》，《申报》，1909 年 10 月 2 日。

④ 《京师近事》，《申报》，1909 年 4 月 24 日。

⑤ 《敬告苏省地方自治调查研究会全体会员书》，《申报》，1908 年 12 月 20 日。

⑥ 《拟饬揭示调查户口宗旨》，《大公报》，1909 年 9 月 14 日。

⑦ 《推广教育》，《大公报》，1909 年 3 月 1 日。

⑧ 《饬演警章》，《大公报》，1906 年 11 月 15 日。

⑨ 李孝悌：《清末的下层社会启蒙运动：1901—1911》，石家庄：河北教育出版社，2001 年，第 87 页。

⑩ 王东杰：《口头表达与现代政治：清季民初社会变革中的“言语文化”》，《学术月刊》，2009 年第 12 期。

新兴讲演较之圣谕宣讲的根本性变革，尤表现在对旧有仪规的摒弃。圣谕宣讲作为专制政权灌输意识形态的主要工具，在源源不断向臣民输送封建伦理观念的同时，也通过其高度仪式化的传播过程，以政治符号形式传达相应的思想内涵。圣谕宣讲不但要求每月朔望举行，而且制定了严格的程式仪规。对此，道光《遵义府志》记载颇详："每月朔、望日，于讲约所宣讲《圣谕十六条》，晓谕士民人等。恭设圣谕牌；设约正、直月以司讲约；设木铎老人，以宣警于道路。地方文武教职各官齐集，赞礼生赞'排班'，各官依次就拜位立。赞'跪、叩、兴'，各官行三跪九叩头礼。毕，分班坐地，率领军民人等听讲。毕，各官散。"[①]另有文献显示，宣讲前需由专人将《圣谕广训》恭敬捧出，放在加黄桌围的桌子上，地方官"穿补服率同乡甲里耆并讲生，各整衣，共诣龙位前行三跪九叩首礼"，讲毕"再如前礼各退。至各该坛寺院向来供有龙牌者，即请圣谕，供奉朝拜后再讲"。[②] 可见，宣讲前首先要供奉圣谕牌，文武教职各官根据职位身份依次就位行礼。礼毕，亦需按既定位次，"分班坐地"听讲，不能随意而为。整个宣讲过程作为一种政治符号，彰显着皇权至高无上的神圣威权与等级森严的社会关系。

清末新式讲演则非但摒弃了繁缛的仪式，而且剔除了僵化的听讲位序之隔。虽然《学部奏定各省劝学所章程》中"实行宣讲"条规，仍要求凡遇宣讲《圣谕》之时，应肃立起敬，不得懈怠。宣讲时限日期得由劝学所总董随时酌定[③]，但其实际操作已经相当随便，"宣讲时除朔望日应顶帽衣冠外，其余盖准其照常便衣以资简便"[④]。1904 年《宣化县呈送阅报研究所暨附设半日学堂章程折》规定"尚白话，演说务使明白易晓、妇孺皆知"；"穿便衣，同人到所，宜去衣冠，脱尽官场习气，平民不至生畏避心，不致有局促志，所谓动人以感情也"；"讲应酬"[⑤]；等等，显然与前大相径庭。清末宣讲规制之变，宣讲仪程由繁缛僵化趋向简便灵活，不只标志着口语传播形态的革新，封建政治符号体系之衰颓，实际上也象征着传统秩序与伦理的淡化和消解。

无论如何，政治符号之解构意义，多表现于"润物细无声"的观念影响，对旧有社会关系并不构成直接冲击。清末，口语传播主体身份的"下移"，尤其是职业化趋势，是摧毁旧有社会关系的关键因素。在传统社会，为师者，即为士者，居"士农工商"四民之首，是统治阶级文化的代言人。因而，作为主流价值观重要传输渠道的圣谕宣讲，对传播主体的身份和德望有严格要求。如雍正七年(1729)，"奏准令直省各州县大乡大村人居稠密之处，俱设立讲约之所，于举贡生员内，拣选老成者一人以为约正，再选朴实

① 郑珍纂：《遵义府志》卷二十五，"典礼"，台北：成文出版社，1968 年影印，第 535-536 页。
② 徐栋、丁日昌辑：《保甲书辑要》卷二，"成规上"，台北：成文出版社，1968 年。
③ 专件：《学部奏定各省劝学所章程》，《四川官报》，1906 年第 20 期，第 64-68 页。
④ 赵尔巽：《湖南巡抚赵通饬宣讲章程公文》，《内政通纪》卷五，《政艺通报》，1903 年第 16 期，第 7-9 页。
⑤ 《直隶教育杂志》，1904 年第 2 期。

谨守者三四人以为值月。每月朔望齐集乡之耆老、里长及读书人宣读”[①];又,“至于四处乡村,不能分身兼到者,则遵照定例,在于大乡大村,设立讲约所,选举诚实堪信、素无过犯之绅士,充任约正,值月分讲”[②]。显然,约正和值月须由人品高尚、行为端正的“生员”“绅士”来担任。官府、官学,或者城镇人才济济,不乏素质修养俱佳的人选,而“在城镇以下的农村社会,如何选择称职的讲读官常常是一个无法克服的难题”[③],因之乡约主事的选拔标准不得不有所降低。顺治十六年(1659)规定:“其乡约正、副不应以土豪、仆隶、奸胥、蠹役充数,应会合乡人,公举六十以上、经告衣顶、行履无过、德业素著生员统摄。若无生员,即以素有德望、六七十岁以上平民统摄。”[④]“平民”被纳入选择范围,但“德望”却依然为不变的标准。

清末随着清廷统治式微,其意识形态宣教呈衰颓之势,讲员的选择已无法坚守原来的苛刻标准,却也不能随意任用,光绪三十二年(1906)学部制定的《学部奏定各省劝学所章程》即明令:“各属地方,一律设立宣讲所,遵照从前《宣讲圣谕广训章程》,延聘专员,随时宣讲。”[⑤]本设想遵照旧法,但由于社会需求剧增,讲员愈趋供不应求,其身份亦较之过去明显多元。除官绅兼任外,新式学堂的师生成为首选。苏垣法政毕业学员禀请创设的四处宣讲所,便由法政毕业学员谢叶封、陈昌淦、汪廷沐、孙传骅任宣讲员。[⑥]“宣讲员由劝学所总董延访,呈请地方官札派,以师范毕业生及与师范生有同等之学力,确系品行端方者为合格,如一时难得其人,各地方小学堂教员亦可分任宣讲之责,其不合以上资格者,概不派充。”[⑦]即便如此,缺员情况仍十分严重,于是针对讲员的职业培训应运而生。1905年,直隶通饬各州县师范学堂添立阅报演说班,培养宣讲人员。[⑧] 1907年,北京督学局拟于总劝学所内设立一个宣讲练习处,“饬令分驻各所之师范生练习宣讲,并令各劝学员轮流来所充当评议员”[⑨]。到这一年底,督学局又因“讲员乏人”,“通饬各学区速为筹画组织宣讲练习所,令该区师范传习各生实地练习,以期收获成效”。[⑩] 安徽安庆府也于1909年遵章开办了宣讲传习所,第一批结业的讲

---

① 素尔纳等纂修:《钦定学政全书》卷七十四,“讲约事例”,沈云龙主编《近代中国史料丛刊》第三十辑,台北:文海出版社,1968年,第1557-1558页。

② 郭成伟:《官箴书点评与官箴文化研究》,田文镜、李卫:《钦颁州县事宜》,北京:中国法制出版社,2000年,第111页。

③ 李孝悌:《清末的下层社会启蒙运动:1901—1911》,石家庄:河北教育出版社,2001年,第335页。

④ 素尔纳等纂修:《钦定学政全书》卷七十四,“讲约事例”,沈云龙主编《近代中国史料丛刊》第三十辑,台北:文海出版社,1968年,第1552页。

⑤ 《学部奏定各省劝学所章程》,《时报》,1907年10月28日;专件:《学部奏定各省劝学所章程》,《四川官报》,1906年第20期:第64-68页。

⑥ 《自治局创设宣讲所》,《申报》,1908年12月24日。

⑦ 《学部为抄录本部酌拟官制等事宜折单事致外务部咨文》(光绪三十二年闰四月初六日),中国第一历史档案馆(方裕谨选编):《清学部成立档案史料》,《历史档案》,1989年第1期,第57页。

⑧ 《学务处奉院批通饬各属师范学堂添阅报演说札》,《直隶教育杂志》,第1卷第12期。

⑨ 《练习宣讲》,《大公报》,1907年5月15日。

⑩ 《饬设宣讲练习所》,《大公报》,1907年12月17日。

员在年底被派往各地宣讲。[①] 面对演讲人才之匮乏,民间机构亦纷纷探求因应之道。1906年8月,京师阅报社特地集会,决定择地设立一个研究会,"每届星期,齐集研究,借以造就多数讲员,以免遇事不敷"[②]。北京的阅报社甚至在社内创立演说会,"以期培植演说人才"[③]。很明显,官方培训不仅正规,而且培养对象相对定向,主要是师范学堂的学生,尚未脱离传统"士人"阶层;民间培训则似乎对培养对象没有特殊要求,这就为其身份来源提供了丰富的想象空间。事实如此,口语传播主体身份的多元与"下移",在民间宣讲机构中体现得尤为鲜明。新型文化人自不必说,追随城市化进程不断生长的新兴职业群体、小生意人、艺人等,均登上宣讲与演说的前台。据悉,行医者卜广海开设讲报处,"逐日讲说"《京话日报》[④];照相馆老板王子贞出资成立了尚友讲报处,专替《京话日报》做宣传[⑤];"骡马市讲报处经理人程启元,本是一位买卖人,非常开通,白天作生意,夜晚去演说,风雨无阻,不辞劳苦"[⑥]。北京西四牌楼永顺轩之说书人张智兰原以演讲聊斋著称,"近被报纸激动热诚,故拟每日演讲报纸两小时,不取书资,并愿将每天末一回书资全行报效国民捐云"[⑦]。天然的职业素养,使得说书人从事言语传播尤为便利,而城市底层以"启蒙"者的姿态现身清末言语传播运动,则具有更深远的社会意蕴。著名的"醉郭"说报,就非常典型。郭瑞原本流动于街头说书卖唱,后来被彭翼仲聘为《京话日报》的讲报员专讲该报。[⑧] 甘石桥的泼街水夫张建全,自从尚友阅报处讲报,每天泼完了街就去听,"夜晚无事,现趸现卖(可不要钱),到茶馆里去讲,感动了许多人"[⑨]。在清末言语传播大军中,甚至闪现出家人的身影。觉先和尚在北京宣武门内官厅之旁开办了宣明阅报社,每天下午1点到4点,特聘专员讲说书报,以开风气。[⑩] 社会底层冲破"四民"等级的罗网,跻身"师"者行列,其自我价值与社会责任意识的觉醒,尽在其中。

清末色彩斑斓的言语传播活动所绘就的爱国情景着实热烈动人,以至于"启蒙"这一宏大主题下诸多鲜活的事实,往往被学者们忽略。除官方选派或者义务担当外,聘用讲员在清末已相当普遍。据载,定海宣讲所分有六处,每逢三、六、九日宣讲,但仅有一个宣讲员,周转不过来,所以又添聘一员。[⑪] 1906年初,宗室觉罗八旗高等学堂中等

---

① 《宣讲传习所定期宣讲》,《申报》,1909年10月3日。

② 《议设演说研究会》,《大公报》,1906年8月8日。

③ 《创设第一演说会》,《大公报》,1906年9月19日。

④ 《医生演说报章之创闻》,《大公报》,1905年5月15日。

⑤ 梁漱溟:《忆往谈旧录》,西安:陕西师范大学出版社,2009年,第59页。

⑥ 《商人敬烈士》,《京话日报》,1905年12月30日。

⑦ 徐珂:《各省报界汇志》,"教育",《东方杂志》,1906年第3卷第5期,第103页。

⑧ 梁漱溟:《忆往谈旧录》,西安:陕西师范大学出版社,2009年,第67页。

⑨ 《水夫开化》,《京话日报》,1905年7月17日。

⑩ 《园桥听讲》,《大公报》,1906年4月25日。

⑪ 《宣讲所添聘讲员》,《申报》,1909年8月23日。

头班、师范班学生荫佑和善懋等人开办讲演所，除荫、善二人每周日来讲演外，平时讲演则聘请具有演说资格的人。[①] 民间讲报处的讲员也往往需要延聘，如福建"福州黄某捐资创一说报社，延聘讲员于每星期至各地演说紧要时事，借以开通民智"[②]。稍加留意就会发现，在清末有关讲职的文献中，"聘请""延聘"等表达现代劳动"雇佣"关系的字眼频繁出现，与"选派"等传统用语形成鲜明对照。不唯如此，用公开招考方式选拔讲员，则使得这一原由士绅担任的教职更具有了职业化色彩。清末，招考演说员的告示频频现诸报端。北京外城巡警西分厅便在1906年7月公开招考演说员，报名者百余人，到者六十余人，考试题目是"京师宜公立幼稚园说"和"禁止刨挖坟墓事"。参加者先要用白话写一篇限字四百的文章，交卷后即令登台演说。[③] 几天之后，巡警总厅亦出示告谕，招考演说官。[④] 1907年5月，温江陈大令于署内设立宣讲研究所，考选宣讲生人，所涉猎各新政，如学务、农、工、路矿等事，使略有门径，给以凭证，充当讲生，然后分赴各乡演讲，以开愚蒙。[⑤]《京话日报》亦多次刊登告白，延请讲报人，约有意者到报馆面谈，并提出"如肯当众试演尤妙"[⑥]。显见，演讲在当时俨然成为一种社会职业，但凡有一技之长者皆可胜任，便打破了传统社会非"士人"不能担当的规范，不仅意味着封建等级观念的瓦解，关键在于新的社会职业分工本身，实际意味着社会关系的重构。清末讲职人员行政与道德角色之弱化，职业身份之加强，一定程度上反映且推动了社会关系之变迁。

二、公共场域：新型社会关系的重构

社会变迁带来了传播的巨变，而传播的变革则反之推动社会变迁，在改变旧有社会结构的同时，也塑造了新型的社会关系。为了实现向士农工商"四民"社会全方位的意识形态渗透，清廷建构了极端完备的圣谕宣讲体制。除已经内化为政务、学务的各级官府以及学校系统的宣教外，面向普通民众，尤其是作为自然经济社会主体的广大村民的乡约，成为圣谕宣讲的重心。清制规定，"凡直省州县乡村巨堡，及番寨土司地方，设立讲约处所，拣选老成者一人，以为约正，在择朴实谨守者三四人，以为直月。每月朔望，齐集耆老人等，宣读《圣谕广训》，钦定律条，务令明白讲解，家喻户晓"[⑦]，则说明乡约不但普遍施行于中原汉地，而且推广至"番寨土司地方"。事实上，越是远离中

---

① 《魏允文等关于成立公立第一宣讲阅报所的呈及京师督学局的告示等》，1906年4月1日、1909年12月31日，北京档案馆藏，档案号：J004-001-00001。

② 徐珂：《各省报界汇志·福建》，"教育"，《东方杂志》，1906年第3卷第5期，第103页。

③ 《西分厅考试演说员》，《大公报》，1906年7月19日。

④ 《顺天时报》，1906年7月21日。

⑤ 徐珂：《各省报界汇志·福建》，"教育"，《东方杂志》，1906年第3卷第5期，第103页。

⑥ 《延请讲报人》，《京话日报》，1905年11月22日。

⑦ 托津等纂：《钦定大清会典事例》卷三百九十七，台北：文海出版社，1991年。

心的边缘地带，越是朝廷极力控驭、尤须教化之区。因之，清廷不仅在收复台湾以及对西南少数民族进行改土归流后，及时于当地推行乡约，而且伴随着西北每一次军事行动后对少数民族控制的加强，都顺势力行乡约。① 曾静案后，雍正帝在下令各地普遍宣讲《大义觉迷录》的同时，刻意强化对西北的宣讲活动，专门组建实力最强的西北宣讲团，也体现着这种用意。② 相反，清末的新式讲演场所尽管也向大的村镇或偏远区域偶有延展，但多数分布在人口密集的城市。即如时人所言："宣讲所之设，大抵多在城市，绝不及于偏僻之乡镇。"③李斯颐先生的研究结果亦显示："阅讲报所的地域分布特征，大体以京师为中心，向周边地区散射，越靠近中心，密度越高。"④学者王东杰注意到，"清末民初言语文化的兴起，是这一时期（广义的）社会变革的产物。大略说来，可以区分为两方面的因素。首先，铁路、汽船、电话等交通工具及一些新兴社会职业所导致的新型社交环境的出现，一方面对言语表达能力提出了新的要求，另一方面也为中国近代言语文化兴起提供了条件"⑤。无论是新兴社会职业还是新设施，皆为城市化发展的产物。城市化带来了市民社会的生长壮大，并逐步取代乡村人群成为社会主体，也为口语传播提供了相应的受众群体。而言语文化之兴同样会促进社会的结构性变迁，以及新的社会环境的生成。或许是作为政治同盟，抑或是被启蒙的对象，由新型文化人、工商界以及平民和底层共同构成的市民社会跃升乡村人群之上，成为备受瞩目的社会群体，从一个侧面宣告了传统的以农耕人口为主体的士农工商四民社会的解体。所以，教化重心从乡村向城市的位移，实暗藏重大社会结构变迁的玄机。

新旧宣讲的差异不仅表现在区域分布上，两者的基本属性也不尽相同，进而决定其所形塑的社会关系亦迥然有别。毋庸置疑，封建乡约所维系的是传统宗法社会关系。广布于城镇与乡村的乡约所，在清以前甚至清前期，一直作为封建政府的延伸机构，承担着基层的行政及教化职能，盛清时期逐步剥离政务，专司教化。乡约主事的选拔标准，使得唯具有"士人"身份，且"德望"于乡里者，方能胜任，从而加固了以乡绅为精神纽带的宗族关系网络。与此同时，官员、士子各有接收通道。不同的宣教路径、森严的宣讲仪规与位序安排，无疑在受众间架设起等级的屏障。清末，宣讲规制发生巨变。《学部酌拟劝学所章程清单》中"实行宣讲"条明确规定，各属地方一律设立宣讲所，"宣讲时无论何人均准听讲，即衣冠蓝缕者，亦不宜拒绝，惟暂不准妇女听讲，以防弊端"⑥，从体制上摒除了身份等级的屏障。因之即是官方宣讲所也以广纳各色人等、

---

① 段自成：《论清代的乡村儒学教化——以清代乡约为中心》，《孔子研究》，2009 年第 2 期。

② 史景迁：《雍正王朝之大义觉迷》，温洽溢、吴家恒译，台北：时报文化出版公司，2002 年，第 215 页。

③ 《论化导人心为今日地方绅士之责》，《申报》，1910 年 4 月 17 日。

④ 李斯颐：《清末 10 年阅报讲报活动评析》，《新闻研究资料》，1990 年第 2 期。

⑤ 王东杰：《口头表达与现代政治：清季民初社会变革中的"言语文化"》，《学术月刊》，2009 年第 12 期。

⑥ 《学部为抄录本部酌拟官制等事宜折单事致外务部咨文》（光绪三十二年闰四月初六日），中国第一历史档案馆（方裕谨选编）：《清学部成立档案史料》，《历史档案》，1989 年第 1 期，第 57 页。

不拒斥底层相标榜。民间演讲场所更是不论贫贱，自由出入，进而造就了清末宣讲机构作为公共活动空间的开放性特色。这一点，从其多设在茶馆、戏院、公园乃至热闹的街市通衢，即可见一斑。清末中国，茶馆随处可见，只要是"人烟稠密"之所，就会开设各种大小茶馆。据悉，川省成都的茶铺"平均下来，一条街总有一家"①。茶馆在社会生活中的特殊意义，使得它成为清末五花八门的演讲场所中比较常见的所在。京师督学局最初开设的两个宣讲所，便分设在广德茶园和升平茶楼。② 因应茶馆开设讲报，亦是比较常见的做法。天津学董林君邀集同人讲演书报以开民智，便选址本埠的十几处茶楼。③ 1905 年 7 月，北京"果子巷茶馆新添讲书讲报，每日自下午一钟至六钟止，于应收之茶费外不加分文"④。北京观音寺升平楼茶园的主人穆子光，每日在楼上宣讲报章，以开商人之智。⑤ "李星五、陈乐园二君在东直门外关厢地方，借用回民申家茶馆，照东四牌楼会友堂办法，开设第二讲报处。"⑥

茶馆通常被认为是下层社会光顾的地方，恰如时人云："北京上等社会人，向来没有喝茶举动，九成所有的茶馆，去喝茶的，都是下等社会中人。"⑦然而，清末言语文化之兴所营造的社会氛围，却悄然改变着这种媒介生态。升平茶楼的变化就别有意蕴。该茶楼位于北京前门外的观音寺街，是南城最主要的喝茶处所。1907 年，督学局在此开设宣讲所后，将它翻新修整成当时北京最"文明"的茶楼，慢慢开始吸引了上层社会的注意力。⑧ 即便类似的情形并不普遍，茶馆所聚拢之人仍以社会下层居多，那么戏院、公园，或者集市，则可说是五方杂处，三教九流荟萃。熊月之便注意到，清末上海张园集会的发起人与参加人，"有学界，有商界，有政府官员，有民间人士，不分男女老少，不分士农工商，有时还有些外国人，从思想、主张看，不分革命、改良，不问激进、保守"⑨。

清末城市化的发展，推动了戏院、公园等公共文化空间的建设，为大型演说提供了丰足、稳定的活动平台，使其远非绚烂但缥缈的昙花一现，却谱写了言语传播史上最为辉煌的乐章。都市戏院安插演说，一时引为时尚。北京"乐群阅报社约集子弟八角鼓，自初五日起，每日在朝阳门外半亩园演唱各种改良新曲，以尽义务。所收进款一律归入国民捐，并联合各报社每日轮流至该处演说，以资提倡"⑩。在私家花园开辟演说场

---

① 李劼人：《李劼人选集》(第一卷)，成都：四川人民出版社，1980 年，第 337 页。
② 《设宣讲所》，《大公报》，1906 年 10 月 20 日；《升平茶楼》，《顺天时报》，1907 年 5 月 21 日。
③ 《大开民智》，《大公报》，1905 年 12 月 16 日。
④ 《文明茶社》，《大公报》，1906 年 8 月 17 日。
⑤ 《茶楼讲报》，《大公报》，1906 年 7 月 12 日。
⑥ 《第二讲报处广告》，《京话日报》，1905 年 5 月 30 日。
⑦ 《顺天时报》，1907 年 5 月 21 日。
⑧ 《升平茶楼》，《顺天时报》，1907 年 5 月 21 日。
⑨ 熊月之：《张园晚清上海一个公共空间研究》，《档案与史学》，1996 年第 6 期。
⑩ 《提倡国民捐》，《大公报》，1906 年 7 月 26 日。

所,更成为清末上海社会一道特殊的景观。同样根据熊先生的研究成果,“作为晚清上海公共活动空间,张园最突出的一点,是它作为上海各界集会、演说的场所”。“1900年以后,集会、演说成为张园一大特色”,也“成为上海人生活中习以为常的事,每遇大事,诸如边疆危机、学界风潮、地方自治、庆祝大典,不用说,张园准有集会”。[①] “张园集会演说的重要特点,是公开性、开放性与参与性。”[②]不止张园,愚园、西园等,也都不同程度地举行过集会演说。上海徐园甚至有专为演说与演戏而设的戏台,台前有联云:“莫道戏为嬉,却是现身说法;请观歌以可,无非借口宣言。”[③]花园集会虽非定期,但不同社团、组织轮番频繁登场,足以保证其发挥连续效应。资料显示,从1897年12月到1913年4月,仅张园一家举行的较大的集会就有39起。

茶馆、戏院、公园作为公共场域具有公开性、开放性与参与性,突破了传统因人群而受教的局限,使得同一区域不同阶层的居民能够会聚一处,接受共同的价值渗透,形成共同的归属感,进而实现市民社会的整合。尤为关键的是,口头传播不仅破解了文字和有形载体的阻隔,而且拉近了人与人之间的距离,面对面直接交流隐含着传播主体与受众交往关系的密切,意味着以公共场域为纽带的相对平等社会关系的建立成为可能。

三、公共意识:人的现代性

专制时代,统治阶级为了维护政权,采取“民可使由,不可使知”的愚民政策。在封建皇权的压制下,民众智慧不开,完全丧失自由意志,只知有王朝,不知有国族,尤不识“公共”为何物。清朝集权专制高度强化,庞大严密的宣教体系不断加剧着对民众思想的控驭和禁锢。清末新式讲演则不仅通过民主、自由、爱国等观念的传输,而且以其富有象征意义的媒介形式打破封建伦理的桎梏,引导人们走出专制的囚锁,实现现代性的转变。

尽管清末言语传播主体身份呈现“下移”趋势,但其所展现的媒介文化品位,却非但没有“下移”,反而极为“高调”。清末言语文化最明显的特征之一,就是它的公共议题设置。且不论宣讲与演说之勃兴本身,一直被学界视为社会“启蒙”运动的结果;随意翻检无论官方还是民间宣讲机构的演说素材,其间世界局势、国族命运、中外历史等宏大主题俯拾即是。天津南马路宣讲所开讲之期,便演说“世界大势”,“人民、国民、公民之分解”,以及“国势之危险”等。[④] 上海英界北京路青年会组织的政治研究会,时常

---

① 熊月之:《张园晚清上海一个公共空间研究》,《档案与史学》,1996年第6期。

② 熊月之:《张园晚清上海一个公共空间研究》,《档案与史学》,1996年第6期。

③ 闻野鹤等:《上海游览指南》,第十类“名胜古迹”,上海:中华图书集成公司,1919年,第23页。

④ 《宣讲所开讲》,《大公报》,1909年11月18日。

“敦请中外名儒，订期演讲”中外历史。[①] 商学会定期举行的演说，其主题从“热学及寒暖计之制法”到“立国必以战争”，从“中东商业之异同”到“合群以求自立”，从“挽救垂亡之南市”到“商战之险要”[②]，虽多与商业有关，但立意却相当高远。甚至连上海竞化女校所设之家政改良会这样的社团，每周集会演说诸如“家政与社会关系”“家庭之进化”“家政改良”之类的题目[③]，都离不开社会进化和改良等超凡脱俗的视野。不消说，国民捐、国民义务、爱国精神，几成为清末演说最时髦的话语。天津的一个巡警区长穆汉章“因该处乡俗鄙陋，一时未能进化”，特创立宣讲所，“邀请各学堂教员并附近驻防营员幕友、各村绅董，以及通达时局者，逢星期会集，研究新政”，演说国民义务，并代收国民捐。[④] 呼兰府的黄维翰于光绪三十四年(1908)创办宣讲所，派宣讲员赴农村对民众进行爱国主义、维护祖国尊严和领土完整的教育。[⑤] 著名的满族戏曲艺术家汪笑侬在大连演说“哭祖庙”，以“国破家亡死了干净”的有力唱词，感动了无数爱国人士。[⑥] 北京督学局添派讲员入外城宣讲所演说，“以期感动力日益膨胀，俾个人皆具有爱国之精神”。[⑦] 自由、民权、议院等对普通百姓来说显得过于深奥的议题，也进入言说的论域。1908 年 6 月 30 日，吉林自治会在商会召开全体大会，由国会宣讲员解释国会意义，演讲国家、人民之关系。在会议员“莫不鼓掌欢呼”，称“此诚吉省之第一盛会，而民权发达之起点”。[⑧] 1906 年 10 月 10 日，北京各阅报社组成的公立演说研究会在三庆园举办大型演说会，前后上台放言高论者达 23 人之多，所讲除戒烟、爱国、教育、自强、国民捐等主题外，还有“论自由”“议院的基础”“国家国民之关系”“优胜劣败”。[⑨] 纵使对清末启蒙思潮早有预知，但目睹其承载如此新鲜时尚，乃至高调的主题，仍不禁令人讶然。毋庸置疑，培养国家意识与国民观念，已成为官私讲演共同的担当和自觉。

国家情怀固然重要，而与民生密切相关的时事、时务，更是无法回避的话题，在清末口语传播的诸多公共议题中占据着尤为显要的位置。沧州牧在州城学署明伦堂设立宣讲所，派人将国民必读课本及报中有关时局各种编成白话，定期宣讲。[⑩] 无须做过多的罗列，类似的记载在清末文献中比比皆是。其实，仅凭当时大多讲演机构皆把近代报刊列为必不可少的读物，清末口语传播偏重时事的情境便可一目了然。1907

---

① 《青年会组织政治研究会》，《申报》，1906 年 11 月 28 日。

② 《定期演说》，《警钟日报》，1904 年 5 月 8 日；《里竹行弄商学会演说》，《警钟日报》，1904 年 6 月 12 日；《南市商学会例会》，《申报》，1908 年 4 月 19 日。

③ 《家政修改之先声》，《申报》，1906 年 11 月 27 日；《记家政改良会》，《申报》，1906 年 12 月 18 日；《家政改良会记事》，《申报》，1907 年 3 月 25 日。

④ 《警员特色》，《大公报》，1906 年 4 月 29 日。

⑤ 哈尔滨市地方志编纂委员会：《哈尔滨市志・人物附录》，哈尔滨：黑龙江人民出版社，1999 年，第 19 页。

⑥ 王魁喜等：《近代东北史》，哈尔滨：黑龙江人民出版社，1984 年，第 362 页。

⑦ 《派员演说》，《大公报》，1906 年 11 月 21 日。

⑧ 《请开国会之会议》，《盛京时报》，1908 年 7 月 1 日。

⑨ 《论党之效用》，《顺天时报》，1906 年 10 月 12 日。

⑩ 《各省教育汇志》“教育”，《东方杂志》，1906 年第 3 卷第 1 期，第 24 页。

年7月29日，学部颁《通行各省宣讲所应讲各书文》，规定各宣讲所除宣讲圣谕广训外，还应宣讲有关教育宗旨、预备立宪等的谕折，学堂章程，民教相安白话报，农工商业方面的浅近知识读本，《鲁滨孙漂流记》等浅显的翻译小说，以及有关废除妇女裹足等不良社会习俗的读物等。[①] 紧随《圣谕广训》等官文书之后，即是白话报刊。据李斯颐先生搜寻，清末"觅得见诸记载的阅报讲报处所，凡220余家"。"各地所使用的报刊中有准确名称者21种，其中时政新闻类占42.86%。"[②]报纸成为普遍读物，无疑增添了新式宣讲有别于传统的时代征象。近代报刊作为大众传播媒介的基本特征之一就是承载公共议题，建构"公共领域"。对此，学者刘增合曾撰专文探讨。[③] 社会关注点由"王朝"政事转为公共话题，在昭示"庶民不议"等封建伦理黯然退场的同时，宣告了新兴价值体系已炫然登场。

然而，智识阶层的观念最终得到落实，尚需民众的普遍支持和参与。清末言语传播的公共议程无论何等高妙，也只能单方面呈现传播主体的良好意愿。人的现代性，首先表现为自我意识的觉醒。接受自主并不等于接受自觉，清末新式讲演活动中民众接受自主之获得，一定程度上取决于清廷统治的式微，而其接受自觉，却并非听由知识分子的一厢情愿，唯有通过言语传播的实际效果来验证。关于清末言语传播受众之广泛，前文已有论述，至于其究竟达到何种活跃的程度，还需要做进一步探索。由于听去自由，人员流动性极大，特别是史料中关乎宣讲效果的记载，大多较为笼统。如描述北京行医者卜广海所办讲报社，"每日听者甚众"；天津学商公余社附设的宣讲所，"第一次宣讲期请顾霖周君演讲地方自治"，"听讲者络绎不绝"[④]；又有1905年底"京师风气大开，讲报阅报各社皆已林立，每日听阅者击毂摩肩"[⑤]。这些虽能局部反映听讲活动之踊跃，却仍无法全面展现清末言语文化的传播效果，对其受众群体做整体的量化统计几乎是不可能的任务。而某些宣讲所的个案数据，却能够为我们管窥全景提供可靠的线索。据《大公报》载，"十八日为劝工陈列所演说之期"，是晚，东宣讲所"计听演者二百余人"[⑥]；在宣统二年(1910)冬长寿县(今延寿县)宣讲一览表中，列出了初一至二十九日，逐日某员讲某书某卷、某员讲何种话本、常听人数、暂听人数、宣讲员数等项，常听者29人至50人不等，暂听者19人至40人不等，宣讲员2人。全月讲书及讲演各25次，常听者计1100人，暂听者计788人。[⑦] 北京宣明阅报社"闻日前入社听讲者

---

① 商务印书馆编译：《大清光绪新法令》，第七类"教育三"，清宣统元年铅印本，第94、97、82页。

② 李斯颐：《清末10年阅报讲报活动评析》，《新闻研究资料》，1990年第2期。

③ 刘增合：《媒介形态与晚清公共领域研究的拓展》，《近代史研究》，2000年第2期；《试论晚清时期公共舆论的扩张——立足于大众媒介的考察》，《江海学刊》，1999年第2期。

④ 《学商公余社附设宣讲所》，《申报》，1910年5月11日。

⑤ 《报界发达》，《大公报》，1905年12月31日(光绪三十一年十二月初六日)。

⑥ 《工商演说述闻》，《大公报》，1907年11月25日。

⑦ 黑龙江省地方志编纂委员会：《黑龙江省志教育志》，哈尔滨：黑龙江人民出版社，1996年，第702页。

共有四十六人”。[1] 其中，天津东马路宣讲所听众人数暴高，尚属特例。总的看来，抛开暂听人数，各宣讲所的常听人数不外二三十至五十人之间。再佐以全国宣讲所及讲报处数目，受众总量便约略可见。加上各地不定期举办的大、小型演说会的容量，当是一个不菲的数字。革命志士刘静庵每星期天在日知会开的演说会，听众常常在千人以上[2]；集会和演说远不及张园、愚园、西园，每次活动也动辄超千人。1911 年 3 月 12 日，南北商团公会 1000 余人集会，沈缦云、宋教仁等演说爱国自强；1907 年 1 月 2 日，振新戒烟会 1000 余人两次集会，演说鸦片之害；1905 年 9 月 13 日，公忠演说会 2700 余人集会宣传抵制美货。[3] 厦门天足会 1906 年开周年纪念会，“官绅商学各界以及西国男女教士到者四千余人，会长陈超英氏宣读开会祝词，主席林景商氏及英国男女教士各有演说”[4]。平常的集会，即便是内容比较专业的演讲，听众也常常不下数百人。1909 年锡金农会举办初次常会，“到者三百余人”[5]；广东顺德济生善社举行的演说活动，“到听者日凡四五百人，开办月余，来者日众，比旧时宣讲不啻多至数倍”[6]。此仅拣数例，便足以对清末演说传播更为庞大的规模有一初步的体味。

事实上，即便没有精确的数据，我们仍可以通过时人的相关描述，感知清末言语文化的强劲影响力。天津天齐庙宣讲所倡议国民摊还国债，“各学堂学生莫不踊跃输将争先恐后”，以致“直省各教会中人闻风兴起，集有巨资以尽国民义务”[7]；同在天津，“枣强县宅城村有王玉存者，刻赴天津户部银行交津钱二十串，愿纳国民捐。并称系农人子，家仅薄田二十余亩，只足糊口，本年闻城内设有阅报室，日日来城听讲，颇有动于国民捐之感情，遂归而谋诸家人，慨然以一亩六分有余之地变卖，得价愿尽义务”[8]；平常做小买卖的十三岁孩子大善，为“醉郭”讲报感动，起誓不帮父亲卖美国烟卷[9]；打磨厂纸行黄姓生意人，在骡马市讲报处听了烈士陈天华投海的事后，“大哭不止，打听是二十九日的报，到本馆买了一张去，要跟伙计们去讲讲”[10]。北京第五高等小学教员常静仁诸君联合创设的朝阳阅报社兼宣讲所，“开办以来，成效昭著，东南一隅风气开通，胥赖此举”[11]。难怪山东道监察御史杜彤对讲报所的作用大加肯定：“查近年京外各处，多设有讲报所、说书处，名目不一，要皆以开通民智，启发愚蒙为宗旨，虽市井负贩

---

① 《园桥听讲》，《大公报》，1906 年 4 月 25 日。

② 熊秉坤：《辛亥首义工程营发难概述》，中国人民政治协商会议湖北省委员会编：《辛亥首义回忆录》第一辑，武汉：湖北人民出版社，1957 年，第 19 页。

③ 熊月之：《晚清上海私园开放与公共空间的拓展》，《学术月刊》，1998 年第 8 期。

④ 《天足会周年纪念会》，《申报》，1906 年 11 月 8 日。

⑤ 《锡金农会之开幕》，《申报》，1909 年 4 月 8 日。

⑥ 《警钟日报》，1904 年 10 月 17 日，1905 年 9 月 13 日。

⑦ 《教会倡捐》，《大公报》，1905 年 11 月 29 日。

⑧ 《宣讲效果》，《大公报》，1906 年 3 月 24 日。

⑨ 《有志气的小孩》，《京话日报》，1905 年 8 月 25 日。

⑩ 《买卖人痛哭陈烈士》，《京话日报》，1905 年 12 月 28 日。

⑪ 《组织联合会》，《大公报》，1908 年 3 月 24 日。

不识字之徒，皆得随意环听，需费无多，而受益甚普。各省民智渐见开明，其得力处未尝不由于此。”[①]尽管清末宣讲与演说仍属点对面传播的精英文化，广大民众依然是被启蒙的对象，但“面对面”媒介提供的良好互动环境，决定了接受者参与性的增强。事实上，没有什么比传播主体身份的“下移”，更能说明民众的参与热情了。从沦落街头的说书艺人，到泼街水夫现身讲员行列，自觉承担启蒙的社会责任，已远远超越一般意义上的“参与”，却意味着自我价值的认知，人的现代性转变。

总之，清代口语传播从雍正年间圣谕宣讲的制度化，至王朝中后期的衰微，以至20世纪初期新式讲演的崛起，经历了起伏跌宕的发展历程，社会变迁对媒介的内容与形式做出了选择。口语传播本身在特定的历史条件下，尚不存在技术层面的跃进，但作为一种重要的媒介手段，其仪规、形式的衍化，以及传受群体的异动，却深刻地反映了时代的更迭，推动了社会结构与社会交往关系之迁变。

---

① 《御史杜彤奏陈宜将历次教案汇辑成书折》(光绪三十二年二月十六日，1906年3月10日)，朱金甫：《清末教案》第3册，北京：中华书局，1998年，第823页。